（典藏版）

百部国学传世经典

中华国学经典盛宴／获取先贤核心智慧

四库全书

【清】纪昀等／撰
林少华／主编

漓江出版社

图书在版编目(CIP)数据

四库全书 / (清)纪昀等撰;林少华主编. --桂林:
漓江出版社,2017.8
(百部国学传世经典)
ISBN 978-7-5407-8204-7
Ⅰ.①四… Ⅱ.①纪… ②林… Ⅲ.①《四库全书》
Ⅳ.①Z121.5
中国版本图书馆 CIP 数据核字(2017)第 190309 号

四库全书

作　　者　【清】纪昀等　撰
主　　编　林少华

策划统筹　陈植武　林晓鸿
责任编辑　李浩清

出 版 人　刘迪才
出版发行　漓江出版社
社　　址　广西桂林市南环路 22 号
邮　　编　541002
网　　址　www.lijiangbooks.com
印　　制　北京飞达印刷有限责任公司
开　　本　710 mm×1000 mm　1/16
印　　张　30
字　　数　642 千字
版　　次　2017 年 8 月第 1 版
印　　次　2024 年 1 月第 4 次印刷
书　　号　ISBN 978-7-5407-8204-7
定　　价　45.00 元

前言

中华民族有着数千年的文明历史，创造了光辉灿烂的古代文化，其中中国传统国学是我国辉煌灿烂的文化典籍的核心部分，它博大精深、源远流长，显示出中华文化的深厚根基，给人类留下了丰富的精神财富。它是我们炎黄子孙的文化精髓，它塑造了我们中华民族的民族精神，是培育民族精神的重要资源。它开启心智，滋润生命，陶冶人格，塑造灵魂。

开卷有益，忙碌的人们闲暇之时，应该用传统国学来陶冶自己的情操，开阔自己的心胸，提高自己的人文修养，用先人的哲思来涤荡自己忙碌的心灵。我们应该坚持阅读的爱好，在潮流文化的强大攻势下，让传统文化永驻我们的心田。“复兴国学，从根本上讲，是复兴中华民族的自尊心、自信心。”我们要甄选传世经典著作中最经典的部分来读，要以开放的胸襟和燃烧的激情去承接古人的经典大论与哲思华章，以自豪而不狂妄、执着而不僵化的精神风貌来直面当今社会的竞争与挑战。

为了弘扬中国传统文化，帮助读者深刻了解我们的历史与文化，用经典历史文学知识陶冶情操、提高文化修养，同时使国学得到承传，得以弘扬光大，我们精心编排了本书。为了便于读者理解和领会古代先贤的思想与精神，我们在文章中选取了与正文相契合的插画，将插画与正文有机地结合在一起，可大大增加读者的阅读趣味。

本书选取了国学经典著作中很多优秀的作品及资料，博采各类经典作品的长处，并有所创新，以使得本书风格迥异、卓然超群，相信会给读者带来全新的感受。

由于时间仓促，书中难免有不尽之处，恳请读者朋友们提出宝贵意见，在此深表谢意。

目录

经　部

子曰：“学而时习之，不亦说乎？有朋自远方来，不亦乐乎？人不知，而不愠，不亦君子乎？”

有子曰：“其为人也孝弟，而好犯上者，鲜矣；不好犯上，而好作乱者，未之有也。君子务本，本立而道生。孝弟也者，其为仁之本与！”

论　语

学而

原　文

子①曰:"学②而时习③之,不亦说④乎?有朋⑤自远方来,不亦乐⑥乎?人不知⑦,而不愠⑧,不亦君子⑨乎?"

注释

①子:古代对有地位、有学问的男子的尊称,有时泛指男子。《论语》中的子,指的都是孔子。

②学:孔子讲究的"学",主要是指对西周的礼、乐、诗、书等传统文化典籍的学习。

③时习:在周秦时代,"时"字用作副词,意为"在一定的时候"或者"在适当的时候"。但朱熹在《论语集注》一书中把"时"解释为"时常"。"习",指演习礼、乐,复习诗、书,也含有温习、实习、练习的意思。

④说(yuè):同"悦",愉快、高兴的意思。

⑤有朋:旧注说,"同门曰朋",即同在一位老师门下学习的叫朋,也就是志同道合的人。

⑥乐:与说有所区别。旧注说,悦在内心,乐则见于外。

⑦人不知:此句不完整,没有说出人不知道什么,缺少宾语,一般而言,知,是了

解的意思。人不知，是说别人不了解自己。

⑧愠（yùn）：恼怒，怨恨。

⑨君子：《论语》中的君子，有时指有德者，有时指有位者。此处指孔子理想中具有高尚人格的人。

译文

孔子说："学了又经常复习和反复练习，不是会很快乐吗？有志同道合的人从远方来，不是很令人高兴吗？人家不了解我，我也不怨恨、恼怒，不也是一个有德行的君子吗？"

原文

有子①曰："其为人也孝弟②，而好犯上③者，鲜④矣；不好犯上，而好作乱者，未之有也⑤。君子务本⑥，本立而道⑦生。孝弟也者，其为仁之本⑧与！"

注释

①有子：孔子的学生，姓有，名若，比孔子小13岁，一说小33岁。后一说较为可信。在《论语》中，记载的孔子学生，一般都称字，只有曾参和有若称"子"。因此，许多人认为《论语》即由曾参和有若所著述。

②孝弟：孝，奴隶社会时期所认为的子女对待父母的正确态度；弟，读音和意义与"悌"（tì）相同，即弟弟对待兄长的正确态度。孝、弟是孔子和儒家特别提倡的两个基本道德规范。旧注说：善事父母曰孝，善事兄长曰弟。

③犯上：犯，冒犯、干犯。上，指在上位的人。

④鲜（xiǎn）：少的意思。《论语》中的"鲜"字，都是如此用法。

⑤未之有也：此为"未有之也"的倒装句型。古代汉语的句法有一条规律，否定句的宾语若为代词，一般置于动词之前。

⑥务本:务,专心、致力于。本,根本。

⑦道:在中国古代思想里,道有多种含义。此处的道,指孔子提倡的仁道,即以仁为核心的整个道德思想体系及其在实际生活中的体现。简单讲,就是治国做人的基本原则。

⑧为仁之本:仁是孔子哲学思想的最高范畴,又是伦理道德准则。为仁之本,即以孝悌作为仁的根本。还有一种解释,认为古代的"仁"就是"人"字,为仁之本即做人的根本。

译文

有子说:"孝顺父母,顺从兄长,而喜好触犯上层统治者,这样的人是不多见的。不喜好触犯上层统治者,而喜好造反的人是没有的。君子专心致力于根本的事务,根本建立了,治国做人的原则也就有了。孝顺父母、顺从兄长,这就是仁的根本啊!"

原文

子曰:"巧言令色[①],鲜[②]仁矣。"

注释

①巧言令色:朱熹注曰,"好其言,善其色,致饰于外,务以说人"。巧和令都是美好的意思,但此处应解释为装出和颜悦色的样子。

②鲜:少的意思。

译文

孔子说:"花言巧语,装出和颜悦色的样子,这种人的仁心就很少了。"

原文

曾子[①]曰:"吾日三省[②]吾身,为人谋而不忠[③]乎?与朋友交而不信[④]乎?传不习[⑤]乎?"

注释

①曾子:曾子姓曾,名参(shēn),字子舆,生于公元前505年,鲁国人,是被鲁国灭亡了的鄫国贵族的后代。曾参是孔子的得意门生,以孝子出名。据说《孝经》就是他撰写的。

②三省:省(xǐng),检查、察看。三省有几种解释:一是三次检查;二是从三个方面检查;三是多次检查。其实,古代在有动作性的动词前加上数字,表示动作频率高,不必认定为三次。

③忠:旧注曰,尽己之谓忠,此处指对人应当尽心竭力。

④信:旧注曰,信者,诚也。以诚实之谓信,要求人们按照礼的规定相互守信,以调整人们之间的关系。

⑤传不习:传,旧注曰"受之于师谓之传"。老师传授给自己的。习,与"学而时习之"的"习"字一样,指温习、实习、演习等。

译文

曾子说:"我每天无数次地对自己反省,为别人办事是不是尽心竭力了呢?同朋友交往是不是做到诚实可信了呢?老师传授给我的学业是不是复习了呢?"

原文

子曰:"道①千乘之国②,敬事③而信,节用而爱人④,使民以时⑤。"

注释

①道:一本作"导",作动词用,这里是治理的意思。

②千乘之国:乘,(shèng),意为辆,这里指古代军队的基层单位。每乘拥有四匹马拉的兵车一辆,车上甲士3人,车下步卒72人,后勤人员25人,共计100人。千乘之国,指拥有1000辆战车的国家,即诸侯国。春秋时代,战争频仍,所以国家的强弱都用车辆的数目来计算。在孔子时代,千乘之国已经不是大国。

③敬事:敬字一般用于表示个人的态度,尤其是对待所从事的事务要谨慎专一、兢兢业业。

④爱人:古代"人"的含义有广义与狭义的区别。广义的"人",指一切人群;狭义的"人",仅指士大夫以上各个阶层的人。此处的"人"与"民"相对而言,可见其

用法为狭义。

⑤使民以时：时指农时。古代百姓以农业为主，这里是说要役使百姓按照农时耕作与收获。

译文

孔子说："治理一个拥有一千辆兵车的国家，就要严谨仔细地办理国家大事而又恪守信用，诚实无欺，节约财政开支而又爱护官吏臣僚，役使百姓要不误农时。"

原文

子曰："弟子①入②则孝，出③则弟，谨④而信，汎⑤爱众，而亲仁⑥，行有余力⑦，则以学文⑧。"

注释

①弟子：一般有两种意义，一是年纪较小为人弟和为人子的人；二是指学生。这里是用第一种意义上的"弟子"。

②入：古代时父子分别住在不同的居处，学习则在外舍。《礼记·内则》："由命士以上，父子皆异宫。"入是入父宫，指进到父亲住处，或说在家。

③出：与"入"相对而言，指外出拜师学习。出则弟，是说要用悌道对待师长，也可泛指年长于自己的人。

④谨：寡言少语称之为谨。

⑤汎（fàn）：同"泛"，广泛的意思。

⑥仁：仁即仁人，有仁德之人。

⑦行有余力：指有闲暇时间。

⑧文：古代文献，主要有诗、书、礼、乐等文化知识。

译文

孔子说："弟子们在父母跟前，就孝顺父母；出门在外，要对师长服从。言行要小心翼翼，要诚实可信，说话要有分寸，尽量少言语，要广泛地去爱众人，亲近那些有仁德的人。这样躬行实践之后，还有余力的话，就再去学习文献知识。"

原文

子夏[①]曰："贤贤[②]易[③]色；事父母能竭其力；事君，能致其身[④]；与朋友交，言而有信。虽曰未学，吾必谓之学矣。"

注释

①子夏：姓卜，名商，字子夏，孔子的学生，比孔子小44岁，生于公元前507年。孔子死后，他在魏国宣传孔子的思想主张。

②贤贤：第一个"贤"字作动词用，尊重的意思。贤贤即尊重贤者。

③易：有两种解释，一是改变的意思，此句即为尊重贤者而改变好色之心；二是轻视的意思，即看重贤德而轻视女色。

④致其身：致，意为"献纳""尽力"，这里是说把生命奉献给君主。

译文

子夏说："一个人能够看重贤德而不以女色为重；侍奉父母，能够尽心尽力；服侍君主，能够献出自己的生命；同朋友交往，说话诚实恪守信用。这样的人，尽管他自己说没有学习过，我一定说他已经学习过了。"

原文

子曰："君子[①]，不重[②]则不威；学则不固[③]。主忠信[④]，无[⑤]友不如己者[⑥]；过[⑦]，则勿惮[⑧]改。"

注释

①君子：这个词一直贯穿于本段始终，因此这里应当有一个断句。

②重：庄重、自持。

③学则不固：有两种解释，一是作坚固解，与上句相连，不庄重就没有威严，所学也不坚固；二是作固陋解，喻人见闻少，学了就可以不固陋。

④主忠信：以忠信为主。

⑤无：通"毋"，"不要"的意思。

⑥不如己：一般解释为不如自己；另一种解释说，"不如己者，不类乎己，所谓

'道不同不相为谋'也"。把"如"解释为"类似"。后一种解释更为符合孔子的原意。

⑦过:过错、过失。

⑧惮(dàn):害怕、畏惧。

译文

孔子说:"君子,不庄重就显得没有威严;学习可以使人不至于退后;要以忠信为主,不要同与自己不同道的人交朋友;有了过错,就不要怕改正。"

原文

曾子曰:"慎终①追远②,民德归厚矣。"

注释

①慎终:人死为终,这里指父母的去世。旧注曰:慎终者丧尽其哀。

②追远:远,指祖先。旧注曰:追远者祭尽其敬。

译文

曾子说:"小心翼翼地对待父母的去世,追念久远的祖先,自然会导致老百姓日趋忠厚实在了。"

原文

子禽①问于子贡②曰:"夫子③至于是邦④也,必闻其政,求之与,抑⑤与之与?"子贡曰:"夫子温、良、恭、俭、让⑥以得之。夫子之求之也,其诸⑦异乎人之求之与?"

注释

①子禽:姓陈,名亢,字子禽。郑玄所注《论语》说他是孔子的学生,但《史记·仲尼弟子列传》未载此人,故一说子禽非孔子学生。

②子贡：姓端木，名赐，字子贡，卫国人，比孔子小31岁，是孔子的学生，生于公元前520年。子贡善辩，孔子认为他可以做大国的宰相。据《史记》记载，子贡在卫国做了商人，家有财产千金，成了有名的商业家。

③夫子：这是古代的一种敬称，凡是做过大夫的人都可以取得这一称谓。孔子曾担任过鲁国的司寇，所以他的学生们称他为“夫子”。后来，因此而沿袭以称呼老师。《论语》中所说的“夫子”，都是孔子的学生对他的称呼。

④邦：指当时割据的诸侯国家。

⑤抑：表示选择的文言连词，有“还是”的意思。

⑥温、良、恭、俭、让：就字面理解即为温顺、善良、恭敬、俭朴、谦让，这是孔子的弟子对他的赞誉。

⑦其诸：语气词，有“大概”“或者”的意思。

译文

子禽问子贡说：“老师到了一个国家，总是先了解这个国家的政事。（这种资格）是他自己所求呢，还是人家国君主动给他的呢？”子贡说：“老师温柔、善良、谦恭、俭让，所以才得到这样的资格，但他求的方法，或许与别人的求法不同吧？”

原文

子曰：“父在，观其①志；父没，观其行②；三年③无改于父之道④，可谓孝矣。”

注释

①其：他的，指儿子，不是指父亲。

②行（xìng）：指行为举止等。

③三年：这里指的是经过一个较长的时间而已，不一定仅指三年的时间。

④道：有时候是一般意义上的名词，无论好坏、善恶都可以叫做道，但更多时候是积极意义的名词，表示善的、好的东西。这里表示“合理内容”的意思。

译文

孔子说：“当他父亲在世的时候（因为他无权独立行动），要对他的志向进行考察；在他父亲死后，要考察他的行为；若是他对他父亲的合理部分长期不加改变，这样的人可以说是尽到孝了。”

原文

有子曰：“礼[①]之用，和[②]为贵。先王之道[③]，斯[④]为美。小大由之，有所不行。知和而和，不以礼节之，亦不可行也。”

注释

①礼：在春秋时代，“礼”泛指奴隶社会的典章制度和道德规范。孔子的“礼”，既指“周礼”、礼节、仪式，也指人们的道德规范。

②和：调和，和谐，协调。

③先王之道：指尧、舜、禹、汤、文、武、周公等古代帝王的治世之道。

④斯：这里指礼，也指和。

译文

有人说：“礼的应用，以和谐最为尊贵。古代君主的治国方法，最宝贵的地方就在这里。但不论大事小事只顾按和谐的办法去做，有的时候就行不通。为和谐而和谐，不以礼来节制和谐，也是不可行的。”

原文

有子曰：“信近[①]于义[②]，言可复[③]也；恭近于礼，远[④]耻辱也；因[⑤]不失其亲，亦可宗[⑥]也。”

注释

①近：接近、符合的意思。

②义：义是儒家的伦理范畴，是指思想和行为符合一定的标准。这个标准就是“礼”。

③复：实践的意思。朱熹《集注》云：“复，践言也。”

④远（yuàn）：动词，使动用法，使之远离的意思，此外亦可以译为避免。

⑤因：依靠、凭借，一说因应写作姻，但从上下文看似有不妥之处。

⑥宗：主、可靠，一般解释为“尊敬”似有不妥之处。

译文

有人说："讲信用要符合义，这样的话才能实行；恭敬要符合礼，这样才能远离耻辱；所依靠的都是亲族及可靠之人，也就值得尊敬了。"

原文

子曰："君子食无求饱，居无求安，敏于事而慎于言，就①有道②而正③焉，可谓好学也已。"

注释

①就：靠近、看齐。

②有道：指有道德的人。

③正：匡正、端正。

译文

孔子说："君子，饮食不求饱足，居住不要求舒适，对工作勤劳肯下苦心，说话却小心谨慎，到有道的人那里去对自己进行对的教育，这样可以说是好学了。"

原文

子贡曰："贫而无谄①，富而无骄，何如②？"子曰："可也。未若贫而乐③，富而好礼者也。"子贡曰："《诗》云，'如切如磋，如琢如磨④'，其斯之谓与？"子曰："赐⑤也，始可与言《诗》已矣，告诸往而知来者⑥。"

注释

①谄（chǎn）：意为巴结、奉承。

②何如：《论语》中的"何如"，都可以译为"怎么样"。

③贫而乐：一本作"贫而乐道"。

④如切如磋，如琢如磨：此二句见《诗经·卫风·淇澳》。有两种解释：一说切磋琢磨分别指对骨、象牙、玉、石四种不同材料的加工，否则不能成器；一说加工象牙和骨，切了还要磋，加工玉、石，琢了还要磨，有精益求精之意。

⑤赐：子贡名，孔子对学生都称其名。

⑥告诸往而知来者：诸同"之"；往，过去的事情；来，未来的事情。

译文

子贡说："贫穷而能不谄媚，富有而能不骄傲自大，怎么样？"孔子说："这也算可以了。但是还不如虽贫穷却乐于道，富裕而又好礼之人。"子贡说："《诗》上说，'要像对待骨、角、象牙、玉石一样，切磋它，琢磨它'，就是讲的这个意思吧？"孔子说："赐呀，你能从我已经讲过的话中领会到我还没有说到的意思，举一反三，我可以同你谈论《诗》了。"

原文

子曰："不患[1]人[2]之不已知，患不知人也。"

注释

①患：忧虑、怕。

②人：指有教养、有知识的人，而非民。

译文

孔子说："不怕别人不了解自己，只怕自己不了解别人。"

为政

原文

子曰："为政以德[1]，譬如北辰[2]，居其所[3]而众星共[4]之。"

注释

①为政以德：以，用的意思。此句是说统治者应以道德进行统治，即"德治"。

②北辰：北极星。

③所：处所，位置。

④共：同拱，环绕的意思。

译文

孔子说："（周王）以道德教化来治理政事，就会像北极星那样，自己居于一定的方位，而群星都会环绕在它的周围。"

原文

子曰："《诗》三百[1]，一言以蔽[2]之，曰：'思无邪'[3]。"

注释

①《诗》三百：《诗》指《诗经》一书，此书实有305篇，三百只是举其整数。

②蔽：概括的意思。

③思无邪：此为《诗经·鲁颂》上的一句，此处的"思"作思想解。无邪，一解为"纯正"，一解为"直"，后者较妥。

译文

孔子说："《诗经》三百篇，可以用一句话来概括它，就是'思想纯正'。"

原文

子曰："道[①]之以政，齐[②]之以刑，民免[③]而无耻[④]，道之以德，齐之以礼，有耻且格[⑤]。"

注释

①道：有两种解释，一为"引导"；二为"治理"。前者较为妥帖。
②齐：整齐、约束。
③免：避免、躲避。
④耻：羞耻之心。
⑤格：有两种解释，一为"至"；二为"正"。

译文

孔子说："用法制禁令去对百姓进行引导，使用刑法来约束他们，老百姓只是求得免于犯罪受惩，却失去了廉耻之心；用道德教化引导百姓，使用礼制去统一百姓的言行，百姓不仅会有羞耻之心，而且也就守规矩了。"

原文

子曰："吾十有[①]五而志于学，三十而立[②]，四十而不惑[③]，五十而知天命[④]，六十而耳顺[⑤]，七十而从心所欲不逾矩[⑥]。"

注释

①有：同"又"。
②立：站得住的意思。
③不惑：掌握了知识，不被外界事物所迷惑。

④天命:指不能为人力所支配的事情。

⑤耳顺:对此有多种解释。一般而言,指对那些于己不利的意见也能正确对待。

⑥从心所欲不逾矩:从,遵从的意思;逾,越过;矩,规矩。

译文

孔子说:“我十五岁就下决心学习,三十岁能够自立,四十岁能不被外界事物所迷惑,五十岁懂得了天命,六十岁能正确对待各种言论,不觉得不顺,七十岁能随心所欲而不越出规矩。”

原文

孟懿子①问孝,子曰:“无违②。”樊迟③御④,子告之曰:“孟孙⑤问孝于我,我对曰‘无违’。”樊迟曰:“何谓也。”子曰:“生,事之以礼;死,葬之以礼,祭之以礼。”

注释

①孟懿子:鲁国的大夫,三家之一,姓仲孙,名何忌,“懿”是谥号。其父临终前要他向孔子学礼。

②无违:不要违背。

③樊迟:姓樊名须,字子迟。孔子的弟子,比孔子小46岁。他曾和冉求一起帮助季康子进行革新。

④御:驾驭马车。

⑤孟孙:指孟懿子。

译文

孟懿子问什么是孝,孔子说:“孝就是不要违背礼的约束。”后来樊迟给孔子驾车,孔子告诉他:“孟孙问我什么是孝,我回答他说不要违背礼。”樊迟说:“不要违背礼是什么意思呢?”孔子说:“父母活着的时候,要按礼侍奉他们;父母去世后,要按礼埋葬他们、祭祀他们。”

原文

孟武伯[1]问孝,子曰:"父母唯其疾之忧[2]。"

注释

①孟武伯:孟懿子的儿子,名彘,武是他的谥号。

②父母唯其疾之忧:其,代词,指父母。疾,病。

译文

孟武伯向孔子请教孝道,孔子说:"对父母,要特别为他们的疾病担忧(这样做就可以算是尽孝了)。"

原文

子游[1]问孝,子曰:"今之孝者,是谓能养。至于犬马,皆能有养,不敬,何以别乎?"

注释

①子游:姓言,名偃,字子游,吴国人,比孔子小45岁。

译文

子游问什么是孝,孔子说:"如今所谓的孝,只是说能够赡养父母便足够了。其实,说实话就是犬马都能够得到饲养。如果不存心孝敬父母,那么赡养父母与饲养犬马又有什么区别呢?"

原文

子夏问孝，子曰："色难[1]。有事，弟子服其劳[2]；有酒食，先生[3]馔[4]，曾是以为孝乎？"

注释

①色难：色，脸色。难，不容易的意思。

②服其劳：服，从事、担负。服其劳即服侍。

③先生：先生指长者或父母；前面说的弟子，指晚辈、儿女等。

④馔（zhuàn）：意为饮食、吃喝。

译文

子夏问什么是孝，孔子说："当子女的要尽到孝道，最不容易的就是对父母和颜悦色，仅仅是有了事情，儿女需要替父母去做，有了酒饭，让父母先去吃，难道能认为这样就可以算是孝了吗？"

原文

子曰："吾与回[1]言终日，不违[2]如愚。退而省其私[3]，亦足以发，回也不愚。"

注释

①回：姓颜，名回，字子渊，生于公元前521年，比孔子小30岁，鲁国人，孔子的得意门生。

②不违：不提相反的意见和问题。

③退而省其私：考察颜回私下里与其他学生讨论学问的言行。

译文

孔子说："我整天给颜回讲学，他从来不提反对意见和疑问，像个蠢人。等他退下之后，我考察他私下的言论，发现他对我所讲授的内容有所发挥，可见颜回其实并不蠢。”

原文

子曰：“视其所以①，观其所由②，察其所安③，人焉廋④哉？人焉廋哉？”

注释

①所以：所做的事情。

②所由：所走过的道路。

③所安：所安的心境。

④廋（sōu）：隐藏、藏匿。

译文

孔子说：“如果要了解一个人，应看他言行的动机，观察他所走的道路，考察他安心干什么，这样，这个人怎样能隐藏得了呢？这个人怎样能隐藏得了呢？”

原文

子曰：“温故而知新①，可以为师矣。”

注释

①温故而知新：故，已经过去的。新，刚刚学到的知识。

译文

孔子说：“在温习旧知识时，能有新体会、新发现，就可以当老师了。”

原文

子曰："君子不器①。"

注释

①器：器具。

译文

孔子说："君子不像器具那样(只在某一方面有用途)。"

原文

子贡问君子。子曰："先行其言，而后①从之。"

注释

①而后：再说出来。

译文

子贡问怎样做一个君子。孔子说："对于你要说的话，先实行了，再说出来(这就够资格是一个君子了)。"

原文

子曰："君子周①而不比②，小人③比而不周。"

注释

①周:合群。

②比(bì):勾结。

③小人:没有道德修养的凡人。

译文

孔子说:"君子合群而不与人勾结,小人与人勾结而不合群。"

原文

子曰:"学而不思则罔①,思而不学则殆②。"

注释

①罔:迷惑、糊涂。

②殆:疑惑、危险。

译文

孔子说:"只读书学习,而不思考问题,就会惘然无知而没有收获;只空想而不读书学习,就会疑惑而不能肯定。"

原文

子曰:"攻①乎异端②,斯③害也已④。"

注释

①攻:攻击。有人将"攻"解释为"治",不妥。

②异端:不正确的言论,另外、不同的一端。

③斯：代词，这。

④也已：这里用作语气词。

译文

孔子说："攻击那些不正确的言论，祸害就可以消除了。"

原文

子曰："由[①]，诲女[②]知之乎？知之为知之，不知为不知，是知也。"

注释

①由：姓仲，名由，字子路，生于公元前542年，孔子的学生，长期追随孔子。

②女：同"汝"，你。

译文

孔子说："由，我教给你怎样做的话，你明白了吗？知道就是知道，不知道就是不知道，这就是智慧啊！"

原文

子张[①]学干禄[②]，子曰："多闻阙[③]疑[④]，慎言其余，则寡尤[⑤]；多见阙殆，慎行其余，则寡悔。言寡尤，行寡悔，禄在其中矣。"

注释

①子张：姓颛孙，名师，字子张，生于公元前503年，比孔子小48岁，孔子的学生。

②干禄：干，求的意思。禄，即古代官吏的俸禄。干禄就是求取官职。

③阙：缺，此处意为放置在一旁。

④疑：怀疑。

⑤寡尤：寡，少的意思。尤，过错。

译文

子张要学谋取官职的办法，孔子说："要多听，有怀疑的地方先放在一旁不说，其余有把握的，也要谨慎地说出来，这样就可以少犯错误；要多看，有怀疑的地方先放在一旁不做，其余有把握的，也要谨慎地去做，就能减少后悔。说话少过失，做事少后悔，官职俸禄就在这里了。"

原文

哀公[①]问曰："何为则民服？"孔子对曰[②]："举直错诸枉[③]，则民服；举枉错诸直，则民不服。"

注释

①哀公：姓姬，名蒋，哀是其谥号，鲁国国君，公元前494~前468年在位。

②对曰：《论语》中记载对国君及在上位者问话的回答都用"对曰"，以表示尊敬。

③举直错诸枉：举，选拔的意思。直，正直公平。错，同措，放置。枉，不正直。

译文

鲁哀公问："怎样才能使百姓服从呢？"孔子回答说："把正直无私的人提拔起来，把邪恶不正的人置于一旁，老百姓就会服从了；把邪恶不正的人提拔起来，把正直无私的人置于一旁，老百姓就不会服从统治了。"

原文

季康子[①]问："使民敬、忠以[②]劝[③]，如之何？"子曰："临[④]之以庄，则敬；孝慈[⑤]，则忠；举善而教不能，则劝。"

注释

①季康子：姓季孙，名肥，康是他的谥号，鲁哀公时任正卿，是当时政治上最有权势的人。

②以：连接词，与“而”同。

③劝：勉励，这里是自勉努力的意思。

④临：对待。

⑤孝慈：一说当政者自己孝慈，一说当政者引导老百姓孝慈。此处采用后者。

译文

季康子问道：“要使老百姓对当政的人尊敬、尽忠而努力干活，该怎样去做呢？”孔子说：“你用庄重的态度对待老百姓，他们就会尊敬你；你对父母孝顺、对子弟慈祥，百姓就会尽忠于你；你选用善良的人，又教育能力差的人，百姓就会互相勉励，加倍努力了。”

原文

或[①]谓孔子曰：“子奚[②]不为政？”子曰：“《书》[③]云：‘孝乎为孝，友于兄弟，施于有政[④]’。是亦为政，奚其为为政？”

注释

①或：有人，不定代词。

②奚：疑问词，相当于“为什么”。

③《书》：指《尚书》。

④施于有政：施，一作施行讲，一作延及讲。

译文

有人对孔子说：“你为什么不从事政治呢？”孔子回答说：“《尚书》上说，‘孝就是孝敬父母，友爱兄弟’。把这孝悌的道理施于政事，也就是从事政治，又要怎样才能算是为政呢？”

原文

子曰:"人而无信,不知其可也。大车无輗[1],小车无軏[2],其何以行之哉?"

注释

①輗(ní):古代大车车辕前面横木上的木销子,大车指的是牛车。

②軏(yuè):古代小车车辕前面横木上的木销子。没有輗和軏,车就不能走。

译文

孔子说:"一个人不讲信用,是根本不可以的。就好像大车没有輗,小车没有軏一样,它靠什么行走呢?"

原文

子张问:"十世[1]可知也?"子曰:"殷因[2]于夏礼,所损益[3],可知也;周因于殷礼,所损益,可知也。其或继周者,虽百世,可知也。"

注释

①世:古时称三十年为一世,也有的把"世"解释为朝代。

②因:因袭,沿用,继承。

③损益:减少和增加,即优化、变动之义。

译文

子张问孔子:"今后十世(礼仪制度)可以预先知道吗?"孔子回答说:"商朝继承了夏朝的礼仪制度,所减少和所增加的内容是可以知道的;周朝又继承商朝的礼仪制度,所废除的和所增加的内容也是可以知道的。将来有继承周朝的,就是一百世以后的情况,也是可以预先知道的。"

原文

子曰："非其鬼[①]而祭之，谄[②]也。见义[③]不为，无勇也。"

注释

①鬼：一是指鬼神，二是指死去的祖先，这里泛指鬼神。

②谄(chǎn)：谄媚、阿谀。

③义：人应该做的事就是义。

译文

孔子说："鬼神不是你应该祭的，你却去祭它，这就是谄媚。见到应该挺身而出的事情，却袖手旁观，就是怯懦。"

八佾

原文

孔子谓季氏[①]："八佾[②]舞于庭，是可忍[③]，孰不可忍也？"

注释

①季氏：鲁国正卿季孙氏，即季平子。

②八佾：佾(yì)，行列的意思。古时一佾8人，八佾就是64人，据《周礼》规定，只有周天子才可以使用八佾，诸侯为六佾，卿大夫为四佾，士用二佾。季氏是正卿，只能用四佾。

③可忍：可以忍心，一说可以容忍。

译文

孔子谈到季氏,说:"他用六十四人在自己的庭院中奏乐舞蹈,这样的事他都忍心去做,还有什么事情不可以狠心做出来呢?"

原文

三家[1]者以《雍》[2]彻。子曰:"'相维辟公,天子穆穆'[3],奚取于三家之堂[4]?"

注释

①三家:鲁国当政的三家即孟孙氏、叔孙氏、季孙氏。他们都是鲁桓公的后代,又称"三桓"。

②《雍》:《诗经·周颂》中的一篇。古代天子祭宗庙完毕撤去祭品时唱这首诗。

③相维辟公,天子穆穆:《雍》诗中的两句。相,助。维,语助词,无意义。辟公,指诸侯。穆穆,庄严肃穆。

④堂:祭祖的地方。

译文

孟孙氏、叔孙氏、季孙氏三家在祭祖完毕撤去祭品时,也命乐工唱《雍》这篇诗。孔子说:"(《雍》诗上这两句)'助祭的是诸侯,天子严肃静穆地在那里主祭。'这样的意思,怎么能用在你三家的庙堂里呢?"

原文

子曰:"人而不仁[1],如礼何?人而不仁,如乐何?"

注释

①不仁:没有仁德。

译文

孔子说："一个人没有仁德，他怎么能实行礼呢？一个人没有仁德，他怎么能运用乐呢？"

原文

林放①问礼之本。子曰："大哉问！礼，与其奢也，宁俭；丧，与其易②也，宁戚③。"

注释

①林放：鲁国人。

②易：治理，这里指有关丧葬的礼节仪式办理得很周到。一说谦和，平易。

③戚：心中悲哀的意思。

译文

林放问什么是礼的根本。孔子回答说："你问的问题意义重大，就礼节仪式的一般情况而言，与其奢侈，不如节俭；就丧事而言，与其仪式上治办周备，不如内心真正哀伤。"

原文

子曰："夷狄①之有君，不如诸夏②之亡③也。"

注释

①夷狄：古代中原地区的人对周边地区的贬称，谓之不开化，缺乏教养，不知书达礼。

②诸夏：古代中原地区华夏族的自称。

③亡：同"无"，古书中的"无"字多写作"亡"。

译文

孔子说："夷狄（文化落后）虽然有君主，还不如中原诸国没有君主呢。"

原文

季氏旅[1]于泰山，子谓冉有[2]曰："女[3]弗能救[4]与？"对曰："不能。"子曰："呜呼！曾谓泰山不如林放乎？"

注释

①旅：祭名，祭祀山川为旅。当时，只有天子和诸侯才有祭祀名山大川的资格。

②冉有：姓冉，名求，字子有，生于公元前522年，孔子的弟子，比孔子小29岁。当时是季氏的家臣，所以孔子责备他。

③女：同"汝"，你。

④救：挽救、劝阻的意思，这里指谏止。

译文

季孙氏去祭祀泰山。孔子对冉有说："你难道不能劝阻他吗？"冉有说："不能。"孔子说："唉！难道说泰山神还不如林放知礼吗？"

原文

子曰："君子无所争，必也射[1]乎！揖[2]让而升，下而饮，其争也君子。"

注释

①射：原意为射箭，此处指古代的射礼。

②揖：拱手行礼，表示尊敬。

译文

孔子说："君子没有什么可与别人争的事情。如果有的话，那就是射箭比赛了。比赛时，先相互作揖谦让，然后上场。射完后，又相互作揖再退下来，然后登堂喝酒，这就是君子之争。"

原文

子夏问曰："'巧笑倩兮，美目盼兮，素以为绚兮[1]'。何谓也？"子曰："绘事后素[2]。"曰："礼后乎？"子曰："起予者商也[3]，始可与言诗已矣。"

注释

①巧笑倩兮，美目盼兮，素以为绚兮：前两句见《诗经·卫风·硕人》篇。倩(qiàn)，笑得好看。兮，语助词，相当于"啊"。盼，眼睛黑白分明。绚，有文采。

②绘事后素：绘，画。素，白底。

③起予者商也：起，启发。予，我，孔子自指。商，子夏，名商。

译文

子夏问孔子："'笑得真好看啊，美丽的眼睛真明亮啊，用素粉来打扮啊。'这几句话是什么意思呢？"孔子说："这是说先有白底然后画画。"子夏又问："那么，是不是说礼也是后起的事呢？"孔子说："商，你真是能启发我的人，现在可以同你讨论《诗经》了。"

原文

子曰："夏礼吾能言之，杞[1]不足征[2]也；殷礼吾能言之，宋[3]不足征也。文献[4]不足故也。足，则吾能征之矣。"

注释

①杞：春秋时国名，是夏禹的后裔，在今河南杞县一带。

②征：证明。
③宋：春秋时国名，是商汤的后裔，在今河南商丘一带。
④文献：文，指历史典籍。献，指贤人。

译文

孔子说："夏朝的礼，我能说出来，（但是它的后代）杞国不足以证明我的话；殷朝的礼，我能说出来，（但它的后代）宋国不足以证明我的话。这都是由于文字资料和熟悉夏礼和殷礼的人不足的缘故。如果足够的话，我就可以得到证明了。"

原文

子曰："禘[1]自既灌[2]而往者，吾不欲观之矣[3]。"

注释

①禘（dì）：古代只有天子才可以举行的祭祀祖先的非常隆重的典礼。
②灌：禘礼中第一次献酒。
③吾不欲观之矣：我不愿意看了。

译文

孔子说："对于行禘礼的仪式，从第一次献酒以后，我就不愿意看了。"

原文

或问禘之说[1]，子曰："不知也。知其说者之于天下也，其如示诸斯[2]乎！"指其掌。

注释

①禘之说：说，理论、道理、规定。禘之说，意为关于禘祭的规定。
②示诸斯："斯"指后面的"掌"字。

译文

有人问孔子关于举行禘祭的规定。孔子说:“我不知道。知道这种规定的人,对治理天下的事,就会像把这东西摆在这里一样(容易)吧!”指着他的手掌。

原文

祭[1]如在,祭神如神在。子曰:“吾不与祭,如不祭。”

注释

①祭:祭祀祖先。

译文

祭祀祖先就像祖先真在面前,祭神就像神真在面前。孔子说:“我如果不亲自参加祭祀,那就和没有举行祭祀一样。”

原文

王孙贾[1]问曰:“‘与其媚[2]于奥[3],宁媚于灶[4]’,何谓也?”子曰:“不然。获罪于天[5],无所祷也。”

注释

①王孙贾:卫灵公的大臣,时任大夫。
②媚:谄媚、巴结、奉承。
③奥:这里指屋内位居西南角的神。
④灶:这里指灶旁管烹饪做饭的神。
⑤天:以天喻君,一说天即理。

译文

王孙贾问道："（人家都说）与其奉承奥神，不如奉承灶神。这话是什么意思？"孔子说："不是这样的。如果得罪了天，那就没有地方可以祷告了。"

原文

子曰："周监[①]于二代[②]，郁郁[③]乎文哉，吾从周。"

注释

①监（jiàn）：同"鉴"，借鉴的意思。

②二代：这里指夏代和周代。

③郁郁：文采盛貌。丰富、浓郁之意。

译文

孔子说："周朝的礼仪制度借鉴于夏、商二代，是多么丰富多彩啊。我遵从周朝的制度。"

原文

子入太庙[①]，每事问。或曰："孰谓鄹[②]人之子知礼乎？入太庙，每事问。"子闻之曰："是礼也。"

注释

①太庙：君主的祖庙。鲁国太庙，即周公旦的庙，供鲁国祭祀周公。

②鄹（zōu）：春秋时鲁国地名，又写作"陬"，在今山东曲阜附近。"鄹人之子"指孔子。

译文

孔子到了太庙,每件事都要问。有人说:“谁说此人懂得礼呀,他到了太庙里,什么事都要问别人。”孔子听到此话后说:“这就是礼呀!”

原文

子曰:“射不主皮①,为力不同科②,古之道也。”

注释

①皮:用善皮做成的箭靶子。

②科:等级。

译文

孔子说:“比赛射箭,不在于穿透靶子,因为各人的力气大小不同。自古以来就是这样。”

原文

子贡欲去告朔①之饩羊②。子曰:“赐也!尔爱③其羊,我爱其礼。”

注释

①告朔:朔,农历每月初一为朔日。告朔,古代制度,天子每年秋冬之际,把第二年的历书颁发给诸侯,告知每个月的初一日。

②饩羊:祭祀用的活羊。

③爱:爱惜的意思。

译文

子贡提出去掉每月初一日告祭祖庙用的活羊。孔子说："赐！你爱惜那只羊，我却爱惜那种礼。"

原文

子曰："事君尽礼①，人以为谄也。"

注释

①礼：周礼。

译文

孔子说："我完完全全按照周礼的规定去侍奉君主，别人却以为这是谄媚呢。"

原文

定公①问："君使臣，臣事君，如之何？"孔子对曰："君使臣以礼，臣事君以忠。"

注释

①定公：鲁国国君，姓姬，名宋，定是谥号。公元前509~前4年在位。

译文

鲁定公问孔子："君主怎样使唤臣下，臣子怎样侍奉君主呢？"孔子回答说："君主应该按照礼的要求去使唤臣子，臣子应该以忠来侍奉君主。"

原文

子曰:“《关雎》[1]乐而不淫,哀而不伤。”

注释

①《关雎》:这是《诗经》的第一篇,此篇写一君子“追求”淑女,思念时辗转反侧,寤寐思之的忧思,以及结婚时钟鼓乐之琴瑟友之的欢乐。

译文

孔子说:“《关雎》这篇诗,快乐而不放荡,忧愁而不哀伤。”

原文

哀公问社[1]于宰我[2],宰我对曰:“夏后氏以松,殷人以柏,周人以栗,曰使民战栗[3]。”子闻之曰:“成事不说,遂事不谏,既往不咎。”

注释

①社:土地神,祭祀土地神的庙也称社。
②宰我:名予,字子我,孔子的学生。
③战栗:恐惧,发抖。

译文

鲁哀公问宰我,土地神的神主应该用什么树木,宰我回答:“夏朝用松树,商朝用柏树,周朝用栗子树。用栗子树的意思是说,使老百姓战栗。”孔子听到后说:“已经做过的事不用提了,已经完成的事不用再去劝阻了,已经过去的事也不必再追究了。”

原文

子曰:“管仲[1]之器小哉!”或曰:“管仲俭乎?”曰:“管氏有三归[2],官事不摄[3],焉得俭?”“然则管仲知礼乎?”曰:“邦君树塞门[4],管氏亦树塞门;邦君为两君之好,有反坫[5],管氏亦有反坫。管氏而知礼,孰不知礼?”

注释

①管仲:姓管,名夷吾,齐国人,春秋时期的法家先驱。齐桓公的宰相,辅助齐桓公成为诸侯的霸主,公元前645年死。

②三归:相传是三处藏钱币的府库。

③摄:兼任。

④树塞门:树,树立。塞门,在大门口筑的一道短墙,以别内外,相当于屏风、照壁等。

⑤反坫:古代君主招待别国国君时,放置献过酒的空杯子的土台。

译文

孔子说:“管仲这个人的器量真是狭小呀!”有人说:“管仲节俭吗?”孔子说:“他有三处豪华的藏金府库,他家里的管事也是一人一职而不兼任,怎么谈得上节俭呢?”那人又问:“那么管仲知礼吗?”孔子回答:“国君大门口设立照壁,管仲在大门口也设立照壁。国君同别国国君举行会见时在堂上有放空酒杯的设备,管仲也有这样的设备。如果说管仲知礼,那么还有谁不知礼呢?”

公冶长

原文

子谓公冶长[1],“可妻也。虽在缧绁[2]之中,非其罪也”。以其子[3]妻之。

注释

①公冶长：姓公冶，名长，齐国人，孔子的弟子。

②缧绁(léi xiè)：捆绑犯人用的绳索，这里借指牢狱。

③子：古时无论儿、女均称子。

译文

孔子评论公冶长说："可以把女儿嫁给他，他虽然被关在牢狱里，但这并不是他的罪过呀。"于是，孔子就把自己的女儿嫁给了他。

原文

子谓南容①，"邦有道②，不废③；邦无道，免于刑戮④"。以其兄之子妻之。

注释

①南容：姓南宫，名适(kuò)，字子容。孔子的学生，通称他为南容。

②道：孔子这里所讲的道，是说国家的政治符合最高的和最好的原则。

③废：废置，不任用。

④刑戮：刑罚。

译文

孔子评论南容说："国家有道时，他有官做；国家无道时，他也可以免去刑戮。"于是把自己的侄女嫁给了他。

原文

子谓子贱①，"君子哉若人②，鲁无君子者，斯焉取斯③？"

注释

①子贱:姓宓(fú),名不齐,字子贱。生于公元前521年,比孔子小49岁。
②若人:这个,此人。
③斯焉取斯:斯,此。第一个“斯”指子贱,第二个“斯”字指子贱的品德。

译文

孔子评论子贱说:“这个人真是个君子呀。如果鲁国没有君子的话,他是从哪里学到这种品德的呢?”

原文

子贡问曰:“赐也何如?”子曰:“女器也。”曰:“何器也?”曰:“瑚琏[1]也。”

注释

①瑚琏:古代祭祀时盛粮食用的器具。

译文

子贡问孔子:“我这个人怎么样?”孔子说:“你呀,好比一个器具。”子贡又问:“是什么器具呢?”孔子说:“是瑚琏。”

原文

或曰:“雍[1]也仁而不佞[2]。”子曰:“焉用佞?御人以口给[3],屡憎于人,不知其仁[4]。焉用佞?”

注释

①雍:姓冉,名雍,字仲弓,生于公元前522年,孔子的学生。

②佞(nìng):能言善辩,有口才。

③口给:言语便捷,嘴快话多。

④不知其仁:指有口才者有仁与否不可知。

译文

有人说:“冉雍这个人有仁德但不善辩。”孔子说:“何必要能言善辩呢?靠伶牙俐齿和人辩论,常常招致别人的讨厌,这样的人我不知道他是不是做到仁,但何必要能言善辩呢?”

原文

子使漆雕开[①]仕。对曰:“吾斯之未能信。”子说[②]。

注释

①漆雕开:姓漆雕,名开,字子开,一说字子若,生于公元前540年,孔子的门徒。

②说(yuè):同“悦”。

译文

孔子让漆雕开去做官。漆雕开回答说:“我对做官这件事还没有信心。”孔子听了很高兴。

原文

子曰:“道不行,乘桴[①]浮于海,从[②]我者,其由与!”子路闻之喜。子曰:“由也好勇过我,无所取材。”

注释

①桴(fú):用来过河的木筏子。

②从:跟随、随从。

译文

孔子说："如果我的主张行不通，我就乘上木筏子到海外去。能跟从我的大概只有仲由吧！"子路听到这话很高兴。孔子说："仲由啊，只有勇气超过了我，其他没有什么可取的才能。"

原文

孟武伯问："子路仁乎？"子曰："不知也。"又问。子曰："由也，千乘之国，可使治其赋①也，不知其仁也。""求也何如？"子曰："求也，千室之邑②，百乘之家③，可使为之宰④也，不知其仁也。""赤⑤也何如？"子曰："赤也，束带立于朝⑥，可使与宾客⑦言也，不知其仁也。"

注释

①赋：兵赋，向居民征收的军事费用。

②千室之邑：邑，是古代居民的聚居点，大致相当于后来的城镇。指有一千户人家的大邑。

③百乘之家：指卿大夫的采地，当时大夫有车百乘，是采地中的较大者。

④宰：家臣、总管。

⑤赤：姓公西，名赤，字子华，生于公元前509年，孔子的学生。

⑥束带立于朝：指穿着礼服立于朝廷。

⑦宾客：指一般客人和来宾。

译文

孟武伯问孔子："子路做到了仁吧？"孔子说："我不知道。"孟武伯又问。孔子说："仲由嘛，在拥有一千辆兵车的国家里，可以让他管理军事，但我不知道他是不是做到了仁。"孟武伯又问："冉求这个人怎么样？"孔子说："冉求这个人，可以让他在一个有千户人家的公邑或有一百辆兵车的采邑里当总管，但我也不知道他是不是做到了仁。"孟武伯又问："公西赤又怎么样呢？"孔子说："公西赤嘛，可以让他穿着礼服，站在朝廷上，接待贵宾，我也不知道他是不是做到了仁。"

原 文

子谓子贡曰："女与回也孰愈[1]？"对曰："赐也何敢望回？回也闻一以知十[2]，赐也闻一以知二[3]。"子曰："弗如也。吾与[4]女弗如也。"

注释

①愈：胜过、超过。

②十：指数的全体，旧注云，"一，数之数；十，数之终"。

③二：旧注云，"二者，一之对也"。

④与：赞同、同意。

译 文

孔子对子贡说："你和颜回两个相比，谁更好一些呢？"子贡回答说："我怎么敢和颜回相比呢？颜回他听到一件事就可以推知十件事；我呢，知道一件事，只能推知两件事。"孔子说："是不如他呀，我同意你说的，是不如他。"

原 文

宰予昼寝，子曰："朽木不可雕也，粪土[1]之墙不可圬[2]也，于予与何诛[3]！"子曰："始吾于人也，听其言而信其行；今吾于人也，听其言而观其行。于予与[4]改是。"

注释

①粪土：腐土、脏土。

②圬(wū)：抹墙用的抹子，这里指用抹子粉刷墙壁。

③诛：意为责备、批评。

④与：语气词。

译文

宰予白天睡觉。孔子说:"腐朽的木头无法进行雕刻,粪土垒的墙壁无法装扮。对于宰予这个人,责备还有什么用呢?"孔子说:"起初我对于人,是听了他说的话便相信了他的行为;现在我对于人,听了他讲的话还要观察他的行为。在宰予这里我改变了观察人的方法。"

原文

子曰:"吾未见刚者。"或对曰:"申枨[①]。"子曰:"枨也欲,焉得刚?"

注释

①申枨:字周,孔子的学生。

译文

孔子说:"我没有见过刚强的人。"有人回答说:"申枨就是刚强的。"孔子说:"申枨这个人欲望太多,怎么能刚强呢?"

原文

子贡曰:"我不欲[①]人之加诸我也,吾亦欲无加诸人。"子曰:"赐也,非尔所及也。"

注释

①欲:希望。

译文

子贡说："我不愿别人强加于我的事，我也不愿强加在别人身上。"孔子说："赐呀，这就不是你所能做到的了。"

原文

子贡曰："夫子之文章[1]，可得而闻也；夫子之言性[2]与天道[3]，不可得而闻也。"

注释

①文章：这里指孔子传授的诗、书、礼、乐等。

②性：人性。《阳货篇》第十七中谈到性。

③天道：天命。《论语》中孔子多处讲到天和命，但不见有孔子关于天道的言论。

译文

子贡说："老师讲授的礼、乐、诗、书的知识，依靠耳闻是能够学到的；老师讲授的人性和天道的理论，依靠耳闻是不能够学到的。"

原文

子路有闻[1]，未之能行，唯恐有闻。

注释

①闻：听说。

译文

子路在听到一条道理，没有能亲自实行的时候，这时会害怕又听到新的道理。

原文

子贡问曰:“孔文子[①]何以谓之‘文’也?”子曰:“敏[②]而好学,不耻下问,是以谓之文也。”

注释

①孔文子:卫国大夫孔圉(yǔ),“文”是谥号,“子”是尊称。
②敏:敏捷、勤勉。

译文

子贡问道:“为什么给孔文子一个‘文’的谥号呢?”孔子说:“他聪敏勤勉而好学,不以向他地位卑下的人请教为耻,所以给他谥号叫‘文’。”

原文

子谓子产[①]:“有君子之道四焉:其行己也恭,其事上也敬,其养民也惠,其使民也义。”

注释

①子产:姓公孙,名侨,字子产,郑国大夫,做过正卿,是郑穆公的孙子,为春秋时郑国的贤相。

译文

孔子评论子产说:“他有君子的四种道德,即他自己行为庄重,他侍奉君主恭敬,他养护百姓有恩惠,他役使百姓有法度。”

原文

子曰:“晏平仲[①]善与人交,久而敬之[②]。”

注释

①晏平仲：齐国的贤大夫，名婴。《史记》卷六十二有他的传。“平”是他的谥号。

②久而敬之：“之”在这里指代晏平仲。

译文

孔子说：“晏平仲善于与人交朋友，相识久了，别人仍然尊敬他。”

原文

子曰：“臧文仲[①]居蔡[②]，山节藻棁[③]，何如其知也！”

注释

①臧文仲：姓臧孙，名辰，“文”是他的谥号。因不遵守周礼，被孔子指责为“不仁”“不智”。

②蔡：国君用以占卜的大龟。蔡这个地方产龟，所以把大龟叫做蔡。

③山节藻棁：节，柱上的斗拱。棁（zhuō），房梁上的短柱。把斗拱雕成山形，在棁上绘以水草花纹，这是古时装饰天子宗庙的做法。

译文

孔子说：“臧文仲藏了一只大龟，藏龟的屋子把斗拱雕成山的形状，短柱上画以水草花纹，他这个人怎么能算是有智慧呢？”

原文

子张问曰：“令尹子文[①]三仕为令尹，无喜色；三已[②]之，无愠色。旧令尹之政，必以告新令尹。何如？”子曰：“忠矣。”曰：“仁矣乎？”曰：“未知。焉得仁？”“崔子[③]弑[④]齐君[⑤]，陈文子[⑥]有马十乘，弃而违之，至于他邦，则曰：‘犹吾大夫崔子也。’违之。之一邦，则又曰：‘犹

吾大夫崔子也。'违之,何如?"子曰:"清矣。"曰:"仁矣乎?"曰:"未知,焉得仁?"

注释

①令尹子文:令尹,楚国的官名,相当于宰相。子文是楚国的著名宰相。

②三已:三,指多次。已,罢免。

③崔子:齐国大夫崔杼(zhù),曾杀死齐庄公,在当时引起极大反应。

④弑:地位在下的人杀了地位在上的人。

⑤齐君:即指被崔杼所杀的齐庄公。

⑥陈文子:陈国的大夫,名须无。

译文

子张问孔子说:"令尹子文几次做楚国宰相,没有显出高兴的样子,几次被免职,也没有显出怨恨的样子。(他每一次被免职)一定把自己的一切政事全部告诉给来接任的新宰相。你看这个人怎么样?"孔子说:"可算得是忠了。"子张问:"算得上仁了吗?"孔子说:"不知道。这怎么能算得上仁呢?"子张又问:"崔杼杀了他的君主齐庄公,陈文子家有四十匹马,都舍弃不要了,离开了齐国,到了另一个国家,他说,这里的执政者也和我们齐国的大夫崔子差不多,就离开了。到了另一个国家,又说,这里的执政者也和我们的大夫崔子差不多,又离开了。这个人你看怎么样?"孔子说:"可算得上清高了。"子张说:"可说是仁了吗?"孔子说:"不知道,这怎么能算得上仁呢?"

原文

季文子[①]三思而后行。子闻之,曰:"再,斯[②]可矣。"

注释

①季文子:即季孙行父,鲁成公、鲁襄公时任正卿,"文"是他的谥号。②斯:就。

译文

季文子每做一件事都要考虑多次。孔子听到了,说:"考虑两次也就行了。"

原文

子曰："宁武子[1]，邦有道则知，邦无道则愚[2]，其知可及也，其愚不可及也。"

注释

①宁武子：姓宁，名俞，卫国大夫，"武"是他的谥号。

②愚：这里是装傻的意思。

译文

孔子说："宁武子这个人，当国家有道时，他就显得聪明，当国家无道时，他就装傻。他的那种聪明别人可以做得到，他的那种装傻别人就做不到了。"

原文

子在陈[1]曰："归与！归与！吾党之小子[2]狂简[3]，斐然[4]成章，不知所以裁[5]之。"

注释

①陈：古国名，大约在今河南东部和安徽北部一带。

②吾党之小子：古代以500家为一党。吾党，意即我的故乡。小子，指孔子在鲁国的学生。

③狂简：志向远大但行为粗率简单。

④斐然：有文采的样子。

⑤裁：裁剪，节制。

译文

孔子在陈国说："回去吧！回去吧！家乡的学生有远大志向，但行为粗率简单，有文采但还不知道怎样来节制自己。"

原文

子曰："伯夷、叔齐[1]不念旧恶[2]，怨是用希[3]。"

注释

①伯夷、叔齐：殷朝末年孤竹君的两个儿子。父亲死后，二人互相让位，都逃到周文王那里。周武王起兵伐纣，他们认为这是以臣弑君，是不忠不孝的行为，曾加以拦阻。周灭商统一天下后，他们以吃周朝的粮食为耻，逃进深山中以野草充饥，饿死在首阳山中。

②旧恶：宿怨。

③希：同稀。

译文

孔子说："伯夷、叔齐两个人不记人家过去的仇恨，（因此，别人对他们的）怨恨因此也就少了。"

原文

子曰："孰谓微生高[1]直？或乞醯[2]焉，乞诸其邻而与之。"

注释

①微生高：姓微生，名高，鲁国人。当时人认为他直率。

②醯（xī）：醋。

译文

孔子说："谁说微生高这个人直率？有人向他讨点醋，他（不直说没有，却暗地）到他邻居家里讨了点给人家。"

原文

子曰："巧言、令色、足恭①，左丘明②耻之，丘亦耻之。匿怨而友其人，左丘明耻之，丘亦耻之。"

注释

①足恭：一说是两只脚做出恭敬逢迎的姿态来讨好别人；另一说是过分恭敬。这里采用后说。

②左丘明：姓左丘，名明，鲁国人，相传是《左传》一书的作者。

译文

孔子说："花言巧语，装出好看的脸色，摆出逢迎的姿势，低三下四地过分恭敬，左丘明认为这种人可耻，我也认为可耻。把怨恨装在心里，表面上却装出友好的样子，左丘明认为这种人可耻，我也认为可耻。"

原文

颜渊、季路侍①。子曰："盍②各言尔志。"子路曰："愿车马，衣轻裘，与朋友共，敝之而无憾。"颜渊曰："愿无伐③善，无施劳④。"子路曰："愿闻子之志。"子曰："老者安之，朋友信之，少者怀之⑤。"

注释

①侍：服侍，站在旁边陪着尊贵者叫侍。

②盍：何不。

③伐：夸耀。

④施劳：施，表白。劳，功劳。

⑤少者怀之：让少者得到关怀。

译文

颜渊、子路两人侍立在孔子身边。孔子说："你们何不各自说说自己的志向？"子路说："愿意拿出自己的车马、衣服、皮袍，同我的朋友共同使用，用坏了也不抱怨。"颜渊说："我愿意不夸耀自己的长处，不表白自己的功劳。"子路向孔子说："愿意听听您的志向。"孔子说："（我的志向是）让年老的安心，让朋友们信任我，让年轻的子弟们得到关怀。"

原文

子曰："已[1]矣乎！吾未见能见其过而内自讼者也。"

注释

①已：结束。

译文

孔子说："完了，我还没有看见过能够看到自己的错误而又能从内心责备自己的人。"

原文

子曰："十室之邑[1]，必有忠信如丘者焉，不如丘之好学也。"

注释

①邑：小村子。

译文

孔子说："即使只有十户人家的小村子，也一定有像我这样讲忠信的人，只是不如我那样好学罢了。"

孟子

梁惠王上

原文

孟子见梁惠王[①]。王曰:“叟不远千里而来,亦将有以利吾国乎?”孟子对曰:“王何必曰利?亦有仁义而已矣。王曰何以利吾国,大夫曰何以利吾家,士庶人曰何以利吾身,上下交征利[②]而国危矣。万乘之国[③],弑其君者[④],必千乘之家。千乘之国,弑其君者,必百乘之家。万取千焉,千取百焉,不为不多矣。苟[⑤]为后义而先利,不夺不餍[⑥]。未有仁而遗其亲者也,未有义而后其君者也。王亦曰仁义而已矣,何必曰利?”

注释

①梁惠王:魏惠王,名罃,惠是他的谥号。因为魏国都城是大梁(今河南开封),所以也叫梁惠王。

②交征利:征,取。交征利,互相取利。

③万乘之国:乘,古代四马一车叫一乘。有一万辆兵车的国家,就是较大的诸侯国。

④弑其君者:弑,杀。古代把臣杀死国君或儿子杀死父亲,叫做“弑”。

⑤苟:如果。

⑥餍:满足。

译文

孟子谒见梁惠王。梁惠王说:"老先生,您不远千里跑到魏国来,是想做什么对我国有利的事吧?"

孟子回答说:"王,您为什么一开口就谈利呢?只要讲仁义就好。如果王说,'怎样才对我的国家有利呢?'大夫说,'怎样才对我的封地有利呢?'普通的士人和百姓也都说,'怎样才对我本人有利呢?'这样,举国上下逐利,国家就危险了。在拥有一万辆兵车的国家里,能杀掉他的国君的,一定是拥有一千辆兵车的大夫;在拥有一千辆兵车的国家里,杀掉他的国君的,一定是拥有一百辆兵车的大夫。在拥有一万辆兵车的国家中,大夫拥有一千辆兵车;在拥有一千辆兵车的国家中,大夫拥有一百辆兵车;这些大夫的产业够多的了。但是,如果轻义重利,那大夫若不侵夺国君的财产,是永远不会满足的。从来没有讲'仁'的人遗弃自己的父母的,也没有讲'义'的人会怠慢他的君主。您只要讲仁义就行了,为什么一定要讲利益呢?"

原文

孟子见梁惠王,王立于沼上,顾鸿雁麋鹿,曰:"贤者亦乐此乎?"孟子对曰:"贤者而后乐此,不贤者虽有此不乐也。《诗》云:'经始灵台,经之营之,庶民攻①之,不日成之。经始勿亟②,庶民子来。王在灵囿,麀鹿攸伏③。麀鹿濯濯④,白鸟鹤鹤⑤。王在灵沼,於牣⑥鱼跃。'文王以民力为台为沼,而民欢乐之。谓其沼曰灵台,谓其沼曰灵沼,乐其有麋鹿鱼鳖。古之人与民偕乐,故能乐也。《汤誓》曰:'时日害丧,予及女偕亡⑦。'民欲与之偕亡,虽有台池鸟兽,岂能独乐哉?"

注释

①攻:治,这里指建筑灵台的工作。

②亟:急、急迫。

③麀鹿攸伏:麀,母鹿。攸,所。

④濯濯:肥胖有光泽的样子。

⑤鹤鹤:羽毛洁白的样子。

⑥於牣:於,语气词。牣,满。

⑦时日害丧,予及女偕亡:时,此、这。日,太阳。害,同"曷",何。予,我。女,同"汝",你。偕亡,一起死。

译文

孟子谒见梁惠王。梁惠王站在池塘边上，一边看着鸟兽，一边说："有德行的人也会以此为乐吗？"孟子回答说："只有有德行的人才能体会出这里面真正的乐趣，没有道德的人即使有这种快乐，但无法体会出这里面真正的乐趣。《诗经》上说：'开始筑灵台，经营复经营，大家齐努力，很快就落成。王说不要急，百姓更努力。王到鹿苑中，母鹿正安逸。母鹿光又肥，白鸟羽毛洁。王到灵沼中，满池鱼欢跃。'周文王借百姓之力兴建高台池沼，可是百姓却乐于被他役使，把那台叫做'灵台'，把那池沼叫做'灵沼'，还为王拥有各种各样的禽兽鱼鳖而高兴。就因为王能与民同乐，所以他能得到真正的快乐。而夏桀却不那样，所以百姓怨恨他。《汤誓》上说：'太阳啊！你什么时候消失呢？我宁肯跟你一起死去！'作为一国之君，百姓竟想和他同归于尽，即使有高台深池、奇禽异兽，他自己能高兴到哪去呢？"

原文

梁惠王曰："寡人之于国也，尽心焉耳矣。河内凶，则移其民于河东，移其粟于河内。河东凶亦然。察邻国之政，无如寡人之用心者。邻国之民不加少，寡人之民不加多，何也？"

孟子对曰："王好战，请以战喻，填然鼓之[①]，兵刃既接，弃甲曳兵而走[②]。或百步而后止，或五十步而后止。以五十步笑百步，则何如？"

曰："不可，直不百步耳[③]，是亦走也。"

曰："王如知此，则无望民之多于邻国也。

"不违农时，榖不可胜食也。数罟不入洿池[④]，鱼鳖不可胜食也。斧斤以时入山林，材木不可胜用也。榖与鱼鳖不可胜食，材木不可胜用，是使民养生丧死无憾也。养生丧死无憾，王道之始也。"五亩之宅，树之以桑，五十者可以衣帛[⑤]矣，鸡豚狗彘之畜，无失其时[⑥]，七十者可以食肉矣。百亩之田，勿夺其时，数口之家可以无饥矣。谨庠序之教[⑦]，申[⑧]之以孝悌之义，颁白[⑨]者不负戴于道路矣。七十者衣帛食肉，黎民不饥不寒，然而不王[⑩]者，未之有也。

"狗彘食人食而不知检，涂有饿莩而不知发[⑪]。人死，则曰：'非我也，岁也。'是何异于刺人而杀之。曰：'非我也，兵也。'王无罪岁[⑫]，斯天下之民至焉。"

注释

①填然鼓之:填然,鼓声咚咚响。之,助词。

②走:跑,古代把快跑叫“走”。

③直不百步耳:直,只是、不过。耳,助词。

④数罟不入洿池:数,细、密。罟,渔网。洿,大、深。

⑤帛:丝织品总称。

⑥无失其时:时,时候,时节,时机。种庄稼、养畜禽、养鱼捕鱼,都要抓住时节。

⑦庠序之教:庠序,古代称学校,夏代叫“校”,商代叫“序”,周代叫“庠”。

⑧申:重复强调。如:三令五申。

⑨颁白:颁,斑。颁白,斑白,指头发花白。

⑩王:称王。

⑪涂有饿莩而不知发:涂,同“途”,道路。饿莩,饿死的人。发,开仓放粮赈济饥民。

⑫王无罪岁:无,同“毋”,不要。罪,过错。岁,年成、年景,意思是王你不要把过错推给年成。

译文

梁惠王说:“我治理国家,真可谓鞠躬尽瘁。河内闹饥荒,我就把那里的一部分百姓迁到河东,同时还从河东往河内调粮赈灾。如果河东遭了饥荒也是这样做。我曾经考察过邻国的政治,没有哪个国君能像我这样体恤民情的。可是,那些国家的百姓却并未因此而减少,我的百姓也并不因此而增多,为什么会这样呢?”

孟子回答:“王您喜欢战争,那就让我用战争来打个比方吧!战鼓一响,双方刚一交战,就丢盔卸甲拖着兵器向后逃跑。有的一口气跑了一百步停住脚,有的一口气跑了五十步停住脚。那些跑五十步的战士竟耻笑跑一百步的战士,您觉得那些跑五十步的战士做得对吗?”

梁惠王说:“不对,虽然他没跑一百步,但也是逃跑呀!”

孟子说:“王如果懂得这个道理,那就不要再希望你的百姓比邻国多了。

"如果在农民耕种和收获的季节,不去征发徭役,妨害百姓的生产,那就会有吃不完的粮食。如果不用细密的渔网到大池沼里捕鱼,那就会有吃不完的鱼。如果定时砍伐树木,就会有用不完的木材。粮食和鱼类吃不完,木材用不尽,百姓对生老病死就不会有怨言。百姓对这些都没有不满,这就是'王道'的开端啊!凡是五亩大的宅园中都种植桑树,那么,五十岁以上的人都能穿上丝绵袄了。鸡、狗、猪家畜,家家都有足够的饲料和时间去喂养,那么,七十岁以上的人都能吃上肉了。有百亩耕地的人家,不妨碍他们生产,那么,人口少的家庭就能吃得饱了。好好地办些学校,时常用孝顺父母、敬爱兄长的大道理来训导他们,那么,人人都会敬老尊贤,老人也就不会用头顶着、用肩扛着重物在路上走了。七十岁以上的人有丝绵袄穿,有肉吃,普通百姓不用为衣食发愁,这样天下百姓谁不愿归附您呢?现在情况并不这样。

"富贵人家的猪狗吃掉了百姓的粮食,却不加以检查、制止。有人饿死在路边还不开仓放粮,赈济灾民。百姓死了,竟然说,'这不是我的错,是年成不好啊!'这种说法和拿着刀子杀死了人,却说,'这不是我杀的,是兵器杀的',又有什么不同呢?王您如果不推托说年成不好,而是改革政事,别国的百姓都会来投奔您的。"

原文

梁惠王曰:"寡人愿安承教。"

孟子对曰:"杀人以梃与刃,有以异乎?"

曰:"无以异也。"

"以刃与政,有以异乎?"

曰:"无以异也。"

曰:"庖有肥肉,厩有肥马①,民有饥色,野有饿莩,此率兽而食人也。兽相食,且人恶之。为民父母,行政不免于率兽而食人,恶②在其为民众父母也?仲尼曰③:'始作俑④者,其无后乎?'为其象人而用之也。如之何其使斯民饥而死也?"

注释

①庖有肥肉,厩有肥马:庖,厨房。厩,马棚。

②恶:何,为什么。

③仲尼:孔子,姓孔,名丘,字仲尼。

④俑:殉葬用的木偶、土偶叫做俑。

译文

梁惠王说："您教训得是，我乐于接受您的批评。"

孟子回答说："用木棒打死人和用刀子杀死人，有什么不同吗？"

梁惠王说："没什么不同。"

孟子说："用刀子杀死人和用政治害死人，有什么不同吗？"

梁惠王说："没有。"

孟子又说："现在您的厨房里有皮薄膘肥的肉，您的马圈里有健壮的马，可是饥民横尸荒野，这等于在上位的人率领着禽兽来吃人。兽类自相残杀，人尚且厌恶它；做百姓父母官的，主持政事，却要鱼肉百姓，那还算是百姓的父母官吗？孔子说过，'第一个造作木偶来殉葬的人，该断子绝孙！'孔子所痛恨的，就是因为木偶土偶像人形，却用来殉葬。用人形的木偶土偶代替人来殉葬尚且不可以，又怎么能让百姓活活地饿死呢？"

原文

梁惠王曰："晋国[1]，天下莫强焉，叟之所知也。及寡人之身，东败于齐，长子死焉；西丧地于秦七百里；南辱于楚。寡人耻之，愿比死者一洒之[2]，如之何则可？"

孟子对曰："地方百里而可以王。王如施仁政于民，省刑罚，薄税敛，深耕易耨[3]。壮者以暇日修其孝悌忠信，入以事其父兄，出以事其长上，可使制[4]梃以挞秦楚之坚甲利兵矣。

"彼夺其民食，使不得耕耨以养其父母；父母冻饿，兄弟妻子离散。彼陷溺其民，王往而征之，夫谁与王敌？故曰：'仁者无敌。'王请勿疑。"

注释

①晋国：指魏国，不是三家分晋的晋国。

②洒之：洒同"洗"。洒之，洗去耻辱。

③耨：锄草。

④制：同"掣"，拉、拽、拿起来。

译文

梁惠王说："早先魏国实力雄厚，天下无国能敌，这一点，您自然很清楚。现如今，东边和齐国打了一仗，大败而回，连我的大儿子都牺牲了；西边又败给秦国，丧失了河西七百多里地；南边又被楚国抢去了八个城池。我认为这实在是奇耻大辱，希望能够替我国所有的战死者报仇雪恨，您说该怎么办？"

孟子回答说："只要有纵横一百里的小国，就可以实行仁政而使天下归服，何况魏国这样的大国呢！您如果向百姓推行仁政，减少刑罚，减轻赋税，叫百姓能够深耕细作，早除荒草；让年轻的人在闲暇时间来讲求孝顺父母、敬爱兄长、为人尽心竭力、待人忠诚守信的道德，而且运用这些道德，在家就侍奉父兄，居官则尊敬上级，这样，就是拿着木棒也可以抗击拥有坚实盔甲、锐利刀枪的秦楚军队了。

"秦国、楚国经常征兵，侵占了百姓的生产时间，使他们不能耕种无法供养父母。他们的父母挨饿受冻，兄弟妻子四散奔逃。秦王、楚王使他们的百姓陷于水深火热之中。您去讨伐他们，谁会抵抗您呢？所以老话曾经说过，'施仁政的人是无敌于天下的。'这一点您毋需置疑！"

原文

孟子见梁襄王[①]。出，语人曰："望之不似人君，就之而不见所畏焉。卒然[②]问曰：'天下恶乎定？'

吾对曰：'定于一。'

'孰能一之？'

对曰：'不嗜杀人者能一之。'

'孰能与之[③]？'

对曰：'天下莫不与也。王知夫苗乎？七八月[④]之间旱，则苗槁矣。

'天油然作云，沛然下雨，则苗浡然兴之矣[⑤]。其如是，孰能御之？今夫天下之人牧[⑥]，未有不嗜杀人者也。如有不嗜杀人者，则天下之民皆引领而望之矣。诚如是也，民归之，由水之就下[⑦]，沛然谁能御之？'"

注释

①梁襄王:梁惠王的儿子,名嗣。

②卒然:同"猝然",突然。

③孰能与之:孰,谁。与,从,跟随。

④七八月:周代历法,七八月相当于今天的农历五六月。

⑤浡然兴之矣:然,猛然。兴,兴起。之和矣都是语气词。

⑥人牧:治理人民的人,指国。

⑦由水之就下:由,同"犹",如同,好像。水之就下,水向下流。

译文

孟子谒见完梁襄王,回去对别人说:"从远处看,他没有个国君的样儿;离近看,也看不到他的威严。他突然问我:'怎样才能平定天下呢?'

我回答说:'天下归于一统,就能安定。'

他又问:'谁能统一天下呢?'

我又回答说:'不喜欢杀人的国君,就能统一天下。'

他又问:'那谁愿跟随他呢?'

我又回答说:'天下的人没有不愿跟随他的。您懂得禾苗的情况吗?七、八月间,若是长期不下雨,禾苗自然就枯萎了。

'如果层云密布下起大雨,禾苗就又勃发出生机茂盛地生长起来。像这样,有谁能够阻挡得住呢?如今各国的君王,没有一个不好杀人的。如果有一位不好杀人的君王,那么,天下的百姓就会伸长脖子期待他来解救了。真是这样,百姓归附于他,跟随他走,好像水向下奔流一样,有谁能挡得住呢?'"

原文

齐宣王[①]问曰:"齐桓、晋文[②]之事可得闻乎?"

孟子对曰:"仲尼之徒无道桓、文之事者,是以后世无传焉。臣未之闻也。无以[③],则王乎?"曰:"德何如,则可以王矣?"

曰:"保民而王,莫之能御也。"

曰:"若寡人者,可以保民乎哉?"

曰:"可。"

曰:"何由知吾可也?"

曰："臣闻之胡龁[4]曰，王坐于堂上，有牵牛而过堂下者，王见之，曰：'牛何之？'对曰：'将以衅钟[5]。'王曰：'舍之！吾不忍其觳觫[6]，若无罪而就死地。'对曰：'然则废衅钟与？'曰：'何可废也？以羊易之。'不识有诸？"

曰："有之。"

曰："是心足以王矣。百姓皆以王为爱也，臣固知王之不忍也。"

王曰："然。诚有百姓者。齐国虽褊小[7]，吾何爱一牛？即不忍其觳觫，若无罪而就死地，故以羊易之也。"

曰："王无异[8]于百姓之以王为爱也。以小易大，彼恶知之？王若隐[9]其无罪而就死地，则牛羊何择焉。"

王笑曰："是诚何心哉？我非爱其财而易之以羊也，宜乎百姓之谓我爱也。"

曰："无伤也，是乃仁术也，见牛未见羊也。君子之于禽兽也，见其生，不忍见其死；闻其声，不忍食其肉。是以君子远庖厨也。"

王说[10]，曰："《诗》云：'他人有心，予忖度[11]之。'夫子之谓也。夫我乃行之，反而求之，不得吾心。夫子言之，于我心有戚戚[12]焉。此心之所以合于王者，何也？"

曰："有复于王者曰：'吾力足以举百钧，而不足以举一羽；明足以察秋毫之末，而不见舆薪[13]。'则王许之乎？"

曰："否。"

"今恩足以及禽兽，而功不至于百姓者，独何与？然则一羽之不举，为不用力焉；舆薪之不见，为不用明焉；百姓之不见保，为不用恩焉。故王之不王，不为也，非不能也。"

曰："不为者与不能者之形，何以异？"

曰:“挟太山以超北海[14],语人曰:‘我不能’,是诚不能也。为长者折枝[15],语人曰:‘我不能’,是不为也,非不能也。故王之不王,非挟太山以超北海之类也;王之不王,是折枝之类也。

“老吾老,以及人之老[16];幼吾幼,以及人之幼,天下可运于掌[17]。《诗》云:‘刑于寡妻,至于兄弟,以御于家邦[18]。’言举斯心,加诸彼而已。故推恩足以保四海,不推恩无以保妻子。古之人所以大过人者无他焉,善推其所为而已矣。今恩足以及禽兽,而功不至于百姓者,独何与?

“权[19],然后知轻重,度,然后知长短。物皆然,心为甚。王请度之。

“抑王兴甲兵,危士臣,构怨于诸侯,然后快于心与?”

王曰:“否。吾何快于是?将以求吾所大欲也。”

曰:“王之所大欲,可得闻与?”

王笑而不言。

曰:“为肥甘不足于口与?轻暖不足于体与?抑[20]为采色[21]不足视于目与?声音不足听于耳与?便嬖[22]不足使令于前与?王之诸臣皆足以供之,而王岂为是哉?”

曰:“否。吾不为是也。”

曰:“然则王之所大欲,可知已。欲辟土地,朝秦楚,莅[23]中国而抚四夷也。以若所为,求若所欲,犹缘木而求鱼也。”

王曰:“若是其甚与?”

曰:“殆[24]有甚焉。缘木求鱼,虽不得鱼,无后灾。以若所为,求若所欲,尽心力而为之,后必有灾。”

曰:“可得闻与?”

曰:“邹人与楚人[25]战,则王以为孰胜?”

曰:“楚人胜。”

曰:“然则小固不可以敌大,寡固不可以敌众,弱固不可以敌强。海内之地,方千里者九,齐集有其一。以一服八,何以异于邹敌楚哉?盖[26]亦反其本矣。

“今王发政施仁,使天下仕者皆欲立于王之朝,耕者皆欲耕于王之野,商贾皆欲藏于王之市,行旅皆欲出于王之涂[27],天下之欲疾其君者皆欲赴愬于王[28]。其若是,孰能御之?”

王曰："吾惛[29]，不能进于是矣。愿夫子辅吾志，明以教我。我虽不敏，请尝试之。"

曰："无恒产而有恒心者，惟士为能。若民，则无恒产，因无恒心。苟无恒心，放辟邪侈，无不为已。及陷于罪，然后从而刑之，是罔民也。焉有仁人在位，罔民[30]而可为也？是故明君制[31]民之产，必使仰足以事父母，俯足以畜妻子，乐岁终身饱，凶年免于死亡。然后驱而之善，故民之从之也轻[32]。

"今也制民之产，仰不足以事父母，俯不足以畜妻子，乐岁终身苦，凶年不免于死亡。此惟救死而恐不赡[33]，奚[34]暇治礼义哉？

"王欲行之，则盍[35]反其本矣。五亩之宅，树之以桑，五十者可以衣帛矣。鸡豚狗彘之畜，无失其时，七十者可以食肉矣。百亩之田，勿夺其时，八口之家可以无饥矣。谨庠序之教，申之以孝悌之义，颁白者不负戴于道路矣。老者衣帛食肉，黎民不饥不寒，然而不王者，未之有也。"

注释

①齐宣王：名辟疆。

②齐桓、晋文：齐桓公，名小白。晋文公，名重耳。春秋时期，首先称霸的是齐桓公，其次有晋文公。

③无以：以，同"已"。无以，不得已。

④胡龁：胡龁，人名。

⑤衅钟：衅，祭名，血祭。衅钟，用牲畜的血来祭大钟的落成，这种仪式叫衅钟。

⑥觳觫：因恐惧而发抖。

⑦褊小：褊，通"偏"。褊小，狭小。

⑧无异：异，怪、奇怪、怀疑。无，不要。

⑨隐：可怜、哀痛。

⑩说：同"悦"，高兴、喜欢。

⑪忖度：揣想，猜测。

⑫戚戚：忧愁、悲伤的样子。

⑬舆薪：车薪、一车柴火。

⑭挟太山以超北海：挟，挟持。太山，即泰山。北海，即渤海。

⑮折枝：折断树枝。

⑯老吾老，以及人之老：前一个老字，动词，对待老人。第二个老字是指老人、父母。第三个老字，也是指老人，是别人的老人、父母。

⑰天下可运于掌：运于掌，在手掌内运转、转动。意思是主宰天下。

⑱家邦：家和国。

⑲权：秤砣。秤砣位置变化，就引起轻重改变，所以权引申为重大，如：权、权力；引申为变化，如：权变、权术。

⑳抑：选择连词，还是。如：这样，还是那样？

㉑采色：即鲜艳的颜色。

㉒便嬖：宠幸的人。

㉓莅：临，如。

㉔殆：可能、大概、或者。

㉕邹人与楚人：邹、楚，都是国名。

㉖盖：通"盍"，何不。

㉗涂：同"途"，道路。

㉘赴愬于王：愬通"诉"，告诉、诉说。

㉙惛：同"昏"。

㉚罔民：罔，同"网"。罔民，用网捉百姓，引申为陷害百姓。

㉛制：规定、订立制度。

㉜轻：轻易、容易。

㉝赡：足、充足、丰富。

㉞奚：何、哪有。

㉟盍：何不。

译文

齐宣王问孟子说："您能给我讲讲齐桓公、晋文公在春秋时代是怎样称霸的吗？"

孟子回答说："孔子的学生们没记录下齐桓公、晋文公的事迹，所以齐、晋二公的事迹没有传到后世来，我也不曾听过。王如果一定要我说，就讲讲用道德的力量来统一天下的'王道'吧！"

齐宣王问道："要有怎样的道德才能够统一天下呢？"

孟子说："一切为百姓着想，为百姓安居乐业而努力，这样去统一天下，是没有人能够阻挡的。"

齐宣王说："像我这样的人，能让百姓安居乐业吗？"

孟子说："能。"

齐宣王说："您从哪看出我能呢？"

孟子说："胡龁曾告诉我一件事，王坐在大殿之上，有人牵着牛从殿前走过。王看见了就问道：'牵着牛往哪儿去？'那牵牛人回答：'准备宰了祭钟。'王就说：'放了它吧！看它哆嗦的，太可怜了，牛本身没什么错，却被送进屠宰场，我实在不忍哪！'

那人就说:‘那么,难道就废除祭钟这一仪式吗?’王又说:‘怎么可以废除呢?用羊来代替吧!’——不知道这事是否属实?”

齐宣王说:“有的。”

孟子说:“您有同情心就可以统一天下了。百姓都以为王是吝啬,我早就知道王是同情牛啊!”

齐宣王说:“对呀,竟然有这样的百姓。齐国虽然不大,我也不至于连一头牛都舍不得呀?我就是不忍看它吓得浑身发抖的可怜样儿,毫无罪过而被送进屠宰场,才用羊代它送死。”

孟子说:“百姓说您吝啬,您也不必奇怪。用小的代替大的,他们哪能理解您的良苦用心呢?如果说可怜它毫无罪过却被送进屠宰场,那么宰牛和宰羊又有什么区别呢?”

齐宣王笑着说:“其实我也搞不懂自己是怎么想的。我的确不是吝啬钱财才用羊代替牛的。您这么一说,百姓说我吝啬真是理所当然的了。”

孟子说:“百姓误解您没什么关系。您这种不忍之心正说明您仁爱。关键是,您亲眼看见了那头牛,却没有看见那只羊。君子对于飞禽走兽,看见它们活着,就不忍心再看到它们死去,听到它们悲鸣哀号,就不忍心再吃它们的肉。君子把厨房设在远离自己的地方,就是这个道理。”

齐宣王高兴地说:“有两句诗歌:‘别人想什么,我能揣摩到。’您就是这样的。我虽然这样做了,却又说不出个所以然来。您老人家这么一说,我的心就明白自己为什么那么做了。但我这种心情和王道相合,又是什么道理呢?”

孟子说:“如果有一个人对您说:‘我能举起三千斤的重量,却拿不起一根羽毛;我能看清候鸟的细毛,一车子柴火摆在眼前我却看不见。’您能相信这种话吗?”

齐宣王说:“不能。”

孟子随即说:“如今您的恩惠足以使动物沾光,却不能使百姓得到好处,为什么呢?这样看来,拿不起一根羽毛,只是不肯用力气的缘故;看不见一车子柴火,只是不肯用眼睛的缘故;百姓得不到安定的生活,是因为您不肯施恩于民。所以您不行仁政统一天下,只是不肯干,不是不能干。”

齐宣王说:“不肯干和不能干有什么不同呢?”

孟子说:“把泰山夹在胳臂底下跳过北海,告诉人说:‘这个我办不到。’这是真的不能做。替老年人折取一段树枝只是举手之劳,却对别人说:‘这个我办不到。’这是不肯干,不是不能干。您不行仁政不属于把泰山夹在胳臂底下跳过北海一类,而是属于替老年人折取树枝一类的。尊敬自己的长辈,从而推广到尊敬别人的长辈;爱护自己的儿女,从而推广到爱护别人的儿女。如果以此作为您治政的原则,那您想统一天下简直太容易了。《诗经》上说:‘先给妻子做榜样,再推广到兄弟,再进而推广到封邑和国家。’这就是说把这样的恩惠推广到其他方面就行了。所以由近及远地把恩惠推广开去,就足以安定天下;不这样做,甚至连自己的妻子都保护不了。古代圣贤之所以比普通人强百倍,没有别的诀窍,只是他们善于推行他们好

的行为罢了。如今您的恩惠足以使动物沾光,百姓却得不到好处,这是为什么呢?

“称一称,才知道轻重,量一量,才知道长短。万物皆同一理,人心更是这样。王,您考虑一下吧!

“难道说,动员全国军队,使将士冒着生命危险,去和别的国家结仇构怨,这样做您心里才痛快吗?”

齐宣王说:“不,我为什么一定要这么做才痛快呢?我之所以这样做,不过是想得到我最想要的东西啊!”

孟子说:“王最想得到的是什么呢?可以讲给我听听吗?”

齐宣王笑了笑,却不说话。

孟子就说:“是为了肥美的食物不够吃吗?是为了轻暖的衣服不够穿吗?是为了艳丽的色彩不够看吗?是为了美好的音乐不够听吗?还是为了侍候您的人不够多呢?这些,以您现在的实力,完全可以实现,难道您真是为了这些吗?”

齐宣王说:“不,我不是为了这些。”

孟子说:“那么,您最想得到什么就可想而知了。您是想要扩张国土,使秦、楚大国都来朝贡,自己做天下的盟主,同时安抚周围的落后的民族。不过,以您这样的做法想满足您这样的欲望,好比爬到树上去捉鱼,简直是天方夜谭。”

齐宣王说:“有这么严重吗?”

孟子说:“恐怕比这更严重呢!爬上树去捉鱼,虽然捉不到,却没有祸害。以您这样的做法想满足您这样的欲望,处心积虑,劳民伤财,不但达不到目的,反而会引祸上身。”

齐宣王说:“这是什么道理呢?可以讲给我听吗?”

孟子说:“假设邹国和楚国打仗,您以为哪一国会打胜呢?”

齐宣王说:“楚国会胜。”

孟子说:“从这里就可以看出:小国不可以跟大国为敌,人口稀少的国家不可以跟人口众多的国家为敌,弱国不可以跟强国为敌。现在土地总面积为900万平方里,齐国的领土不过100万平方里。以九分之一的力量跟其余的九分之八为敌,这和邹国跟楚国为敌有什么分别呢?这条路行不通,那么为什么不试着换条路从根本上解决这一问题呢?

“现在王如果能改革政治,施行仁德,就会使天下的士大夫都想到齐国来做官,庄稼汉都想到齐国来种地,行商坐商都想到齐国来做生意,来往的旅客也都想取道齐国,各国痛恨本国君主的人们也都想到您这里来控诉。如果真能达成这种局面,又有谁能抵挡得住您呢?”

齐宣王说："我脑子不好使，对您讲的理想不能再有进一层的体会，希望您辅佐我达到目的，明明白白地教导我。我虽然无能，但可以按您说的试一试。"

孟子说："没有固定产业收入却有固定的道德观念和行为准则的，只有士人才能够做到。至于一般人，如果没有固定的产业收入，就也没有固定的道德观念和行为准则。这样，就会胡作非为，违法乱纪，什么事都干得出来。等他们犯了罪，再去惩罚他们，这等于陷害。哪有仁爱的人身为父母官却做出陷害百姓的事呢？所以英明的君主规定人们的产业，一定要使他们上足以赡养父母，下足以抚养妻子儿女；好年成，丰衣足食；坏年成，也不致饿死。然后再去诱导百姓走正路，百姓就甘心听从他的命令了。

"现在呢，规定人们的产业，上不足以赡养父母，下不足以抚养妻儿；好年成，尚且度日艰难；年成不好，只有死路一条。这样，大家想活命还怕来不及，哪有闲工夫学习礼仪呢？

"如果您要施仁政，为什么不从根本入手呢？每家给他5亩土地的住宅，让他们在四周种植桑树，那么，50岁以上的人都可以有丝绵袄穿了。鸡、狗和猪这类家畜，都有力量和时间去饲养、繁殖，那么，70岁以上的人就都有肉可吃了。一家给他100亩田地，并且不去妨碍他的生产，就能解决八口之家的温饱问题。办好各级学校，反复地用孝顺父母、敬爱兄长的大道理来开导他们，那么，须发花白的人，就不致头顶着、背负着物件在路上行走了。老年人个个穿绵吃肉，百姓不用忍冻受饿，这样天下没人不来归服您。"

梁惠王下

原文

庄暴[1]见孟子，曰："暴见于王，王语暴以好乐[2]，暴未有以对也。"曰："好乐何如？"

孟子曰："王之好乐甚，则齐国其庶几[3]乎"

他日，见于王曰："王尝语庄子以好乐，有诸？"

王变乎色，曰："寡人非能好先王之乐也，直好世俗之乐耳[4]。"

曰："王之好乐甚，则齐国其庶几乎！今之乐由古之乐也。"

曰："可得闻与？"

曰："独乐乐，与人乐乐，孰乐？"

曰："不若与人。"

曰："与少乐乐，与众乐乐，孰乐？"

曰："不若与众。"

"臣请为王言乐。今王鼓乐于此，百姓闻王钟鼓之声，管籥[5]之音，举疾首蹙頞[6]而相告曰：'吾王之好鼓乐，夫何使我至于此极也？父子不相见，兄弟妻子离散。'今王田猎于此，百姓闻王车马之音，见羽旄之美[7]，举疾首蹙頞而相告曰：'吾王之好田猎，夫何使我至于此极也？父子不相见，兄弟妻子离散。'此无他，不与民同乐也。

"今王鼓乐于此，百姓闻王钟鼓之声，管籥之音，举欣欣然有喜色而相告曰：'吾王庶几无疾病与，何以能鼓乐也？'今王田猎于此，百姓闻王车马之音，见羽旄之美，举欣欣然有喜色而相告曰：'吾王庶几无疾病与，何以能田猎也？'此无他，与民同乐也。今王与百姓同乐，则王矣。"

注释

①庄暴：人名，齐国的大臣。

②乐：音乐。

③庶几：差不多。

④耳：语气词，可译为"罢了"。

⑤管籥：籥，同"龠"。管，古代吹奏的乐器。

⑥蹙頞：蹙，缩紧、皱。頞，鼻梁子。意思是头痛皱眉头。

⑦羽旄之美：羽旄，装饰羽毛的旗帜，这里指仪仗的华丽。

译文

齐国的大臣庄暴来见孟子，说："我去朝见君王，君王告诉我，他爱好音乐，我一时想不出该怎样回答他。"庄暴又问孟子："齐王喜欢音乐，到底好不好呢？"

孟子说："君王如果非常爱好音乐，那么齐国就会被治理得很不错。"

过了些时候，孟子谒见齐宣王，问道："您曾告诉庄暴，说您爱好音乐，有这事吗？"

齐王很不好意思地说："我并不爱好古代的音乐，只爱好一般流行的乐曲罢了。"

孟子说："只要您非常爱好音乐，那么齐国就会被治理得很不错了。无论现在流行的音乐，还是古代的音乐都是一样的。"

齐宣王说："您能给我讲讲其中的道理吗？"

孟子说："独自一个人欣赏音乐很快乐，和别人一起欣赏音乐也很快乐，究竟哪一种更快乐呢？"

齐宣王说："当然是跟别人一起欣赏更快乐些。"

孟子说："和少数人欣赏音乐固然快乐，和多数人欣赏音乐也很快乐，究竟哪一种更快乐些呢？"

齐宣王说："当然是和多数人一起欣赏更快乐。"

孟子马上接着说："那么，就让我给您讲讲如何才能和大多数人一起分享音乐带给人的快乐吧！如果您在这儿奏乐，百姓听到鸣钟击鼓的声音，又听到吹奏笛箫的声音，却都痛心疾首，愁眉苦脸地互相议论：'我们的君王这么爱好音乐，为什么让我们妻离子散，父兄天各一方呢？'如果您在这儿打猎，百姓听到车马的声音，看到华丽的仪仗，却都痛心疾首，愁眉苦脸地议论：'我们的君王这么爱好打猎，却为什么让我们妻离子散，父兄天各一方呢？'为什么百姓会这样呢？没有别的原因，就是因为您只图自己快乐而不能和百姓同乐。

"如果您在这儿奏乐，百姓听到鸣钟击鼓的声音，又听到吹箫奏笛的声音，全都眉开眼笑地互相转告说：'我们的君王大概很健康吧，不然，怎么能奏乐呢？'如果您在这儿打猎，百姓听到车马的声音，看到华丽的仪仗，全都眉开眼笑地互相转告说：'我们的君王大概很健康吧，不然，怎么能够打猎呢？'为什么百姓会这样，没有别的原因，就是因为您能与民同乐罢了。如果您能与民同乐，就可以使天下臣服。"

原 文

齐宣王问曰："文王之囿[1]方七十里，有诸[2]？"孟子对曰："于传有之。"曰："若是其大乎？"曰："民犹以为小也。"曰："寡人之囿方四十里，民犹以为大，何也？"曰："文王之囿方七十里，刍荛者[3]往焉，雉兔

者往焉，与民同之。民以为小，不亦宜乎？臣始至于境，问国之大禁，然后敢入。臣闻郊关之内有囿方四十里，杀其麋鹿者如杀人之罪，则是方四十里为阱于国中。民以为大，不亦宜乎？"

注释

①囿：养动物的园林，有墙的叫苑，没墙的叫囿。

②有诸：诸，之乎的合音。意思是有这事吗？

③刍荛者：割草打柴的人。

译文

齐宣王问孟子道："听说周文王有一个纵横70里的狩猎场，真有这回事吗？"孟子答道："史籍上有这样的记载。"宣王说："真有这么大吗？"孟子说："老百姓还觉得小呢。"宣王说："我的狩猎场纵横不过40里，老百姓为什么还认为太大了呢？"孟子说："周文王的狩猎园林纵横70里，割草打柴的去，打鸟捕兽的也去，可见周文王的狩猎场是与民共用。老百姓认为太小，不是很自然吗？我刚到齐国边界的时候，问明了齐国有哪些重要的禁令后才敢入境。我听说在齐国首都的近郊内有一个纵横40里的狩猎园林，谁杀了里面的麋鹿，与杀人同罪。那么，这纵横40里的场地，对百姓来说，是在国内布置了一个陷阱。他们认为太大了，不也是情理之中的事吗？"

原文

齐宣王问曰："交邻国有道乎？"

孟子对曰："有。惟仁者为能以大事小，是故汤事葛[①]，文王事昆夷[②]。

"惟智者为能以小事大，故太王事獯鬻[③]，勾践事吴[④]。以大事小者，乐天者也；以小事大者，畏天者也。乐天者保天下，畏天者保其国。《诗》云：'畏天之威，于时保之。'"

王曰："大哉言矣！寡人有疾，寡人好勇。"对曰："王请无好小勇。夫抚剑疾视曰，'彼恶敢当我哉！'此匹夫之勇，敌一人者也。王请大之！《诗》云：'王赫斯[⑤]怒，爰[⑥]整其旅，以遏徂莒，以笃周祜[⑦]，以对于天下。'此文王之勇也。文王一怒而安天下之民。《书》曰：'天降下民，作之君，作之师，惟曰其助上帝宠之。四方有罪无罪惟我在，天下

曷[8]敢有越厥[9]志?'一人衡行[10]于天下,武王耻之。此武王之勇也。而武王亦一怒而安天下之民。今王亦一怒而安天下之民,民惟恐王之不好勇也。"

注释

①葛:古国名,嬴姓,在今河南宁陵县北。

②昆夷:周初西戎国名。

③獯鬻:猃狁,我国古代北方的一个民族。

④勾践事吴:越王勾践被吴王夫差打败,臣服吴国。

⑤赫斯:赫然,发怒的神情。

⑥爰:语首语气词,无义。

⑦以笃周祜:笃,实、厚。祜,福。意思是增加周王室的福祜。

⑧曷:怎么、那。

⑨厥:其,它、它的。

⑩衡行:横行。古书上常常把横写作衡。

译文

齐宣王问道:"和邻国打交道有什么要注意的吗?"

孟子回答说:"有的。只有仁爱的人才能够以大国的身份去服事小国,所以商汤服事过葛伯,文王服事过昆夷。只有聪明的人才能够以小国的身份服事大国,所以太王服事过獯鬻,勾践服事过夫差。以大国身份服事小国的,是不求所取而能怡然自得的人;以小国身份服事大国,是谨慎又时刻保持警惕的人。不求所取而能怡然自得的人,足以安定天下,谨慎又时刻保持警惕的人,足以保护住自己的国家。这正如《诗经》上说的:'害怕上帝有威灵,所以能得到安定。'"

齐宣王说:"您说得太好了!不过,我有个毛病,就是好逞强斗胜,恐怕难以服事别国。"孟子回答说:"那么,君您就不要喜欢小勇。有一种人,只是手按着刀剑瞪着眼说:'他怎么敢抵挡我呢?'这只是个人的勇敢,只能敌得住一个人。希望君王您能变小勇为大勇。《诗经》上说:'我的君王勃然大怒,整顿军队,遏阻敌人来进犯,以此增强周国的威望,报答

各国对周的仰慕之情。'这就是文王的勇敢。文王一生气就使天下的百姓得到安定。《尚书》上说:'天降生芸芸众生之时,也为他们降生了君王,也为他们降生了师傅。这些君王和师傅的惟一职责,就是协助上天来爱护人民。因此,天地虽大,有罪者和无罪者,都由我负责。普天之下,谁敢胡作非为?'当时纣王在世间横行霸道,武王就认为这是奇耻大辱。这就是武王的勇敢。武王一旦勃然大怒就使天下的百姓得到安定。如今君王若是也发起怒来使天下百姓都得到安定,那么,天下的百姓还只怕君王不喜欢争智斗勇呢!"

原文

齐宣王见孟子于雪宫。王曰:"贤者亦有此乐乎?"

孟子对曰:"有。人不得,则非其上矣。不得而非其上者,非也;为民上而不与民同乐者,亦非也。乐民之乐者,民亦乐其乐;忧民之忧者,民亦忧其忧。乐以天下,忧以天下,然而不王者,未之有也。

"昔者齐景公问于晏子①曰:'吾欲观于转附朝儛②,遵海而南,放于琅邪③,吾何修而可以比于先王观也。'晏子对曰:'善哉问也!天子适诸侯曰巡狩。巡狩者,巡所守也。诸侯朝于天子曰述职。述职者,述所职也。无非事者。春省耕而补不足,秋省敛而助不给。夏谚曰:"吾王不游,吾何以休?吾王不豫④,吾何以助?一游一豫,为诸侯度。"今也不然:师行而粮食,饥者弗食,劳者弗息。睊睊胥谗⑤,民乃作慝⑥。方命⑦虐民,饮食若流。流连荒亡,为诸侯忧。从流下而忘反谓之流,从流上而忘反谓之连,从兽无厌谓之荒,乐酒无厌谓之亡。先王无流连之乐,荒亡之行。惟君所行也。'

"景公悦,大戒⑧于国,出舍于郊。于是始兴发,补不足。召大师曰:'为我作君臣相说之乐!'盖《徵招》《角招》是也⑨。其诗曰:'畜君何尤⑩?'畜君者,好君也。"

注释

①晏子:齐国贤臣,名婴。

②观于转附朝儛:观,游、游览。转附,即今山东芝罘岛。朝,即今山东荣城东的召石山。

③琅邪:山名,今山东诸城东南。

④豫:同"游"。

⑤睊睊胥谗：愤恨侧目而视的样子。胥，皆、都。谗，毁谤。
⑥慝：恶。
⑦方命：方，违反。命，上天的意旨。
⑧大戒：戒，准备、戒备。大戒，充分准备。
⑨《徵招》《角招》：古代五音为宫、商、角、徵、羽。招，同“韶”。
⑩尤：罪、过错。

译文

齐宣王在雪宫里接见孟子。齐宣王问：“有道德的贤人也会以此为乐吗？”

孟子回答说：“会。可是如果他们得不到这种快乐，他们就会埋怨君王了。得不到这种快乐就埋怨君王是不对的。可是作为一国之主只图自己快活却不能与民同乐，也是不对的。以百姓的快乐为自己的快乐，百姓也会以君王的快乐为自己的快乐；为百姓分忧，百姓也会为您分忧。和天下的人同忧同乐，这样还不能使天下归服于他，是从来没有过的事。

“过去齐景公问晏子说：‘我想去转附和朝二山转转，然后沿着海岸南行，一直到琅邪。我应该怎样办才能比得上古时圣明的君主巡游四方呢？’晏子回答说：‘问得好啊！天子到诸侯国去叫做巡狩。巡狩就是巡视各国诸侯所守的疆土。诸侯去朝见天子叫做述职。述职就是向天子汇报他的工作状况。

他们出行都是为了工作。春天里巡视耕种的情况，对贫困农户给予补助；秋天里考察收获情况，对缺粮农户给予补助。夏朝的谚语说：“我王不出来游，我的休息向谁求？我王不出来走，我的补助哪会有？我的王游游走走，足以成为诸侯效法的对象。”现在就不是这样了，国君一出巡，兴师动众，到处筹粮运米。饥饿的人得不到吃食，劳苦的人得不到休息。劳苦大众咬牙切齿，恨得牙根直痒痒，怨声载道，有的甚至铤而走险，聚众滋事。这样出巡违背天意，虐待百姓，大吃大喝，铺张浪费，流连忘返，荒亡无行，诸侯都以此为患。怎样叫做流连荒亡呢？由上游向下游的游玩，乐而忘归，叫做流；由下游向上游的游玩，乐而忘归，叫做连；不知疲惫地打猎叫做荒；不知节制地喝酒叫做亡。过去的圣贤之君没有这种流连荒亡的行为。您想怎么做，自己决定吧！’

“齐景公听了，大为高兴。先在都城内做好准备，然后驻扎郊外，拿出钱粮，救济贫困的人。景公又把乐官长叫来，对他说：‘给我作一首与民同乐的歌曲吧！’这首乐曲就是《徵招》《角招》，歌词说：'违背国君的心意有什么不对呢'，他这样做也是对国君的一种爱啊！"

原文

齐宣王问曰："人皆谓我毁明堂[①]，毁诸，已乎[②]？"

孟子对曰："夫明堂者，王者之堂也。王欲行王政，则勿毁之矣。"

王曰："王政可得闻与？"

对曰："昔者文王之治岐也，耕者九一，仕者世禄，关市讥而不征[③]，泽梁[④]无禁，罪人不孥。老而无妻曰鳏，老而无夫曰寡，老而无子曰独，幼而无父曰孤。此四者，天下之穷民而无告者。文王发政施仁，必先斯四者。《诗》云：'哿矣富人，哀此茕独[⑤]。'"

王曰："善哉言乎！"

曰："王如善之，则何为不行？"

王曰："寡人有疾，寡人好货。"

对曰："昔者公刘[⑥]好货，《诗》云：'乃积乃仓，乃裹𫗦粮[⑦]，于橐于囊[⑧]。思戢用光[⑨]。弓矢斯张，干戈戚扬[⑩]，爰方启行。'故居者有积仓，行者有裹囊也，然后可以爰方启行。王如好货，与百姓同之，于王何有？"

王曰："寡人有疾，寡人好色。"

对曰："昔者大王好色，爱厥妃。《诗》云：'古公亶父[⑪]，来朝走马，率西水浒[⑫]，至于岐下，爰及姜女[⑬]，聿来胥宇[⑭]。'当是时也，内无怨女，外无旷夫。王如好色，与百姓同之，于王何有？"

注释

①明堂：天子朝见诸侯的殿堂。齐国的明堂，是用来迎接天子巡狩的场所。

②毁诸，已乎：已，止、停止。诸，之乎合音。译为：毁掉它呢？还是不毁掉？

③讥而不征：讥，苛察、严格检查。征，收税。意思是严格检查但不收税。

④泽梁：古代用在流水中拦鱼的工具。

⑤哿矣富人，哀此茕独：哿，可以。茕，单独。

⑥公刘：稷的后代，周朝的始祖。

⑦𫗦粮：干粮。

⑧橐囊：橐和囊都是装东西的袋子。

⑨思戢用光：思，语气词。戢，同“辑”，和、安。光，发扬光大。译为：人民安康，国威发扬。

⑩干戈戚扬：干，值牌。戈，带钩的矛。戚，窄斧。扬，大斧。

⑪古公亶父：太王，文王祖父。

⑫率西水浒：率，循、沿着。浒，水边。

⑬姜女：太姜，太王的妃。

⑭聿来胥宇：聿，语首语气词。胥，视察。宇，屋宇。

译文

齐宣王问道：“别人都建议我把明堂拆了，您说我该把明堂拆了呢，还是该留着它呢？”

孟子回答说：“明堂是有道德而能统一天下的王者的殿堂。您如果要实行王政，就不要把它毁掉。”

齐宣王说：“您能告诉我该怎样去实行王政吗？”

孟子回答说：“从前周文王治理周，只收农民的九分之一的赋税；做官的人可以世代承袭俸禄；在关口和市场上，只稽查，不征税；任何人到湖泊捕鱼，不加禁止；只惩罚犯法的人，不牵连到他的妻子儿女。失掉妻室的老年人叫做鳏夫，失去丈夫的老女人叫做寡妇，没有儿女的老人叫做孤独者，死了父亲的儿童叫做孤儿。这四种人是社会上穷苦无靠的人。周文王实行仁政，一定要首先考虑到他们。《诗经》上说：‘有钱财的人很容易过上舒心的日子，可怜那些孤苦无助的人吧！’”

齐宣王说：“您说得太好了！”

孟子说：“您如果认为这话有道理，为什么不去实行呢？”

齐宣王说：“我有一个缺点，就是贪财，喜爱钱财，实行王政怕有困难吧！”

孟子说：“从前公刘也贪财。《诗经》上说：‘粮食真多，外有囤，内有仓；还包裹着干粮，装在橐，装在囊。人民安康，国威发扬。箭上弦，弓开张，其他武器都上场，浩浩荡荡向前行。’因为留在家里的人有积谷，行军的人有干粮，这才能率领军队前进。您如果能使百姓也和您一样聚敛财富，又怎么会影响您实行王政来统一天下呢？”

齐宣王又说：“我有个毛病，喜爱女人，实行起王政来，怕有困难吧！”

孟子回答说：“从前太王也喜爱女人，非常疼爱他的妃子。《诗经》上说：‘古公亶父清早就骑着马，沿着地西边的漆水河岸，跑到岐山下。还带着他的妻子姜氏，都来这里视察住处。’在那个时代，没有找不到丈夫的老处女，也没有找不到妻子的单身汉。您若是喜爱女人，也让百姓能享受夫妻之乐，又怎么会影响您实行王政来统一天下呢？”

原文

孟子谓齐宣王曰：“王之臣有托其妻子于其友而之楚游者，比其反也，则冻馁其妻子，则如之何？”王曰：“弃之。”

曰：“士师不能治士①，则如之何？”

王曰：“已之②。”

曰：“四境之内不治，则如之何？”

王顾左右而言他。

注释

①士师不能治士：士师，司法官。士，乡士。

②已之：已，止、停止。这里引申为撤职。已之，撤掉他。

译文

孟子对齐宣王说：“您有一个臣子把妻室儿女托付给朋友照顾，自己游历楚国去了。等他回来的时候，他的妻室儿女却在挨饿受冻。他该如何对待这位友人呢？”齐宣王说：“和他绝交。”

孟子说：“如果管刑罚的长官不能对其下属严加管教，那又该怎么办呢？”

齐宣王说：“撤他的职。”

孟子说：“治理不好国家该怎么办呢？”

齐宣王左顾右盼，故意岔开话题。

原文

孟子见齐宣王，曰：“所谓故国者，非谓有乔木之谓也，有世臣之谓也。王无亲臣矣，昔者所进，今日不知其亡①也。”

王曰：“吾何以识其不才而舍之？”

曰："国君进贤，如不得已，将使卑逾尊，疏逾戚，可不慎与？左右皆曰贤，未可也；诸大夫皆曰贤，未可也；国人皆曰贤，然后察之；见贤焉，然后用之。左右皆曰不可，勿听；诸大夫皆曰不可，勿听；国人皆曰不可，然后察之；见不可焉，然后去之。左右皆曰可杀，勿听；诸大夫皆曰可杀，勿听；国人皆曰可杀，然后察之，见可杀焉，然后杀之。故曰，国人杀之也。

"如此，然后可以为民父母。"

注释

①亡：去位、免职。

译文

孟子谒见齐宣王，对齐宣王说："我们平日所说的'故国'，并不是说那个国家有高大的树木，而是说那个国家有世代累功的老臣。您现在没有亲信的臣子了。过去所选用的人如今不知为什么都不见了。"

齐宣王问："怎样去识别那些没有真才实学的人并且不可信用的人呢？"

孟子说："国君选拔贤人，如果迫不得已要用新进，就要把卑贱者提拔在尊贵者之上，把疏远的人提拔在亲近者之上，对这种事能不慎重吗？因此，你身边的人都说某人好，不可轻信；众位大夫都说某人好，也不可轻信；全国的人都说某人好，要认真访察；发现他真有才干，再任用他。你身边的人都说某人不好，不要轻信；众位大夫都说某人不好，也不要轻信；全国的人都说某人不好，要认真访察；发现他真的不好，再罢免他。你身边的人都说某人可杀，不要轻信；众位大夫都说某人可杀，也不要轻信。全国的人都说某人可杀，要认真访察；发现他该杀，再杀他。这时就可以说，此人是全国人民都想诛杀的对象。这样，才可以做百姓的父母官。"

原文

齐宣王问曰："汤放桀，武王伐纣[①]，有诸？"

孟子对曰："于传[②]有之。"

曰："臣弑其君，可乎？"

曰："贼仁者谓之'贼'，贼义者谓之'残'。残贼之人谓之'一夫'。闻诛一夫纣矣，未闻弑君也。"

注释

①武王伐纣:武王,周武王。伐,讨伐。纣王,殷纣王,荒淫无道、残暴的商殷天子。

②于传:传,传记。于传,在传记上。

译文

齐宣王问:"商汤流放夏桀,武王讨伐殷纣,真有这回事吗?"

孟子回答说:"史籍上有这样的记载。"

齐宣王说:"做臣子的可以杀掉他的君王吗?"

孟子说:"破坏仁爱的人叫做'贼'。破坏道义的人叫做'残'。这类人,我们都叫他'独夫'。我只听说过周武王诛杀了独夫殷纣,从没听说过他以臣杀君。"

原文

孟子谒齐宣王,曰:"为巨室①,则必使工师求大木。工师得大木,则王喜,以为能胜其任也。匠人斫而小之,则王怒,以为不胜其任矣。夫人幼而学之,壮而欲行之。王曰,'姑舍女所学而从我',则何如?今有璞玉②于此,虽万镒③,必使玉人雕琢之。至于治国家,则曰,'姑舍女所学而从我',则何以异于教玉人雕琢玉哉?"

注释

①巨室:巨大的宫殿。

②璞玉:没经过加工的玉。

③镒:古代称金子的单位,20两为1镒。

译文

孟子谒见齐宣王,说:"建筑一所大房子,那一定要派工师去寻找合适的木材。如果工师得到了合适的木料,君王就高兴,认为工师尽职尽责,不辱使命。如果工师把那木料砍小了,君王就会发怒,认为工师不胜其职。有些人,从小学习一门专业,长大了便想运用。可是君王却对他说:'你把你所学的暂时放下,听我指挥!'这怎么行呢？如果君王有一块未经雕琢的玉石，虽然它价值连城，也一定要请玉匠来雕琢它。可是一说到治理国家，您却说：‘把你所学的暂时放下，听从我的话吧！’这和您要玉匠按照您的办法雕琢玉石，又有什么不同？”

原文

齐人伐燕，胜之。宣王问曰：“或谓寡人勿取，或谓寡人取之。以万乘之国伐万乘之国，五旬而举之，人力不至于此。不取，必有天殃①。取之，何如？”

孟子对曰：“取之而燕民悦，则取之。古之人有行之者，武王是也。取之而燕民不悦，则勿取，古之人有行之者，文王是也。以万乘之国伐万乘之国，箪食壶浆②以迎王师，岂有他哉？避水火也。如水益深，如火益热，亦运③而已矣。”

注释

①殃：灾祸。

②箪食壶浆：箪，古代用来盛饭的竹筐。食，饭。浆，古代的酒。意思是用筐装满饭用壶盛满酒。

③亦运：亦，只、就。运，转。意思是只转过来望救星了。

译文

齐国攻打燕国，大获全胜。齐宣王问：“有些人劝我不要吞并燕国，也有些人劝我吞并它。我想，作为一个拥有万辆兵车的大国，去攻打与它实力相当的大国，只用了五十天就打下来了，这是老天要帮我们啊！如果我们不把它吞并，上天会认为我们违反了他的意旨，因而降下灾害来。吞并它怎么样？”

孟子回答说：“如果燕国的百姓乐于让您接管它，就吞并它。古人周武王就这样做过。如果燕国的百姓不愿意您统治燕国，那就不要吞并它。古人有这样做过的，周文王就是。以齐国这样拥有万辆兵车的大国，来攻打燕国这样拥有万辆兵车的大国，燕国的百姓却用筐盛着干饭，用壶装着酒来欢迎您的军队，不是想让您吞并燕国吗？只不过是想逃离那水深火热的苦日子罢了。如果他们的灾难更加深了，燕王和齐王当政又有什么区别呢？”

原文

齐人伐燕,取之。诸侯将谋救燕。宣王曰:"诸侯多谋伐寡人者,何以待之?"

孟子对曰:"臣闻七十里为政于天下者,汤是也。未闻以千里畏人者也。《书》曰:'汤一征,自葛始。'天下信之,东面而征,西夷怨;南面而征,北狄怨,曰:'奚为后我?'民望之,若大旱之望云霓①也。归市者不止,耕者不变。诛其君而吊②其民,若时雨降。民大悦。《书》曰:'徯我后③,后来其苏。④'今燕虐其民,王往而征之,民以为将拯己于水火之中也,箪食壶浆以迎王师。若杀其父兄,系累⑤其子弟,毁其宗庙,迁其重器⑥,如之何其可也?天下固畏齐之强也,今又倍地而不行仁政,是动天下之兵也。王速出令,反其旄倪⑦,止其重器,谋于燕众,置君而后去之,则犹可及止也。"

注释

①云霓:霓,霓虹。云,乌云。

②吊:恤、抚恤。

③徯我后:徯,等待。后,王。我后,等待我们的王。

④后来其苏:苏,复活。意思是王来以后,我们也就复活了。

⑤系累:束缚、捆绑。

⑥重器:宝器。

⑦旄倪:旄,同"耄",八九十岁的人叫耄。倪,就是儿。意思是老人和孩子。

译文

齐、燕两国战罢,齐国占领了燕国。别的国家在计划援救燕国。齐宣王就问孟子说:"好几个国家都要来讨伐我,我该怎么办呢?"

孟子回答说:"我听说商汤凭借方圆七十里的国土来统一天下,却没听说过拥有方圆千里的国土而害怕别国的。《尚书》说过:'商汤征伐,从葛国开始。'天下人无不顺服。因此,向东面进军,西方夷人的百姓就不高兴;向南方进军,北方狄人的百姓就不高兴,都说:'为什么不先解救我们呢?'人们盼望他,如同久旱时期待一场及时雨。汤讨伐夏桀,一点也不惊扰百姓,百姓该做生意的做生意,该种地的种地。

只是诛杀那些暴君来抚慰那些被残害的百姓。他的到来，恰似一场及时雨，百姓非常高兴。《尚书》又说：‘等待我们的王，他到了，我们就有出头之日了！’如今燕国的君主虐待百姓，您去征伐他，那里的百姓认为您是把他们从水深火热中解救出来的。因此，都用筐盛着干饭，用壶装满酒来欢迎您的军队。而您呢，却杀掉他们的父兄，掳掠他们的子弟，毁坏他们的宗庙祠堂，搬走他们国家的宝器。这怎么行呢？天下各国本来就害怕齐国强大，现在齐国的土地又扩大了一倍，而且暴虐无道，如此一来各国当然要兴兵讨伐您。您赶快发出命令，放俘虏回赵，不再抢夺燕国的宝器，再和燕国相关人士协商，择立一位燕王，然后自己从燕国撤军，这样做，要使各国停止兴兵，还是来得及的。”

原文

邹与鲁哄①。穆公问曰：“吾有司死者三十三人，而民莫之死也。诛之，则不可胜诛；不诛，则疾视其长上之死而不救，如之何则可也？”

孟子对曰：“凶年饥岁，君之民老弱转乎沟壑，壮者散而之四方者，几②千人矣；而君之仓廪实，府库充，有司莫以告，是上慢而残下也。曾子曰：‘戒之戒之！出乎尔者，反乎尔者也。’夫民今而后得反之也。君无尤焉！君行仁政，斯民亲其上，死其长矣。”

注释

①哄：交战、开战。

②几：几乎、将近。

译文

邹、鲁两国开战。邹穆公问孟子说：“打这场仗，我损失了三十三名将领，可没有哪个百姓肯誓死为这三十三个人效力的。杀了这些百姓吧，又杀不了那么多；不杀吧，他们眼睁睁看着长官被杀，却不去援救，实在可恨。您说，我该怎么办？”

孟子回答说：“闹灾荒的年月，您的百姓，年老体弱的就被扔在荒山野岭，年轻力壮的就四处逃荒，加起来大概有千人；而在您的仓库里却堆满了粮食，库房里装满了财宝，您的有关官吏对此只字未提。这就是在上位的人不关心百姓，并且还残害他们。曾子曾经说过：‘提高警惕，提高警惕！你怎样去对待别人，别人将怎样回报你。’现在，是您的百姓在复仇啊。您不要去责罚他们吧！您如果实行仁政，您的百姓自然就会爱护他们的上司，情愿为他们的长官牺牲自己的生命。”

原文

滕文公[1]问曰:“滕,小国也,间于齐、楚。事齐乎?事楚乎?”孟子对曰:“是谋非吾所能及也。无已,则有一焉:凿斯池[2]也,筑斯城也,与民守之,效死[3]而民弗去,则是可为也。”

注释

①滕文公:滕国的国君,很敬重孟子和他的主张。

②池:城池的池,护城河。

③效死:效、献。效死,为某人或某事去死。

译文

滕文公问孟子说:“滕国实力差,是羸弱小国,处在齐国和楚国的中间,您觉得它该服事齐国,还是服事楚国?”孟子回答说:“这个问题超出我的能力范围,我回答不了。如果您定要我谈谈,办法只有一个:把护城河挖深,把城墙加固,和百姓一道来守卫它。百姓如果宁肯献出生命都要守城,不肯弃城逃跑,那滕国就有救了。”

原文

滕文公问曰:“齐人将筑薛[1],吾甚恐,如之何则可?”

孟子对曰:“昔者大王居邠[2],狄人侵之,去之岐山之下居焉。非择而取之,不得已也。苟为善,后世子孙必有王者矣。君子创业垂统[3],为可继也。若夫成功,则天也。君如彼何哉?强为善而已矣。”

注释

①薛:周初的一个小国家。

②邠:同“豳”,地名。

③垂统:垂,传。统,系统。垂统,传统。

译文

滕文公问："齐国人准备加固薛地的城池，我很害怕，您说怎么办才好呢？"

孟子回答说："从前太王居于邠地，狄族人寻衅侵入邠地。他就避开，搬到岐山下定居下来。这不是太王想移居他地，实在是不得已呀！要是一个国君能实行仁政，即使本人不能建功立业，他的后代子孙一定会有成为帝王的。有德君子创立功业，传给子孙，正是为着子孙能世代相承。至于能不能成功呢，还得依靠天命。您怎么去对付齐国人呢？只有努力实行仁政罢了。"

原文

滕文公问曰："滕，小国也；竭力以事大国，则不得免焉，如之何则可？"

孟子对曰："昔者大王居邠，狄人侵之。事之以皮币①，不得免焉；事之以犬马，不得免焉；事之以珠玉，不得免焉。乃属其耆老②而告之曰：'狄人之所欲者，吾土地也。吾闻之也：君子不以其所以养人者害人。二三子何患乎无君？我将去之。'去邠，逾梁山，邑于岐山之下居焉。邠人曰：'仁人也，不可失也。'从之者如归市③。

"或曰：'世守也，非身之所能为也。效死勿去。'

"君请择于斯二者。"

注释

①皮币：皮，兽皮制成的裘衣。币，缯帛，即丝织品。

②耆老：耆，60岁的人叫耆。耆老，即老年人。

③归市：归，趋、急走。市，市场。

译文

滕文公问："滕国国小力微，尽心竭力地服事大国，大国仍要吞并他们，该怎么办？"

孟子回答说："古时候太王居住在邠地，狄族人来侵犯他。太王就向狄人进献皮裘和丝绸，狄族人没有停止侵犯；太王又向狄人进献好狗名马，狄族人也没有停止侵犯；又向狄人进献珍珠宝玉，狄族人还是没有停止侵犯。太王就召集当地的长老，向他们宣布：‘狄人是想侵吞我们的领土。我听说过：有道德的人不会为了养人而使人受害。你们还用担心没有君王吗？我准备离开这里。’于是离开邠地，越过梁山，在岐山之下重新建城邑定居下来。邠地的百姓说：‘这是一位仁德的人呀，咱们不能离开他！’人们趋之若鹜。

“也有人这么说：‘这是祖宗传下来叫我们世代相承的基业，我怎么能自作主张将它弃之不顾呢。宁可献出生命，也不离开。’

“请您自己从这两种选择中挑选一种。”

原文

鲁平公[①]将出，嬖人[②]臧仓者请曰：“他日君出，则必命有司所之。今乘舆已驾矣[③]，有司未知所之，敢请。”

公曰：“将见孟子。”

曰：“何哉，君所为轻身以先于匹夫者？以为贤乎？礼义由贤者出；而孟子之后丧逾前丧[④]。君无见焉！”

公曰：“诺。”

乐正子入见，曰：“君奚为不见孟轲也？”

曰：“或告寡人曰，‘孟子之后丧逾前丧’，是以不往见也。”

曰：“何哉，君所谓逾者？前以士，后以大夫；前以三鼎，而后以五鼎与？”

曰：“否；谓棺椁衣衾之美[⑤]也。”曰：“非所谓逾也，贫富不同也。”

乐正子见孟子，曰：“克[⑥]告于君，君为来见也。嬖人有臧仓者沮君[⑦]，君是以不果来也。”

曰：“行，或使之；止，或尼[⑧]之。行止，非人所能也。吾之不遇鲁侯，天也。臧氏之子焉能使予不遇哉？”

注释

①鲁平公：鲁国的国君，名叔。

②嬖人：被宠爱的人。

③乘舆已驾矣：乘舆，天子或诸侯的车叫乘舆。已驾矣，已准备好了。

④后丧逾前丧：指孟子的父亲先于母亲去世，但他为母亲操办的丧礼比父亲的隆重。

⑤棺椁衣衾之美：棺，棺材。椁，套棺。衣衾，衣服和被褥。美，华美。

⑥克：乐正子的名字叫克。

⑦沮君：沮即"阻"。沮君，阻止国君。

⑧尼：阻止。

译文

鲁平公准备外出，他的宠臣臧仓请示说："平日您外出，一定把您的去向先交代给管事的人。现在车马都已经准备好了，管事的人还不知道您要去哪儿，我特地来问问您要去哪儿。"

平公说："我要去拜见孟子。"

臧仓说："您为什么要屈尊去拜访一个普通人？您以为孟子是位贤德的人吗？贤德的人行事应该合乎礼义，而孟子为母亲操办丧事，比给他父亲办丧事隆重多了，由此看来，他不是贤德的人，您最好别去拜访他。"

平公说："好吧。"

乐正子去见鲁平公，问道："您为什么不去拜访孟轲呢？"

平公说："有人告诉我说，'孟子给他母亲办丧事比给他父亲办丧事隆重'，所以不去拜访他了。"

乐正子说："您这话是什么意思呢？为办父亲的丧事用士礼，办母亲的丧事用了大夫的礼呢，还是办父亲的丧事用三个鼎摆设供品，办母亲的丧事用了五个鼎来摆设供品呢？"

平公说："不，我指的是棺椁衣衾的好坏。"

乐正子说："您不能这么说，那是因为孟子前后贫富不同。"

乐正子去见孟子，说："我和鲁君提了您的事，本来他打算来拜访您。可是有一个他宠幸的小臣臧仓阻止了他，他因此就不来了。"

孟子说："一个人要做一件事情，是有一种力量在支配他；就是不做，也是有一种力量在阻止他。做与不做，不是单靠人力所能决定的。我不能和鲁侯相见，是天意啊。臧家那小子，他怎么有力量使我不和鲁侯相见呢？"

公孙丑

原文

公孙丑问曰："夫子当路[1]于齐，管仲、晏子之功，可复许[2]乎？"

孟子曰："子诚齐人也，知管仲、晏子而已矣。或问乎曾西曰：'吾子[3]与子路孰贤？'曾西蹴[4]然曰：'吾先子[5]之所畏也。'曰：'然则吾子与管仲孰贤？'曾西艴然[6]不悦，曰：'尔何曾[7]比予于管仲！管仲得君如彼其专也，行乎国政如彼其久也，功烈如彼其卑也；尔何曾比予于是？'"曰："管仲，曾西之所不为也，而子为[8]我愿之乎？"

曰："管仲以其君霸，晏子以其君显。管仲、晏子犹不足为与？"

曰："以齐王，由[9]反手也。"

曰："若是，则弟子之惑滋甚。且以文王之德，百年而后崩，犹未洽于天下；武王、周公[10]继之，然后大行。今言王若易然，则文王不足法与？"

曰："文王何可当也！由汤至于武丁，贤圣之君六七作[11]，天下归殷久矣，久则难变也。武丁朝诸侯，有天下，犹运之掌也。纣之去武丁未久也[12]，其故家遗俗，流风善政，犹有存者；又有微子、微仲、王子比干、箕子、胶鬲——皆贤人也——相与辅相[13]之，故久而后失之也。尺地，莫非其有也；一民，莫非其臣也；然而文王犹方百里起，是以难也。齐人有言曰：'虽有智慧，不如乘势；虽有镃基，不如待时[14]。'今时则易然也：夏后、殷、周之盛，地未有过千里者也，而齐有其地矣；鸡鸣狗吠相闻，而达乎四境，而齐有其民矣。地不改辟矣，民不改聚矣，行仁政而王，莫之能御也。且王者之不作，未有疏于此时者也；民之憔悴于虐政，未有甚于此时者也。饥者易为食，渴者易为饮。孔子曰：'德之流行，速于置邮而传命[15]。'当今之时，万乘之国行仁政，民之悦之，犹解倒悬也。故事半古之人，功必倍之，惟此时为然。"

注释

①当路:当政、当权。

②许:兴、兴起。

③吾子:您。

④蹴:不安的样子。

⑤先子:父亲、先父。

⑥艴然:不高兴的样子。

⑦曾:竟、竟然。

⑧为:谓、说。

⑨由:犹、如、好像。

⑩周公:姬旦,文王子,武王弟,辅佐武王伐纣,统一天下;又辅佐成王定乱,安定天下。

⑪作:起、拨。约略量词,如:一拨、两起。

⑫纣之去武丁未久也:武丁,商代贤王。纣距武丁年代不久远。

⑬相与辅相:相与,共同、一起。辅相,辅佐、辅助。

⑭虽有镃基,不如待时:镃,又作锄头。时,农时。

⑮置邮而传命:置和邮,相当于后来的驿站。传命,传递命令。

译文

公孙丑问孟子:"如果齐国用您为政,您能创造出像管仲、晏子那样的政绩来吗?"

孟子回答道:"你真是个齐国人,就知道管仲、晏子。有人问曾西说:'您和子路谁更贤能?'曾西惶惶不安地说:'他是我先辈所敬畏的楷模。'那人又问:'那么,您和管仲谁更贤能呢?'曾西勃然大怒,板着脸说:'你为什么要把我和管仲相比?君主如此信任管仲,而且至死不渝,执政那么长时间,功绩却是那样的微不足道,你为什么要把我和他相提并论?'"孟子接着说:"管仲这种人,连曾西都不屑于同他相比,你以为我和他可以同日而语吗?"

公孙丑说:"管仲辅佐君主使他称霸诸侯,晏子辅佐君主使他名扬天下。管仲、晏子这种人难道还不值得效法吗?"

孟子说:"以齐国来统一天下,易如反掌。"

公孙丑说:"照先生这样说,我就更糊涂了。凭着周文王那样的德行,活了一百岁后才死,德政还未遍及天下;武王、周公继承他的事业后才广泛推行王道。现在您说统一天下如此容易,岂不是文王也不值得效法了吗?"

孟子说："谁能与文王相比呢？从商朝的成汤到武丁，贤明的君主出现了六七个。天下归顺殷商的时间相当长久，时间长了就难免发生变动。武丁使诸侯来朝见，治理天下，易如反掌。武丁卸职不久纣王当政，从前的优良传统、美好风尚和仁政善教，还有保存下来的；又有微子、微仲、王子比干、箕子、胶鬲，都是贤能的人，共同辅助他，所以经历相当长时间后才失去天下。当时没有一寸土地不属于纣王所有，没有一个百姓不向他俯首称臣，然而周文王还能凭方圆百里的小国起家，所以是很难的。齐国人有句俗话说：'即使有智慧，还得赶上好时机；即使有锄犁，还得待农时。'现在齐国要统一天下就容易多了。夏、商、周强盛时，土地没有超过方圆千里的，而齐国却拥有如此辽阔的土地；鸡鸣狗叫的声音接连不断，从都城一直达到四方边境，而齐国拥有这片土地上的民众。疆域不用再扩展，民众不用再增加，只要实行仁政来统一天下，没有人能阻止它。而且统一天下的君主不出现，是史无前例的；民众被暴政所折磨，没有比这个时期更严酷的了。人们饥不择食，口渴时没有水喝。孔子说：'德政的传播，比驿站传达命令还要迅速。'现在这个时候，拥有万辆兵车的国家施行仁政，民众的喜悦，如同从倒吊之中被解脱下来。所以按古人之道一定事半功倍，只有现在这个时代是这样的。"

原文

公孙丑问曰："夫子加[①]齐之卿相，得行道焉，虽由此霸王，不异矣。如此，则动心否乎？"

孟子曰："否。我四十不动心。"

曰："若是，则夫子过孟贲[②]远矣。"

曰："是不难，告子[③]先我不动心。"

曰："不动心有道乎？"

曰："有。北宫黝[④]之养勇也：不肤桡[⑤]，不目逃，思以一豪挫于人，若挞之于市朝[⑥]。不受于褐宽博[⑦]，亦不受于万乘之君；视刺万乘之君，若刺褐夫；无严[⑧]诸侯，恶声至，必反之。孟施舍[⑨]之所养勇也，曰：'视不胜犹胜也；量敌而后进，虑胜而后会，是畏三军者也。舍岂能为必胜哉？能无惧而已矣。'孟施舍似曾子，北宫黝似子夏。夫二子之勇，未知其孰贤，然而孟施舍守约也。昔者曾子谓子襄[⑩]曰：'子好勇乎？吾尝闻大勇于夫子矣：自反而不缩[⑪]，虽褐宽博，吾不惴[⑫]焉；自反而缩，虽千万人，吾往矣。'孟施舍之守气，又不如曾子之守约也。"

曰："敢问夫子之不动心与告子之不动心，可得闻与？"

"告子曰：'不得于言，勿求于心；不得于心，勿求于气[⑬]。'不得于

心，勿求于气，可；不得于言，勿求于心，不可。夫志，气之帅也；气，体之充也。夫志至焉，气次[14]焉，故曰：'持其志，无暴其气[15]。'"

"既曰，'志至焉，气次焉。'又曰，'持其志，无暴其气。'者何也？"

曰："志壹[16]则动气，气壹则动志也，今夫蹶者趋者，是气也，而反动其心。"

"敢问夫子恶乎长？"

曰："我知言，我善养吾浩然[17]之气。"

"敢问何谓浩然之气？"

曰："难言也。其为气也，至大至刚，以直养而无害，则塞于天地之间。其为气也，配义与道；无是馁也。是集义所生者，非义袭而取之也。行有不慊[18]于心，则馁矣。我故曰，告子未尝知义，以其外之也。必有事焉，而勿正[19]，心勿忘，勿助长也。无若宋人然：宋人有闵其苗之不长而揠[20]之者，芒芒然[21]归，谓其人[22]曰：'今日病[23]矣！予助苗长矣！'其子趋而往视之，苗则槁矣。天下之不助苗长者寡矣。以为无益而舍之者，不耘[24]苗者也；助之长者，揠苗者也——非徒无益，而又害之。"

"何谓知言？"

曰："诐辞知其所蔽[25]，淫辞知其所陷[26]，邪辞知其所离[27]，遁辞知其所穷[28]。生于其心，害于其政；发于其政，害于其事。圣人复起，必从吾言矣。"

"宰我、子贡善为说辞，冉牛、闵子、颜渊善言德行。孔子兼之，曰：'我于辞命，则不能也。'然则夫子既圣矣乎？"

曰："恶[29]！是何言也？昔者子贡问于孔子曰：'夫子圣矣乎？'孔子曰：'圣则吾不能，我学不厌而教不倦也。'子贡曰：'学不厌，智也；教不倦，仁也。仁且智，夫子既圣矣。'夫圣，孔子不居——是何言也？"

"昔者窃[30]闻之：子夏、子游、子张皆有圣人之一体，冉牛、闵子、颜渊则具体而微，敢问所安。"

曰："姑舍是[31]。"曰："伯夷、伊尹[32]何如？"

曰："不同道。非其君不事，非其民不使；治则进，乱则退，伯夷也。何事非君，何使非民；治亦进，乱亦进，伊尹也。可以仕则仕，可以止则止[33]如，可以久则久，可以速则速，孔子也。皆古圣人也，吾未能有行焉;乃[34]所愿,则学孔子也。”

“伯夷、伊尹于孔子,若是班[35]乎?”

曰:“否;自有生民以来,未有孔子也。”

曰:“然则有同与?”

曰:“有。得百里之地而君之,皆能以朝诸侯,有天下;行一不义,杀一不辜,而得天下,皆不为也。是则同。”

曰:“敢问其所以异。”

曰:“宰我、子贡、有若,智足以知圣人,污不至阿其所好[36]。宰我曰:‘以予观于夫子,贤于尧、舜远矣。’子贡曰:‘见其礼而知其政,闻其乐而知其德,由百世之后,等[37]百世之王,莫之能违也。自生民以来,未有夫子也。’有若曰:‘岂惟民哉?麒麟之于走兽,凤凰之于飞鸟,泰山之于丘垤[38]引,河海之于行潦[39]。类也,圣人之于民,亦类也。出于其类,拔乎其萃[40],自生民以来,未有盛于孔子也。’”

注释

①加:居、处于。加和居古代读音相同,所以可以通用。

②孟贲:古代的勇士。

③告子:墨子的学生。

④北宫黝:古代善于养勇的人,齐国人。

⑤不肤桡:桡,却、退却。不肤桡,刺皮肤,不向后躲闪、退缩。

⑥市朝:市集、市场。“朝”没有实义。

⑦褐宽博:褐,粗衣。意思是穿肥大粗衣的人,即卑贱的劳动者。

⑧无严:严,畏、畏惧。无严,无畏、无所畏惧。

⑨孟施舍:古代善于养勇的人。

⑩子襄:曾子弟子。

⑪缩:直,横直的直。

⑫惴:警惧。

⑬气:感情意气。

⑭次:止、停止。

⑮无暴其气:暴,乱。不使自己的意气感情滥乱。

⑯志壹:壹,专一。意志专一。

⑰浩然:盛大流行的样子。

⑱慊:满足、痛快。

⑲正:目的。

⑳揠：拔。

㉑芒芒然：疲倦的样子。

㉒其人：家里人。

㉓病：累、疲倦。

㉔耘：又作芸，除草。

㉕诐辞知其所蔽：诐，偏颇。蔽，遮蔽，话不通明，好像堵塞在一个角落。意思是对偏颇片面的话，能知道它的不通之处在哪里。

㉖淫辞知其所陷：淫，过。意思是对于过分的话，能知道它沉陷之处在哪里。

㉗邪辞知其所离：邪，偏邪。意思是对于偏邪的话，能知道它偏离正道之处在哪里。

㉘遁辞知其所穷：遁，逃、避。意思是对于那闪烁其词的话，能知道它理屈之处在哪里。

㉙恶：同"乌"，叹词。

㉚窃：私、私自、私下里，自谦的意思。意思是私下里听说过。

㉛姑舍是：姑，暂且。是，此、这、这个。

㉜伊尹：商汤的相，为商朝的建立和发展立下大功，孟子称为圣人之一。

㉝止：退、退隐。

㉞乃：至于、至若。

㉟班：等同、并列。

㊱污不至阿其所好：污，卑下、低劣。阿，迎合、阿谀、偏袒。好，爱好、嗜好。意思是再卑劣也不至于偏袒自己所喜爱的人。

㊲等：等级、差等。有评比的意思。

㊳垤：小土丘。

㊴行潦：雨后积水。

㊵萃：原指草丛密集，这里借喻人才聚集。

译文

公孙丑询问说："先生如果做了齐国的卿相，能够推行自己的政治主张，即使因此而称霸、统一天下，也不足为奇。如果真能形成这种局面，您是不是很激动呢？"

孟子回答说："不会。我四十岁后就没有再动过心。"

公孙丑说："这么说，先生比孟贲强得多了。"

孟子说："这并不难，告子能够不动心比我还早呢！"

公孙丑说："怎样才能不动心呢？"

孟子说："北宫黝是这样培养勇气的，肌肤被刺不退缩颤动，眼睛被扎伤也不眨一眨，以为小事上受挫于人，就如在大庭广众中挨了鞭打一样。既不能忍受平民对他的侮辱，也不能忍受大国君王的欺凌。认为刺杀大国君主跟刺杀平民是一样的。

对于诸侯无所畏惧，听到斥骂声，必定给予回击。孟施舍是这样培养勇气的，他说：‘把不能战胜的敌人，同足以战胜的敌人混为一谈。如果先估量敌人的力量然后才前进，先考虑胜败然后才交战，如果对方人多势众就会畏缩不前。确保出师必胜有什么秘诀吗？只不过是无所畏惧而已。’孟施舍这类人很像曾子，北宫黝这类人很像子夏。这二人的勇气，不知道谁更强一些，不过孟施舍培养勇气的方法更简易。从前曾子对子襄说：‘你喜爱勇敢吗？我曾听孔夫子讲过大勇的理论：扪心自问自知理亏，即使是卑贱的人，我也不吓唬他；扪心自问而觉得正义在我一边，即使面对千万人，我也勇往直前。’孟施舍保持勇气的方法，没有曾子的简单。”

公孙丑说：“我能冒昧地问一下，先生的不动心与告子的不动心有什么区别吗？”

孟子说：“告子讲过：‘如果在言语方面有所不达，不必考虑究竟是怎么想的；如果内心有所不安，不必求助于意气。’内心有所不安，敢意气用事，这是可以的；言语上有所不达，不考虑究竟是怎么想的，这就不对了。内心的志向，是意气的主宰；意气，是充满体内的力量。志向是根本，意气在其次，所以说：‘坚定自己的志向，不要意气用事。’”

公孙丑说：“先生既然说‘志向是根本，意气在其次’，可又说‘坚定自己的志向，不要滥用意气’，这是什么道理呢？”

孟子说：“志向专一，意气就会随志向变化；意气专一，志向不会因一时冲动而改变。譬如跌倒和奔跑，只是意气专注于某一方面的运动，反过来也会引起思想的波动。”

公孙丑说：“请问先生有什么特长？”

孟子说：“我善于剖析别人的言辞，也善于培养我的浩然正气。”

公孙丑说：“请问什么叫做浩然正气？”

孟子说：“很难讲清楚。这种气，最浩大最刚强，用正直去培养它，确保其毫发无损，这种气便可充斥天地。这种气，要同义和道相配合；缺乏它们，气便不够盈满。这种气，是聚集了正义才产生的，不是凭偶尔的正义之举所能获取。做了对不起自己良心的事，气便不够盈满。所以我说，告子根本不懂义，因为他把义看作心外的东西。一定要加以培养，不要总想结果如何，心中不要忘记它，不要不切实际地帮助它生长。不要像宋国人那样，宋国有个人，操心他的禾苗长得不快而拔高它，疲倦地回到家中，对家里人说：‘今天累坏了，我把禾苗拔高了。’他的儿子跑到地里去看，禾苗都枯萎了。天下不拔苗助长的人，实在是很少的。以为培育没有益处而放弃努力的，是不锄草的人；帮助禾苗长高的，是拔高它的人。这就不仅没有益处，而且还伤害了它。”

公孙丑问：“怎样去剖析言辞呢？”

孟子说：“偏颇的言辞剖析它的片面性，放荡的言辞剖析它的沉溺之处，邪僻的言辞剖析它与正道的分歧点，不确定的言辞找到它的漏洞。这些言辞从心中产生，必然危害政治；在政治设施中体现出来，必然会扰乱国事。如果圣人再出现，也会认可我的观点。”

公孙丑说：“宰我、子贡善于言谈，冉牛、闵子、颜渊善于论述道德修养。孔子兼有这些特长，却说：‘我不擅长辞令。’那么，先生您称得上圣人了吗？”

孟子说：“哎！你这是什么话？从前子贡问孔子说：‘老师称得上是圣人吗？’孔子说：‘我不够做圣人的标准，我只不过学习不知厌烦、教人不嫌疲倦而已。’子贡说：‘学习不知厌烦，这是智；教人不嫌疲倦，这是仁。既有仁又有智，先生已经是圣人了。’圣人，连孔子都不敢自居，您问我是否达到圣人的标准不是太牵强了吗？”

公孙丑说：“从前我听说，子夏、子游、子张都各有圣人所具备的一部分长处，冉牛、闵子、颜渊虽有圣人之贤，但微乎其微。请问您属于哪种人？”

孟子说：“暂且不谈这个吧！”公孙丑说：“伯夷、伊尹两人怎么样？”

孟子说：“两人截然不同。不是理想的君主不去侍奉，不是理想的百姓不去管辖，天下太平才肯做官，社会动乱就要隐退，伯夷是这样的。什么样的君主都可侍奉，什么样的百姓都可管辖，天下太平也做官，社会动乱也做官，伊尹是这样的。应该做官就做官，应该隐退就隐退，应该长久干就长久干，应该迅速下就迅速下，孔子是这样的。他们都是古代的圣人，他们的所作所为我都做不到。至于我的愿望，是学习孔子。”

公孙丑说：“伯夷、伊尹和孔子，他们不是一样的人吗？”

孟子说：“不是。人类出现后，没有能够比得上孔子的。”

公孙丑说：“那么，他们有相同之处吗？”

孟子说：“有。倘若让他们做方圆百里封国的君主，都能使诸侯来朝拜而统一天下。如果要他们做一件不义的事、杀死一个无辜的人而得到天下，他们都不会做的。这就是他们的相同之处。”

公孙丑说：“请问他们有什么区别呢？”

孟子说：“宰我、子贡和有若，智慧足以了解圣人。即使他们不廉洁，也不致偏袒所喜好的人。宰我说：‘依我观察先生，比尧舜贤能多了。’子贡说：‘看到一个国家的礼仪，便能推知它的政治，听一个国家的音乐，便能推知它的德教。从百世之后评价百世以来的君王，都以孔子的理论作标准。自从有人类以来，没有比得上孔子的。’有若说：‘难道只有人类是这样吗？麒麟对于一般走兽，凤凰对于一般飞禽，泰山对于一般土堆，黄河大海对于一般溪流，都属于同一类。圣人对于百姓来说，也是同类，但却远远超出了同类事物，大大高出了他那一群。自从有人类以来，没有比孔子更伟大的。'"

原文

孟子曰："以力假仁者霸，霸必有大国；以德行仁者王，王不待大——汤以七十里，文王以百里，以力服人者，非心服也，力不赡也；以德服人者，中心悦而诚服也，如七十子[①]之服孔子也。《诗》云：'自西自东，自南自北，无思[②]不服。'此之谓也。"

注释

①七十子：孔子的弟子中的七十个贤人。

②无思：思，语气助词，无义。无思，即没有。

译文

孟子说："打着仁义的招牌拥有雄厚军事实力的人可以称霸，称霸必须依靠强大的国力。品行高尚、施仁政就能统一天下，统一天下不必仗恃国力的强大。成汤只用方圆七十里土地，周文王只用方圆百里土地，就使天下归服。以武力征服别人的，被征用的人并不心悦诚服，只是力量不足；以德行征服别人的，被征服的人才会心悦诚服，就像七十多位学生顺服孔子那样。《诗经》上说：'从西到东，从南到北，无不心悦诚服。'说的就是这个意思。"

原文

孟子曰："仁则荣，不仁则辱；今恶辱而居不仁，是犹恶湿而居下也。如恶之，莫如贵德而尊士，贤者在位，能者在职；国家闲暇[①]，及是时，明其政刑[②]。虽大国，必畏之矣。《诗》云：'迨天之未阴雨，彻彼桑土，绸缪牖户[③]。今此下民，或敢侮予？'孔子曰：'为此诗者，其知道乎！能治其国家，谁敢侮之？'今国家闲暇，及是时，般乐怠敖[④]，是自求祸也。祸福无不自己求之者。《诗》云：'永言配命，自求多福。'《太甲》曰：'天作孽，犹可违；自作孽，不可活。'此之谓也。"

注释

①国家闲暇:国家平安,没有内乱。

②政刑:政事和刑罚。

③绸缪牖户:绸缪,修缮。牖,窗子。户,门。

④般乐怠敖:般,乐。怠,怠惰。敖,同“遨”,出游。

译文

孟子说:“当政者推行仁政就会荣耀,不行仁政就会招致骂名。现在他们厌恶遭受耻辱,却处在不仁的境地,这就如同厌恶潮湿而又待在洼地里。如果不想蒙受骂名,不如培养自己高尚的品格和合乎礼仪的言行并尊敬士人,使有德行的人身居高位,使有才能的人担任一定职务。国家局势稳定,趁这个时机,修明政治法典。即使是强大的邻国,也不敢冒犯它。《诗经》上说:‘趁着天晴,剥些桑树根上的皮,修补窗子和门户。现在你们下面人,有谁还敢来欺侮?’孔子说:‘作这篇诗的人,真是明理啊!能够治理好自己的国家,谁敢欺侮他?’现在国家局势稳定,在这个时候追求享乐,懈怠游玩,这是自寻祸害。《诗经》上又说:‘常顺天命不相违,寻求幸福要自强。’《太甲》中也说过:‘天降的灾祸,还可以躲;自造的罪孽,逃也逃不掉。’说的就是这个意思。”

原文

孟子曰:“尊贤使能,俊杰在位,则在下之士皆悦,而愿立于其朝矣。市,廛而不征,法而不廛[①],则天下之商皆悦,而愿藏于其市矣。关,讥而不征,则天下之旅皆悦,而愿出于其路矣。耕者,助而不税[②],则天下之农皆悦,而愿耕于其野矣;廛,无夫里之布[③],则天下之民皆悦,而愿为之氓[④]矣。

“信能行此五者,则邻国之民仰[⑤]之若父母矣。率其子弟,攻其父母,自有生民以来未有能济者也。如此,则无敌于天下。无敌于天下者,天吏[⑥]也。

“然则不王者,未之有也。”

注释

①法而不廛：廛，存货的地方。按规定收购而不让它积压。

②助而不税：井田制，八家共助公田，公田耕种完，再耕种私田，不再收税。

③夫里之布：布，钱币。额外的雇役钱和地税。

④氓：古代称外来的人。

⑤仰：仰望、仰慕。

⑥天吏：吏，治人者。天吏是受天命的官吏，所以无敌于天下。

译文

孟子说："尊重有德行的人，让有识之士都有施展他们才能、抱负的机会，那么天下的士人无不欢欣鼓舞，愿意出朝为官。市场上提供免费的仓库，依法收购滞销货物而不让其积压，那么天下的商人都会高兴，愿意把货物存放在那市场上了。关卡上只稽查而不征税，那么天下的旅客都会高兴，愿意从那里经过。对种庄稼的人，只按井田制让他们助耕公田而不再收税，那么天下的农民都会高兴，愿意在那片原野上耕作了。对居民聚集区，没有额外的雇役钱和杂税，那么天下的民众都会高兴，愿意在那儿落户了。真正能做到这五项，那么邻国的民众就会像对父母一样地仰慕他。率领自己的子弟，攻打自己的父母，自有人类以来，没有能够成功的。这样，就会天下无敌。天下无敌的人，可以叫做天使。这样的人没有不称王天下的。"

原文

孟子曰："人皆有不忍人之心。先王有不忍人之心，斯有不忍人之政矣。以不忍人之心，行不忍人之政，治天下可运之掌上。所以谓人皆有不忍人之心者，今人乍[1]见孺子将入于井，皆有怵惕恻隐[2]之心。非所以内交[3]于孺子之父母也，非所以要誉[4]于乡党朋友也，非恶其声而然也。由是观之，无恻隐之心，非人也；无羞恶之心，非人也；无辞让之心，非人也；无是非之心，非人也。恻隐之心，仁之端也；羞恶之心，义之端也；辞让之心，礼之端也；是非之心，智之端也。人之有是四端也，犹其有四体也。有是四端而自谓不能者，自贼者也；谓其君不能者，贼其君者也。凡有四端于我者，知皆扩而充之矣，若火之始然[5]，泉之始达。苟能充之，足以保四海；苟不充之，不足以事父母。"

注释

①乍:忽然。

②怵惕恻隐:怵,恐。惕,惧。恻,痛。隐,痛。恻隐,有哀痛、同情的意思。

③内交:内,同"纳"。内交,结交。

④要誉:要,求。誉,声誉。要誉,博取名誉。

⑤然:同"燃"。

译文

孟子说:"每个人都有同情心。古代贤明的君主有同情心,所以推行体恤民情的政策。怀着同情心推行仁政,治理天下简直易如反掌。之所以说每个人都有同情心,是因为当人们突然发现一个小孩将要跌入井中时,都会惊骇痛惜。之所以会产生这种情绪,并不是他要同这个小孩的父母结交,不是为了在邻居和朋友中博取名誉,也不是厌恶这个小孩的哭声才如此。由此看来,一个人如果没有同情心就根本不配做人;没有羞耻心,也不配做人;没有谦让精神,也不配做人;没有明辨是非的能力,也不配做人。同情心,是仁的开端;羞耻心,是义的开端;谦让精神,是礼的开端;明辨是非的能力,是智的开端。人有这四种开端,就像身体有四肢一样。有这四种开端而对自己没信心,是自暴自弃的人;他的君主有这四种开端却怀疑君主的能力的,是暴弃君王的人。凡是具有这四种开端的人,如果知道将它们发扬光大,就如同星星之火必成燎原之势,如同刚刚喷涌的泉水必将汇为江河。如果能够发扬光大,足以安定天下;如果不发扬光大,连赡养父母都成问题。"

原文

孟子曰:"矢人岂不仁于函人①哉?矢人惟恐不伤人,函人惟恐伤人。巫②匠③亦然。故术不可不慎也。孔子曰:'里仁为美。择不处仁,焉得智?'夫仁,天之尊爵也,人之安宅也。莫之御而不仁,是不智也。不仁、不智,无礼、无义,人役也。人役而耻为役,由④弓人而耻为弓,矢人而耻为矢也。如耻之,莫如为仁。仁者如射:射者正己而后发;发而不中,不怨胜己者,反求诸己而已矣。"

注释

①函人：函，铠甲。函人，制造铠甲的匠人。

②巫：巫医。

③匠：木工。

④由：犹，如。

译文

孟子说："制造箭枝的人难道比制造铠甲的人要残忍吗？制造箭枝的人生怕箭枝伤不了人，制造铠甲的人生怕抵御不了刀箭侵袭而伤了人。巫医和木匠也是这样，所以选择职业一定要慎之又慎。孔子说：'居住在风化好的地方是件美事，挑那种民风败坏的地方住，恐怕不太明智吧？'仁德是上天尊贵的爵位，是人间安逸的住宅。没有任何人阻止却不讲仁德，这是不明智的。不仁、不智、无礼、无义的人，只能受人驱使。觉得给人当牛做马是种耻辱，就好像造弓的人以造弓为耻、造箭的人以造箭为耻一样。如果觉得给人当牛做马是种耻辱，不如实行仁政。实行仁政的人如同赛箭，射箭的人先端正姿势而后放箭。放出了箭而没射中，不去埋怨胜过自己的人，只要找出自己的不足就好。"

原文

孟子曰："子路，人告之以有过，则喜。禹闻善言，则拜。大舜有①大焉，善与人同，舍己从人，乐取于人以为善。自耕稼、陶、渔以至为帝，无非取于人者。取诸人以为善，是与②人为善者也。故君子莫大乎与人为善。"

注释

①有：又。

②与：偕、偕同。

译文

孟子说："子路，有人指出他的缺点他就高兴。禹听到了有益的话，就给人行礼。大舜在这方面表现得更好，行善没有别人和自己的区分，抛弃一己私见而接受别人的正确意见，乐意吸取别人的优点来成就善事。亲自耕作、制陶、捕鱼，直到做帝王，没有一项优点不是从别人那里学来的。吸取别人优点来做善事，这是协同别人共同行善啊。所以君子的德行，没有比和别人共同行善更大的了。"

原文

孟子曰："伯夷，非其君，不事；非其友，不友。不立于恶人之朝，不与恶人言；立于恶人之朝，与恶人言，如以朝衣朝冠坐于涂炭。推恶恶之心，思与乡人立，其冠不正，望望然①去之，若将浼②焉。是故诸侯虽有善其辞命而至者，不受也。不受也者，是亦不屑就已。柳下惠不羞污君，不卑小官；进不隐贤，必以其道，遗佚③而不怨，厄穷而不悯④。故曰：'尔为尔，我为我，虽袒裼裸裎⑤于我侧，尔焉能浼我哉？'故由由然⑥与之偕而不自失焉，援而止之而止。援而止之而止者，是亦不屑去已。"孟子曰："伯夷隘⑦，柳下惠不恭⑧。隘与不恭，君子不由⑨也。"

注释

①望望然：形容惭愧的样子。

②浼：污染、沾染。

③遗佚：佚，同"逸"。不被任用。

④悯：忧、忧愁。

⑤袒裼裸裎：裼，脱掉上衣，露出肉。裸裎，赤身露体。

⑥由由然：高兴自得的样子。

⑦隘：心胸狭窄。

⑧不恭：不严肃。

⑨由：行，做。

译文

孟子说："伯夷，不是他理想的君主，他就不肯侍奉，不是他理想的朋友，他就不肯结交。不和奸佞小人同朝为官，不同无德的人说话。和奸佞小人同朝为官，同恶人交谈，就如同穿着礼服戴着礼帽坐在泥路或炭灰上。把这种讨厌恶人恶事的心情推广开来，便会联想到和乡下人站在一起，那人帽子戴得不正，便会不高兴地走开，好像会沾染脏东西似的。所以诸侯中虽然有人说尽好话笼络他，他都不接受。他之所以不接受，是不屑于接近他们。柳下惠，则不以侍奉暴君为耻辱，不以官小而自卑。入朝做官不隐匿自己的才能，一定要依自己的主张办事。被冷落遗弃不怨天尤人，身处困境不忧愁。所以他说：'你是你，我是我，即使你在我身旁赤身露体，你又怎能沾污我呢？'所以他能高兴地与各种人物在一起，而不失去常态。拉住他让他留下他就留下。拉住他他就留下，是他觉得没有离开的必要。"孟子又说："伯夷器量不大，柳下惠有失庄重。器量小与不庄重，都不是君子应有的品格。"

史　部

殷契，母曰简狄，有娀氏之女，为帝喾次妃。三人行浴，见玄鸟堕其卵，简狄取吞之，因孕生契。契长而佐禹治水有功。帝舜乃命契曰："百姓不亲，五品不训，汝为司徒而敬敷五教。五教在宽。"

史　记

高祖本纪

原　文

高祖[1]，沛丰邑中阳里人，姓刘氏，字季。父曰太公，母曰刘媪[2]。其先[3]，刘媪尝息大泽之陂[4]，梦与神遇。是时雷电晦冥[5]，太公往视，则见蛟龙于其上。已而有身[6]，遂产高祖。

注　释

①高祖：刘邦死后，他的子孙和臣民因他是汉的第一代始祖，曾尊称之为高皇帝，一般习惯称他为高祖。张晏注："礼谥法无高，以为功最高而为汉帝之太祖，故特起名焉。"

②太公、媪(ǎo)：古代对于老年男子和老年女子的尊称，等于说老太爷、老太太。

③其先：早先，起初。

④陂(bēi)：水边，岸边。

⑤是时：此时。晦冥，昏暗。

⑥已而：不久。有身：有身孕，怀孕。

译　文

高祖是沛郡丰邑县中阳里人，姓刘，字季。他的父亲是太公，母亲是刘媪(ǎo)。在高祖还没有出生之前，刘媪曾经在大泽的岸边休息，梦中与神交合。当时雷鸣电闪,天昏地暗,太公正好前去看她,见到有蛟龙在她身上。不久,刘媪便有了身孕,不久后生下了高祖。

原文

高祖为人,隆准而龙颜①,美须髯②,左股有七十二黑子③。仁而爱人,喜施④,意豁如也⑤。常有大度,不事家人生产作业⑥。及壮,试为吏,为泗水亭长,廷中吏无所不狎侮⑦。好酒及色⑧。常从王媪、武负贳酒⑨,醉卧,武负、王媪见其上常有龙,怪之。高祖每酤留饮⑩,酒雠数倍⑪。及见怪,岁竟⑫,此两家常折券弃责⑬。

注释

①隆准:高鼻梁。准,鼻梁。龙颜:像龙一样的面貌。后代谀称皇帝的面貌为“龙颜”。

②须髯:胡子。髯,两颊上的胡须。

③股:大腿。黑子:黑痣。

④施:施舍,布施。

⑤豁如:豁达豪放的样子。

⑥事:从事,参加。家人:平常人家。

⑦廷:官署。侮:欺侮,捉弄。狎,亲近而不庄重,轻侮。侮,欺负、侮弄。

⑧色:指女色。

⑨贳(shì):意指租赁,赊欠。

⑩酤(gū):买酒。

⑪雠(chóu):售,卖出去。

⑫岁竟:年终。

⑬折卷弃责(zhài):折断债据,从此以后不再讨债。责,同“债”。

译文

高祖这个人长得很有特点,鼻子挺挺的,一副龙的容颜,一脸漂亮的胡须,并且左腿上有七十二颗黑痣。他仁厚爱人,喜欢施舍,心胸豁达。他平素具有干大事业的气度,不干平常人家生产劳作的事。到了成年以后,他试着去做官,当了泗水亭这个地方的亭长,对官署中的官吏,没有不加捉弄的。他喜欢喝酒,好女色。常常到王媪、武负那里去赊酒喝,喝醉了躺倒就睡,武负、王媪看到他身上常有龙出现,觉得这个人很奇怪。高祖每次去买酒，留在店中畅饮，买酒的人就会增加，而卖出去的酒达到平常的几倍。直到看见了有龙出现的怪现象，到了年尾，这两家就把记账的简札折断，并且从此以后不再向高祖讨债。

原文

单父人吕公善沛令①，避仇从之客，因家沛焉②。沛中豪桀吏闻令有重客③，皆往贺。

萧何为主吏，主进④，令诸大夫曰⑤："进不满千钱，坐之堂下⑥。"高祖为亭长，素易诸吏⑦，乃绐为谒曰"贺钱万"⑧，实不持一钱。谒入，吕公大惊，起，迎之门。吕公者，好相人⑨，见高祖状貌，因重敬之，引入坐。萧何曰："刘季固多大言，少成事。"高祖因狎侮诸客，遂坐上坐，无所诎⑩。酒阑⑪，吕公因目固留高祖⑫。高祖竟酒⑬，后。吕公曰："臣少好相人，相人多矣，无如季相，愿季自爱⑭，臣有息女⑮，愿为季箕帚妾⑯。"酒罢，吕媪怒吕公曰："公始常欲奇此女⑰，与贵人，沛令善公，求之不与，何自妄许与刘季⑱？"吕公曰："此非儿女子所知也⑲。"卒与刘季⑳。吕公女乃吕后也，生孝惠帝、鲁元公主。

注释

①善：友善，跟…要好。

②家沛：把家安在沛县。家，这里是安家的意思。③桀：同"杰"。重客：贵客。

④主：主管，主持。进：指收入的钱财。

⑤大夫：对宾客的尊称。《正义》："大夫，客之贵者总称之。"

⑥坐之堂下：等于说"使之坐于堂下"，让他坐在堂下。

⑦素：平素，向来。易：轻视，瞧不起。

⑧绐：欺骗。谒：名帖。类似现在名片一类的东西。《索隐》："谒谓以札书姓名，若今之通刺，而兼载钱谷也。"

⑨好：喜好。相人：给人看相。相，看相。

⑩诎：同"屈"，谦让。

⑪酒阑：酒快吃完了。阑，残尽。

⑫目：用眼色示意。固：坚决。

⑬竟酒：喝完酒。竟，尽。

⑭自爱：自己保重。

⑮息女：亲生女儿。息，生。

⑯箕帚妾：属于谦辞；表面意思是干打扫等事的奴婢，实际就是做妻子。

⑰奇此女：使此女奇。意思是让女儿出人头地。

⑱妄：随便，随意。

⑲儿女子：等于说妇孺之辈，有蔑视之意。

⑳卒：最终，最后。

译文

吕公与沛县县令的关系很要好，为了逃避仇人投奔到县令这里来，借此就在沛县安了家。沛中的豪杰、官吏们听说县令有贵客，都前往祝贺。萧何当时是县令的属官，掌管收贺礼事宜，他对那些送礼的宾客说："送礼不满千金的，让他坐到堂下。"高祖做亭长，平素就看不起这帮官吏，于是在进见的名帖上谎称"贺钱一万"，其实他一个钱也没带。名帖递进去了，吕公见了高祖大为吃惊，赶快起身，到门口去迎接他。吕公这个人，喜欢给人相面，看见高祖的相貌，就非常敬重他，把他领到堂上坐下。萧何说："刘季一向满口说大话，很少做成什么事。"高祖就趁机戏弄那些宾客，干脆就坐到上座去，一点儿也不谦让。酒喝得尽兴了，吕公于是向高祖递眼色，让他一定留下来，高祖喝完了酒，就留在后面。吕公说："我从年轻的时候就喜欢给人相面，经我给相面的人多了，没有谁能比得上你刘季的面相，希望你好自珍爱。我有一个亲生女儿，愿意许给你做你的洒扫妻妾。"酒宴散了，吕媪对吕公大为恼火，说："你起初总是想让女儿出人头地，把他许配给个贵人。沛县县令跟你要好，想娶这个女儿你不同意，今天你为什么随随便便地就把她许给刘季了呢？"吕公说："这不是女人家所懂得的。"终于把女儿嫁给刘季了。吕公的女儿就是刘邦的妻子吕后，吕后生了孝惠帝和鲁元公主。

原文

高祖为亭长时，常告归之田①。吕后与两子居田中耨②，有一老父过请饮③，吕后因餔之④。老父相吕后曰："夫人天下贵人。"令相两子，见孝惠，曰："夫人所以贵者，乃此男也。"相鲁元，亦皆贵。老父已去，高祖适从旁舍来⑤，吕后具言客有过⑥，相我子母皆大贵。高祖问，曰："未远。"乃追及⑦，问老父。老父曰："乡者夫人、婴儿皆似君⑧，君相贵不可言。"高祖乃谢曰："诚如父言⑨，不敢忘德。"及高祖贵，遂不知老父处。

注释

①常：经常。告：告假，请假。之：往，到……去。

②子：孩子，古代儿子和女儿都称子。居：在。耨：锄草。

③老父：等于说老汉。请饮：要水喝。请，求，要。

④餔(bǔ)：同"哺"，拿食物给人吃。

⑤适：正巧。旁舍：邻居。

⑥具：全都，原原本本地。

⑦追及：追上。及，赶上。

⑧乡者：刚才。乡，同"向"。

⑨诚：果真，如果。

译文

当时高祖做亭长时候，经常请假回家到田里耕田除草。一次吕后和孩子正在田中除草，有一位老人从这里经过讨水喝，吕后让他喝了水，还拿饭给他吃。老汉给吕后看了面相说："夫人真是天下贵人。"

吕后又让他给两个孩子相面，他见了孝惠帝，说："夫人显贵的原因，就是因为这个男孩子。"他又给鲁元相面，也同样是富贵面相。老汉走后，高祖正巧从旁边的房舍走来，吕后就把刚才那老人经过此地，给她们看相，说他们母子都是富贵之相的情况，原原本本地告诉了高祖。高祖问这个人在哪，吕后说："还走不远。"于是高祖就去追上了老汉，问他刚才的事，老汉说："刚才我看贵夫人及子女的面相都很像您，您的面相简直是贵不可言。"高祖于是道谢说："如果真的像老人家所说，我决不会忘记你的恩德。"一直到到高祖开始登上宝座的时候，始终没有关于老汉的消息。

原文

高祖以亭长为县送徒郦山①,徒多道亡②。自度比至皆亡之③。到丰西泽中,止饮,夜乃解纵所送徒④。曰:“公等皆去⑤,吾亦从此逝矣⑥!”徒中壮士愿从者十余人。高祖被酒⑦,夜径泽中⑧,令一人行前。行前者还报曰:“前有大蛇当径⑨,愿还。”高祖醉,曰:“壮士行,何畏!”乃前,拔剑击斩蛇。蛇遂分为两,径开。行数里,醉,因卧。后人来至蛇所⑩,有一老妪夜哭⑪。人问何哭,妪曰:“人杀吾子,故哭之。”人曰:“妪子何为见杀⑫?”妪曰:“吾子,白帝子也⑬,化为蛇,当道,今为赤帝子斩之⑭,故哭。”人乃以妪为不诚⑮,欲告之⑯,妪因忽不见。后人至,高祖觉⑰。后人告高祖,高祖乃心独喜,自负。诸从者日益畏之。

注释

①徒:壮丁,民伕。

②道亡:半路逃跑。亡,逃。

③度:估计,揣摸。比至:等到到了(郦山)。

④解纵:解放,放走。纵,放。

⑤公等:你们这班人。公,对对方的尊称。

⑥逝:走,离去。这里指逃亡。

⑦被酒:带有几分酒意。被,加。

⑧径:小路。这里是取道小路、抄小道的意思。

⑨当径:横在小径当中。

⑩所:处,处所。

⑪老妪:老妇人。

⑫见杀:被杀。见,被。

⑬白帝:五天帝之一,西方之神。

⑭为:被。赤帝:五天帝之一,南方之神。

⑮诚:真实,诚实。

⑯欲告之:想要打她。

⑰觉:醒,睡醒。

译文

高祖以亭长的身份押送徒役去郦山，但是徒役们有很多在半路逃走了。高祖心里想等到了郦山也就会都逃光了，所以当走到丰西大泽中时，就停下来喝酒，趁着天黑把所有的役徒都放了。高祖说：“你们都逃命去吧，从此我也要远远地走了！”徒役中有十多个壮士愿意跟随他一块走。高祖乘着酒意，夜里抄小路通过沼泽地，让一个在前边先走。走在前边的人回来报告说：“前边有条大蛇挡在路上，还是回去罢。”高祖已醉，说：“大丈夫走路，有什么可怕的！”于是赶到前面，拔剑去斩大蛇。大蛇被斩成两截，道路打开了。继续往前走了几里，醉得厉害了，就躺倒在地上。后边的人来到斩蛇的地方，见有一老妇在暗夜中哭泣。有人问她为什么哭，老妇人说：“有人杀了我的孩子，我在哭他。”有人问：“你的孩子为什么被杀呢？”老妇说：“我的孩子是白帝之子，变化成蛇，挡在道路中间，如今被赤帝之子杀了，我就是为这个哭啊。”众人以为老妇人是在说谎，正要打她，老妇人却忽然不见了。后面的人赶上了高祖，高祖醒了。那些人把刚才的发生的事都告诉了高祖，高祖心中暗暗窃喜，所以更加自负。后来，那些追随他的人也慢慢地惧怕他了。

原文

秦始皇帝常曰：“东南有天子气①”，于是因东游以厌之②。高祖即自疑，亡匿③，隐于芒、砀山泽岩石之间。吕后与人俱求④，常得之⑤。高祖怪问之。吕后曰：“季所居上常有云气，故从往常得季。”⑥高祖心喜。沛中子弟或闻之⑦，多欲附者矣。

注释

①气：预示吉凶之气。古代方士称可以通过观云气预知吉凶祸福。所谓“天子气”就是预示将有天子出现之气，这是迷信的说法。

②厌（yā）：压住，镇住。

③亡匿：逃跑藏起来。

④求：寻找。

⑤得：找到。

⑥从往：顺着云气的方向前往。

⑦或：有人。

译文

秦始皇帝曾经说过："东南方有象征天子降临的一团云气"，于是开始环游东方，想借此机会把它压下去。高祖怀疑自己带着这团云气，就逃到外边躲避起来，躲在芒山、砀山一带的深山湖泽之间。吕后和别人一起去找，常常能找到他。高祖奇怪地问她怎么能找到，吕后说："你所在的地方，上空常有一团云气，顺着去找就常常能找到你。"高祖心里更加欢喜。沛县的年轻人听说了这件事，因此许多人都愿意跟随于他，并且愿意效忠他。

原文

秦二世元年秋，陈胜等起蕲①，至陈而王②，号为"张楚"③。诸郡县皆多杀其长吏以应陈涉④。沛令恐，欲以沛应涉。掾、主吏萧何、曹参乃曰："君为秦吏，今欲背之，率沛子弟，恐不听。愿君召诸亡在外者，可得数百人，因劫众⑤，众不敢不听。"乃令樊哙召刘季。刘季之众已数十百人矣⑥。

注释

①起：指起事，即起义。
②王：动名词，即称王。
③张楚：张大楚国。详见《陈涉世家》。
④长吏：大官，高级官吏。
⑤因：借，依。劫：劫迫、威胁。
⑥数十百人：几十人或一百人。

译文

元年的秋天，陈胜等在蕲(qí)县开始起义，后来当打到陈地的时候，自称为王，定国号为"张楚"，取张大楚国之意，许多郡县都杀了他们的长官来跟随陈涉。沛县县令非常的害怕，也想率领沛县的人响应陈涉。于是狱椽(yuàn)曹参、主吏萧何说："您作为秦朝的官吏，现在想背叛秦朝，率领沛县的子弟起义，恐怕没有人会听从命令。希望您召回那些在外逃亡的人，大约可召集到几百人，用他们来胁迫众人，众人就不敢不听从命令了。"于是派樊哙去叫刘季。这时，刘季的响应跟随者已经有几十人甚至到一百人了。

原文

于是樊哙从刘季来。沛令后悔，恐其有变，乃闭城城守[①]，欲诛萧、曹。萧、曹恐，逾城保刘季[②]。刘季乃书帛射城上[③]，谓沛父老曰："天下苦秦久矣[④]。今父老虽为沛令守，诸侯并起，今屠沛。沛今共诛令，择子弟可立者立之，以应诸侯，则家室完[⑤]。不然，父子俱屠，无为也[⑥]。"父老乃率子弟共杀沛令，开城门迎刘季，欲以为沛令。刘季曰："天下方扰[⑦]，诸侯并起，今置将不善，一败涂地[⑧]。吾非敢自爱[⑨]，恐能薄[⑩]，不能完父兄子弟。此大事，愿更相推择可者[⑪]。"萧、曹等皆文吏，自爱，恐事不就[⑫]，后秦种族其家[⑬]，尽让刘季。

诸父老皆曰："平生所闻刘季诸珍怪[⑭]，当，且卜筮之[⑮]，莫如刘季最吉[⑯]。"于是刘季数让。众莫敢为，乃立季为沛公。祠黄帝[⑰]，祭蚩尤于沛庭，而衅鼓旗[⑱]，帜皆赤。由所杀蛇白帝子[⑲]，杀者赤帝子[⑳]，故上赤[㉑]。于是少年豪吏如萧、曹、樊哙等皆为收沛子弟二三千人，攻胡陵、方与，还守丰[㉒]。

注释

①城守：凭借城墙防守。

②逾：越过。保刘季：以刘季为保障，也就是依附刘季的意思。

③书帛：在帛上书写，这里是指在帛上写信。

④苦秦：等于说"苦于秦"，即为秦所苦的意思。

⑤完：完整，保全。

⑥无为：意思是什么也做不了。无，没有什么。

⑦扰：打乱。

⑧一败涂地：意思是一旦失败，将使肝脑涂地。形容失败得很惨。

⑨非敢自爱：意思是不敢吝惜自己的性命，爱，吝惜，舍不得。

⑩能：才能，能力。薄：少、小。

⑪更：更新。相：共，共同。推择：推举，推选。

⑫不就：不能成功。就，成。

⑬种族其家：灭家族，绝后代，意思就是满门抄斩。

⑭平生：平时，平素。

⑮卜筮(shī)：占卜。卜，用龟壳进行占卜，根据龟壳被烧后的裂痕预测吉凶。筮，用蓍(shī)草进行占卜。

⑯莫如：没有人比得上。莫，没有人，没有谁。

⑰祠：祭祀。按：祭祀黄帝与下句祭祀蚩尤，《集解》引应劭曰："《左传》黄帝战于阪泉，以定天下。蚩尤好五兵（兵器），故祠祭之求福祥也。"

⑱衅鼓旗：把牲畜的血涂在鼓和旗上。衅是古代一种祭祀仪式，用牲畜的血涂在新制器物上。

⑲所杀蛇：被杀的蛇。

⑳杀者：杀蛇者。

㉑上：同"尚"，崇尚。

㉒"攻胡陵、方与"二句：据《汉书·高帝纪》及《秦楚之际月表》，二句所记当属秦二世二年十月之事。

译文

后来，樊哙跟着刘季一块儿回来了。沛令在樊哙走后心里很后悔了，害怕刘季来了又会发生什么突然的变化，于是把城门关上，死死的劳守城池，不让刘季进城，而且想要杀掉萧何、曹参。萧何、曹参害怕了，越过城池来依附刘季，以求得保护。于是刘季用帛写了封信射到城上去，向沛县的父老百姓宣告说："天下百姓为秦政所苦已经很久了。现在父老们虽然为沛令守城，但是各地诸侯全都起来了，现在很快就要屠戮到沛县。若现在沛县父老一起把沛令杀掉，从年轻人中选择可以拥立的人立他为首领，来响应各地诸侯，那么你们的家室就可得到保全。不然的话，全县老少都要遭屠杀，那时就什么也做不成了。"于是沛县父老率领县中子弟一起杀掉了沛令，打开城门迎接刘季，想要让他当沛县县令。刘季说："如今正当乱世，诸侯纷纷起事，如果安排将领人选不妥当，就将一败涂地。我并不敢顾惜自己的性命，只是怕自己能力小，不能保全父老兄弟。这是一件大事，希望大家一起推选出能胜任的人。"萧何、曹参等都是文官，都很珍惜性命，害怕起事不成，遭到满门抄斩之祸，极力地推让刘季。

城中父老也都说："平素听说刘季那么多奇异之事，必当显贵，而且占卜没有谁比得上你刘季最吉利。"刘季还是再三推让。众人没有敢当沛县县令的，就立刘季做了沛公。于是在沛县祭祀能定天下的黄帝和善制兵器的蚩尤，把牲血涂在旗鼓上，以祭旗祭鼓，旗帜都是红色的。这是由于被杀的那条蛇是白帝之子，而杀蛇那个人是赤帝之子，所以崇尚红色。那些年轻有为的当官人如萧何、曹参、樊哙等都为沛公去招收沛县中的年轻人，一共招了两三千人，一起攻打胡陵、方与，然后都退回驻守丰邑。

原文

秦二世二年，陈涉之将周章军西至戏而还。燕、赵、齐、魏皆自立为王①。项氏起吴②。

秦泗川监平将兵围丰，二日，出与战，破之。命雍齿守丰，引兵之薛。泗川守壮败于薛，走至戚，沛公左司马得泗川守壮③，杀之。沛公还军亢父，至方与，未战。陈王使魏人周市略地④。周市使人谓雍齿曰："丰，故梁徙也⑤。今魏地已定者数十城。齿今下魏⑥，魏以齿为侯守丰。不下，且屠丰⑦。"雍齿雅不欲属沛公⑧，及魏招之，即反为魏守丰。沛公引兵攻丰，不能取。沛公病，还之沛。沛公怨雍齿与丰子弟叛之，闻东阳甯君、秦嘉立景驹为假王⑨，在留，乃往从之⑩，欲请兵以攻丰。是时秦将章邯从陈，别将司马仁⑪将兵北定楚地，屠相，至砀。东阳宁君、沛公引兵西⑫，与战萧西，不利。还收兵聚留，引兵攻砀，三日乃取砀。因收砀兵，得五六千人。攻下邑，拔之。还军丰。闻项梁在薛，从骑百余往见之⑬。

项梁益沛公卒五千人⑭，五大夫将十人⑮。沛公还，引兵攻丰。

注释

①燕、赵、齐、魏皆自立为王：《索隐》按："《汉书·高纪》，二世二年八月，武臣自立为赵王，田儋自立为齐王，韩广自立为燕王，魏咎自立为魏王也。"

②项氏：指项梁、项羽叔侄。

③得：俘获。

④略地：夺取土地。

⑤"丰，故梁徙也"句：《集解》文颖曰："梁惠王孙假为秦所灭，转东徙于丰，故曰'丰，梁徙也。"徙，迁徙，这里指迁徙地。

⑥下：投降。

⑦且：将要。

⑧雅：向来。

⑨假王：代理的王。

⑩从：追随，投奔。

⑪从陈：追赶陈胜军。司马仁：仁，原字结构为“尸旁下加二”，可确定是古“仁”字。

⑫西：向西，西进。

⑬从骑：带着随从骑兵。从，使跟随；骑，骑兵。

⑭益：渐渐的增加。

⑮五大夫将：五大夫级的将领。战国时楚、魏有五大夫，秦汉亦设此官。《集解》引苏村曰：“五大夫，第九爵也。以五大夫为将，凡十人也。”

译文

秦二世二年。陈涉有一名手下大将叫周章，他率军攻打到戏水，但却被章邯打败又退回去了。燕、赵、齐、魏各国都自立为王。项梁、项羽在吴县起兵，秦朝泗川郡监名叫平的率领士兵们包围了丰邑。两天之后，沛公率众出城与秦军交战，打败了秦军。沛公命雍齿守卫丰邑，自己率领部队到薛县去。泗川郡守壮在薛县被打败，逃到戚县，沛公的左司马曹无伤抓获泗川郡守壮并杀了他。沛公把军队撤到亢父，一直到方与，没有发生战斗。陈王胜派魏国人周市（fú，音伏）来夺取土地。周市派人告诉雍齿说：“丰邑，是过去魏国国都迁来的地方。现在魏地已经平定的有几十座城。你如果对魏国投降，那么魏国就封你为侯驻守丰邑。但是如果不归降，我就要对丰邑进行疯狂的屠杀。”雍齿本来就不愿意归属于沛公，等到魏国来招降了，立刻就反叛了沛公，为魏国守卫丰邑。沛公带兵攻打丰邑，没有攻下。沛公生病了，退兵回到沛县。沛公怨恨雍齿和丰邑的子弟背叛他，又听说东阳县的宁君、秦嘉立景驹做了代理王，驻守在留县，于是前去投奔他，想向他借兵去攻打丰邑。这时候秦朝将领章邯正在追击陈胜的军队，章邯的别将司马仁带兵向北平定楚地，屠戮了相县，到了砀县。东阳宁君、沛公领兵向西，和司马仁在萧县西交战，战势不利，就退回来收集兵卒聚集在留县，然后带兵攻打砀县，攻了三天就攻下来了。于是收集砀县的兵卒，共得到五六千人。接着攻打下邑，攻了下来。退兵在丰邑暂时驻扎。后来，听说项梁在薛县，就带着一百多骑兵前去见项梁。接着，项梁又给沛公增加了五千人，五大夫级的将领十人。沛公回来后不久，接着带兵对丰邑进行攻打。

原文

从项梁月余，项羽已拔襄城还[①]。项梁尽召别将居薛。闻陈王定死，因立楚后怀王孙心为楚王[②]，治盱台[③]。项梁号武信君。居数月，

北攻亢父，救东阿，破秦军。齐军归，楚独追北④，使沛公、项羽别攻城阳，屠之。军濮阳之东⑤，与秦军战，破之。

注释

①拔：攻克，打下。

②“因立”句：楚怀王之孙熊心被立为王，用其祖父的谥号仍称楚怀王，这是为了顺应楚人之心。

③治盱台：在盱台定都。治，设置治所，这里指定都。

④追北：追击败逃的军队。北，败逃。

⑤军：驻军，驻扎。

译文

沛公已经跟从项梁有一个多月，那时项羽已经拿下襄城回来了。项梁把各路的将领们全部召到薛县。听说陈王确实是死了，因而立楚国后代怀王的孙子熊心为楚王，建都盱台（xū yí）。项梁号称武信君。待了几个月，向北攻打亢父，援救东阿，击败了秦军。齐国军队回去了，只剩下楚军单独追击败逃之敌。另外让沛公、项羽去攻打咸阳，在城阳进行残暴的杀戮。军队在濮阳县东边驻扎，并且和秦军交战，将秦军击败。

原文

秦军复振，守濮阳，环水。楚军去而攻定陶，定陶未下。沛公与项羽西略地至雍丘之下，与秦军战，大破之，斩李由。还攻外黄，外黄未下。

项梁再破秦军，有骄色。宋义谏，不听。秦益章邯兵，夜衔枚击项梁①，大破之定陶，项梁死。沛公与项羽方攻陈留，闻项梁死，引兵与吕将军俱东②。吕臣军彭城东，项羽军彭城西，沛公军砀。

注释

①枚：像筷子一样的东西，两头有绳子。古人作战，为防止喧哗，就命士兵把“枚”衔在嘴里，绳子结在脑后颈项上，叫做“衔枚”一般用在疾行军进行偷袭敌人的

时候。

②东：向东，东进。

译文

后来秦军重新振作，并且誓死守住濮阳，开始在城的周围引水固守。楚守撤兵去攻打定陶，没有攻下。沛公和项羽向西夺取土地，到了雍兵城下，和秦军交战，大败秦军，斩杀李由。又返回攻打外黄，但是攻占的结果却失败了。项梁两次打败秦军，开始有骄傲的表情。宋义进谏，项梁不听。秦朝给章邯增派了军队，趁着黑夜袭击项梁军队。为了防止喧哗，让士兵口里都衔着一根横木棍，结果在定陶打败了项梁的军队，项梁战死。这时，沛公和项羽正攻打陈留，听说项梁已死，就带兵和吕将军一起向东进军。吕臣的军队驻扎在彭城的东面，项羽的军队在彭城的西面驻扎，然则沛公的军队在砀县驻扎。

原文

当是时，秦兵强，常乘胜逐北，诸将莫利先入关[①]。独项羽怨秦破项梁军，奋[②]，愿与沛公西入关。怀王诸老将皆曰："项羽为人僄悍猾贼[③]。项羽尝攻襄城，襄城无遗类[④]，皆阬之[⑤]，诸所过无不残灭[⑥]。且楚数进取[⑦]，前陈王、项梁皆败。不如更遣长者扶义而西[⑧]，告谕秦父兄[⑨]。秦父兄苦其主久矣，今诚得长者往，毋侵暴[⑩]，宜可下[⑪]。今项羽僄悍，今不可遣；独沛公素宽大长者，可遣。"卒不许项羽，而遣沛公西略地，收陈王、项梁散卒[⑫]。

乃道砀至成阳[⑬]，与杠里秦军夹壁[⑭]，破秦二军。楚军出兵击王离，大破之。

注释

①"诸将莫利"句：诸将没有谁认为先入关对自己有利。利，以为有利。②奋：这里是气愤、愤激的意思。

③僄悍：轻捷勇猛。猾贼：奸狡伤人。贼，伤害。

④无遗类：一个没留下。

⑤阬：坑埋，活埋。

⑥诸所过：指项羽带兵经过的地方。残灭：杀光。

⑦且：而且，再说。进取：进攻。

⑧长者:忠厚老实的人。扶义:扶持仁义,等于说实行仁义。

⑨告谕:通告,告诉。

⑩侵暴:侵害,欺凌。"侵""暴"同义。

⑪宜:应该。下:使降服,攻下。

⑫散卒:散兵,残兵。

⑬道:取道,经由。

⑭夹壁:对垒。壁,营垒。

译文

就是在这个时候,秦军的力量逐渐强大,常常乘着胜利的威势追击那些失败并且已经要逃走的敌人,在诸将中没有人会认为先入关是有利的事。由于项羽恨秦军打败了项梁的军队,很激愤,并且愿意和沛公一起西进入关。怀王手下的老将们都说:"项羽这人敏捷勇猛,却又奸猾伤人。项羽曾经攻下襄城,那里的军民没有一个活下来,都被他活埋了。凡是他经过的地方,没有不被毁灭的。再说,多次进攻,先前陈王、项梁都被打败了,不如改派忠厚老实的人,实行仁政的管理,率军西进,向秦地的父老兄弟讲明道理。秦地父老兄弟因为他们的君主暴虐而受苦已经很久了,现在如果真能有位忠厚老实的人前去,不欺压百姓,才会使秦地降服。项羽只是敏捷勇猛,不能派他去。现在只有沛公一向忠厚老实,可派他去。"

怀王最终没有答应项羽,而派了沛公率领大军向西去夺取土地,一路收集陈胜、项梁的散兵。沛公经过砀县到达成阳,与秦军开始面对面的持战,结果击败了秦军的两支部队。楚军又出兵攻击王离,王离被打得落花流水。

原文

沛公引兵西,遇彭越昌邑,因与俱攻秦军,战不利。还至栗,遇刚武侯,夺其军,可四千余人①,并之。与魏将皇欣、魏申徒武蒲之军并攻昌邑,昌邑未拔。西过高阳。郦食其为监门,曰:"诸将过此者多,吾视沛公大人长者②。"乃求见说沛公。沛公方踞床③,使两女子洗足。郦生不拜④,长揖⑤,曰:"足下必欲诛无道秦⑥,不宜踞见长者。"于是沛公起,摄衣谢之⑦。延上坐⑧。食其说沛公袭陈留⑨,得秦积粟。乃以郦食其为广野君,郦商为将,将陈留兵,与偕攻开封⑩,开封未拔。西与秦将杨熊战白马,又战曲遇东,大破之。杨熊走之荥阳,二世使使者斩以徇⑪。南攻颍阳,屠之。因张良遂略韩地轘辕。

注释

①可:将近,大约。

②大人;德行高尚的人。

③踞床:伸开腿坐在床上。是非常不礼貌的姿势。踞,伸开腿坐。

④拜:古时为下跪叩头及打躬作揖的通称。

⑤长揖:古时不分尊卑的一种相见礼。拱手高举,自上而下。

⑥足下:对对方的敬称。

⑦摄:整理。谢:道歉。

⑧延:引入,请入。

⑨说:劝说。

⑩偕:一起。

⑪使:派。使者,奉长官之命而去行事的人。徇,示众。

译文

沛公率兵西进,在昌邑与彭越遇见。于是和他商量一起攻打秦军,战事不利。撤兵到栗县,正好遇到刚武侯,就把他的军队夺了过来,大约有四千人,并入了自己的军队。又与魏将皇欣、魏申徒武蒲的军队合力攻打昌邑,没有攻下。沛公继续西进,经过高阳。郦食其(yì jī)负责守管城门,他说:“各路经过此地的多了,我看只有沛公才是个德行高尚忠厚老实的人。”于是前去求见,游说沛公。沛公当时正叉开两腿坐在床上,让两个女子给他洗脚。郦食其见了并叩不拜,只是稍微俯身拱手高举,做了个长揖说:“如果您一定要灭掉没有仁德的暴秦,就不应该坐着接见长者。”于是沛公站起身来,整理衣服,向他道歉,把他请到上坐。郦食其劝说沛公袭击陈留,得到了秦军储存的粮食。沛公就封郦食其为广野君,任命其弟郦商为将军,统率陈留的军队,与沛公一起攻打开封,没有攻下。继续向西与秦将杨熊在白马打了一仗,又在曲遇东面打了一仗,大破秦军。杨熊逃到荥阳,秦二世派使者将他斩首示众。沛公又向南攻打颍阳,在颍阳进行攻打。后来通过张良,占领了韩国的轘(huán)辕险道。

原文

当是时,赵别将司马卬方欲渡河入关,沛公乃北攻平阴,绝河津①。南②,战雒阳军,军不利,还至阳城,收军中马骑,与南阳守齮战犨东,破之。略南阳郡,南阳守齮走,保城守宛。

沛公引兵过而西。张良谏曰:“沛公虽欲急入关,秦兵尚众,距险[3]。今不下宛,宛从后击,强秦在前,此危道也。”于是沛公乃夜引兵从他道还,更旗帜,黎明,围宛城三匝[4]。南阳守欲自刭[5]。其舍人陈恢曰[6]:“死未晚也[7]。”乃逾城见沛公,曰:“臣闻足下约,先入咸阳者王之。今足下留守宛。宛,大郡之都也,连城数十,人民众,积蓄多,吏人自以为降必死,故皆坚守乘城[8]。今足下尽日止攻[9],士死伤者必多;引兵去宛,宛必随足下后[10]:足下前则失咸阳之约,后又有彊宛之患。为足下计,莫若约降[11],封其守[12],因使止守[13],引其甲卒与之西。诸城未下者,闻声争开门而待,足下通行无所累[14]。”沛公曰:“善。”乃以宛守为殷侯,封陈恢千户。引兵西,无不下者。至丹水,高武侯鳃、襄侯王陵降西陵。还攻胡阳,遇番君别将梅鋗,与皆[15],降析、郦。遣魏人甯昌使秦,使者未来,是时章邯已以军降项羽于赵矣[16]。

注释

①绝:横渡。津:渡口。

②南:向南,南进。

③距险:凭借险要地势来抵抗。距,同“拒”。

④匝:周匝,环绕一围。

⑤自刭(jǐng):自刎。

⑥舍人:待从宾客及亲信左右的通称。

⑦死未晚也:这里是省略了前提条件,意思是说等到走投无路的时候再寻死也还不算晚。

⑧乘:防守,守卫。

⑨尽日:整日。止攻:停止前进,留下来攻城。

⑩随足下后:意思是跟在您后面追击。

⑪莫若:没有什么办法比得上,什么都比不上。

⑫封其守:封赏那里的郡守。

⑬止守:指留下来在那里防守。

⑭累:牵累,牵挂。

⑮与皆:和……一块,并军作战。皆,同“偕”。

⑯降:即攻下的意思。

译文

就在这时，别将司马卬正想渡过黄河，进入函谷关。沛公就在此时向北进攻平阴，并且截断黄河渡口。又向南进军，与秦军在洛阳东面开始混战，但是战事不利，退回到阳城，后来聚集军中的骑兵，在南阳县东面和南阳太守吕齮(yǐ)交战，打败了秦军，拿下了南阳郡，南阳郡守吕齮逃跑了，退守宛城。沛公率兵绕过宛城西进，张良进谏说："您虽然想赶快入关，但目前秦兵数量仍旧很多，又凭借险要地势进行抵抗。如果现在不攻下宛城，那么宛城的敌人从背后攻击，前面又有强大的秦军，这是一条危险的道啊。"于是沛公连夜率兵从另一条道返回，更换旗帜，黎明时分，把宛城紧紧围住，围了好几圈。南阳郡守想要自刎。他的门客陈恢说："现在自刎还太早。"于是越过城墙去见沛公，说："我听说您和诸侯约定，先攻入咸阳的就让他在那里做王。现在您停下来攻打宛城。宛城是个大郡的都城，相连的城池有几十座，人民众多，积蓄充足，官民都认为投降肯定要被杀死，所以都决心据城坚守。现在您整天停在这里攻城，士兵伤亡必定很多；如果率军离去，宛城军队一定在后面追出；这样，您向西前进就会错过先进咸阳在那里称王的约定，后面又有宛城强大军队袭击的后患。替您着想，倒不如约定条件投降，封赏南阳太守，让他留下来守住南阳，您率领宛城的士兵一起西进。那些还没有降服的城邑，听到了这个消息，一定会争着打开城门等候您。您就可以通行无阻地西进，不必担心什么了。"沛公说："好！"于是封宛城郡守为殷侯，封给陈恢一千户。于是沛公率兵继续西进，所经过的城邑没有不降服的。到了丹水，高武侯戚鳃、襄阳侯王陵也在西陵归降了。沛公又回过头来攻打胡阳，遇到了鄱(pó)君的别将梅鋗(xuān)，就跟他一起，降服了析县和郦县。后来沛公派遣魏国人宁昌出使秦地，就在那时宁昌还没有回来。秦将章邯就赵地率军投降项羽了。

原文

初，项羽与宋义北救赵，及项羽杀宋义，代为上将军，诸将黥布皆属，破秦将王离军，降章邯，诸侯皆附。及赵高已杀二世，使人来，欲约分王关中，沛公以为诈，乃用张良计，使郦生、陆贾往说秦将，啖以利[①]，因袭攻武关，破之。又与秦军战于蓝田南，益张疑兵旗帜[②]，诸所过毋得掠卤[③]，秦人憙[④]，秦军解[⑤]，因大破之。又战其北，大破之。乘胜，遂破之。

注释

①啖以利：等于说“啖之以利吃”，意思是用利益、金钱去收买诱惑。啗，吃，这里是使吃，即设诱的意思。

②张：张开，指悬挂。

③掠卤：抢掠。卤，通“虏”。

④憙；同“喜”。

⑤解(xiè)：同“懈”，懈怠。

译文

当初，项羽和宋义向北去救赵，一直等到项羽杀了宋义，便代替他做了上将军，各路将领如黥布等都为项羽做事；打败了秦将王离的军队，降服了章邯，诸侯都归附了项羽。赵高杀秦二世之后，派人来求见，想和沛公定约在关中分地称王，沛公以为其中有诈，就用了张良的计策，派郦生，陆贾去游说秦将，并用财利进行引诱，乘此机会前去偷袭武关，攻了下来。又在蓝田南面与秦军交战。增设疑兵旗帜，命令全军，所过之处，不得掳掠，秦地的人都很高兴，秦军瓦解，因此大败秦军。接着在蓝田的北面与秦军进行厮杀混战，秦军还是打败。于是接着胜利继续奋战，终于彻底打败了秦军。

原文

汉元年十月，沛公兵遂先诸侯至霸上，秦王子婴素车白马[①]，系颈以组[②]，封皇帝玺符节[③]，降轵道旁[④]。诸将或言诛秦王。沛公曰：“始怀王遣我，固以能宽容；且人已服降，又杀之，不祥。”乃以秦王属吏[⑤]，遂西入咸阳。欲止宫休舍[⑥]，樊哙、张良谏，乃封秦重宝财物府库[⑦]，还军霸上。召诸县父老豪桀曰：“父老苦秦苛法久矣[⑧]”，诽谤者族[⑨]，偶语者弃市[⑩]。吾与诸侯约，先入关者王之，吾当王关中。与父老约，法三章耳[⑪]：杀人者死，伤人及盗抵罪[⑫]。馀悉除去秦法[⑬]。诸吏人皆案堵如故[⑭]。凡吾所以来[⑮]，为父老除害，非有所侵暴，无恐[⑯]！且吾所以还军霸上，待诸侯至而定约束耳[⑰]。”乃使人与秦吏行县乡邑，告谕之。秦人大喜，争持牛羊酒食献飨军士[⑱]。沛公不让不受，曰：“仓粟多，非乏，不欲费人[⑲]。”人又益喜，唯恐沛公不为秦王。

注释

①素车白马：白车白马，是用于凶丧的车马。

②组：丝带。

③封：封闭，封起来。玺：即玉玺，天子之印。符节：古代朝廷用作信物的凭证，用以传达命令或征调兵将。符：用竹木或金属制成，上书文字，剖分为二，双方各持一半，使用时两半相合以验真假。一般为虎形，也称虎符，用以征调兵将。节，以竹制成，用以证明身份，使臣持之。

④轵道：亭名，在今陕西西安市东北。

⑤属吏：交付给吏人。属，交付，托付。

⑥止宫休舍：停留在宫中休息。

⑦府库：仓库，藏财物的地方。

⑧苛法：苛虐的法令。

⑨诽谤：指批评朝政之得失。“诽”“谤”都是指责别人过失。诽，为背后指责；谤，为公开指责。

⑩偶语：相对私语。《集解》引臣瓒曰：“《始皇本纪》曰‘偶语经书者弃市’。”弃市：处死刑。古代处犯人死刑，多在街市上执行，表示与众共弃。《索引》：“按：《礼》云‘刑人于市，与众弃之’。”

⑪法三章耳：意思是法律只有三个条目。即下两句所说对杀人、伤人及抢劫者判罪。这是相对秦法来说比较简约的法律。章，条目。

⑫抵罪：当罪。《集解》引李斐：“伤人有曲直，盗臧有多少，罪名不可豫(预先)定，故凡言抵罪，未知抵何罪也。”

⑬悉除去秦法：全部废除秦朝的法律。悉，全部，都。

⑭案堵如故：一切照常，和原先一样。案堵，同“安堵”，安居，安定。堵，墙。

⑮凡：表示总括，有总起来说的意思。

⑯无：同“毋”，不要。

⑰定约束：制定规矩、制度。约束：规约。

⑱飨：用酒食款待人。

⑲费人：让别人花费。费，花费，破费。

译文

汉元年十月，沛公的军队领先于各路诸侯到达霸上。秦国的王子婴驾着白车白马，用丝绳系着脖子，封好皇帝御玺和符节，在枳(zhǐ)道旁归降。将领们有的说应该杀掉秦王。但是沛公说：“当初怀王派我攻关中，就是认为我能宽厚容人；再说人家已经投降了,又杀掉人家,这么做不吉利。”于是把秦王交给主管官吏,就向西进入城阳。沛公想留在秦宫中休息,樊哙、张良劝阻,这才下令把秦宫中的贵重宝器财物和库府都封好,然后退回来驻扎在霸上。沛公召来各县的父老和有才德有名望的人,对他们说:“父老乡亲们对秦朝的苛虐法令已经忍受太久了,批评朝政得失的要灭族,相聚谈话的要处以死刑,我和诸侯们约定,谁首先进入关中就在这里做王,所以我应当当关中王。现在我和父老们约定,法律只有三条:杀人者处死刑,伤人者和抢劫者依法治罪。其余凡是秦朝的法律全部废除。所有官吏和百姓都像往常一样,安居乐业。总之,我到这里来,就是要为父老们除害,不会对你们有任何侵害,请不要害怕!再说,我之所以把军队撤回霸上,是想等着各路诸侯到来,共同制定一个规章制度。”随即派人和秦朝的官吏一起到各县镇乡村去巡视。向民众讲明情况。秦地的百姓都非常喜悦,争着送来牛羊酒食,慰劳士兵。沛公推让不肯接受,说:“仓库里的粮食不少,我不想让大家破费。”人们更加高兴,都害怕沛公不在关中做他们的领导人。

原文

或说沛公曰:“秦富十倍天下①,地形彊。今闻章邯降项羽,项羽乃号为雍王,王关中。今则来②,沛公恐不得有此。可急使兵守函谷关,无内诸侯军③,稍征关中兵以自益④,距之。”沛公然其计⑤,从之。十一月中,项羽果率诸侯兵西,欲入关,关门闭。闻沛公已定关中,大怒,使黥布等攻破函谷关。十二月中,遂至戏。沛公左司马曹无伤闻项王怒,欲攻沛公,使人言项羽曰:“沛公欲王关中,令子婴为相,珍宝尽有之。”欲以求封⑥。亚父劝项羽击沛公。方飨士,旦日合战⑦。是时项羽兵四十万,号百万。沛公兵十万,号二十万,力不敌⑧。

会项伯欲活张良⑨,夜往见良,因以文谕项羽⑩,项羽乃止。沛公从百余骑,驱之鸿门⑪,见谢项羽⑫。项羽曰:“此沛公左司马曹无伤言之。不然,籍何以生此⑬!”沛公以樊哙、张良故,得解归⑭。归,立诛曹无伤。

注释

①十倍天下:是天下的十倍。

②则:如果。

③无内诸侯军:不要让诸侯军进来,内,同“纳”,进入。

④稍:渐渐。征:征集。自益:指增加自己兵力。

⑤然其计:以其计为然。认为他的计策对。然,对,正确,这里是以为然的意思。

⑥求封:指求项羽的封赏。

⑦合战:交战,会战。

⑧不敌:抵不过。

⑨会:正赶上,恰好。活张良:使张良活命,即救张良的命。

⑩以文谕项羽:意思是用言辞向项羽解释。文,言辞。谕,使明白,晓喻。《正义》注:"《项羽本纪》云项伯曰'沛公不先破关中,公岂敢入乎?今人有大功,击之不义'。此以文谕之。"事详《项羽本纪》。

⑪驱:赶马。

⑫谢:谢罪,道歉。

⑬生此:《项羽本纪》作"至此"。

⑭解:解脱,逃脱。

译文

有人对沛公劝说:"秦地很富裕是其他地区十倍,地势又好。现在听说章邯投降项羽,项羽给他的封号是雍王,并且在关中称王。如今要是他来了,沛公您恐怕就不能拥有这个地方了。可以赶快派军队守住函谷关,不要让诸侯军进来。并且逐步征收关中的兵卒,以便增加自己的实力,以便抵抗他们。"沛公认为他的话有道理,就依从了他的计策。十一月中旬,项羽果然率领诸侯军西进,想要进入函谷关。可是关门闭着。项羽听说沛公已经平定了关中,非常恼火,就派黥布等攻克了函谷关。十二月中旬,到达戏水。沛公的左司马曹无伤听说项羽发怒,想要攻打沛公,就派人去对项羽说:"沛公要在关中称王,让秦王子婴做丞相,把秦宫所有珍宝都据为己有。"曹无伤想借此求得项羽的封赏。亚父范增劝说项羽攻打沛公,项羽正在犒劳将士,准备次日和沛公会战。这时项羽兵力有四十万,号称百万;沛公的兵力有十万,号称二十万,实力抵不过项羽。恰巧项伯要救张良,使他不至于与沛公一起送死,趁夜来沛公军营见张良,因而有机会让项伯向项羽说了一番道理,项羽这才作罢。次日沛公带了百余名随从骑兵驱马来到鸿门见项羽,向他道歉。项羽说:"这是沛公左司马曹无伤说的,不然我怎么会这样呢?"沛公由于是带着樊哙、张良去的,所以才得以脱身返回。回到军营,立即将曹无伤杀掉了。

原文

项羽遂西,屠烧咸阳秦宫室,所过无不残破。秦人大失望,然恐,不敢不服耳。

项羽使人还报怀王[①]。怀王曰:"如约[②]。"项羽怨怀王不肯令与

沛公俱西入关，而北救赵，后天下约[3]。乃曰："怀王者，吾家项梁所立耳，非有功伐[4]，何以得主约[5]！本定天下，诸将及籍也。"乃详尊怀王为义帝[6]，实不用其命。

注释

①报：汇报请示。

②如约：遵照以前的约定，即"先入定关中者王之"。如，按照，遵照。

③后天下约：意思是，按照天下诸侯的约定，自己落后面了，就是没能率先进入关中。

④功伐：功劳。"功""伐"同义。

⑤主约：主持盟约。

⑥详：通"佯"，假装、谎称。

译文

所以项羽向西行进，一路屠杀，将咸阳城内的秦王朝官室全部烧毁，凡是他经过的地方，没有不遭毁灭的。秦地的人们对项羽非常失望，但又害怕，不敢不服从他。

项羽派人回去向怀王报告并请示。怀王说："按原来约定的办。"项羽怨恨怀王当初不肯让他和沛公一起西进入关，却派到北边去救赵，结果没能率先入关，落在了别人之后。他说："怀王，是我家叔父项梁拥立的，他没有什么功劳，凭什么能主持呢！平定天下的，本来就是各路将领和我项籍。"于是假意推尊怀王为义帝，但实际上并不服从他的命令。

原文

正月，项羽自立为西楚霸王，王梁、楚地九郡[1]，都彭城[2]。负约[3]，更立沛公为汉王，王巴、蜀、汉中，都南郑。三分关中，立秦三将：章邯为雍王，都废丘；司马欣为塞王，都栎阳；董翳为翟王，都高奴。楚将瑕丘申阳为河南王，都洛阳。赵将司马卬为殷王，都朝歌。赵王歇徙王代。赵相张耳为常山王，都襄国，当阳君黥布为九江王，都六。怀王柱国共敖为临江王，都江陵。番君吴芮为衡山王，都邾。燕将臧

荼为燕王，都蓟。故燕王韩广徙王辽东[④]。广不听，臧荼攻杀之无终。封成安君陈馀河间三县，居南皮。封梅鋗十万户。

注释

①王梁、楚地九郡：在梁地、楚地九个小郡称王，即统治九个郡的意思。
②都：建都，定都。
③负约：失约，背约。
④徙：调职，改任。

译文

一月，项羽自立为西楚霸王，统治梁地及楚地的九个郡，在彭城建都。又违背当初约定，改立沛公为汉王，统治巴蜀、汉中之地，在南郑建都。把关中分为三份，封给秦朝的三个降将：章邯为雍王，建都废丘；司马欣为塞王，建都栎阳；董翳为翟王，建都高奴。又封楚将瑕丘申阳为河南王，建都洛阳。封赵将司马卬为殷王，建都朝歌。把赵王歇改封到代地为代王。封赵相张耳为常山王，建都襄国。封当阳君黥布为九江王，建都六县。封怀王的柱国共敖为临江王，建都江陵。封番君吴芮(ruì)为衡山王，建都邾(zhū)县。封燕将臧荼为燕王，建都蓟县。把原燕王韩广改封到辽东为辽东王。韩广不听，从臧荼就率军去攻打，在无终把他杀了。项羽又封给成安君陈余河间周围的三个县，让他住在南皮县。封了十万户给梅鋗。

原文

四月，兵罢戏下[①]，诸侯各就国[②]。汉王之国，项王使卒三万人从，楚与诸侯之慕从者数万人[③]，从杜南入蚀中[④]。去辄烧绝栈道[⑤]，以备诸侯盗兵袭之，亦示项羽无东意。至南郑，诸将及士卒，多道亡归，士卒皆歌思东归。韩信说汉王曰："项羽王诸将之有功者，而王独居南郑。是迁也[⑥]。军吏士卒皆山东之人也，日夜跂而望归[⑦]，及其锋而用之[⑧]，可以有大功。

天下已定[⑨]，人皆自宁[⑩]，不可复用。不如决策东乡[⑪]，争权天下。"

注释

①戏(huī)下:大将军的旗帜之下。戏,将帅的大旗。一说:戏(xī),指戏水,“戏下”即戏之水下。

②就国:到自己分封的国土去。

③慕从者:“因向慕而追随的人。

④蚀:入江中的谷口,一说指子午谷,一说指骆谷。

⑤辄:便,就。栈道:又名“阁道”“复道”“栈阁”。即在峭岩陡壁上凿孔,架木铺板而成的通道。

⑥迁:流放。

⑦跂:踮起后脚跟。“跂而望归”,即形容思归心切。

⑧锋:锐势,势头。

⑨已定:指安定之后。

⑩宁:安宁,安定,这里指安居乐业。

⑪决策:决定策略或办法。东乡,向东进发。乡,同“向”。

译文

四月,各路诸侯在项羽的大将军旗帜下罢兵,回各自的封国去。汉王也前往封国,项羽派了三万士兵跟从他一起去,楚国和诸侯国中因为仰慕而跟随汉王的有几万人,他们从杜县往南进入蚀地的山谷中。军队过去以后,在陡壁上架起的栈道就全部烧掉,为的是防备诸侯或其他强盗偷袭,也是向项羽表示没有东进之意。到达南郑时,部将和士兵有许多人在中途逃跑回去了,士兵们都唱着歌,想东归回乡。韩信劝说汉王道:“项羽封有功的部将,却偏偏让您到南郑去,分明是流放您。部队中的军官、士兵大都是崤(xiáo)山以东的人,他们日夜踮起脚跟东望,盼着回归故乡。如果趁着这种心气极高的时候利用他们,可以建大功。如果等到天下平定以后人们都安居乐业了,他们也就再也没什么作用了。趁现在不如立即下决策,向东率兵,与各路诸侯争权夺天下。”

原文

项羽出关①,使人徙义帝②。曰:“古之帝者,地方千里③,必居上游④。”乃使使徙义帝长沙郴县,趣义帝行⑤,群臣稍倍叛之⑥,乃阴令衡山王、临江王击之⑦,杀义帝江南。项羽怨田荣,立齐将田都为齐

王。田荣怒，因自立为齐王，杀田都而反楚；予彭越将军印，令反梁地。楚令萧公角击彭越，彭越大破之。陈馀怨项羽之弗王己也，令夏说说田荣，请丘击张耳。齐予陈馀兵，击破常山王张耳，张耳亡归汉。迎赵王歇於代，复立为赵王，赵王因立陈馀为代王。项羽大怒，北击齐。

注释

①出关：指出函谷关。

②徙义帝：指让楚怀王心迁离彭城。

③地方千里：土地纵横各千里。方，指土地面积，"方千里"即纵横各千里，这里是说地盘不很大。

④上游：河川的上流，这里是指内地偏僻地区。

⑤趣：同"促"，催促。

⑥倍叛：即"背叛"。倍，通"背"。

⑦阴：暗中，秘密地。

译文

项羽从函谷关出来，派人使义帝迁都。对义帝说："古代帝王拥有上千里的土地，而且一定要在江河上游居住。"派使者把义帝迁徙到长沙郡的郴(chēn)县，催促他赶快起程，群臣于是渐渐背叛了他，项羽就秘密命令衡山王、临江王去杀义帝，把义帝杀死在江南。项羽怨恨田荣，就封齐将田都为齐王。田荣很生气，就自立为齐王，杀掉田都，反叛楚王；又把将军印授给了彭越，让他在梁地反楚。楚派萧公角去攻打彭越，被彭越打得大败。陈馀怨恨项羽不封自己为王，就派夏说(yuè)去劝说田荣，向他借兵攻打张耳。齐国给了陈馀一些兵力，打败了常山王张耳，张耳逃走归附了汉王。陈馀从代地把赵王歇接回赵国，重新立为赵王。赵王因此立陈馀为代王。项羽也因此非常生气，开始向北发兵攻打齐国。

原文

八月，汉王用韩信之计，从故道还，袭雍王章邯。邯迎击汉陈仓，雍兵败，还走；止战好畤，又复败，走废丘。汉王遂定雍地，东至咸阳，引兵围雍王废丘，而遣诸将略定陇西、北地、上郡。

令将军薛欧、王吸出武关，因王陵兵南阳，以迎太公、吕后於沛。楚闻之，发兵距之阳夏，不得前①，令故吴令郑昌为韩王，距汉兵。

注释

①前：向前，前进。

译文

八月，汉王采纳韩信的计策，按照原来的路返回关中，袭击雍王章邯。章邯在陈仓迎击汉军，雍王的军队被打败，退兵逃走；在好畤（zhì）停下来再战，又被打败，逃到废丘。汉王于是平定了雍地。汉王向东挺进咸阳，率军在废丘包围雍王，并派将领们去夺取土地，平定了陇西、北地、上郡。

派将军薛欧、王吸带兵出武关，借着王陵兵驻南阳，到沛县去接太公，吕后。楚王听说后，派兵在阳夏进行拦截，使得汉军不能前进。楚又封原来的吴县县令郑昌当韩王，使汉军不得前进。

原文

二年，汉王东略地，塞王欣、翟王翳、河南王申阳皆降。韩王昌不听，使韩信击破之。于是置陇西、北地、上郡、渭南、河上、中地郡；关外置河南郡。更立韩太尉信为韩王。诸将以万人若以一郡降者①，封万户。缮治河上塞②。诸故秦苑囿园池③，皆令人得田之④。正月，虏雍王弟章平，大赦罪人。

注释

①若：或，或者。

②缮治：修治。

③苑囿园地：畜养禽兽、种植花草的地方，为帝王游玩和打猎的风景园林。

④田之：在那里种田。田，这里是种田、耕种的意思。

译文

二年，汉王一路向东争抢土地，塞王司马欣、翟王董翳、河南王申阳都在汉王的威严下头投降。但韩王昌不肯在他的旗下低头，汉王派韩信打败了他。于是把攻占的土地设置为陇西、北地、上郡、渭南、河上、中地等郡；在关外设置了河南郡。改封韩国的太尉信为韩王。汉王下令各路将领，率领一万人或者献出一郡之地降汉的，封给他一万户。修筑河上郡的要塞。原先秦朝供帝王游玩打猎的园林，都允许人们去耕种。正月，俘虏了雍王的弟弟章平，并对天下的罪犯实行大赦令。

原文

三月，汉王从临晋渡，魏王豹将兵从。下河内，虏殷王，置河内郡。南渡平阴津，至雒阳。

新城三老董公遮说汉王以义帝死故①。汉王闻之，袒而大哭②。遂为义帝发丧③，临三日④。发使者告诸侯曰："天下共立义帝，北面事之⑤。今项羽放杀义帝于江南，大逆无道。

寡人亲为发丧，诸侯皆缟素⑥。悉发关内兵，收三河士，南浮江汉以下，愿从诸侯王击楚之杀义帝者⑦。"

注释

①三老：《正义》引《百官表》注云："十里一亭，亭有长。十亭一乡，乡有三老，三老掌教化。"这是秦代的制度。遮：阻遏，拦住。《正义》引乐产云："横道自言曰遮。"

②袒而大哭：一种丧礼仪式。

③发丧：人死公告于众。

④临(lìn)：哭吊死者。

⑤北面：做臣子。古代以坐北朝南为正位，皇帝坐正位，臣子面朝北，所以就用北面表示为臣。事：事奉。

⑥缟素：指穿白色丧服。我国礼俗为死者发丧时皆穿白戴孝。缟，白色的丝织物。素：没有染色的丝绸，也指白色。

⑦楚之杀义帝者：指项羽。

译文

三月,汉王经过临晋渡黄河,魏王豹带兵一路跟随。攻下河内,将殷王俘虏,设置了河内郡。又率军向南渡过平阴津,到达洛阳。新城县一位掌管教化的三老董公拦住了汉王,向他说了义帝被杀的情况。汉王听后,袒露左臂失声大哭。随即下令为义帝发丧,哭吊三天。派使者通告各诸侯说:"天下诸侯共同拥立义帝,称臣事奉。如今项羽在江南放逐并杀害了义帝,这是大逆不道。我亲自为义帝发丧,诸侯也都应该穿白戴素。我将发动关中全部军队,聚集河南、河东、河内三郡的士兵,向南沿长江、汉水而下,我期望可以与诸侯王一起去打那个杀害义帝的楚国罪人。"

原文

是时项王北击齐,田荣与战城阳。田荣败,走平原,平原民杀之。齐皆降楚,楚因焚烧其城郭,系虏其子女①。齐人叛之。田荣弟横立荣子广为齐王,齐王反楚城阳、项羽虽闻汉东②,既已连齐兵③,欲遂破之而击汉。汉王以故得劫五诸侯兵④,遂入彭城。项羽闻之,乃引兵去齐,从鲁出胡陵,至萧,与汉大战彭城灵壁东睢水上,大破汉军,多杀士卒,睢水为之不流。乃取汉王父母妻子于沛。置之军中以为质⑤。当是时,诸侯见楚强汉败,还皆去汉复为楚⑥。塞王欣亡入楚。

注释

①系虏:俘虏。系,用绳索捆绑。

②东:向东,东进。

③既已:已经。连齐兵:指与齐兵连接作战,《项羽本纪》记此事作"项王因留,连战未能下"。

④以故:因此。五诸侯:其所指,历来说法不一,今多从颜师古说,指常山王张耳。河南王申阳,韩王郑昌、魏王魏豹、殷王卬。

⑤质:这里指人质。

⑥为楚:帮助楚国。

译文

就在这时，项羽正在北方与齐国开战，田荣和他在城阳交战。田荣被打败，并向平原逃走，平原的民众借此机会杀了他。齐国各地也都归降楚国。楚军放火焚毁了齐国的城邑，掠走了齐人的子女，齐国人十分愤怒，又反叛楚国了。田荣的弟弟田横立田荣的儿子田广为齐王。齐王已在城阳举兵反楚。项羽虽然听说了汉王已经到东方来了，但因为已经与齐军连续作战多日，就想在打败齐军之后再去迎击汉军。汉王因此得以挟持常山王张耳，河南王申阳、韩王郑昌、魏王魏豹、殷王卬五诸侯的军队，攻入彭城。项羽闻讯，立即率兵离开齐国，从鲁县穿过胡陵到达萧县，跟汉军在彭城灵璧以东的睢水上激战，大败汉军，杀了许多汉兵，睢水因此被阻塞不能畅流。项羽又派人从沛县掳来汉王的父母妻子、儿女，把他们扣留在军中做人质。就在当时，诸侯们感觉楚军的力量很强大，汉军随时会被打败，于是都背弃了汉王而去向楚王献殷勤。塞王司马欣也在这时向楚国逃去。

原文

吕后兄周吕侯为汉将兵，居下邑。汉王从之，稍收士卒，军砀。汉王乃西过梁地，至虞。使谒者随何之九江王布所，曰："公能令布举兵叛楚，项羽必留击之。得留数月，吾取天下必矣。"随何往说九江王布，布果背楚。楚使龙且往击之。

汉王之败彭成而西，行使人求家室①，家室亦亡，不相得②。败后乃独得孝惠，六月，立为太子，大赦罪人。令太子守栎阳，诸侯子在关中者皆集栎阳为卫。引水灌废丘，废丘降，章邯自杀。更名废丘为槐里。於是令祠官祀天地、四方、上帝山川，以时祀之。兴关内卒乘塞。

注释

①家室：提家中父母妻儿。

②不相得：没有找到他们。

译文

吕后的哥哥周吕侯为汉王率兵在下邑驻扎。汉王接着去投奔他，逐渐将士卒们聚集在一起，驻扎在砀县。然后率军向西，经过梁地，到达虞县。汉王派使者随何到九江王黥布那里去，说："您如果能说服黥布发兵反楚，项羽一定不会留在那里攻击黥布，只要项羽军停留几个月，我就一定能取得天下。"随何前去游说九江王黥布，黥布果然反楚。楚派龙且前去攻打他。

就在汉王在彭城被打败向西撤退的时候，途中派人去寻找家室，但是家室都已逃走，没有找到他们。败退途中只找到了孝惠。六月，立孝惠为太子，大赦天子的罪犯。让太子守卫栎阳，把在吴中的各诸侯的儿子也都集中到栎阳来守卫。接着，引水灌废丘，废丘降汉，章邯自杀。把废丘改名为槐里。于是命令掌管祭祀的祠官祭祀天地、四方、上帝、山川，要按时祭祀。又发动关内的士兵在边塞驻扎。

原文

是时九江王布与龙且战，不胜，与随何间行归汉。汉王稍收士卒，与诸将及关中卒益出，是以兵大振荥阳，破楚京、索间。

三年，魏王豹谒归视亲疾，至，即绝河津，反为楚。汉王使郦生说豹，豹不听，汉王遣将军韩信击，大破之，虏豹。遂定魏地，置三郡，曰河东、太原、上党。汉王乃令张耳与韩信遂东下井陉击赵，斩陈馀、赵王歇。其明年，立张耳为赵王。

汉王军荥阳南，筑甬道属之河①，以取敖仓②。与项羽相距岁余。项羽数侵夺汉甬道③，汉军乏食，遂围汉王。汉王请和，割荥阳以西者为汉，项王不听。汉王患之，乃用陈平之计，予陈平金四万斤，以间疏楚君臣④。于是，项羽乃疑亚父。亚父是时劝项羽遂下荥阳，及其见疑⑤，乃怒，辞老⑥，愿赐骸骨归卒伍⑦，未至彭城而死。

注释

①属之河：意思是把荥阳和黄河南岸连接起来。属，连接。

②敖仓：秦朝所建粮仓名，在今河南省荥阳西北。

③数：多次，屡次。

④间疏：离间。楚君臣：指项羽和范增。陈平的离间计详见《项羽本纪》。

⑤见疑:被怀疑。

⑥辞老:托辞年老。辞,托辞,借口。

⑦赐骸骨:意思即乞身告老。古人把做官看作委身于君,年老要求退休叫乞骸骨。归卒伍:意思是回乡为民。古时户籍以五户为伍,三百家为卒。卒伍,指乡里。

译文

这时候,九江王黥布与龙且进行战争,但是却失败了,就跟随何一起从小路而行来归附汉王。汉王又渐渐收集士兵,跟各路将领及吴中军队频频出动,因而队声威大振于荥阳,在京、索之间击败了楚军。三年,魏王豹请假回乡去探视身患疾病的父母亲,一到魏国,就毁绝了黄河的渡口,反汉助楚。汉王派郦食其去劝说魏豹,魏豹不听。汉王就派将军韩信前去攻打,把魏军打得大败,俘虏了魏豹,于是平定了魏地,设置了三个郡:河东郡:太原郡、上党郡。汉王随即命令张耳与韩信率兵进攻取井陉,攻打赵国,杀了陈余和赵王歇。第二年,封张耳为赵王。

汉王的军队驻扎在荥阳南面,修筑了一条两旁筑墙的甬道,和黄河南岸相连接,以便取用敖仓的粮食。汉王跟项羽互相对峙,持续了一年多。项羽多次侵夺汉甬道,汉军粮食缺乏,项羽于是包围了汉王。汉王请求讲和,条件是把荥阳以西的地方划归汉王。项王不答应。汉王为此而忧虑,就用陈平的计策,给了陈平黄金四万斤,用以离间项羽和范增君臣之间的关系。项羽便对亚父范增产生了怀疑。范增当时是劝项羽务必攻下荥阳,当他遭到项羽猜疑后,非常愤怒,就托辞年老,希望项羽准许他乞身告退回乡为民,结果在去彭城的路上就死了。

原文

汉军绝食[①],乃夜出女子东门二千余人[②],被甲[②],楚因四面击之。将军纪信乃乘王驾[③],诈为汉王,诳楚[④],楚皆呼“万岁”,之城东观,以故汉王得与数十骑出西门遁[⑤]。令御史大夫周苛、魏豹、枞公守荥阳。诸将卒不能从者,尽在城中。周苛、枞公相谓曰:“反国之王[⑥],难与守城。”因杀魏豹。

注释

①绝食:断了粮食。

②出:使……出,放出。

②被:同“披”。

③王驾：汉王所乘的车子。驾：古时帝王车乘的统称。

④诳：骗。

⑤遁：逃。

⑥反国之王：意思是反叛过的侯国之王。魏豹最初被项羽封为魏王，后降汉，又叛汉。汉二年八月，韩信破魏，虏豹，刘邦曾赦免了他。

译文

汉军的粮源已经断绝，安全起见，就趁夜把二千多名身披铠甲的女子放出东门，楚军从四面追赶围打。这时将军纪信乘坐着汉王的车，假扮成汉王的样子诳骗楚军。楚军一起高呼万岁，都到城东去观看，因此，汉王才得以带着几十名随从骑兵从城西门出去逃走。出城之前汉王命令御使大夫周苛、魏豹、枞(cōng)公守卫荥阳。那些不能随从汉王出城的将领和士兵，都留在城中，周苛、枞公商量说："魏豹是已经反叛过的侯国之王，和他一起守城是非常困难的。"于是借机把魏豹处死了。

原文

汉王之出荥阳入关，收兵欲复东。袁生说汉王曰："汉与楚相距荥阳数岁，汉常困。愿君王出武关，项羽必引兵南走，王深壁[①]，令荥阳、成皋间且得休[②]。使韩信等辑河北赵地[③]，连燕、齐，君王乃复走荥阳[④]，未晚也。如此，则楚所备者多，力分，汉得休，复与之战，破楚必矣。"汉王从其计，出军宛、叶间，与黥布行收兵[⑤]。

注释

①深壁：加深壁垒。壁，营壁。

②且：暂日，暂时。

③辑：联合，聚集。

④连：连结。

⑤行收兵：一边行军，一边收集兵卒。

译文

汉王从荥阳逃出后进入关中，收集士兵准备再次东进。袁生游说汉王说："汉与楚在荥阳相持不下好几年，汉军常陷于水利的困境。希望汉王出武关，项羽一定率军南下,那时大王加高壁垒,不出战,让荥阳、成皋一带得以休息。派韩信等去安抚河北赵地,把燕国、齐国连结起来,那时大王再兵进荥阳也不晚。这样,楚军就要多方防备,力量分散,而汉军得到了休整,再跟楚军作战,打败楚军,就确定无疑了。”汉王听从了他的计策,出兵于宛县、叶县之间,与黥布一路行进,一路收集人马。

原文

项羽闻汉王在宛,果引兵南。汉王坚壁,不与战①。是时彭越渡睢水,与项声、薛公战下邳,彭越大破楚军。项羽乃引兵东击彭越。汉王亦引兵北军成皋。项羽已破走彭越②,闻汉王复军成皋,乃复引兵西,拔荥阳,诛周苛、枞公,而虏韩王信,遂围成皋。

汉王跳③,独与滕公共车出成皋玉门④,北渡河,驰宿修武。自称使者,晨驰入张耳、韩信壁,而夺之军⑤。乃使张耳北益收兵赵地,使韩信东击齐。汉王得韩信军,则复振。引兵临河,南飨军小修武南,欲复战。郎中郑忠乃说止汉王,使高垒深堑⑥,勿与战。汉王听其计,使卢绾、刘贾将卒二万人,骑数百,渡白马津,入楚地,与彭越复击破楚军燕郭西,遂复下梁地十余城。

注释

①坚壁:坚守营垒。

②破走彭越:击破赶跑了彭越。走,使走,赶跑。

③跳:逃。

④共车:同乘一车。

⑤夺之军:夺了他们的军权。

⑥高垒:加高壁垒。深堑:挖深壕沟。堑,护城河,壕沟。

译文

项羽听说汉王在宛县,果然立即率军向南前行。汉王加固壁垒,尽量不同他当面展开攻击。这时,彭越渡过睢水,和项声、薛公在下邳(pī)交战,彭越大败楚军。于是项羽就率军东进去攻打彭越。汉王同时也就率军北进,驻扎在成皋。项羽打跑了彭越,听说汉王又驻进了成皋,就率军向西,攻下了荥阳,杀死了周苛、枞公、并且俘虏了韩王信,接着包围了成皋。

汉王趁机逃脱掉,只和滕公共乘一车从成皋北面的玉门逃去,往北渡过黄河,驱马跑到夜晚,留宿在修武。他自称是使者,在第二天清晨,冲入张耳、韩信的军营,夺了他们的军权。又派张耳往北到赵地去大量收集兵卒,派韩信东进攻打齐国。汉王取得了韩信的军队,重新振作起来,率军南进临近了黄河,在小修武的南面对他的部队犒劳一下,想要跟项羽再战,郎中郑忠劝阻汉王,让他加深壕沟,增高壁垒坚守,不要跟楚军作战。汉王听从了他的计谋,派卢绾、刘贾率兵二万人,骑兵数百名,渡过白马津,进入楚地,跟彭越的军队一起在燕县西面再次打败了楚军,接着又拿下了梁地的十多座城池。

原文

淮阴已受命东,未渡平原。汉王使郦生往说齐王田广,广叛楚,与汉和,共击项羽。韩信用蒯通计,遂袭破齐。齐王烹郦生①,东走高密。项羽闻韩信已举河北兵破齐赵,且欲击楚,则使龙且、周兰往击之。韩信与战,骑将灌婴击,大破楚军,杀龙且。齐王广奔彭越。当此时,彭越将兵居梁地,往来苦楚兵②,绝其粮食。

注释

①烹:用鼎把人煮死,古代一种酷刑。

②苦楚兵:使楚兵被苦,即骚扰楚兵。

译文

淮阴侯韩信已受命向东前进,还没有渡过平原津。这时,汉王却暗中派郦食其前去劝说齐王田广,希望田广叛楚,与汉和好,共同与项羽抗衡。韩信见此,本想停止攻齐,蒯(kuǎi)通劝他还是要攻下齐国,于是听了蒯通的主意,袭击并打攻了齐军。齐王用大鼎把郦食其煮死,向东逃到高密。项羽听说韩信已率河北军攻占了齐国、赵国,将要进攻楚国,就派龙且、周兰前去打韩信。韩信跟他们交战,骑将灌婴出击,大败楚军,杀了龙且。齐王田广奔往彭城。这时候,彭越带兵在梁地驻扎,以便袭击骚扰楚军,将楚军的粮食供给给断绝掉。

原文

四年，项羽乃谓海春侯大司马曹咎曰："谨守成皋[①]。若汉挑战，慎勿与战[②]，无令得东而已。我十五日必定梁地，复从将军。"乃行，击陈留、外黄、睢阳，下之。汉果数挑楚军[③]，楚军不出，使人辱之五六日，大司马怒，度兵汜水。士卒半渡[④]，汉击之，大破楚军，尽得楚国金玉货赂[⑤]。大司马咎、长史欣皆自刭汜水上。项羽至睢阳，闻海春侯破，乃引兵还。汉军方围钟离眛于荥阳东，项羽至，尽走险阻[⑥]。

注释

①谨守：慎守，严守。
②慎：千万。
③挑楚军：向楚军挑战。
④关渡：正渡到河中央。
⑤货赂：财货。赂，财物。
⑥险阻：指山高路险地。

译文

四年，项羽对海春侯大司马曹咎说："你们一定要小心翼翼地守住成皋。如果汉军对我们挑战，千万不要应战，只要攻防着别让他们东进就可以了。我在十五天内一定能平定梁地，回头再跟将军们会合。"便率兵去攻打陈留、外黄、睢阳，都攻下来了。汉军果然多次向楚军挑战，楚军都不出来，汉军派人辱骂他们，接连五六天，曹咎气愤之极，领兵横渡汜水。士兵刚刚渡过一半，汉军出击，大败楚军，缴获了楚国的全部金玉财物。大司马曹咎、长史司马欣都在汜水上自刎了。项羽到达睢阳，听说海春侯被打败，就率军赶回来。汉军这时把钟离眛（mèi）围困在荥阳东面，项羽到来，汉兵已全跑到深山险阻地带去了。韩信攻下齐国后，派人去对汉王说："齐国和楚国临界，我的权力太小，如果不立个代理之王，恐怕不能安定齐地。"汉王想去攻打韩信，留侯张良说："不如借着这样的机会立他为齐王，让他自己为自己守住齐地。"于是汉王派张良带着王印到齐国封韩信为齐王。

原文

项羽闻龙且军破，则恐，使盱台人武涉说韩信，韩信不听。

楚汉久相持未决[1]，丁壮苦军旅[2]，老弱罢转饷[3]。汉王项羽相与临广武之间而语。项羽欲与汉王独身挑战。汉王数项羽曰[4]："始与项羽俱受命怀王，曰先入定关中者王之，项羽负约，王我于蜀汉，罪一。项羽矫杀卿子冠军而自尊[5]，罪二。项羽已救赵，当还报，而擅劫诸侯兵入关，罪三。怀王约入秦无暴掠，项羽烧秦宫室，掘始皇帝冢[6]，私收其财物，罪四。又强杀秦降王子婴，罪五。诈坑秦子弟新安二十万，王其将[7]，罪六。项羽皆王诸将善地，而徙逐故主[8]，令臣下争叛逆，罪七。项羽出逐义帝彭城，自都之，夺韩王地，并王梁、楚，多自予[9]，罪八。项羽使人阴弑义帝江南，罪九。夫为人臣而弑其主，杀已降，为政不平[10]，主约不信，天下所不容，大逆无道，罪十也。吾以义兵，从诸侯诛残贼[11]，使刑余罪人击杀项羽[12]，何苦乃与公挑战！"项羽大怒，伏弩射中汉王[13]。汉王伤匈[14]，乃扪足曰[15]："虏中吾指[16]！"汉王病创卧[17]，张良强请汉王起行劳军[18]，以安士卒，毋令楚乘胜于汉。汉王出行军[19]，病甚，因驰入成皋。

注释

①未决：未分胜负。

②苦军旅：等于说"苦于军旅"。军旅：泛指战争、战事。

③罢(pí)转饷：等于说"苦于转饷"，由于运输军粮而疲惫。罢，通"疲"。转，车运。这里指运输。饷：粮草给养。

④数：历数罪状。

⑤矫：假托王命。自尊：使自己尊贵，即抬高自己的意思。

⑥冢：坟冢，高大的坟墓。

⑦王其将：封其将为王。其将：指章邯，司马欣。

⑧故主：指田市、赵歇、韩广等。

⑨多自予：即多给自己。

⑩平：公平，公正。

⑪残贼：指残余之贼。

⑫刑余罪人：指受过刑的罪犯。

⑬弩：一种利用机械力量发射的箭。

⑭匈：同"胸"。

⑮扪：摸。

⑯虏：对敌人的蔑称。指：指足趾。

⑰病创卧：因箭伤而卧病。

⑱强：勉强。行劳：巡行慰问士兵，视察部队。

⑲行军：即上文"行劳军"之意。

译文

项羽闻说龙且的军队被打败，心里就害怕了，派盱台人武涉去劝说韩信对汉进行反击。但是韩信没有采纳他的意见。

楚汉两军相持很久，胜负未决，年轻人厌倦了长期的行军作战，老弱者由于运送粮饷疲惫不堪。汉王和项羽隔着广武涧对话。项羽要跟汉王单独决一雌雄，汉王则一项一项地列举项羽的罪状说："当初我和你项羽一同受怀王之命，说定了先入关中者在关中为王，你项羽违背了约定，让我在蜀汉为王，这是你的第一条罪状。你项羽假托怀王之命，杀了卿子冠军宋义，而自任上将军，这是你的第二条罪状，你项羽奉命援救了赵国，本应当回报怀王，而你项羽却擅自劫持诸侯的军队入关，这是你的第三条罪状。怀王当初约定入关后不准烧杀掳掠，你却焚毁秦朝宫室，挖了始皇帝坟墓，私自收取秦地的财物，这是你的第四条罪状。你硬是杀掉已经投降的秦王子婴，这是你的第五条罪状。你采用欺诈手段在新安活埋了二十万秦兵，却封赏他们的降将，这是你的第六条罪状。你项羽把各诸侯的将领都封在好地方，却迁移赶走原来的诸侯王田市、赵歇、韩广等，使得他们的臣下为争王位而反叛，这是你的第七条罪状。你项羽把义帝赶出彭成，自己却在那里建都，又侵夺韩王的地盘，把梁、楚之地并在一起据为己有，这是你的第八条罪状。你项羽派人在江南秘密地杀了义帝，这是你的第九条罪状。你为人臣子却谋杀君主，杀害已投降之人，你为政不公，不守信约，不容于天下，大逆不道，这是你的第十条罪状。如今我率领义兵和诸侯们，前来讨伐你这个残贼，只让那些受过刑的罪犯，就可以除掉你项羽，又何必劳累我来跟你挑战呢？"项羽十分恼怒，埋伏好的带机关的箭射中了汉王。汉王伤的是胸部，却按着脚说：

“这个强盗射中了我的脚趾！”汉王因受箭伤而卧床不起，张良只能是请他起来出去巡行，以便可以稳住部队，以便稳定军心，不可以让楚军因为胜利的气势压过汉军。汉王出去巡视军营后，由于体力不支病情更加严重，立即赶回成皋修身养性。

原　文

病愈，西入关至栎阳，存问父老，置酒，枭故塞王欣头栎阳市。留四日，复如军，军广武。关中兵益出。

当此时，彭越将兵居梁地，往来苦楚兵，绝其粮食。田横往从之①。项羽数击彭越等，齐王信又进击楚。项羽恐，乃与汉王约，中分天下，割鸿沟而西者为汉，鸿沟而东者为楚。项王归汉王父母妻子②，军中皆呼万岁，乃归而别去。

注　释

①“当此时”到“田横往人从之”五句：《会注考证》引崔适曰：“彭越将兵至田横从之，三年重文也。宜删。”

②父母妻子：“母”指高祖庶母，“子”指祖高庶子刘肥。

译　文

汉王的病痊愈之后，就马上西行入关，来到栎阳，慰问当地父老百姓，并且摆设酒席，杀了原塞王司马欣，把他的头悬挂在木杆上示众。汉王在栎阳停留了四天，又回到军中，部队驻扎在广武。这时候，关中的军队出关参战的也增多了。

这时，彭越带兵在梁地驻扎，往来袭击骚扰楚军，断绝楚军粮食供给。田横前往梁地依附他。项羽多次攻击彭越等人，齐王韩信又进兵攻打楚军，项羽害怕了，就跟汉王约定，平分天下，鸿沟以西的地方划归汉，鸿沟以东的地方划归楚。项羽把汉王的家属送走后，汉军官兵都呼喊万岁，然后项羽就满足的回营地去了。

原　文

项羽解而东归。汉王欲引而西归，用留侯、陈平计①，乃进兵追项羽，至阳夏南止军，与齐王信、建成侯彭越期会而击楚军②。至固陵，不会。楚击汉军，大破之。汉王复入壁，深堑而守之。用张良计③，于

是韩信、彭越皆往。及刘贾入楚地[4],围寿春,汉王败固陵,乃使使者召大司马周殷举九江兵而迎(之)武王,行屠城父,随(何)刘贾、齐梁诸侯皆大会垓下。立武王布为淮南王。

注释

①留侯、陈平计:张良、陈平认为楚已兵疲粮尽,应该乘机消灭它,不能养虎遗患。

②期会:约日期会合。

③张良计:指封给韩信、彭越土地,使各自为战。

④"及刘贾"句:《会注考证》以为"及"上当有"黥布"二字,引《四书·高帝纪》:"汉遣人诱大司马周殷,殷畔楚,以舒屠六,举九江兵迎黥布,布并行屠城父。"

译文

项羽解兵东回,汉王也想带着军队回西。但汉王采用张良、陈平的计策,乘楚军兵乏粮尽,就趁机消灭它,于是进兵追赶项羽,到阳夏南面让部队驻扎下来,和齐王韩信,建成侯彭越约定日期会合,共同攻击楚军。汉王到达固陵,韩信、彭越却没有来会合。楚军迎击汉军,把汉军打得大败。汉王又逃回营垒,深挖壕堑固守。又采用张良的计策,派使者封给韩信、彭越土地,使他们各自为战,于是韩信、彭越都来会合了。黥布和刘贾进入楚地,围攻寿春,汉王却在固陵打了败仗,于是派人召大司马周殷,让他出动九江军队迎击武王黥布,行军途中屠戮了城父(fǔ),然后随刘贾、齐、梁诸侯的军队在垓下进行会师。在这时,汉王封武王黥布为淮南王。

原文

五年,高祖与诸侯兵共击楚军,与项羽决胜垓下。淮阴侯将三十万自当之[1],孔将军居左,费将军居右,皇帝在后[2],绛侯、柴将军在皇帝后。项羽之卒可十万。淮阴先合[3],不利,却。

孔将军、费将军纵[4],楚兵不利,淮阴侯复乘之,大败垓下。项羽卒闻汉军之楚歌,以为汉尽得楚地,项羽乃败而走,是以兵大败。使骑将灌婴追杀项羽东城,斩首八万,遂略定楚地。鲁为楚坚守不下。汉王引诸侯兵北,示鲁父老项羽头[5],鲁乃降。遂以鲁公号葬项羽穀城[6]。还至定陶,驰入齐王壁,夺其军。

注释

①当之：而对楚军，与楚军正面对阵。当，面对。

②皇帝：指刘邦。

③合：交战。

④纵：指纵兵攻击楚军。

⑤示：给……看。

⑥以鲁公号：以鲁公的名号。

译文

五年，高祖和诸侯军联手进攻楚军，与项羽在垓下进行决战式的厮杀。淮阴侯韩信率领三十万大军与楚军正面对阵，他的部将孔将军在左边，费将军在右边，汉王领兵随后，绛侯周勃、柴将军跟在汉王的后面，项羽的军队大约有十万。淮阴侯首先跟楚军交锋，不利，向后退却。

孔将军、费将军从左右两边纵兵攻上去，楚军不利，淮阴侯乘势再次攻上去，大败楚军于垓下。项羽的士兵听到汉军唱起了楚地的歌，以为汉军已经完全占领楚地，项羽战败逃走，楚军因此全部崩溃。汉王派骑将灌婴追杀项羽，一直追到东成，杀了八万楚兵，终于攻占平定了楚地。只有鲁县人还为项羽坚守，不肯降服，因为怀王当初封项羽为鲁公。汉王就率领诸侯军北上，把项羽的头给鲁县的父老们看，鲁人这才投降。于是，汉王按照鲁公这一封号的礼仪，把项羽葬在穀城。然后回师定陶，驾马向齐王韩信的军营奔去，趁机夺了他的兵权。

原文

正月①，诸侯及将相相与共请尊汉王为皇帝②。汉王曰："吾闻帝贤者有也，空言虚语，非所守也③，吾不敢当帝位④。"群臣皆曰："大王起微细⑤，诛暴逆，平定四海，有功者辄裂地而封为王侯⑥。大王不尊号，皆疑不信⑦。臣等以死守之⑧。"汉王三让，不得已，曰："诸君必以为便⑨，便国家。"甲午⑩，乃即皇帝位汜水之阳⑪。

注释

①正月：当时用秦历，以建亥之月（阴历十月）为岁首，这里的正月，是汉五年的

第四个月。

②相与共：一块儿，共同。

③非所守：求。

④不敢当：承担不起。⑤微细：微贱、卑微，指平民。

⑥裂地：分地。

⑦疑不信：指对裂地封侯疑而不信。

⑧守：这里是坚持的意思。

⑨便：便利，合道。

⑩甲午：《集解》引徐广曰："二月甲午"。汜水之阳：汜水的北面。阳，水之北山之南叫"阳"。

译文

正月，诸侯及将相们共同将汉王尊称为皇帝。汉王说："我听说像皇帝的这种尊号，只有贤能的人才能据有，只会说空话，不是我所要的，我可承担不了皇帝的尊号。"大臣们都说："大王从平民起事，诛伐暴逆，平定四海，有功的分赏土地封为王侯，如果大王不称皇帝尊号，人们对大王的封赏就都不会相信。我们这班人愿意以死相请求。"汉王再三推让，实在推辞不过了，才说："既然诸位认为这样合适，那我就为了国家的便利吧。"甲午日，汉王在汜水北面登上了皇帝的宝座。

原文

皇帝曰义帝无后。齐王韩信飞楚风俗[1]，徙为楚王，都下邳。立建成侯彭越为梁王，都定陶。故韩王信为韩王，都阳翟。徙衡山王吴芮日为长沙王，都临湘。番君之将梅鋗有功，从入武关，故德番君[2]。淮南王布、燕王臧荼、赵王敖皆如故。

注释

①习：熟悉，习惯。

②德：感恩、感激。

译文

皇帝提到义帝并没有留后代的事情。因为齐王韩信熟悉楚地的风俗，就改封韩信为楚王,在建都下邳。封建成侯彭越为梁王,建都定陶。原韩王信仍旧为韩王,建都阳翟。改封衡山王吴芮为长沙王,建都临湘。番君的部将梅鋗功劳不小,曾经随汉军进入武关,所以皇帝对番君非常的尊敬感激。淮南王黥布、燕王臧荼、赵王张敖封号都不会改变。

原文

高祖置酒雒阳南宫。高祖曰:"列诸侯将无敢隐朕①,皆言其情②。吾所以有天下者何?项氏之所以失天下者何?"高起、王陵对曰:"陛下慢而侮人③,项羽仁而爱人。然陛下使人攻城略地,所降下者因以予之,与天下同利也④。项羽妒贤嫉能,有功者害之⑤,贤者疑之,战胜而不予人功,,得地而不予人利,此所以失天下也。"高祖曰:"公知其一,未知其二。夫运筹策帷帐之中⑥,决胜于千里之外,吾不如子房。镇国家,抚百姓,给餽饷⑦,不绝粮道,吾不如萧何。连百万之军,战必胜,攻必取,吾不如韩信。此三者,皆人杰也,吾能用之,此吾所以取天下也。项羽有一范增而不能用,此其所以为我擒也。"

注释

①无敢:不能。隐朕:瞒我。
②情:真情,这里指心里话。
③慢:简慢无礼。④同:同享、共享。
⑤害:忌妒,嫉恨。
⑥筹策:谋求,计谋。帷帐:军帐,幕府。
⑦餽饷:粮饷。

译文

高祖在洛阳南宫大设酒宴。高祖说:"列位诸侯和我的将领们,你们不能瞒我,都要说真心话。我之所以能取得天下,是因为什么呢?项羽之所以失去天下,又是因为什么呢?"高起、王陵回答说:"陛下傲慢而且好侮辱别人,项羽心底仁厚而且懂得爱别人。可是陛下派人攻打城池夺取土地,所攻下和降服的地方就分封给人们,跟天下人同享利益。而项羽却妒贤嫉能,有功的就忌妒人家,有才能的就怀疑人家,打了胜仗不给人家授功,夺得了土地不给人家好处,这就是他失去天下的原因。"高祖说:"你们只知其一,不知其二。如果说运筹帷幄之中,决胜于千里之外,我比不上张子房;镇守国家,安抚百姓,供给粮饷,保证运粮道路不被阻断,我比不上萧何;统率百万大军,战则必胜,攻则必取,我比不上韩信。这三个人都是人中的俊杰,我却能够使用他们,这就是我能够取得天下的原因所在。项羽虽然有一位范增却对人家不信任,这就是他失败的原因。”

原文

十月,燕王臧荼反,攻下代地。高祖自将击之,得燕王臧荼。即立太尉卢绾为燕王。使丞相哙将兵攻代。

其秋,利几反,高祖自将兵击之,利几走。利几者,项氏之将。项氏败,利几为陈公,不随项羽,亡降高祖,高祖侯之颍川①。高祖至雒阳,举通侯籍召之②,而利几恐,故反。

注释

①侯之:封给他以侯位。

②通侯籍:一般诸侯的名册。通侯,即列侯。本叫“彻侯”,为避汉武帝刘彻讳而改为“通侯”。籍,名册。

译文

十月,燕王臧荼造反,拿下了代地。高祖亲自率军前去征战,并且擒获了燕王臧荼。当即封太尉卢绾为燕王。派丞相樊哙领兵去攻打代地。

这一年的秋天,利几造反,高祖又亲自带兵去讨伐,利几败逃。利几原先是项羽的部将,项羽失败时,利几是陈县县令,没有跟随项羽,逃出归降了高祖。高祖把他封在颍川为侯。高祖到达洛阳后,召见全部被列入名册的诸侯,利几心里害怕,所以就反叛了。

原文

六年,高祖五日一朝太公,如家人父子礼。太公家令说太公曰:“天无二日,土无二王①。今高祖虽子,人主也;太公虽父,人臣也。奈何令人主拜人臣②!如此,则威重不行③。”后高祖朝,太公拥彗迎门却行④。高祖大掠下扶太公。太公曰:“帝,人主也,奈何以我乱天下法!”于是高祖乃尊太公为太上皇。心善家令言⑤,赐金五百斤。

注释

①“天无”二句：语出《礼记·坊记》。

②奈何：怎么。

③威重：即威望，威严。

④拥：抱、持。彗(huì)：扫帚。迎门：朝着门口却行：倒退着走。“拥彗却行”是表示十分恭敬。

⑤善：认为善，赞赏。

译文

六年，高祖每五天对太公进行一次朝拜，按照一般人家父子相见的礼节进行。太公的家令劝说太公道：“天上不会有两个太阳，地上不应有两个君主。当今皇帝在家虽然是儿子，可是对于天下却是万民之主，太公您在家虽然是父亲，对皇帝却是臣子。怎么能够叫万民之主拜见他的臣子呢！这样做，皇帝的威严就不能遍行天下了。”后来高祖再去朝见太公，太公就抱着扫帚，面对门口倒退着走。高祖大为吃惊，急忙下车搀扶太公。太公说：“皇帝是万民之主，怎么能因为我而乱了天下的规矩呢！”于是高祖就尊称太公为太上皇，心里赞赏那个家令的话，赐给他黄金五百斤。

原文

十二月，人有上变事告楚王信谋反①，上问左右，左右争欲击之。用陈平计，乃伪游云梦，会诸侯于陈，楚王信迎，即因执之②。是日，大赦天下。田肯贺，因说高祖曰：“陛下得韩信，又治秦中。秦，形胜之国③，带河山之险④，县隔千里⑤，持戟百万，秦得百二焉⑥。地势便利，其以下兵于诸侯，譬犹居高屋之上建瓴水也⑦。夫齐，东有琅邪、即墨之饶，南有泰山之固⑧，西有浊河之限⑨，北有勃海之利。地方二千里，持戟百万，县隔千里之外⑩，齐得十二焉。故此东西秦也。非亲子弟，莫可使王齐矣。”高祖曰：“善。”赐黄金五百斤。

注释

①上变事：呈上作乱谋反的情报。

②执:捉拿,拘捕。

③形胜:指地理形貌险要。

④带山河:以山河为带,即周围有山河环绕的意思。

⑤县(xuán)隔千里:大意是有千里长的疆界,有山河与关东相隔。县隔,隔开,阻隔。县,同“悬”。《会注考证》引王先谦曰:“县隔千里,言河山之阻,千里而遥,非与诸侯县隔也。”

⑥“持戟”二句:历来难解,其说不一。大意是说,秦地险要,如果关东拥有百万军队,那么秦地只需二万军士防守,就可以抵挡住。《集解》引苏林曰:“得百中之二焉。秦地险固,二万人足当诸侯百万人也。”百二,百分之二。下之“十二”,即十分之二。

⑦居高屋之上建瓴(líng)水也:意思是在高屋脊上把瓶水向下倾倒。喻指居高临下,不可阻遏的形势。建,倾覆,倾倒。瓴,一种盛水的瓶子。一说:瓴,为檐角滴水之器。

⑧固:险要。

⑨限:险阻。

⑩“县隔千里之外”:据上文“持戟百万”与“秦得百二焉”二句相连,此六字疑当在“持戟百万”之前。译文故倒。

译文

十二月,有人上书对楚王韩信谋反作乱的事进行报告,高祖向左右大臣询问应对的计策,大臣们都争着想去征讨。最后高祖采用了陈平的计策,假装去游览云梦泽,在陈县召见诸侯,楚王韩信来迎接,就趁机拘捕他。当天,大赦天下。田肯来祝贺,趁便劝说高祖道:“陛下抓住了韩信,又在关中建都。秦地是形势险要之地,周围有山河环绕,与关东有千里长的疆界被山河阻隔。如果关东拥有百万军队,那么秦地只需兵力二万就可以抵挡住。秦地地势这样有利,如果对诸侯用兵,就好像从高屋檐角的滴水器往下流水一样,居高临下,势不可挡。还有齐地,东有琅邪,即墨的富饶,南有泰山的险固,西有黄河的天险,北有渤海的地利。土地纵横各二千里,与诸侯的疆界被山水阻隔,超过千里,如果诸侯拥有百万军队,那么齐地只需二十万就可以抵挡。所以说,齐地可以和秦地并称东秦和西秦。在我看来除了陛下的嫡亲子弟,已经没有人可以派去做齐王。”

高祖说:“好。”并且赏给他黄金五百斤。

原文

七年,匈奴攻韩王信马邑,信因与谋反太原。白土曼丘臣、王黄立故赵将赵利为王以反,高祖自往击之。会天寒,士卒堕指者什二

三[1],遂至平城。匈奴围我平城,七日而后罢去。令樊哙止定代地。立兄刘仲为代王。

注释

①堕:掉落。什二三,十分之二三。

译文

七年,匈奴在马邑攻打韩王信,韩王信就与匈奴在太原谋反叛乱。他的部将在白土城的曼丘臣、王黄拥立前赵将赵利为王,也对朝廷反抗。高祖亲自率兵前往讨伐。正赶上天气寒冷,士兵们冻掉手指的有十公之二三,于是赶到平城。匈奴军队包围了平城,七天之后才撤围离去。高祖让樊哙留下平定代地。封他的家兄刘仲为代王。

原文

八年,高祖东击韩王信余反寇于东垣。

萧丞相营作未央宫[1],立东阙[2]、北阙、前殿、武库、太仓[3]。高祖还,见宫阙壮甚,怒,谓萧何曰:"天下匈匈苦战数岁[4],成败未可知,是何治宫室过度也[5]?"萧何曰:"天下方未定[6],故可困遂就宫室[7]。且夫天子以四海为家。非壮丽无以重威,且无令后世有以加也[8]。"高祖乃说[9]。

注释

①营作:营建,建告。未央宫:汉宫名,在今陕西长安县故城西南角。
②阙:皇宫前面两边的楼台,中间有道路。
③太仓:京城粮仓。
④匈匈:纷乱的样子。
⑤过度:超过限度。指过分豪华壮美。
⑥方未定:还没有安定。方,正。
⑦就:成,指建成。
⑧加:增加,这里指超越。
⑨说:同"悦"。

译文

八年,高祖又率军向东前进,在东垣一带追击韩王信的残余反兵。

丞相萧相何主持营建未央宫,未央宫建东阙、北阙、前殿、武库、太仓。高祖回来,看到宫殿非常壮观,很生气,对萧何说:"天下动荡纷乱。苦苦争战好几年,成败还不可确知,为什么要把宫殿修造得如此过分豪华壮美呢?"萧何说:"正因为天下还没有安定,才可以利用这个时机建成宫殿。再说,天子以四海为家,但是如果宫殿不够华丽就无法树立天子的威信与严厉,而且也不能让后世超过呀。"听到这话,高祖这才高兴了。

原文

九年,赵相贯高等事发觉,夷三族。废赵王敖为宣平侯。是岁,徙贵族楚昭、屈、景、怀、齐田氏关中。

未央宫成。高祖大朝诸侯群臣,置酒未央前殿。高祖奉玉卮①,起,为太上皇寿②,曰:"始大人常以臣无赖③,不能治产业,不如仲力④。今某之业所就孰与仲多⑤?"殿上群臣皆呼万岁,大笑为乐。

注释

①卮(zhī):古代酒器。

②为太上皇寿:等于说"为太上皇为寿"。为寿,献酒致祝寿词。

③无赖:没有才能,无可依仗。又《集解》引晋灼曰:"许慎曰:'赖,利也。'无利入于家也。或曰:江淮之间,谓小儿多诈狡猾为'无赖'。"

④力:努力。

⑤孰与:与……相比,哪一个……

译文

九年,赵相贯高等人企图谋杀高祖的事情被别人发现,并且灭了他们的三族。废掉了赵王敖的王位,改封为宣平侯。这一年,把原来楚国的贵族昭氏、屈氏、景氏、怀氏和原来齐国贵族田氏等贵族迁到关中。

未央宫竣工了。高祖大会诸侯、群臣,在未央宫前殿摆设酒宴。高祖捧着玉制酒杯,起身向太上皇献酒祝寿,说:"当初大人常以为我没有才能,无可依仗,不会经营产业，比不上刘仲勤苦努力。可是现在我的资产和刘仲相比，谁的多呢？”殿上群臣都呼喊万岁，并且大笑乐的不可释怀。

原文

十年十月，淮南王黥布、梁王彭越、燕王卢绾、荆王刘贾、楚王刘交、齐王刘肥、长沙王吴芮皆来朝长乐宫。春夏无事。

七月，太上皇崩栎卫宫。楚王、梁王皆来送葬。赦栎阳囚。更命郦邑曰新丰。

八月，赵相国陈豨反代地。上曰：“豨尝为吾使，甚有信。代地吾所急也①，故封豨为列侯，以相国守代，今乃与王黄等劫掠代地②！代地吏民非有罪也，其赦代吏民。”

九月，上自东往击之。至邯郸，上喜曰：“豨不南据邯郸而阻漳水，吾知其无能为也。”闻豨将皆故贾人也③，上曰：“吾知所以与之④。”乃多以金啖豨将，豨将多降者。

注释

①急：以为急迫，就是认为重要的意思。

②乃：竟：竟然。

③贾人：商人。

④与：对付，这里指对付的方法。

译文

十年十月，淮南王黥布、梁王彭越、燕王卢绾、荆王刘贾、楚王刘交、齐王刘肥、长沙王吴芮都到长乐宫朝见高祖。春天和夏天国家太平无事。

七月，太上皇在栎阳宫去世。楚王、梁王都来送葬。赦免栎阳的囚徒。把郦邑改名为新丰。

八月，赵相国陈豨(xī)在代地造反。皇上说：“陈豨曾经给我做事，很有信用。代地我认为是很重要的地方，所以封陈豨为列侯，以相国的身份镇守代地。如今他竟然和王黄等人劫掠代地！但是代地的官吏和百姓并没有罪，全都赦免他们。”

九月，高祖亲自率军往东，前去讨伐陈豨。到达邯郸，皇上高兴说：“我知道应该怎么对付他了。”于是拿了许多黄金去对陈豨的部将进行诱降，这样的诱惑使很多人都投降了。

原文

十一年，高祖在邯郸诛豨等未毕①，豨将侯敞将万余人游行②，王黄军曲逆，张春渡河击聊城。汉使将军郭蒙与齐将击，大破之。太尉周勃道太原入，定代地，至马邑，马邑不下，即攻残之③。

注释

①毕：结束，完毕。

②游行：指流动不定地作战，略等于游击。

③残：摧毁。

译文

十一年，高祖在邯郸讨伐陈豨等人还没有结束，陈豨的部将侯敞带领一万多人在各地往来作战，王黄在曲逆驻扎，张春渡过黄河攻打聊城。汉派将军郭蒙和齐国的将领去攻打他们，把他们打得大败。太尉周勃从太原攻入，平定了代地。到马邑时，马邑叛军不肯降服，周勃就将马邑捣毁了。

原文

十二年，十月，高祖已击布军会甀，布走，令别将追之。

高祖还归，过沛，留。置酒沛宫，悉召故人父老子弟纵酒①，发沛中儿得百二十人，教之歌。酒酣②，高祖击筑③，自为歌诗曰："大风起兮云飞扬，威加海内兮归故乡，安得猛士兮守四方！"令儿皆和习之④。高祖乃起舞，慷慨伤怀，泣数行下。谓沛父兄曰："游子悲故乡⑤。吾虽都关中，万岁后吾魂魄犹乐思沛⑥。且朕自沛公以诛暴逆，遂有天下，其以沛为朕汤沐邑⑦，复其民⑧，世世无有所与⑨，"沛父兄诸母故人，日乐饮极欢⑩，道旧故为笑乐⑪。十余日，高祖欲去，沛父兄固请留高祖。高祖曰："吾人众多，父兄不能给⑫。"乃去。沛中空县皆之邑西献⑬。高祖复留止，张饮三日⑭。沛父兄皆顿首曰⑮："沛幸得复，丰未复，唯陛下哀怜之⑯。"高祖曰："丰吾所生长，极不忘耳，吾特为其以雍齿故反我为魏⑰。"沛父兄固请，乃并复丰，比沛⑱。于是拜沛侯刘濞为吴王。

四库全书

注释

①纵酒:纵情饮酒。

②酒酣:酒喝到畅快时,即酒意很浓的时候。

③筑:古代乐器名,形状像琴琴。

④儿:指男孩儿,幼童。和习:跟着唱,学习。

⑤游子:离乡远游的人。悲:眷念。

⑥万岁后:死后的避讳的说法。乐思沛:喜欢和思念沛。

⑦汤沐邑:周制,诸侯朝见天子,天子赐以王畿以内的供住宿和斋戒沐浴的封邑。后来皇帝、皇后、公主等收取赋税的私邑也称"汤沐邑"。

⑧复:免除赋税徭役。

⑨无有所与:意思是不必交纳赋税服徭役。与,参与。

⑩诸母:对同宗族的叔母的通称。

⑪道旧故:谈起以往的旧事。

⑫给:供给,供应。

⑬空县:意思是县中空无一人。献:指献中酒等礼品。

⑭张:指张设帷帐。

⑮顿首:叩头。

⑯唯:希望。哀怜,怜悯。

⑰特,只是。

⑱比:并列,跟……一样。

译文

十二年十月,高祖在会甄(zhuì)击败了黥布的军队,黥布趁机逃走,高祖派别将继续进行追击。

高祖回京途中,经过沛县时停留了一下。在沛宫置备酒席,把老朋友和父老子弟都请来一起纵情畅饮。挑选沛中幼童一百二十人,教他们唱歌。酒喝得正畅快时,高祖自己弹击着筑(zhú)琴,唱起自己编的歌:"大风骤起,云彩飘扬,声威遍及海内啊今归故乡,如何使得猛士啊守卫四方!"让儿童们跟着学唱。于是高祖起舞,情绪激动心中感伤,洒下行行热泪。高祖对沛县父老兄弟说:"远游的赤子总是思念着故乡。我虽然建都关中,但是将来死后我的魂魄还会喜欢和思念故乡。而且我开始是以沛公身份起兵讨伐暴逆,终于取得天下,我把沛县作为我的汤沐邑,免除沛县百姓的赋税徭役,世世代代不必纳税服役。"沛县的父老兄弟及同宗婶子大娘亲戚朋友天天快活饮酒,尽情欢宴,叙谈往事,取笑作乐。过了十多天,高祖要走

了，沛县父老坚决要高祖多留几日。高祖说："我的随从众多，父兄们供应不起。"于是离开沛县。这天，沛县城里全空了，百姓都赶到城西来敬献牛、酒等礼物。高祖又停下来，搭起帐篷，痛饮三天。沛县父兄都叩头请求说："沛县有幸得以免除赋税徭役，丰邑却没有免除，希望陛下可怜他们。"高祖说："丰邑是我生长的地方，我最不能忘，我只是因为当初丰邑人跟着雍齿反叛我而帮助魏王才这样的。"沛县父老乡亲仍旧执意恳求，高祖才答应跟沛县一样把丰邑的赋税徭役也免除掉。于是沛侯刘濞被封为吴王。

原文

高祖击布时，为流矢所中①，行道病。病甚，吕后迎良医。医入见，高祖问医。医曰："病可治。"于是高祖嫚骂之曰②："吾以布衣提三尺剑取天下③，此非天命乎？命乃在天，虽扁鹊何益④！"遂不使治病，赐金五十斤罢之。已而吕后问⑤："陛下百岁后⑥，萧相国即死⑦，令谁代之？"上曰："曹参可。"问其次，上曰："王陵可。然陵少戆⑧，陈平可以助之。陈平智有余，然难以独任。周勃重厚少文⑨，然安刘氏者必勃也，可令为太尉。"吕后复问其次，上曰："此后亦非而所知也⑩。"

注释

①流矢：飞箭。

②嫚骂：辱骂。嫚，轻慢，侮辱。

③布衣：平民。因平民穿布制衣服，故以布衣借指平民。

④虽：即使，纵然。

⑤已而：不久。

⑥百岁后：也是死的避讳说法，等于说百年之后。

⑦即：如果，一旦。

⑧少：稍微。戆(zhuàng)：愚而刚直。

⑨少文：缺少文才。

⑩而：你。

译文

高祖对黥布进行讨伐的时候,不小心被飞箭射中,在归途中生了病。病得很厉害,吕后为他请来了一位好医生。医生进宫拜见,高祖问医生病情如何。医生说:"可以治好。"于是高祖骂他说:"就凭我一个平民,手提三尺之剑,最终取得天下,这不是由于天命吗?人的命运决定于上天,纵然你是扁鹊,又有什么用处呢!"说完并不让他治病,赏给他五十斤黄金打发走了。不久,吕后问高祖:"陛下百年之后,如果萧相国也死了,让谁来接替他做相国呢?"高祖说:"曹参可以。"

又问曹参以后的事,高祖说:"王陵可以。不过他略显迂愚刚直,陈平可以帮助他。陈平智慧有余,然而难以独自担当重任。周勃深沉厚道,缺少文才,但是安定刘氏天下的一定是周勃,可以让他担任太尉。"吕后再问以后的事,高祖说:"以后的事,也就不是你所能知道的了。"

原文

四月甲辰,高祖崩长乐宫。四日不发丧。吕后与审食其谋曰:"诸将与帝为编户民①,今北面为臣,此常怏怏②,今乃事少主,非尽族是③,天下不安。"人或闻之,语郦将军④。郦将军往见审食其,曰:"吾闻帝已崩,四日不发丧,欲诛诸将。诚如此,天下危矣。陈平、灌婴将十万守荥阳,樊哙、周勃将二十万定燕、代,此闻帝崩,诸将皆诛,必连兵还乡以攻关中,大臣内叛,诸侯外反,亡可翘足而待也⑤。"审食其人言之,乃以丁未发丧,大赦天下。

注释

①编户民:登记在户口簿上的平民。

②怏怏:不满意、不服气的样子。

③是:这些人。

④语(yù):告诉。

⑤翘足而待:一举足的功夫就可等待到,比喻很快、很容易。翘,举。

译文

就在四月的甲辰日,高祖在长乐宫逝世。但是直到四天后还没有发布丧事消息。吕后和审食其商量说:"那些将领先前和皇帝同登记在册的平民百姓,后来北面称臣,这些人就常常流露出不满意不服气的样子,现在又要侍奉年轻的新皇帝了,如果不全部族灭他们,天下就安定不了。"有人听到了这个话,告诉了将军郦商。郦将军去见审食其,说:"我听说,皇帝已驾崩四天了还不发布丧事消息,而且要杀掉所有的将领。若果真如此,天下可就危险了。陈平、灌婴率领十万大军镇守荥阳,樊哙、周勃率领二十万大军平定燕地和代地,如果他们听说皇帝已经逝世的话,诸将都将遭杀戮,必定把军队联合在一起,回过头来进攻关中。那时候大臣们在朝廷叛乱,诸侯们在外面造反,覆亡的日子就举足可待了。"审食其进宫把这告诉了吕后,于是就商量在丁未日发布高祖逝世的消息,在那时宣布大赦天下。

原文

卢绾闻高祖崩,遂亡入匈奴。

丙寅,葬。己巳,立太子,至太上皇庙①。群臣皆曰:"高祖起徽细②,拨乱世反之正③,平定天下,为汉太祖,功最高。"上尊号为高皇帝。太子袭号为皇帝,孝惠帝也。令郡国诸将各立高祖庙,以岁时祠④。

注释

①"丙寅"至"至太上皇庙":梁玉绳以为当作"五月丙寅,葬长陵,已下(指下棺安葬),太子至太上皇庙"。

②高祖:《会注考证》引梁玉绳曰:"此时群臣方议尊号,何得称高祖?《汉书》作'帝',是也。"

③拨乱世反之正:治平乱世,使之回复正常。拨,治理。反之正,使之反于正。

④以岁时祠:每年按时祭祀。

译文

卢绾听说高祖已经逝世的消息,就立即向匈奴逃去了。

丙寅日,在长陵安葬皇帝,下棺安葬完毕,太子来到太上皇庙。大臣们都说:"高祖起事于平民,平治乱世,使之归于正道,平定了天下,是汉朝的开国皇帝,功劳最高。"献上尊号称为高皇帝。太子继承皇帝的位子,这就是孝惠帝。又下令让各郡国诸侯都建高祖庙,每年按时祭祀。

原文

及孝惠五年，思高祖之悲乐沛，以沛宫为高祖原庙①。高祖所教歌儿百二十人，皆令为吹乐，后有缺，辄补之。

高帝八男：长庶②齐悼惠王肥；次孝惠，吕后子；次戚夫人子赵隐王如意；次代王恒，已立为孝文帝，薄太后子；次梁王恢，吕太后时徙为赵共王；次淮阳王友，吕太后时徙为赵幽王；次淮南厉王长；次燕王建。

注释

①原庙：再立一庙。《集解》注："骃案：谓'原'者，再也。先既已立庙，今又再立，故谓之原庙。"

②长庶：意思是长子为庶出的儿子，即非正妻所生。

译文

到孝惠帝五年，皇上想到高祖生前最思念和喜欢的就是沛县，就把沛宫定为高祖的原庙。高祖所教过唱歌的儿童一百二十人，都让他们在原庙奏乐唱歌，以后什么时间有缺员，就随时加以补充。

高祖有八个儿子：庶出的长子是齐悼惠王刘肥；次子孝惠皇帝，是吕后的儿子；三子是戚夫人的儿子赵隐王如意；四子代王刘恒，后来被立为孝文皇帝，是薄太后的儿子；五子梁王刘恢，吕太后当政时被改封为赵共王；六子淮阳王刘友，吕太后时被改封为赵幽王；七子是淮南厉王刘长；八子是燕王刘建。

原文

太史公曰：夏之政忠①。忠之敝②，小人以野③，故殷人承之以敬。敬之敝，小人以鬼，故周人承之以文。文之敝，小人以僿④，故救僿莫若以忠。三王之道若循环，终而复始。周、秦之间，可谓文敝矣。秦政不改，反酷刑法，岂不缪乎？故汉兴，承敝易变，使人不倦，得天统矣⑤。朝以十月⑥。车服黄屋左纛。葬长陵。

注释

①忠:真诚。

②敝:同"弊",毛病,弊病。

③小人:指老百姓。这是一种蔑称。野:粗鄙。

④僿(sài):不诚恳。

⑤天统:等于说天道,自然的规律。统,一脉相承的系统。

⑥"朝以十月"三句:此三句疑有错误。《会注考证》注:中井积德曰:'车服'下宜有'尚赤'等语,分明阙语令。又曰:'葬长陵'是纪文之脱错在于此。梁玉绳曰'葬长陵'三字错简,当在'丙寅'句下。"以,在。黄屋,黄缎子做衬里的车盖。左纛(dào),古代用旄牛尾或野鸡尾做的装饰物叫纛,因为是插在前衡木左上方,所以叫左纛。长陵,汉高祖的陵墓,在今陕西咸阳市东北。

译文

太史公说:"夏朝实行仁政。但是仁政的弊病是使得百姓粗狂无礼,所以殷朝以恭敬代之。恭敬的弊病的是使得百姓供奉鬼神,所以周朝代之以礼仪。礼仪的弊病是使百姓不诚恳。所以要救治不诚恳的弊病,就没有什么比得上忠厚。由此看来,夏、殷、周三代开国君主的治国之道好像是循着圆圈转,终而复始。至于周朝到秦朝之间,其弊病可以说就在于过分讲究礼仪了。秦朝的政治不

但没有改变这种弊病,反而使刑法更加残酷,难道不是很错误吗?所以汉朝的兴起,虽然承继了前朝政治的弊端却有所改变,使老百姓不至于倦怠,这是符合循环终始的天道了。汉以十月为岁首,诸侯在每年的十月进京朝见皇帝。规定车服制度,皇帝乘坐的车子,用黄缎子做车盖,车的前面横木的左上方要插用旄牛尾或野鸡尾做的装饰。后来高祖就葬在长陵。

战国策

秦策

苏秦始将连横说秦

原文

苏秦[1]始将连横[2]说秦惠王曰:“大王之国西有巴、蜀、汉中利,北有胡貉、代马[3]之用,南有巫山、黔中之限,东有肴、函[4]之固。田肥美,民殷富,战车万乘,奋击[5]百万,沃野千里,蓄积饶多,地势形便。此所谓‘天府’,天下之雄国也。以大王之贤,士民之众,车骑之用,兵法之教,可以并诸侯,吞天下,称帝而治。愿大王少留意,臣请奏其效!”秦王曰:“寡人闻之:毛羽不丰满者不可以高飞,文章[6]不成者不可以诛罚,道德不厚者不可以使民,政教不顺者不可以烦大臣。今先生俨然不远千里而庭教之,愿以异日。”

注释

①苏秦:战国时期著名的纵横家。

②连横:一种军事策略,东西为横,南北为纵。秦国在函谷关以西,六国在崤山以东,所以秦与六国的联合称为连横。

③胡貉(mò)、代马:指游牧民族所生产的畜牧产品。

④肴、函：肴，山名，即崤山，在今河南洛宁北；函，即函谷关，在今河南灵宝县一带。

⑤奋击：这里代指奋勇作战的士兵。

⑥文章：在这里指法度。

译文

合纵派的领军人物苏秦一开始却对秦惠王倡导连横战略，他游说秦惠王说："大王的国家，西面有巴、蜀、汉中等地的富饶物产，北方有来自胡人地区的贵重兽皮与代地的良马，南边有巫山、黔中作为屏障，东方又有崤山、函谷关这样坚固的要塞。土地肥沃，民殷国富；战车万辆，壮士百万；沃野千里，资源丰富，积蓄充足；地势险要，能攻易守。这正是天下公认的'天府之国'，秦国因而真正是雄霸天下的强国。凭着大王您的贤能，秦国士卒与百姓的众多，战车、骑兵等武器的巨大作用，兵法和谋略的运用之妙，完全有把握吞并其他诸侯，一统天下，称号皇帝，统治全中国。希望大王能考虑一下这一前景，允许臣陈述自己的方略。"秦惠王说："寡人常听人说，羽毛不够丰满的鸟儿不可以高飞；法令不完备的国家不可以奖惩刑罚；道德不崇高的君主不可统治万民；政策教化不顺应天意的君主不可以号令大臣。如今先生不远千里来到我秦国登庭指教，寡人内心非常感激，不过关于军国大计，最好还是等将来再说吧！"

原文

苏秦曰："臣固疑大王不能用也。昔者神农伐补遂[①]，黄帝伐涿鹿[②]而擒蚩尤，尧伐驩兜[③]，舜伐三苗[④]，禹伐共工[⑤]，汤伐有夏[⑥]，文王伐崇[⑦]，武王伐纣，齐桓任战而伯天下。由此观之，恶有不战者乎？古者使车毂击驰[⑧]，言语相结，天下为一；约从连横，兵革不藏；文士并饬，诸侯乱惑，万端俱起，不可胜理；科条既备，民多伪态；书策稠浊，百姓不足；上下相愁，民无所聊；明言章理，兵甲愈起；辩言伟服[⑨]，攻战不息；繁称文辞，天下不治；舌弊耳聋，不见成功；行义约信，天下不亲。

"于是，乃废文任武，厚养死士，缀甲厉兵[⑩]，效胜于战场。夫徒处[⑪]而致利，安坐而广地，虽古五帝、三王、五伯、明主贤君，常欲坐而致之，其势不能，故以战续之。宽则两军相攻，迫则杖戟相撞，然后可建大功。是故兵胜于外，义强于内；武立于上，民服于下。今欲并天

下，凌万乘，诎⑫敌国，制海内，子元元⑬，臣诸侯，非兵不可。今之嗣主，忽于至道，皆惛于教，乱于治，迷于言，惑于语，沈于辩，溺于辞。以此论之，王固不能行也。”

注释

①补遂：古国名。

②涿鹿：山名，位于今天的河北涿鹿县西。

③驩兜：尧时曾与共工相互勾结，后被舜流放。

④三苗：古代的部落名。

⑤共工：官名，主要管理水利。

⑥有夏：夏朝。

⑦崇：崇侯虎，商朝人，曾助纣王肆虐天下。

⑧车毂击驰：车轴相互撞击，即指出使人数颇多。

⑨伟服：奇异的衣服，代指儒者。

⑩厉兵：磨砺兵器。厉，通励。

⑪徒处：无所作为。

⑫诎：屈服、折服。

⑬元元：百姓，人民。

译文

苏秦说：“我本来就怀疑大王能否听取我的意见。以前神农攻打补遂，黄帝讨伐涿鹿擒获蚩尤，唐尧放逐驩兜，虞舜攻打三苗，夏禹王攻打共工，商汤王灭夏桀，周文王攻打崇侯虎，周武王灭商纣，齐桓公用战争雄霸天下，都说明了一个国家要想称霸天下，哪有不经过战争就达到目的的？古代使者都坐着兵车奔驰，各国互相缔结口头盟约，谋求天下统一；虽然讲究合纵连横，却是战争不息；说客和谋士们进行巧辩和权诈之术，致使诸侯慌乱疑惑，结果一切纠纷都从此发生，简直复杂到无法处理的地步；章程和法律都完备的国家，人们又常常做出虚伪的行为；文书、籍策杂乱繁琐，百姓生活贫困不足；君臣上下都愁眉不展，百姓无所依赖；法令规章越多，战争发生的也就越多；能言善辩穿着儒士服装的人越多，战争就越发无法停止。什么事如果不顾根本而专门讲求文辞末节，天下就越发无法太平。因此说客的舌头说焦了，听的人耳朵都听聋了，却不见什么成效；做事即使讲义气、守信用，也没办法使天下和平安乐。”

“因此就废除文治而使用武力，召集并且礼遇敢死之士，制作好各种甲胄，磨光各种刀枪，然后到战场上去争胜负。大王要明白，没有行动却想使国家富强，安居不动却要使国土扩大，即使是古代帝王、三王、五霸和明主贤君，想不用刀兵而获得这些，也是无法实现雄心的。所以只有用战争才能达成国家富强的目的。距离远的就用军队互相攻伐，距离近的就短兵相杀，只有如此才能建立伟大功业。所以军队如果能得胜于外国，那么国内民众的义气就会高涨，君王的威权就会增强，人民会自然地服从统治。现在假如想要并吞天下、夺取王位、征服敌国、辖制海内、治理百姓、号令诸侯，实在是非用武力不行。可是如今继嗣当政的君主，却都忽略了用兵的重要性，不懂得教化人民；不修明政治，常被一些诡辩之士的言论所迷惑，沉溺在游说之士的言语辩词中，而误信各种不适当的外交政策。依照这样的情形，大王一定不能实现连横。"

原文

说秦王书十上而说不行，黑貂之裘弊，黄金百斤尽，资用乏绝，去秦而归。羸縢履蹻[①]，负书担橐[②]，形容枯槁，面目犁黑，状有归[③]色。归至家，妻不下纴，嫂不为炊，父母不与言。苏秦喟叹曰："妻不以为夫，嫂不以我为叔，父母不以我为子，是皆秦之罪也！"乃夜发书，陈箧数十，得《太公阴符》[④]之谋，伏而诵之，简练以为揣、摩。读书欲睡，引锥自刺其股，血流至足。曰："安有说人主不能出其金玉锦绣、取卿相之尊者乎？"期年《揣》、《摩》成，曰："此真可以说当世之君矣。"

注释

①羸(léi)：包扎缠绕。縢：绑腿布。履：鞋。此处作动词，脚上穿鞋。蹻：草鞋。

②橐(tuó)：没有底的口袋。

③归：通"愧"，羞愧。

④《太公阴符》：太公，指姜太公尚，大智之人，善用兵用人，周国的开国功臣，封地于齐。《太公阴符》，相传为太公所作兵法权术之书。

译文

游说秦王的奏章上呈了十次之多，但终未被采纳。黑貂皮衣都被穿破了，百斤黄金也都被花完了，原本的资财物品来源也没有了，只好离开秦国返回而归。腿上扎着绑腿布，脚上穿着草鞋，背上书籍担上行囊，面目瞧悴，脸色黄黑，带有愧色。回到家里，妻子不下织布机来迎接；嫂子也不给做饭；父母也不和他说话。苏秦长长地叹息道："妻子不把我当作丈夫看待，嫂子不把我当作小叔子来看待，父母也不当我是儿子,这些都是我自己的罪过啊。"于是晚上便找书,打开几十只书箱,找到《太公阴符》这部讲谋略全书的书,埋头苦读,挑选研读精要并开始写作《揣情》《摩意》之篇。看书看得困了就用铁锥刺自己的大腿,血都流到了足跟。苏秦说:"哪里有游说君王却未能让他们拿出金玉锦绣相赠,并取得卿相这样的高官之位的呢?"满一年之后,《揣情》《摩意》之篇写成,苏秦说道:"这个真的能够说服当世的君王了。"

原文

于是乃摩燕乌集阙①,见说赵王②于华屋之下,抵掌而谈,赵王大悦,封为武安君,受相印。革车百乘,锦绣千纯,白璧百双,黄金万镒③,以随其后,约从散横,以抑强秦。故苏秦相于赵而关不通。当此之时,天下之大,万民之众,王侯之威,谋臣之权,皆欲之决苏秦之策。不费斗粮,未烦一兵,未战一士,未绝一弦,未折一矢,诸侯相亲,贤于兄弟。夫贤人在而天下服,一人用而天下从。故曰:"式④于政,不式于勇;式于廊庙之内,不式于四境之外。"当秦之隆,黄金万镒为用,转毂连骑,炫煌于道,山东之国从风而服,使赵大重。且夫苏秦特穷巷掘门,桑户棬枢之士耳⑤。伏轼撙衔⑥,横历天下,廷说诸侯之王,杜左右之口,天下莫之能伉。

注释

①燕乌集阙:关塞名。

②赵王:赵肃侯。

③镒:古代的重量单位,一镒相当于二十两。

④式:决定。

⑤且夫苏秦特穷巷掘门,桑户棬枢之士耳:这两句极言苏秦出身之贫贱。掘门,在墙上凿洞;棬枢,用树条圈起做门枢。

⑥伏轼撙衔:指乘车骑马,言苏秦现在之显贵。轼,车前的横木;撙,控制,约束;衔,马勒口。

译文

于是苏秦就步入赵国的燕乌集阙宫门，在华屋之下游说赵王。他对赵王滔滔不绝地说出合纵的战略和策略，赵王听了大喜过望，立刻封他为武安君，并授以相印，兵车100辆、锦绣1000束，白璧100双，金币20万两，车队尾随他后，到各国去约定合纵，拆散连横，以此压制强秦。因此，当苏秦在赵国做宰相时，秦国不敢出兵函谷关。在当时，广大天下、众多百姓、威武的诸侯、掌权的谋臣，都要听苏秦一人来决定一切政策。没消费一斗军粮，没征用一个兵卒，没派遣一员大将，没有用坏一把弓，没损失一支箭，就使天下诸侯和睦相处，甚至比亲兄弟还要亲近。由此可见，只要有贤明人士当权主政，天下就会顺服稳定；只要有这样的一个人得到合适的使用，天下就会服从领导、归顺朝廷。所以说："应该运用政治手段解决问题，而不必用武力征服来处理一切；要在朝廷上慎谋策划、运筹帷幄，而不必到边疆上去厮杀作战。"当苏秦权势显赫、红极一时的时候，金帛20万两供他使用，他所指挥的战车和骑兵连接不断，所到之处都显得威风八面，崤山以东的各诸侯国，莫不望风听从他的号令，赵国的地位也越来越受到尊重。其实苏秦此人，当初只不过是一个住在陋巷、掘墙做门、砍桑做窗、用弯曲的木头作门框的那类穷人罢了。但现在的他却常常坐上豪华的四马战车，骑着高头大马游历天下，在各诸侯国朝廷上游说君王，使各诸侯王的亲信不敢开口，天下没有谁敢与他对抗了。

原文

将说楚王，路过洛阳。父母闻之，清宫除道，张乐设饮，郊迎三十里；妻侧目而视，倾耳而听；嫂蛇行匍伏，四拜自跪谢。苏秦曰："嫂何前倨而后卑也？"嫂曰："以季子[①]之位尊而多金。"苏秦曰："嗟乎！贫穷则父母不子，富贵则亲戚畏惧。人生世上，势位富贵，盖可忽乎哉！"

注释

①季子：苏秦的字，也有人认为是对小叔子的尊称。

译文

苏秦要去游说楚威王，路过洛阳。父母得知，就赶紧整理房间、清扫道路，雇用乐队，准备酒席，到距城30里远的地方去迎接；妻子对他敬畏得不敢正视、斜着眼睛来看他的威仪，侧着耳朵听他说话；而嫂子跪在地上不敢站起，像蛇一样在地上爬，对苏秦一再叩头请罪。苏秦问："嫂子你对待我为什么以前那样的傲慢不逊，而现在又这样的卑贱下作呢？"他嫂子答："因为现在你地位尊显、钱财富裕的缘故。"苏秦长叹一声说道："唉！一个人如果穷困落魄，连父母都不把他当儿子，然而一旦富贵显赫之后，亲戚朋友都感到畏惧。由此可见，一个人活在世界上，权势和富贵怎么能忽视不顾呢！"

张仪说秦王曰

原文

张仪说秦王曰："臣闻之，'弗知而言为不智，知而不言为不忠。'为人臣不忠当死，言不审亦当死。虽然，臣愿悉言所闻，大王裁其罪。臣闻，'天下阴燕阳魏，连荆[1]固齐，收余韩，成从，将西南以与秦为难。'臣窃笑之。世有'三亡'，而天下得之，其此之谓乎！臣闻之曰：'以乱攻治者亡，以邪攻正者亡，以逆攻顺者亡。'今天下之府库[2]不盈，囷仓[3]空虚，悉其士民，张军数千百万，白刃在前，斧质在后，而皆去走不能死，其百姓不能死也，其上不能杀也。言赏则不与，言罚则不行，赏、罚不行，故民不死也。

注释

①荆：指楚国。

②府库：古代用于储备财物者为府，储备兵器者为库。

③囷（jūn）仓：均是存粮之处，只是形状不一样，圆为囷，方为仓。

译文

张仪游说秦王道："我常听人说，'不知道事情的缘由就开口发言那是不明智；明白事理、可以为事情的解决出谋划策却不开口，那是不忠贞。'作为一个臣子，对君王不忠诚就该死；说话不审慎也该死。尽管事情的出路如此，但我仍然愿意把所有见闻都说出来给大王听，请大王裁决定罪。我听说四海之内，北方的燕国和南方的魏国又在联结荆楚，巩固同齐国的联盟，收罗残余的韩国势力，形成合纵的联合阵线，面向西方，与秦国对抗。对此我私下不禁失笑。天下有三种亡国的情况，而天下终会有人来收拾残局，可能说的就是今天的世道！我听人说：'以治理混乱之国去攻打治理有序之国必遭败亡，以邪恶之国去攻打正义之国必遭败亡，以悖逆天道之国去攻打顺应天道之国必遭败亡。'如今天下诸侯国储藏财货的仓库很不充实，囤积米粮的仓库也很空虚，他们征召所有人民，发动千百万计的军队，虽然是白刃在前，利斧在后，军士仍然都退却逃跑，不能和敌人拼死一战。其实并不是他们的人民不肯死战，而是由于统治者拿不出好办法进行教育。说奖赏而不给予，说处罚却不执行，所以人民才不肯为国死战。

原文

"今秦出号令，而行赏、罚，有功无功相事也。出其父母怀衽之中，生未尝见寇也，闻战顿足徒裼①，犯白刃，蹈煨炭，断死于前者比是也。夫断死与断生也不同，而民为之者是贵奋也。一可以胜十，十可以胜百，百可以胜千，千可以胜万，万可以胜天下矣。今秦地形断长续短，方数千里，名师数百万。秦之号令赏罚，地形利害，天下莫如也，以此与天下，天下不足兼而有也。是知秦战未尝不胜，攻未尝不取，所当②尝不破也。开地数千里，此甚大功也。然而甲兵顿，士民病，蓄积索，田畴荒，困仓虚，四邻诸侯不服，伯王③之名不成，此无异故，谋臣皆不尽其忠也。

注释

①顿足徒裼：停止步伐，脱下衣服。顿，停顿；裼，脱掉上衣。

②当：通"挡"，抵挡。

③伯王：霸王。

译文

“现在秦国号令鲜明，赏罚分明，有功无功都按照实际情形进行奖惩。每个人离开父母怀抱之初，从来就没有见过敌人，所以一听说作战就跺脚、露胸，决心死战，迎着敌人的刀枪，勇往直前，赴汤蹈火，在所不惜，几乎全都决心要为国家死在战场上。大王知道，一个人决心要去战死，和决心要逃生是不同的，但秦国人仍然愿意去战死，就是由于重视奋战至死精神的缘故。一人可以战胜十人，十人可以战胜百人，百人可以战胜千人，千人可以战胜万人，万人可以战胜全天下。如今秦国的地势，截长补短方圆有数千里，强大的军队有几百万。而秦国的号令和赏罚，险峻有利的地形，天下诸侯都望尘莫及。用这种优越条件和天下诸侯争雄，全天下也不够秦国吞并的。由此可以知道，只要秦国作战绝对是战无不胜，攻无不取，所向无敌，完全可以开拓土地几千里，那将是很伟大的功业。然而如今，秦国军队疲惫、人民穷困、积蓄用绝、田园荒废、仓库空虚、四邻诸侯不肯臣服、霸业不能树立，出现这种令人惊讶的情况并没有其他原因，主要是秦国谋臣不能尽忠的缘故。

原文

“臣敢言往昔。昔者，齐南破荆，中破宋，西服秦，北破燕，中使韩、魏之君①，地广而兵强，战胜攻取，诏令天下，济清河②浊足以为限，长城钜坊③足以为塞。齐五战之国也，一战不胜而无齐。故由此观之，夫战者万乘之存亡也。

注释

①中使韩、魏之君：指齐湣王役使韩王与魏王作战讨伐楚与秦之事。

②河：特指黄河。

③长城钜坊：以长城为巨大的防守。

译文

“我愿用历史史实为证加以说明。从前齐国往南击破荆楚，往东战败了宋国，往西征服了秦国，北方更打败了燕国，在中原地带又指挥韩、魏两国的君主。土地广大，兵强马壮，攻城略地，战无不胜，号令天下诸侯，清清的济水和混浊的黄河都是它的天然屏障，巨大的长城足可以作它的防守掩体。齐国是一连五次战胜的强国,可是只战败一次,齐国就没有了。由此可见,用兵作战可以决定万乘大国的生死存亡。

原文

“且臣闻之曰:‘削柱掘根,无与祸邻,祸乃不存。’秦与荆人战,大破荆,袭郢[①],取洞庭、五都[②]、江南,荆王亡奔走,东伏于陈。当是之时,随荆以兵,则荆可举[③]。举荆则其民足贪也,地足利也。东以强齐、燕,中陵三晋,然则是一举而伯王之名可成也,四邻诸侯可朝也,而谋臣不为,引军而退,与荆人和,今荆人收亡国,聚散民,立社主,置宗庙,令帅天下西面以与秦为难,此固已无伯王之道一矣。天下有比志而军华[④]下,大王以诈破之,兵至梁郭,围梁数旬,则梁可拔。拔梁则魏可举,举魏则荆、赵之志绝,荆、赵之志绝则赵危,赵危而荆孤,东以强齐、燕,中陵三晋。然则是一举而伯王之名可成也,四邻诸侯可朝也,而谋臣不为,引军而退,与魏氏和,令魏氏收亡国,聚散民,立社主,置宗庙,此固已无伯王之道二矣。前者穰侯[⑤]之治秦也,用一国之兵,而欲以成两国之功。是故兵终身暴灵于外,士民潞病于内,伯王之名不成,此固已无伯王之道三矣。

注释

①郢(yǐng):楚国的国都,位于今天的湖北江陵。

②五都:指五渚,即长江、资水、澧水、沅水,湘江五条大河。

③举:攻取,夺取。

④华:华阳城,位于今天的河南新郑东南方向。

⑤穰(ráng)侯:秦国宣太后之弟。穰,为其封地之名。

译文

“我还听说:‘斩草要除根,不给祸留下作为,祸才不会存。’从前秦国和楚国作战,秦兵大败楚军,占领了楚国首都郢城,同时又占领了洞庭湖、五都、江南等地,楚王向东逃亡,藏在陈地。在那个时候,只要把握时机攻打楚国,就可以占领楚国的全部土地。而占领了楚国,那里的人民就足够使用,那里的物产就足可以满足物质需要,东面对抗齐、燕两国,中原可以凌驾在三晋(指韩、赵、魏三国)之上,如果这样就可以一举而完成霸业，使天下诸侯都来秦廷称臣。然而当时的谋臣不但不肯这样做，反而撤兵和楚人讲和，现在楚已收复了所有失地，重新集合逃散的人民，再度建立起宗庙和社稷之主，他们得以率领天下诸侯往西面来跟秦国对抗。这样，当然秦国就第一次失去了建立霸业的机会。后来其他诸侯国同心一致、联合兵临华阳城下。幸亏大王用诈术击溃了他们，一直进兵到魏都大梁外。当时只要继续围困几十天，就可以占领大梁城。占领大梁，就可以攻下魏国；攻下了魏国，赵、楚的联盟就拆散了，赵国就会处于危难之地。赵国陷入危难之地，楚国就孤立无援。这样秦国东可以威胁齐、燕，中间可以驾驭三晋，如此也可以一举建立霸王功业，使天下诸侯都来朝贺。然而谋臣不但不肯这样做，反而引兵自退、与魏讲和，使魏国收复故土，聚集了四处离散的百姓，立下社稷之主，建立起宗庙，如此就第二次失去了建立霸业的机会。前不久穰侯为相，治理秦国，他用一国的军队，却想建立两国才能完成的功业。即使军队在边境外风吹日晒雨淋，人民在国内劳苦疲惫，霸王的功业却始终不能建立，这也就是第三次失去了建立霸业的机会。

原文

“赵氏，中央之国也，杂民之所居也。其民轻而难用，号令不治，赏罚不信，地形不便，上非能尽其民力，彼固亡国之形也，而不忧民氓，悉其士民，军于长平[①]之下，以争韩之上党[②]。大王以诈破之，拔武安。当是时，赵氏上下不相亲也，贵贱[③]不相信。然则是邯郸不守，拔邯郸，完河间，引军而去，西攻修武[④]，逾羊肠，降代、上党。代三十六县，上党十七县，不用一领[⑤]甲，不苦一民，皆秦之有也。代、上党不战而已为秦矣，东阳、河外[⑥]不战而已反为齐矣，中呼池以北不战而已为燕矣。然则是举赵则韩必亡，韩亡则荆、魏不能独立，荆、魏不能独立，则是一举而坏韩、蠹[⑦]魏、挟荆，以东弱齐、燕，决白马之口以流魏氏。一举而三晋亡，从者败。大王拱手以须，天下遍随而伏，伯王之名可成也。而谋臣不为，引军而退，与赵氏为和。

注释

①长平:地名,位于今山西高平以西。

②争韩之上党:白起进攻韩国上党,郡守投奔赵,白起就又去攻打赵。

③贵贱:分别代指地位尊贵和低下的人。

④修武:地名,位于今河南修武境内。

⑤领:古时量词,件。

⑥东阳、河外:东阳,赵国地名;河外,处于齐与赵交界之地。

⑦蠹(dù):原指虫子,这里是毁坏之意。

译文

"赵国在诸侯中位居中央,人民五方杂居。赵国民众轻浮而不好治理,以致使国家号令无法贯彻,赏罚毫无信用。赵国的地理位置不利于防守,统治者又不能使人民的潜力全部发挥出来,这一切已是一种亡国的形势了。再加上不体恤民间疾苦,几乎把全国的老百姓都征发到长平战场,去跟韩国争上党。大王以计谋战胜赵国,既而攻克武安。当时赵国君臣彼此不合作,官民也互不信赖,这样邯郸就无法固守,如果秦军攻下邯郸,在河间修正军队,再率领军队往西攻打修武,经过羊肠险塞,降服代和上党。代有36县,上党有27县,不用一副盔甲,不费一兵卒,就都成了秦国所有。代和上党不经过战争就成为秦国土地,赵国的东阳和河外等地不经过战争将反归齐国,中呼池以北之地不经过战争将属于燕国。既然如此,攻下赵国之后,韩国就必然灭亡,韩国灭亡以后,楚、魏就不能独立;楚魏既然不能独立就可一举攻破韩国;韩国既破,就伤害到魏国,然后再挟持楚国往东去削弱齐、燕,挖开白马津的河口来淹魏国。如此一举就可以灭三晋,而六国的合纵联盟也势将瓦解。大王只要拱手在那里等着,天下诸侯就会一个跟着一个来投降,霸王之名号即刻就可以建立。只可惜这一切都是假设,因为谋臣不但不这样做,反而自动退兵跟赵国讲和了。

原文

"以大王之明,秦兵之强,伯王之业地,尊不可得,乃取欺于亡国,是谋臣之拙也。且夫赵当亡不亡,秦当伯不伯,天下固量秦之谋臣一矣。乃复悉卒乃攻邯郸①,不能拔也,弃甲兵怒,战栗而却②,天下固量秦力二矣。军乃引退,并于李下③,大王又并军而致与战,非能厚胜之

也，又交罢却，天下固量秦力三矣。内者量吾谋臣，外者极吾兵力。由是观之，臣以天下之从岂其难矣？内者吾甲兵顿，士民病，蓄积索，田畴荒，困仓虚；外者天下比志甚固，愿大王有以虑之也。

注释

①攻邯郸：秦后来又攻打邯郸城，被魏国所败。邯郸，今河北邯郸。

②却：退却。

③李下：地名，位于今河南温县。

译文

"凭大王的贤明和秦兵的强盛，竟然建立不起天下霸主的基业，而且被即将灭亡的各诸侯国欺凌，这一切都是由于谋臣的愚昧笨拙所导致的。赵国当亡不亡，秦国该称霸又不能称霸，天下人已经看透了秦国谋臣的本领高低，此其一。秦国曾用全国之兵，去攻打赵国的邯郸，不但没有攻下反而被敌人打得丢盔卸甲，将士们又气又怕地败下阵来，天下人已经看透了秦国将士的斗志，此其二。军队退下来以后，都聚集在李下（地名），大王又重新编整努力督促将士们作战，可是并没有取得大胜，就纷纷罢兵撤退，天下人又都看透了秦国军队的战斗力，此其三。在内看透了秦国的谋臣，在外看透了秦国的将士。由此观之，臣认为天下的合纵力量，难道不是更难对付了？秦国的军队疲劳不堪，人民极端困顿，再加上积蓄用尽、田园荒芜，仓库空虚；而国外诸侯合纵，团结一致，甚为坚固，但愿大王能多加考虑这危机！

原文

"且臣闻之：'战战栗栗，日慎一日，苟慎其道，天下可有也。'何以知其然也？昔者，纣为天子，帅天下将甲百万，左饮于淇谷①，右饮于洹水②，淇水竭，而洹水不流，以与周武为难。武王将素甲三千，领战一日，破纣之国，禽其身，据其地，而有其民，天下莫不伤。智伯帅三国之众，以攻赵襄主于晋阳，决水灌之，三年，城且拔矣。襄主错龟、数策③占兆，以视利害，何国可降？而使张孟谈④，于是潜行而出，反智伯之约，得两国之众，以攻智伯之国，禽其身，以成襄子之功。今秦地断长续短，方数千里，名师数百万。秦国号令赏罚，地形利害，天下莫如也。以此与天下，天下可兼而有也。

注释

①淇谷：位于现在的河南淇县。

②洹水：河名，在商代朝歌附近，今位于河南安阳、鹤壁一带。

③错龟、数策：均为占卜之术。

④张孟谈：襄主的臣子。

译文

“我又听人说：‘战战兢兢，日慎一日。假如谨慎得法，可以占有全天下。’怎么知道是这样呢？古代殷纣王做天子，率领天下百万大军，左边的军队还在淇谷饮马，右边军队已到洹水喝水了，竟把淇水和洹水都喝干了。殷纣王是用这么雄壮庞大的大军跟周武王作战，可是武王只率领了3000名穿着简单盔甲的战士，仅仅经过一天战斗就打败了纣王之军，俘虏了殷的全部臣民，拥有了殷的全部的土地，天下竟没有一个人同情纣王。以前智伯率领韩、赵、魏三国的兵众，前往晋阳去攻打赵襄子，智伯掘出晋水河采取水攻，经过三年之久的攻打，当晋阳城快被攻下时，赵襄子用乌龟进行占卜，看看自己国家命运的吉凶，预测双方到底谁败降。赵襄子又使用反间计，派赵国大臣张孟谈，悄悄出城，破坏韩、魏与智伯的盟约，结果争取到韩魏两国的合作，然后合力来攻打智伯，终于大败智伯的军队，俘虏了智伯本人，张孟谈于是成为赵襄子的一大功臣。如今秦国的号令严明赏罚分明，再加上地形的优势，天下诸侯没有能比得上的。如果凭这种优势，而与天下诸侯争胜，整个天下就可以被秦征服。

原文

“臣昧死望见大王，言所以即举天下之从，举赵亡韩，臣荆、魏，亲齐、燕，以成伯王之名，朝四邻诸侯之道。大王试听其说，一举而天下之从不破，赵不举，韩不亡，荆、魏不臣，齐、燕不亲，伯王之名不成，四邻诸侯不朝，大王斩臣以徇①于国，以主为谋不忠者。”

注释

①徇：通“殉”。

译文

“臣冒死罪，希望见到大王，谈论秦国的战略以及怎样能够破坏天下的合纵战略及其力量，灭赵亡韩，迫使楚魏称臣，联合齐、燕加盟，建立霸王之业，让天下诸侯都来朝贡。请大王姑且采用我的策略，假如不能一举而瓦解天下合纵，攻不下赵，灭不了韩，魏、楚不称臣，齐、燕不加盟，霸王之业不能建立，天下诸侯不来朝贡，那就请大王砍下我的头，在全国各地轮流示众，以惩戒那些为君主谋划而不尽忠的臣子。”

楚攻魏张仪谓秦王

原文

楚攻魏。张仪谓秦王曰：“不如与魏以劲之①，魏战胜，复听于秦，必入西河之外；不胜，魏不能守，王必取之。”

王用仪言，取皮氏卒万人，车百乘，以与魏。犀首战胜威王，魏兵罢弊②，恐畏③秦，果献西河之外。

注释

①与：帮助。劲：加强。

②罢弊：疲困。罢：间义同“疲”。

③恐畏：惧怕。

译文

楚国攻打魏国。张仪对秦王说：“大王不如加入魏国阵营以强化魏国的势力，假如魏国能取胜，从此就会更加听命于秦，一定会送来西河之外的土地；假如魏国不能取胜，那魏国就不能守住边塞，到那时大王就可以发兵攻占。”

于是秦王就采纳张仪的计策，调派皮氏之军一万人，战车一百辆，交给魏国。

魏将犀首战胜楚威王的军队，但魏军已是疲惫不堪，他们害怕秦军乘机来攻城，果然把西河之外的地方献给了秦国。

医扁鹊见秦武王

原文

医扁鹊[①]见秦武王，武王示之病，扁鹊请除。左右曰："君之病在耳之前，目之下，除之未必已也，将使耳不聪，目不明。"君以告扁鹊。扁鹊怒而投其石[②]曰："君与知者[③]谋之，而与不知者[④]败之。使此知秦国之政也，则君一举而亡国矣。"

注释

①扁鹊：姓秦名越人，春秋战国间的名医。秦武王：秦惠王子，名荡。

②石：针石，治病的工具。

③知者：指懂得医术的扁鹊。

④不知者：指秦王身边不懂医术的人。

译文

医生扁鹊拜见秦武王，武王谈了自己的病情，扁鹊愿意给他治病。武王身边的人说："大王的病，在耳朵的前面，眼睛的下面。治疗它未必能治好，将让听力受损，视力模糊。"武王告诉扁鹊。扁鹊生气地丢掉用来治病的针石，说："您向懂得病情的人求教，而让不懂得病情的人从中破坏。要是秦国的政治也如此，那么您将会一下就亡国了。"

甘茂亡秦且之齐

原文

甘茂亡秦，且之齐，出关遇苏子①，曰："君闻夫江上之处女②乎？"苏子曰："不闻。"曰："夫江上之处女，有家贫而无烛者，处女相与语，欲去之。

注释

①苏子：即苏代。

②处女：尚未出嫁的女子。

译文

甘茂离开秦国逃往齐国，当他走出函谷关时，遇见了苏代，他对苏代说："请问先生知不知道江上摆船少女的故事？"苏代回答说："没听说过。"甘茂说："所谓'江上处女'就是一群长江之畔的少女，她们平日自命清高，而不肯跟出身贫贱的凡人接触。这时有个家里穷到没蜡烛点的少女，也由于某种关系而跟她们生活在一起。不久少女们就决定把她赶走。

原文

"家贫无烛者将去矣，谓处女曰：'妾以无烛，故常先至，扫室布席，何爱余明之照四壁者？幸以赐妾，何妨于处女？妾自以有益于处女，何为去①我？'处女相语以为然而留之。

注释

①去：赶走。

译文

“当时这个家里穷到没蜡烛点的少女对她们说：‘就因为我家里穷到没蜡烛，所以我才来给你们打扫房间，并且为你们铺席子、叠被褥，你们为什么要吝啬那照在四壁上的一点点蜡烛余光，而一起决定要把我赶出去呢？我住在这里对各位不但没妨碍，反而有很多帮助，你们为什么要把我赶出去呢？’少女们经过一番商议，都觉得这个贫家少女说得很有道理，于是就又把她留下来。

原文

“今臣不肖[1]，弃逐于秦而出关，愿为足下扫室布席，幸句我逐也。”苏子曰：“善。请重公于齐。”

注释

①不肖：指没有才能。

译文

“如今臣实在很无能，所以才遭受秦的遗弃而出关，我宁愿为先生打扫房间铺席子，希望先生不要赶我走。”苏代说：“好的！请允许我让齐国来重用阁下吧。”

原文

乃西说秦王曰：“甘茂，贤人，非恒士[1]也。其居秦累世重矣，自殽塞、谿谷，地形险易尽知之。彼若以齐约韩、魏，反以谋秦，是非秦之利也。”秦王曰：“然则奈何？”苏代曰：“不如重其贽[2]，厚其禄以迎之。彼来则置之槐谷，终身勿出，天下何从图[3]秦。”秦王曰：“善。”与之上卿，以相迎之齐。

注释

①恒士:普通人。

②贽:古代拜见尊长时的礼物。

③图:图谋。

译文

于是苏代就西去秦国见秦王说:“甘茂是一位贤才,他绝对不是一个平庸之辈,所以秦历代先王都极重用他。从崤关和谿谷等要塞起,所有的战略地形他都了如指掌。他如促使齐去联合韩、魏,反过来再率兵攻打秦国,那就对秦国很不利了!”秦王说:“那可怎么办呢?”苏代说:“最好是用贵重的礼物和优厚的俸禄,派使者请甘茂回来。把他安顿在槐谷,一辈子不让他出来,天下人还能从什么地方算计秦国呢?”秦王说:“好!”于是秦王就赐给甘茂上卿的官爵,拿相印到齐国去迎接他。

原文

甘茂辞不往,苏代为谓齐王曰:“甘茂,贤人也。今秦与之上卿,以相迎之,茂[1]德王之赐,故不往,愿为王臣。今王何以礼之?王若不留,必不德王。彼以甘茂之贤,得擅用强秦之众,则难图也!”齐王曰:“善。”赐之上卿,命而处之。

注释

①茂:完美,美好。

译文

可是甘茂却婉言拒绝了秦王的重聘。这时苏代就趁机对齐王说:“甘茂是一位贤能的将才。现在秦王赐他上卿的官职,拿相印迎接他;甘茂感激大王您对他的赏识,所以不愿意离开齐国去秦国,情愿做大王的一名臣子,不知大王准备如何重用他?大王如果不挽留并重用他,那他就必然不再感激大王的恩德。但是大王必须明白一点,凭甘茂的超人才干,再加上他最善于指挥秦兵作战,万一他真的被秦国请回去,那齐国以后就难以抵抗强秦啦!”齐王说:“贤卿的话非常对!”于是齐王就立刻授甘茂上卿的官职,特别加以优待,让他居住在齐国。

天下之士合从相聚于赵

原文

天下之士,合从①相聚于赵,而欲攻秦。秦相应侯曰:“王勿忧也,请令废②之。秦于天下之士非有怨也,相聚而攻秦者,以己欲富贵耳。王见大王之狗,卧者卧,起者起,行者行,止者止,毋③相与斗者;投之一骨,轻起相牙者,何则?有争意也。”于是唐且载音乐,予之五十金,居武安④,高会相与饮,谓:“邯郸人谁来取者?”于是其谋者固未可得予也,其可得与者,与之昆弟⑤矣。

注释

①合从:一种军事策略,东西方向的诸侯建立盟约关系为连横,南北方向的诸侯联盟为合纵。从,通“纵”。

②废:破坏。

③毋:不,表示否定。

④武安:赵国地名,位于今河北邯郸西。

⑤昆弟:即兄弟,像兄弟一样。

译文

天下之士为了实行合纵聚合在赵国,想要联合起来攻打秦国。秦国丞相应侯范雎说:“大王不要担忧,请让我把他们打散。秦国对于天下之士来说没有什么仇恨,他们聚合在一起打算攻打秦国,无非是因为他们想得到富贵罢了。大王看看您养的那些狗,它们躺的躺,起的起,走的走,站的站,没有互相争斗的;扔给它们一块骨头,它们就会立刻跳起来互相撕咬,为什么呢?因为它们有互相争夺的意图啊。”于是就派唐且带着乐人乐器和五千金,住到了武安。唐且大摆宴席,和天下之士一块饮酒作乐,并声称:"住在邯郸的人谁要是愿意,就来领取黄金吧!"这样,主谋攻秦的人全都不肯收赠金,那些肯收赠金的人都是和秦国友好的。

或为六国说秦王

原文

或为六国说秦王[1]曰:"土广不足以为安,人众不足以为强。若土广者安,人众者强,则桀、纣[2]之后将存。昔者,赵氏亦尝强矣。曰赵强何若?举左案齐,举右案魏,厌案[3]万乘之国,二国千乘之宋也。筑刚平,卫无东野,刍牧薪采莫敢窥东门。

注释

①秦王:即秦昭王。

②桀、纣:夏桀、商纣,夏、商两代的亡国之君。

③厌案:压制。厌,通"压"。

译文

有人替山东六国游说秦王说:"土地广阔,不能认为国家就安稳了;人口众多,不能认为国家就强大了。如果土地广阔国家就能安稳,人口众多国家就能强大,那么夏桀、商纣的后代还应当继续存在。从前,赵国也曾经强盛过。赵国强盛又怎么样呢?当初,赵国向左发兵可以攻下齐国,向右进兵可以攻下魏国,制伏这两个万乘大国,就像制伏千乘的宋国一样容易。赵国修筑刚平城,卫国就失去了东野,就连放牧打柴的人也不敢出入东门。

原文

"当是时,卫危于累卵[1]。天下之士相从[2]谋曰:'吾将还[3]其委质,而朝于邯郸[4]之君乎!'于是天下有称伐邯郸者,莫[5]不令朝行。

注释

①危于累卵:蛋累起来极易倒塌破碎,比喻情况非常危险。

②从:随。

③还:退还。质:同“贽”,礼品;此处是说,与别国交好,送去礼品,表示友好,亦示诚信。

④邯郸之君:赵君,赵王。

⑤莫:同“暮”。

译文

“在这个时候,卫国危如累卵。天下的士人聚集在一起谋划道:‘我们能让卫国归还礼物,改侍奉赵王吗?’于是诸侯中有号召攻打赵国的,晚上发布命令,第二天早晨就行动起来。

原文

“魏伐邯郸,因退为逢泽之遇[1],乘夏车[2],称夏王,朝为天子,天下皆从。齐太公闻之,举兵伐魏,壤地两分,国家大危。梁王[3]身抱质执璧,请为陈侯臣,天下乃释梁。郢威王[4]闻之,寝不寐,食不饱,帅[5]天下百姓,以与申缚遇于泗水之上,而大败申缚。赵人闻之至枝桑[6],燕人闻之至格道。格道不通,平际绝。齐战败不胜,谋则不得,使陈毛释剑掫,委南听罪[7],西说赵,北说燕,内喻[8]其百姓,而天下乃释齐。于是夫[9]积薄而为厚,聚少而为多,以同言郢威王于侧牖之间。臣岂以郢威王为政衰谋乱以至于此哉?郢为[10]强,临[11]天下诸侯,故天下乐伐之也!”

注释

①逢泽之遇:旧说逢泽在今河南堵开封市东北。遇,会。

②夏车:大车,古代帝王专乘之车。

③梁王:魏国梁惠王。身:亲自。

④郢威王:楚威王。

⑤帅：通“率”。
⑥枝桑：一说齐地，位置不详。
⑦听罪：服罪。
⑧喻：告。
⑨夫：乎。
⑩为：用，恃：倚仗。
⑪临：侵凌。

译文

“魏国进攻邯郸，打败了赵国，于是在逢泽和诸侯会盟，魏惠王乘坐天子之车，称为夏王，朝拜天子，诸侯都顺从他。齐威王听说后，发兵攻打魏国，致使魏国国土分裂，国家面临危境。梁惠王亲自怀抱礼物、手持玉璧，甘愿对齐威王称臣，诸侯这才放过魏国。楚威王听说后，觉也睡不着，饭也吃不下，于是率领天下民众和齐将申缚交战于泗水之滨，大败申缚。赵国听说以后，发兵到枝桑；燕国听说以后，出兵到格道。格道和平际的交通都被断绝。齐国作战不能取胜，计谋不能得逞，于是派陈毛解下佩剑，向楚王南面服罪，又西去赵国游说，北往燕国游说，对不明事理的百姓说明情况，诸侯这才停止进攻齐国。于是积薄为厚，聚少成多，人们街谈巷议，都在议论楚威王。难道是楚威王的政治衰败、谋略混乱造成这种情况的吗？这是因为楚国凭借武力侵凌天下诸侯，所以天下诸侯才讨伐楚国啊！”

濮阳人吕不韦

原文

濮阳[①]人吕不韦贾[②]于邯郸，见秦质子[③]异人[④]，归而谓父曰：“耕田之利几倍？”曰：“十倍。”“珠玉之赢几倍？”曰：“百倍。”“立国家之主赢几倍？”曰：“无数。”曰：“今力[⑤]田疾作，不得暖衣余食；今建国立君，泽[⑥]可以遗世。愿往事之。”

注释

①濮阳：今河南濮阳一带。

②贾：行商，做买卖。

③质子：被作为人质的王子。

④异人：人名，秦国孝文王的儿子。

⑤力：致力于。

⑥泽：恩泽，福泽。

译文

濮阳人吕不韦去赵国首都邯郸经商，看到秦国人质孝文王的庶子异人，回去以后就对父亲说："耕田的利润有几倍？"他父亲回答说："十倍。""经营珠玉利润有几倍？"他父亲回答说："一百倍。"吕不韦又问："拥立国家的君主可以赢利多少呢？"他父亲回答说："无法计算。"于是吕不韦就说："现在我们每年辛苦耕种，仍然不能获得温饱或发财。但是假如能建立国家，拥立一个君主，就可以把利润传给子孙，我现在决心去做这件事。"

原文

秦子异人质于赵，处于聊城。故往说①之曰："子傒②有承国之业，又有母在中。今子无母于中，外托于不可知之国，一日倍③约，身为粪土。今子听吾计事，求归，可以有秦国。吾为子使秦，必来请子。"

注释

①说：游说。

②子傒：秦国的太子。

③倍：通"背"，背弃，背叛。

译文

秦国的王子异人在赵国当人质，他住在赵国的聊城，于是吕不韦特地去见异人说："你们异母兄子傒有继承秦国王位的资格，并且在朝中有母亲的势力作为后盾。

而你现在朝中既没有母亲的援助，在外面又身在敌国当人质，一旦秦、赵两国发生战争，那你的性命将成为两国的牺牲品。现在你如果听我的计划，设法回到你的祖国，你就可以继承王位。我替你到秦国去活动以后，秦国必然派人来请你回去。”

原文

乃说秦王后弟阳泉君曰：“君之罪至死，君知之乎？君之门下无不居高尊位，太子门下无贵者。君之府藏珍珠宝玉，君之骏马盈外厩，美女充后庭。王之春秋①高，一日山陵崩②，太子用事，君危于累卵，而不寿于朝生③。说有可以一切而使君富贵千万岁，其宁于太山四维④，必无危亡之患矣。”

注释

①春秋：指年纪。

②山陵崩：指秦王逝世。古时称帝王、诸侯的去世为“崩”。

③朝生：植物名，早上长出来晚上凋谢。

④太山四维：太山，即泰山；四维，东北、西北、东南、西南四个维度。

译文

于是吕不韦就去了秦国，对秦孝文王王后华阳夫人的弟弟阳泉君说：“阁下的罪状可以判处死刑，阁下知道吗？阁下的食客都身居高位，可是太子门下反而没有显贵；阁下府中珍藏有大量珍宝，阁下的骏马拴满了马房，而后宫更住满了美女。当今的秦王已经年纪很高，一旦不幸崩逝，太子子傒即位以后，那阁下的命运就比垒卵还要危险十分，生命就像朝生暮谢的小植物那样短。现在我有一个计划，阁下可以努力去实行，不但能使阁下富贵，而且能使阁下享尽天年，那种稳固性就像泰山压住一样，绝对没有任何危险和忧虑。”

原文

阳泉君避席①，请闻其说。不韦曰：“王年高矣，王后无子，子傒有承国之业，士仓②又辅之。王一日山陵崩，子傒立，士仓用事，王后之门，必生蓬蒿③。子异人贤材也，弃在于赵，无母于内，引领西望④，而

愿一得归。王后诚请而立之，是子异人无国而有国，王后无子而有子也。”阳泉君曰：“然。”人说王后，王后乃清赵而归之。

注释

①避席：离开座位。

②士仓：秦国的臣子。

③王后之门，必生蓬蒿：王后的门前必然会生长很多蓬蒿野草，暗指受到冷落，无人问津。

④引领西望：伸长脖子向西看，即盼望之意。

译文

阳泉君赶紧站起让座，并请吕不韦详细说明。吕不韦继续说道：“秦王的年岁已经很高了，王后又没有儿子，只有子傒有资格继承王位，由秦臣士仓辅佐，君王一旦崩逝以后，子傒即位为秦王，由士仓掌理大权，到那时王后的门前必然会冷落到生蓬蒿长野草。如今王子异人是一位很有才能的人，可惜却被遗弃赵国当人质，朝中又没有母亲的爱护，他经常伸长脖子向西望，很想能回国一次。假如王后能请君王立异人为太子，就等于是使无国的异人变成有国，使无子的王后变成有子了。”阳泉君说：“是的。”于是就赶紧劝说王后。不久王后要求赵国将异人送回秦国。

原文

赵未之遣[①]，不韦说赵曰：“子异人，秦之宠子也，无母于中，王后欲取而子之[②]。使[③]秦而欲屠赵，不顾一子以留计，是抱空质也。若使子异人归而得立，赵厚送遣之，是不敢倍德畔施[④]，是自为德讲。秦王老矣，一日晏驾[⑤]，虽有子异人，不足以结秦。”赵乃遣之。

注释

①未之遣：还没有被送回来。

②子之：把他像儿子一样对待。

③使：倘使，倘若。

④倍德畔施：背弃恩德。倍，通“背”，背叛。畔，通“叛”，叛逆。德，施，皆指恩

德、恩惠。

⑤晏驾：秦王去世的委婉表达。

译文

还没等送异人回秦，吕不韦又去对赵王说："秦王子异人是秦王所宠爱的王子，只是在朝中没有母亲的爱护，现在王后想要把他收为王子。假如秦国想要灭亡赵国，也不会由于顾及一个王子在赵国而推迟秦国灭亡赵国的计划，所以赵国只拥有一个空的抵押品。假如异人回国能继承王位，而赵国又很有礼貌的送他回国，他必然不敢忘怀赵国的恩惠，即位以后就和赵国结为盟邦。现在秦王已经老了，一旦驾崩以后，那时赵国虽然有王子异人为人质，赵国也无法和秦国结盟。"于是赵国就把异人送回秦国。

原文

异人至，不韦使楚服而见。王后悦其状，高其知①，曰："吾楚人也。"而自子之，乃变其名曰楚。王使子诵，子曰："少弃捐在外，尝无师傅所教学，不习于诵。"王罢之。乃留止。

注释

①高其知：认为他很聪明。知，通"智"。

译文

异人回到秦国之后，吕不韦让他穿楚国服装去见王后。王后看到异人很高兴，就一再夸奖他的聪明说："我也是楚国人。"于是就立刻收异人为子，并且替他改名为"子楚"。孝文王想叫异人当场背诵一段经书，异人回答说："儿臣从小就被送到外国当人质，并没有老师教我读书，所以不会背诵经书。"这样孝文王才不让子楚背诵经书，并把他留在宫中。

原文

间[①]曰："陛下尝轫车于赵[②]矣，赵之豪桀，得知名者不少。今大王反[③]国，皆西面而望。大王无一介之使以存之，臣恐其皆有怨心。使边境早闭晚开。"王以为然，奇其计。王后劝立之。王乃召相，令之曰："寡人子莫[④]，若楚。"立以为太子。

注释

①间：一会儿。

②轫车于赵：在赵国停车，暗指做赵国的人质。

③反：通"返"。

④莫：没有。

译文

过了一会儿，子楚对孝文王说："君王以前曾在赵国停车，因此赵国豪杰都知道君王的大名。现在君王回国了，他们都向西方遥望君王。假若君王不派一个使者去问候他们，我唯恐他们都要存有怨恨的心情，不如让边境的关门早闭晚开。"孝文王认为子楚这话说得有道理，并夸他善于奇谋。这时王后就劝孝文王立子楚为太子。于是孝文王就召见相国说："我的王子都不如子楚，现在我就立子楚为太子。"

原文

子楚立，以不韦为相，号曰文信侯，食[①]蓝田十二县。王后为华阳太后，诸侯皆致秦邑。

注释

①食：以……为食禄、俸禄。

译文

后来子楚继承秦国王位以后，任命吕不韦为相国，封他为文信侯，用蓝田十二个县的收入为俸禄。同时封王后为华阳太后，天下诸侯都到秦国为太后来进献养地。

文信侯欲攻赵以广河间

原文

文信侯[1]欲攻赵以广河间[2]，使刚成君蔡泽事燕，三年，而燕太子质于秦。文信侯因请张唐相燕，欲与燕共伐赵，以广河间之地。张唐[3]辞曰："燕者必径于赵，赵人得唐者，受百里之地。"文信侯去而不快。少庶子甘罗[4]曰："君侯何不快甚也?"文信侯曰："吾令刚成君蔡泽事燕，三年，而燕太子已入质矣。今吾请张卿相燕，而不肯行。"甘罗曰："臣行之。"文信君叱去曰："我自行之而不肯，汝安能行之也?"甘罗曰："夫项橐生七岁而为孔子师，今臣生十二岁于兹矣！君其试臣，奚以遽言叱也?"

注释

①文信侯：即吕不韦，秦相国。

②河间：吕不韦的封地。

③张唐：秦国的臣子。

④少庶子甘罗：文信侯吕不韦的家臣，秦将甘茂之孙，年少聪明。

译文

文信侯想要出兵攻打赵国，从而扩展自己在的封地河间，他让刚成君蔡泽臣奉燕国，三年之后，燕国的太子丹来到秦国作为人质。文信侯又通过秦人张唐出任燕国的相国，想要与燕国联手攻打赵国，拓展自己的封地河间。张唐推辞说："想要到燕国必定会经过赵国，赵国正悬赏捉拿我呢，凡是抓到我的人，就可以得到百里之地的奖赏。"文信侯走了，心中十分不高兴。少庶子甘罗问："君侯您为何如此的不快乐啊?"文信侯回答说："我让刚成君蔡泽到在燕国为官，三年之后燕国太子丹已经来到秦国做人质。今天我想请张唐出任燕国的相国，他却不肯去!"甘罗说："我去让他去。"文信侯非常生气地说："我亲自让他去他都不肯去，你又怎么能让他去呢?"甘罗说："项橐7岁的时候就做了孔子的老师，我今年都已经12岁了，君侯您就让我去试一下吧，怎能立刻就训斥我呢?"

原文

甘罗见张唐曰："卿之功孰与武安君?"唐曰："武安君[①]战胜攻取不知其数，攻城堕[②]邑不知其数；臣之功不如武安君也。"甘罗曰："卿明知功之不如武安君欤?"曰："知之。""应侯之用秦也孰与文信侯专?"曰："应侯不如文信侯专。"曰："卿明知为不如文信侯专欤?"曰："知之。"甘罗曰："应侯欲伐赵，武安君难之，去成阳七里，绞而杀之。今文信侯自请卿相燕，而卿不肯行，臣不知卿所死之处矣!"唐曰："请因孺子[③]而行!"令库具[④]车，厩具马，府具币。行有日矣，甘罗谓文信侯曰："借臣车五乘，请为张唐先报赵。"

见赵王，赵王郊迎。谓赵王曰："闻燕太子丹之入秦与?"曰："闻之。""闻张唐之相燕与?"曰："闻之。""燕太子入秦者，燕不欺秦也；张唐相燕者，秦不欺燕也。秦、燕不相欺，则伐赵危矣。燕、秦所以不相欺者，无异故，欲攻赵而广河间也。今王赍[⑤]臣五城以广河间，请归燕太子，与强赵攻弱燕。"赵王立割五城以广河间，归燕太子。赵攻燕，得上谷[⑥]三十六县，与秦十一。

注释

①武安君:秦将白起,为秦国屡立战功。
②堕:破坏,毁坏,此处指夺取。
③孺子:指甘罗。
④具:准备,预备。
⑤赍(jī):赠送给人东西。
⑥上谷:燕地名,位于河北于北京交界一带。

译文

甘罗于是就去拜见秦将张唐,对他说:“大人您认为自己与武安君白起相比谁的功绩更大?张唐回答说:“武安君打下无数个胜仗,攻取无数个城池,攻城略地,无法计算,我远远不如武安君。”甘罗又问:“您的确知道自己的功劳不如武安君吗?”张唐答道:“知道啊!”甘罗接着问:“大人您觉得曾经执掌国政的应侯与文信侯比较的话,谁的权势大?”张唐说:“应侯范雎比不上文信侯。”甘罗问:“您的确知道是这样吗?”张唐说:“知道。”甘罗说:“应侯曾经想要进攻赵国,武安君认为非难他,最终应侯范雎在距离咸阳七里的地方绞死了武安君。如今文信侯亲自请求您出任燕国的相国,但是您却不答应,我不知道大人您将在何处葬身啊!”张唐道:“请孺子您替我告诉文信侯,我愿意前行出任燕国相国。”于是就准备车辆和马匹,备好礼品。秦将张唐走了好几天之后,甘罗又对文信侯说道:“请君侯您帮我准备五辆车子,我要替张唐先到赵国。”

于是甘罗就去面见赵王,赵王到郊外去迎接甘罗。甘罗说:“赵王您可曾听说燕国太子丹已经来了秦国做人质的事情了吗?”赵王回答道:“听说了。”甘罗又问道:“您听说张唐要到燕国出任相国之事了吗?”赵王回答说:“听说了。”甘罗又道:“燕太子丹来到秦国做人质,燕国必然不会欺骗秦国;而张唐到燕国为相,秦国必定也不会欺骗燕国。秦国和燕国彼此之间不欺骗的话,就会攻打赵国,赵国也就危险了。秦国和燕国不互相欺骗,没有别的原因,仅仅是为了要讨伐赵国,拓展文信侯封地河间的土地而已。如今大王您如果能够送给我五座城邑以扩展河间的土地的话,我就可以替您让秦国归送燕太子丹,和强大的赵国联手一起攻打弱小的燕国。”赵王马上割让五座城邑以扩展文信侯在河间的封地,秦国也把太子丹送回燕国。赵国进攻燕国,得到了上谷之地三十六个县,并把其中的十分之一送给秦国。

文信侯出走

原文

文信侯出走，与[1]司空马之赵，赵以为守相[2]，秦下甲而攻赵。司空马说赵王曰：“文信侯相秦，臣事之为尚书，习秦事。今大王使守小官习赵事。请为大王设秦、赵之战，而亲观其孰胜[3]，赵孰与秦大？”曰：“不如。”“民孰与之众？”曰：“不如。”“金钱、粟孰与之富？”曰：“弗如。”“国孰与之治？”曰：“不如。”“相孰与之贤？”曰：“不如。”“将孰与之武？”曰：“不如。”“律令孰与之明？”曰：“不如。”司空马曰：“然则大王之国百举而无及秦者，大王之国亡。”赵王曰：“卿不远赵而悉教以国事，愿于因计[4]。”

注释

①与：党羽，同党。

②守相：官职名，没有实权的一个小官。

③孰胜：哪一个会取胜。孰。谁。

④因计：按照计谋实行。

译文

文信侯吕不韦被秦王驱逐，他的亲信司空马逃到了赵国，赵王封了他个没有实权的小官。这个时候秦国正在调集军队兵马准备攻打赵国。司空马就对赵王说道：“文信侯担任秦国相国的时候，我曾侍奉过他，当过尚书，对秦国的情况比较了解。现在大王您让我做小官，也需要熟悉一下赵国的情况。请大王您允许我替您做一番秦国、赵国作战的比较，您亲自看看谁取胜的可能性更大。赵国与秦国哪个比较强大呢？”赵王回答说：“赵国不如秦国更为强大。”司空马又问：“哪个国家的百姓更多？”赵王答道：“赵国不如秦国人口众多。”司空马又问道：“金钱、粮食哪个国家更富有？”赵王答：“不如秦国富有。”“哪个国家更为安定？”赵王回答说：“赵不如秦。"司空马又问:"哪个国家的相国更有贤能?"赵王回答:"赵相不如秦相。"司空马又问:"哪个国家的将军更为英武?"赵王回答说:"赵将不及秦将勇武。""哪个国家的政治更为严明?"赵王回答说:"赵不如秦。"于是司空马就说:"既然这样,赵国各个方面都比不上秦国,大王您的国家就将要灭亡了。"赵王恳求说:"先生您这么远来到赵国,希望您不吝赐教,把救国之道全都教给我,我愿意听从先生的计策。"

原文

司空马曰:"大王裂①赵之半以赂秦,秦不接刃而得赵之半,秦必悦。内恶赵之守,外恐诸侯之救,秦必受之。秦受地而却兵,赵守半国以自存。秦衔赂以自强,山东必恐;亡赵自危,诸侯必惧。惧而相救,则从事可成。臣请大王约从。从事成,则是大王名亡赵之半,实得山东以敌秦,秦不足亡。"

赵王曰:"前日秦下甲攻赵,赵赂以河间十二县,地削兵弱,卒不免秦患。今又割赵之半以强秦,力不能自存,因以亡矣。愿卿之更计。"司空马曰:"臣少为秦刀笔②以官,长而守小官,未尝为兵首,请为大王悉赵兵以遇。"赵王不能将。司空马曰:"臣效愚计,大王不能用,是臣无以事大王,愿自请。"

注释

①裂:分裂,引申为割让。

②刀笔:战国时期采用刀往竹简上刻字的方法来记事,所以称为"刀笔"。

译文

司空马说:"如果大王您可以割一半的土地来贿赂秦国的话,秦国不劳费刀刃就可以得到赵国一半的土地,秦王一定十分高兴。秦国自己也会担心赵国军队的守卫,同时还害怕其他诸侯前来救援,秦国必定会接受土地然后退兵,赵国虽然只剩下一半的国土,但还可以自存。秦国得到赵国的贿赂必然会骄傲自大,崤山以东的各诸侯必定会十分恐惧;一旦赵国灭亡了他们自己就会很危险,他们定然会十分害怕。他们恐惧了就会出兵援救赵,这样事情就可以完成了。我请求替大王您与诸侯合纵。如果合纵成功的话,大王您表面上是丢失了一半的江山,实际上却可以联合崤山以东的各个诸侯共同抵抗秦国,秦国就不足以使我们灭亡了。"

赵王说:"前些日子秦国攻打赵国,我为了求得自保,曾把河间地区 12 个县割给秦国，国土削弱，兵力衰减，始终不能消除秦国的祸害。现在您又让我把一半的国土割给秦国让秦国变得更加强大，而赵国将无法自存，这样就会灭亡了。希望您能再想个办法。"司空马回答说："我年轻的时候是执笔的官员，做了很长时间依然是个小官，未曾统率过军队，请大王允许我率领赵国的全部军队去抵抗秦国。"赵王不同意司空马为将。司空马说："我向您进谏愚计，大王您不肯采纳，这样我对大王也没什么用了，我请求离开赵国。"

原 文

司空马去赵，渡平原。平原津令郭遗劳而问："秦兵下赵，上客从赵来，赵事何如？"司空马言其为赵王计而弗用，赵必亡。平原令曰："以上客料之，赵何时亡？"司空马曰："赵将武安君[①]期年而亡；若杀武安君，不过半年。赵王之臣有韩仓者，以曲合于赵王，其交甚亲，其为人疾贤妒功臣。今国危亡，王必用其言，武安君必死。"

注 释

①武安君：即李牧。

译 文

司空马于是离开了赵国，经过平原津。平原津的县令郭遗便慰劳他并问道："秦兵要攻打赵国，客人您自赵国而来，战况什么样啊？"司空马告诉他替赵王出谋划策而赵王却不采纳的事，赵国必然会灭亡啊。平原令说："按照您的预料，赵国何时会灭亡？"司空马说："赵王如果能使武安君李牧统帅军队的话，可以支撑一年灭亡；倘若杀掉了武安君的话，不出半年就会灭亡。赵国有个大臣叫韩仓，对赵王曲意逢迎，和赵王很亲近，此人非常妒忌贤良和有功之臣。如今赵国危机，赵王必定会听信韩仓之言，武安君必然会被处死。"

原 文

韩仓果恶之，王使人代。武安君至，使韩仓数之曰："将军战胜，王觞将军。将军为寿于前而捍匕首，当死。"武安君曰："缳[①]病钩[②]，身大臂短，不能及地，起居不敬，恐惧死罪于前，故使工人为木材以接

手。上若不信,缀请以出示。"出之袖中,以示韩仓,状如振梱,缠之以布。"愿公入明之。"韩仓曰:"受命于王,赐将军死,不赦。臣不敢言。"武安君北面再拜赐死,缩剑将自诛,乃曰:"人臣不得自杀宫中。"遇司空马门,趣甚疾,出诹门也。右举剑将自诛,臂短不能及,衔剑征之于柱以自刺。武安君死,五月赵亡。

平原令见诸公,必为言之曰:"嗟嗞乎,司空马!"又以为司空马逐于秦,非不知也;去赵,非不肖也。赵去司空马而国亡。国亡者,非无贤人,不能用也。

注释

①缀(zuǒ):指武安君,李牧名缀。

②病钩:指胳膊不能伸直,只能弯曲着。

译文

韩仓果然诋毁武安君李牧,赵王就派人代替了李牧统帅军队。武安君返回邯郸后,赵王就派韩仓数落武安君李牧:"之前将军您打了胜仗,大王向您敬酒,将军您向大王贺寿,手却握着匕首,应该被诛杀!"武安君解释说:"那是因为我的右胳膊有病,不能伸展,我的身躯虽高大胳膊却比较短,向大王跪拜的时候双手够不到地,我害怕这样对大王不敬,担心犯了死罪,于是就叫木工用木头做了一个假臂。赵王如果不信的话,我请求出示我的手臂。"于是就从袖中取出假臂,向韩仓出示。假臂像是木橛一样,缠着布条。李牧恳求道:"希望您能入宫替我辨明。"韩仓却说:"我仅是听从于大王的命令而已,大王要赐死将军,决不赦免,我不敢替你说话。"于是武安君只好向北面朝赵王在此拜谢赐予他死罪,将要抽出宝剑自杀,又说道:"为人臣子不能在宫中自杀。"于是就走出司空马的门,走的越发地快,出了诹门,右手拿着宝剑要自杀,但是胳膊太短够不着,于是就用嘴含住剑,将剑柄抵在柱子上自刺杀自己。武安君死后,五个月赵国就灭亡了。

平原令之后每次见到别人,总会替司空马感慨道:"可惜啊,司空马!"同时他还认为,司空马被秦国驱逐,并非是因为他不聪明;离开赵国,不是因为无能。司空马离开赵国,赵国就灭亡。由此可以看出,国家灭亡不是因为没有贤人,而是因为君主不能采用贤人。

齐策

成侯邹忌为齐相

原文

成侯邹忌为齐相，田忌为将，不相说。公孙闬[1]谓邹忌曰："公何不为王谋伐魏？胜，则是君之谋也，君可以有功；战不胜，田忌不进[2]，战而不死，曲挠[3]而诛。"邹忌以为然，乃说王而使田忌伐魏。

注释

①公孙闬(hàn)：齐国人，邹忌的门客。

②不进：指不再威胁到邹忌。

③曲挠(náo)：这里指混淆视听、罗织罪名。

译文

成侯邹忌是齐国的相国，田忌是齐国的大将，两人感情不睦，互相猜忌。公孙献计给邹忌说："阁下何不策动大王，令田忌率兵伐魏。打了胜仗，那是您策划得好，大可居功；一旦战败，田忌假如不死在战场，回国也必定枉死在军法之下。"邹忌认为他说得有理，于是劝说齐威王派田忌讨伐魏国。

原文

田忌三战三胜，邹忌以告公孙闬，公孙闬乃使人操十金[1]而往卜[2]于市，曰：“我田忌之人也，吾三战而三胜，声威[3]天下，欲为大事[4]，亦吉否？”卜者出，因令人捕为人卜者[5]，亦验其辞[6]于王前。田忌遂走。

注释

①十金：当时齐国二十两为一金。

②卜(bǔ)：烧灼龟甲，看其裂纹以预测吉凶。

③威：威慑，使恐惧而屈服。

④为大事：这里指谋反夺权的事。

⑤为人卜者：帮人占卜预测吉凶的人。

⑥验其辞：验证占卜者讲的话。

译文

谁料田忌三战皆胜，邹忌赶紧找公孙闬商量对策。公孙闬就派人带着十斤黄金招摇过市，找人占卜，自我介绍道：“我是田忌将军的臣属，如今将军三战三胜，名震天下，现在欲图大事，麻烦你占卜一下，看看吉凶如何？”卜卦的人刚走，公孙闬就派人逮捕卖卜的人，在齐王面前验证这番话。田忌闻言大恐，出走避祸。

田忌亡齐而之楚

原文

田忌亡[1]齐而之楚，邹忌代之相齐，恐田忌欲以楚权复于齐。杜赫曰：“臣请为君留之楚引。”

注释

①亡:逃亡。

译文

由于邹忌的诬陷,田忌逃出齐国,避祸于楚。邹忌在齐国取得了更大的权柄,却每日忧心不已,生怕哪一天田忌借助楚国的势力重回齐国掌权。杜赫对他说:“我可以为您设法让田忌留在楚国”。

原文

谓楚王曰:“邹忌所以不善楚者,恐田忌之以楚权复[1]于齐也。王不如封田忌于江南,以示忌之不返齐也,邹忌必以齐厚事楚。田忌亡人也,而得封,必德王。若复于齐,必以齐事楚。此用二忌之道也。”楚果封之于江南。

注释

①复:返。

译文

杜赫于是对楚宣王说:“齐相邹忌之所以不愿意与楚交好,只是因为担心亡臣田忌借重楚国重返于齐。大王何不封田忌于江南,以此向邹忌表明田忌不再返齐国。邹忌感激大王,一定会让齐国很好地对待楚国。再者,田忌是个逃亡的人,能得到封地,已是意外之喜,定然对大王感激涕零。他日假如能回到齐国,同样也会尽力促进两国交好。这是充分利用邹忌、田忌的两全之策啊。”楚王果然把田忌封在江南。

秦假道韩魏以攻齐

原文

秦假道韩、魏以攻齐，齐威王①使章子将②而应之。与秦交和③而舍，使者数相往来。章子为变其徽章，以杂秦军。候者④言章子以齐入秦，威王不应。顷之间，候者复言章子以齐兵降秦，威王不应。而此者三。有司请曰："言章子之败者，异人而同辞，王何不发将而击之？"王曰："此不叛寡人明矣，曷为击之！"

注释

①齐威王：一说应为齐宣王。

②将：统帅。

③交和：双方军队对峙。

④候者：侦察人员。

译文

秦军向韩国和魏国借道去攻打齐国，齐威王就派大臣章子领兵出迎秦军。齐军和秦军两军对峙，双方使节屡次相互出使来往。匡章就改变了齐军的军旗服装，冒充混杂到秦军里。齐王的侦察人员向齐王报告说："匡章带领齐军向秦军投降了。"齐威王没有什么回应。过了一会儿，侦察人员又向齐王报告说："匡章带领齐军向秦军投降了。"齐威王依然没有什么回应。事情就这样一连反复了好几次。有个军吏向齐王请示道："不同的探兵都一致地声称匡章战败投敌，大王您为什么不派遣军队去征讨他呢？"威王回答说："很明显这个人不会背叛我，为什么要派兵去征讨他呢？"

原文

顷间，言齐兵大胜，秦军大败，于是，秦王拜西藩之臣而谢于齐[①]。左右[②]曰："何以知之？"曰："章左之母启，得罪其父，其父杀之而埋马栈之下。吾使者章子将也，勉之曰：'夫子之强，全兵而还，必更葬将军之母。'对曰："臣非不能更葬先妾[③]也。臣之母启得罪臣之父。臣之父未教而死。夫不得父之教而更葬母，是欺死父也。故不敢。'夫为人子而不欺死父，岂为人臣欺生君哉？"

注释

①秦王拜西藩之臣而谢于齐：秦王称自己为"西藩之臣"朝拜齐王并向其谢罪。

②左右：近臣。

③先妾：指其母亲，是对先父的妻子的谦称。

译文

不久之后，有人传报说："齐军大获全胜，秦军遭受很大战败。"于是，秦王就作为"西藩之臣"朝拜齐王并向齐王谢罪。近臣们都问齐王："大王您怎么会知道章子没有战败投敌呢？"齐王说："章子的母亲启，对章子的父亲犯下了罪，章子的父亲就杀了他母亲，并把他母亲埋在了马栈之下。我任用章子为将出兵迎击秦军，勉励他说：'倘若你能作战得胜，率领全部的军队返还到齐国，我必定会把您的母亲迁土重葬。'匡章说：'我并非不能替我母亲迁土重葬。只是因为我的母亲启对我的父亲犯下了罪过。我父亲没有教导我为母亲迁土重葬就死了。我未能得到父亲的准许，把母亲迁土重葬了，这实际就是欺骗死去的父亲。因此我不敢为母亲迁葬。'作为儿子他不会欺骗去世的父亲，作为臣子又怎么会欺骗尚且还活着的君王呢。"

苏秦为赵合从说齐宣王

原文

苏秦为赵合从，说齐宣王曰："齐南有太山，东有琅邪，西有清河，北有渤海，此所谓四塞之国也。齐地方二千里，带甲数十万，粟如丘山。齐车之良，五家之兵，疾如锥矢，战如雷电，解①如风雨，即有军役，未尝倍太山②，绝③清河，涉渤海也。

注释

①解：解散，散开。

②太山：即泰山。

③绝：穿过，经过。

译文

苏秦为了赵国合纵的事去游说齐宣王说："齐国南有泰山，东有琅琊山，西有清河，北有渤海，这就是所谓四面都有要塞的金城汤池之国。齐国地方二千里，将士有几十万，军粮堆积如山。齐国战车精良，又有五国军队的支援，战争集结会像飞箭一般的快速，作战时像闪电一般凶猛，解散时像风停雨止一样迅速。即使对外发生战争，敌军也从来没有越过泰山，渡过清河，跨过渤海。

原文

"临淄之中七万户，臣窃度之，下户三男子，三七二十一万，不待发于远县，而临淄之卒，固以二十一万矣。

"临淄甚富而实，其民无不吹竽、鼓瑟、击筑、弹琴、斗鸡、走犬、六博、蹴鞠①者；临淄之途，车毂击，人肩摩，连衽成帷，举袂②成幕，挥汗

成雨；家敦[3]而富，志高而扬。夫以大王之贤与齐之强，天下不能当。今乃西面事秦，窃为大王羞之。

注释

①蹴鞠：踢球。古代军中习武之戏。

②袂：衣袖、袖子。

③敦：敦厚，淳厚。

译文

“首都临淄有七万户人家，据臣私下的估计，即使一律以小户计算，平均每户也有三名壮丁，三七就是二十一万人，根本不必征调远方的兵力，光是临淄一城就可以组成二十一万大军。

“临淄人民非常富庶，一般人都会吹竽、鼓瑟、击筑、弹琴、斗鸡、赛狗、赌博、踢球，可见临淄人民的生活多么讲究。临淄的街道上车水马龙，车轴相接，人肩膀和肩膀相擦，把衣襟连起来可做成帷帐，把衣袖举起来可以做成幔幕，擦一把汗可以形成雨，家家生活都非常富裕，人人志气都极为高昂。凭大王的贤明和齐国的富强，天下诸侯都不敢跟齐国对抗。不料如今齐国竟然往西去侍奉秦国，臣在私下实在为大王感到羞愧。

原文

“且夫韩、魏之所以畏秦者，以与秦接界也。兵出而相当，不至十日，而战胜存亡之机决矣。韩、魏战而胜秦，则兵半折[1]，四境不守；战而不胜，以亡随其后。是故韩、魏之所以重[2]与秦战而轻为之臣也。

注释

①折：折损。

②重：注重。

译文

"况且韩、魏所以恐惧秦国，是由于跟秦国接界的缘故。秦国出兵攻打韩、魏，不到十天就可以决定胜败存亡的命运。假如韩、魏能够战胜秦军，那韩、魏之军必然要损失大半，四面的边境就无法防守；假如韩、魏一战而败，那随之而来的就是灭亡。所以韩、魏才不敢轻易向秦国宣战，只好忍气吞声当秦的附庸国。

原文

"今秦攻齐则不然，倍韩、魏之地，至闱[①]阳晋之道，径亢父之险，车不得方轨，马不得并行，百人守险，千人不能过也。秦虽欲深入，则狼顾[②]，恐韩、魏之议其后也。是故恫[③]疑虚喝，高跃而不敢进，则秦不能害齐，亦已明矣。夫不深料秦之不奈我何也，而欲西面事秦，是群臣之计过也。今无臣事秦之名，而有强国之实，臣固愿大王少留计。"

齐王曰："寡人不敏，今主君以赵王之教诏之，敬奉社稷以从。"

注释

①闱：即卫。

②狼顾：狼性多疑，行走时常回头观看，因以喻人疑虑不安。

③恫：通"痛"。

译文

"现在秦国假如攻打齐国，情形就有所不同，因为在秦国的背后有韩、魏扯秦国的后腿，同时秦军必然经过卫地阳晋的要道和亢父的险阻，在这里车马都不能并行，只要有一百个人守住天险，即使一千人也无法通过。秦国虽然想发兵深入，但是又必须顾及后方，唯恐韩、魏扯秦军的后腿。所以秦兵只是虚张声势，实际上却犹豫不决不敢进攻，可见秦国不能攻齐已经很明显。大王不仔细估量秦国并不敢对齐国如何，反倒想要往西给秦国当附庸国，这就是群臣在计谋上的失误。现在齐国并无臣事秦国的名分，而是具有强国的实力，但愿大王多加考虑！"

齐宣王回答说："寡人不太聪明，如今贤卿既然用赵王的话来指教寡人，寡人愿以齐国社稷听从您的指挥。"

张仪为秦连横说齐王

原文

张仪为秦连横齐王曰：“天下强国无过[①]齐者，大臣父兄殷众富乐，无过齐者。然而为大王计者，皆为一时说而不顾[②]世之利。从人[③]说大王者，必谓齐西有强赵，南有韩、魏，负海之国也，地广人众，兵强士勇，虽有百秦，将无奈我何！大王览其说，而不察其至实。

注释

①过：超过。

②顾：考虑，想到。

③从人：想要合纵的人。从，通“纵”，合纵。

译文

张仪为秦国的连横政策而去游说齐宣王说：“天下的强国没有超过齐国的，朝野上下的大臣及家族都富足安乐，这一点也没有哪个国家能比得上齐国。可惜为大王出谋划策的人，都是为一时的近利而空谈理论，并不能为万世的长治久安作打算。那些主张合纵的人，必然向大王说：‘齐国西面有强赵，南面有韩、魏，东面濒临大海，土地广阔，人民众多，兵强马壮，即使有一百个秦国，也对齐国无可奈何。’大王只接受了他们的游说，却没有考虑到这些话是否实在？

原文

“夫从人朋党[①]比周，莫不以从为可。臣闻之，齐与鲁三战而鲁三胜，国以危，亡随其后，虽有胜名而有亡之实，是何故也？齐大而鲁小。

注释

①朋党:结党。

译文

“主张合纵的人,都互相结党,认为合纵政策很好。据臣所知:齐和鲁交战三次,每次都是鲁国胜利,可是鲁国却因胜而衰,最后竟因此而亡国。只徒有虚名,实际上却陷于危亡的命运,这是什么道理呢?因为齐国大而鲁国小。

原文

“今赵之与秦也,犹齐之于鲁也。秦、赵战于河漳①之上,再②战而再胜秦;战于番吾③之下,再战而再胜秦。四战之后,赵亡卒数十万,邯郸仅存。虽有胜秦之名,而国破矣!是何故也?秦强而赵弱也。

注释

①河漳:黄河和漳河。

②再:两次。

③番吾:赵国地名,位于今河南平山县附近。

译文

“现在赵国和秦国相比,就如同齐国和鲁国一样。秦、赵战于黄河和漳河之滨,赵国两次交战两次战胜秦军,在赵邑番吾山下作战,又是两次都打败了秦军。但是四次战争以后,赵国损失几十万大军,仅仅只剩下一个首都邯郸。这就是虽然有战胜秦国的虚名,可是赵国却因此而削弱,这是什么缘故呢?还是因为秦国强大而赵国弱小啊。

原文

“今秦、楚嫁子取妇,为昆弟①之国;韩献宜阳,魏效河外,赵入朝

渑池，割河间以事秦。大王不事秦，秦驱韩、魏攻齐之南地，悉赵涉河关，指博关，临淄、即墨②非王之有也。国一日被攻，虽欲事秦，不可得也。是故愿大王熟③计之。”

注释

①昆弟：即兄弟，指像兄弟一样亲近。

②临淄、即墨：齐国地名，分别位于今山东博平县、平度县一带。

③熟：仔细。

译文

“如今秦、楚互通婚姻，两国约为兄弟之邦。韩国献宜阳给秦国，魏国献河外给秦国，而赵国更到秦邑渑池给秦王朝贡，并且割让河间地方给秦，他们纷纷成为秦的附庸国。假如大王不臣事秦国，秦国就会驱使韩、魏攻打齐国的南部，然后还将全部征调赵国之兵渡过河关，长驱直入向博关进攻，这样临淄和即墨就不是大王所有了。假如齐国忽然有一天被攻破，那时即使再想臣事秦国已来不及了，因此希望大王慎重考虑！”

原文

齐王曰：“齐僻邻隐居，托①于东海之上，未尝闻社稷之长利。今大客②幸而教之，请奉社稷以事秦。”献鱼盐之地三百里于秦也。

注释

①托：寄托，寄居。

②大客：高贵的客人，暗指张仪。

译文

齐宣王说：“齐国地方偏僻鄙陋，而且陈临大海，还没听说过社稷的长远计划，所幸现在有贵客前来指教，寡人愿意以国家社稷来侍奉秦国。”于是齐国献给秦国出产鱼盐的土地三百里。

张仪事秦惠王

原文

张仪事秦惠王。惠王死，武王立。左右恶张仪，曰："仪事先王不忠。"言未已[1]，齐让[2]又至。

张仪闻之，谓武王曰："仪有愚计，愿效[3]之王。"王曰："奈何？"曰："为社稷计[4]者，东方有大变，然后王可以多割地。今齐王甚憎仪，仪之所在，必举兵伐之。故仪愿乞不肖身而之梁，齐必举兵伐之。齐、梁之兵连于城下，不能相去[5]，王以其间伐韩，入三川，出兵函谷而无伐，以临周，祭器必出，挟天子，案图籍[6]，此王业也。"王曰："善。"乃具革车三十乘，纳之梁。

注释

①已：完，毕。

②让：责备。

③效：致，献。

④计：考虑，打算。

⑤去：离。

⑥案图籍：案，考察。图籍，地图和户籍。

译文

张仪侍奉秦惠王，惠王死，武王即位。武王的左右近臣乘机毁谤张仪，指责他过去不忠于惠王。祸不单行，齐王这时又派使者前来谴责武王，说他不该重用张仪。

张仪听说这些事后，跑来对武王说："臣有一条计策，虽然并不高明，还望大王裁决。"武王问他："有何计策？"张仪说："为国家社稷利害考虑，其最上策莫如山东诸国发生变乱，大王乘势攻城略地，扩充疆土。如今齐王对臣恨之入骨，无论臣走到哪里，他都会不顾一切发兵攻打。所以臣愿意捐弃不肖之身前往魏国，从而挑动齐王出兵攻魏。当齐、魏兵马在大梁城下打得不可开交之时，大王可乘机侵入韩国三川之地，使秦兵东出函谷畅通无阻，麾兵直逼两周地界，索取天子祭器，然后挟天子，按图籍，君临天下，这可是万世不移的帝王基业啊！”武王称善，于是派出30辆兵车，把张仪送到魏都大梁。

原文

齐果举兵[1]伐之。梁王大恐。张仪曰：“王勿患，请令罢齐兵。”乃使其舍人冯喜之楚，借使之齐。齐、楚之事已毕，因谓齐王：“王甚憎张仪，虽然，厚矣王之托仪于秦王也。”齐王曰：“寡人甚憎张仪，仪之所在，必举兵伐之，何以托仪也？”对曰：“是乃王之托仪也。仪之出秦，因与秦王约曰：‘为王计者，东方有大变，然后王可以多割地。齐王甚憎仪，仪之所在，必举兵伐之。故仪愿乞不肖之身而之梁，齐必举兵伐梁。梁、齐之兵连于城下不能去，王以其间伐韩，入三川，出兵函谷而无伐，以临周，祭器必出，挟天子，案图籍，是王业也。’秦王以为然，与革车三十乘而纳仪于梁。而果伐之，是王内自罢而伐与国，广邻敌以自临[2]，而信仪于秦王也[3]。此臣之所谓托仪也。”王曰：“善。”乃止。

注释

①举兵：发兵，出兵。

②广邻敌以自临：把邻国变成了敌人而自相残杀。

③而信仪于秦王也：齐国如果出兵攻魏就使张仪取信于秦王。

译文

齐王果然发兵攻魏。魏王震恐。这时张仪站出来说：“大王不要忧心，臣可令齐国退兵。”于是张仪授计舍人冯喜，把他派往楚国。冯喜借用楚国使者的名义前往齐国。冯喜到齐，处理完齐、楚之间的事务后借机对齐王说：“素来闻说大王恨张仪入骨，可是令臣奇怪地是，大王为何在秦王面前如此抬举张仪呢？”齐王奇怪地问道：“寡人非常憎恨张仪，张仪在哪里，寡人必定攻打哪里，令其无处藏身，先生何故说寡人抬举张仪？”冯喜说：“这正是大王抬举张仪之处。张仪离开秦国之时，曾与武王密谋计议。张仪说：‘为大王计，莫如东方战乱大起，秦国便可乘机扩张土地。

齐王对臣十分痛恨，无论臣在何处安身，不管山高水远，不管多高的代价，必然引兵来伐。臣愿以身为饵，到魏为臣，使齐王攻魏。当两国兵连祸结之时，大王可乘势攻韩，取三川，出函谷，直逼两周，收取天子祭器，而后挟天子，按图籍，以图王业。'秦王觉得很是不错，就依计而行，用30辆兵车，送张仪到魏。大王果然中了张仪的诡计，为一个张仪而引兵伐魏，此举对内使民众疲敝，对外交恶盟国、广树仇敌于邻邦，使自己陷于不利境地，而且更重要的是使张仪更得到秦王的宠信。这就是臣所说的'抬举张仪。'"齐王醒悟，赶忙停止进攻魏国。

秦攻赵长平

原文

秦攻赵长平，齐、楚救之。秦计曰："齐、楚救赵，亲[1]，则将退兵；不亲，则遂攻之。"

注释

①亲：指关系友好，亲近。

译文

秦兵攻打赵国的长平，齐、楚两国共同出兵救赵，秦王推断说："现在齐、楚两国来救援赵国，如果这两国和赵国精诚合作我们就退兵，否则我们就乘势攻打长平。"

原文

赵无以食，请粟于齐，而齐不听。苏秦谓齐王曰："不如听之以却[1]秦兵，不听则秦兵不却，是秦之计中，而齐、燕之计过[2]矣。且赵之于燕、齐，隐蔽[3]也，齿之有唇也，唇亡则齿寒。

注释

①却：退。

②过：错误。

③隐蔽：指屏障。

译文

赵军缺乏食粮，准备向齐国借粮，可是齐国不肯借，苏秦对齐王说："大王不如把粮借给赵国，以便由赵国击退秦兵；假如不肯借粮给赵，那秦兵就不会击退，这正好中了秦国的计谋，而齐、燕的计划也实在有所失误。况且赵国是燕、齐的屏障，彼此的关系就如同牙齿和嘴唇一般，嘴唇如果没有了，那牙齿就会感到寒冷。

原文

"今日亡赵，则明日及齐、楚矣。且夫救赵之务①，宜若奉②漏瓮，沃焦釜③。夫救赵，高义也；却秦，显名也。义救亡赵，威却强秦，不务为此，而务爱粟，则为国计者过矣。"

注释

①务：事。

②奉：捧。

③沃焦釜：往烧干的锅里加水。

译文

"今天假如让秦灭亡赵国，那明天就会轮到齐、楚灭亡。救援赵国的事如同用漏桶来灌救烧焦的锅一样。何况救赵又是一种高德义行，而击退秦兵又足可名震诸侯。既有救赵的义行，又可抵抗强秦的威风，不把兵用到这方面，却偏吝惜少许米粮，这就是基本国策的错误。"

楚王死太子在齐质

原文

楚王死，太子在齐质。苏秦谓薛公[①]曰："君何不留楚太子，以市[②]其下东国。"薛公曰："不可。我留太子，郢[③]中立王，然则是我抱空质而行不义于天下也。"苏秦曰："不然，郢中立王，君因谓其新王曰：'与我下东国，吾为王杀太子；不然，吾将与三国共立之。'然则下东国必可得也。苏秦之事可以请行；可以令楚王亟[④]入下东国；可以益割于楚；可以忠太子而使楚益入地；可以为楚王走太子；可以忠太子使之亟去；可以恶苏秦于薛公；可以为苏秦请封于楚；可以使人说薛公以善苏子；可以使苏子自解于薛公。

注释

①薛公：即孟尝君田文，战国四公子之一，因世袭他的父亲田婴的封地薛地，故称为薛公。

②市：交换，做买卖。

③郢：楚国的国都。

④亟：紧急，立刻。

译文

楚王驾崩，太子还在齐国做人质。苏秦对孟尝君说道："大人您为什么不扣留楚太子，让他把楚国东部靠近齐国边境的土地割让给齐国呢？"薛公说："不可以，倘若我把太子扣留了，国都中会再立下新的国君，这样的话我就等于是扣留了一个没用的人质，并且还会成为天下的不义之人。"苏秦又说："事情并非这样，倘若楚国再立下新君的话，您就可以对新君说：'您把楚国东部靠近齐国边境的土地让给我的话，我就替您把太子杀掉；不这样的话，我就会联合韩、魏三国共同拥立楚太子。'如此一来楚国东部靠近齐国边境的土地必然能够得到。"苏秦请求出使游说此事；使得楚王立刻把楚国东部靠近齐国边境的土地献出来,还可以得到楚国更多的割让之地;可以因为忠诚于太子使楚国割让更多的土地给我们;我们可以替楚王把太子赶走;可以因为忠诚于太子让太子马上离开齐国;可以在孟尝君面前诋毁苏秦;可以替苏秦向楚王讨得封赏;可以让人游说孟尝君,让他与苏秦交好;还可以使苏秦自己向孟尝君解说。

原文

苏秦谓薛公曰:"臣闻谋泄[1]者事无功,计不决[2]者名不成。今君留太子者,以市下东国也。非亟得下东国者,则楚之计变,变则是君抱空质而负名于天下也。"薛公曰:"善。为之奈何?"对曰:"臣请为君之楚,使亟入下东国之地。楚得成,则君无败矣。"薛公曰:"善。"因遣之。

注释

①泄:泄露。

②决:坚决。

译文

苏秦对孟尝君说:"我听闻谋略泄漏了的人,办事将无法取得功绩,谋略不能被坚决实施的人,威名就无法成就。如今孟尝君您扣留了楚太子,是想要楚国用下东国之地来交换。假若您不能马上得到下东国,楚国可能会再作打算,改变计策的话您将只是守着一个没有用处的人质,并且还会被天下人视为不义。"薛公说:"是啊,那应该如何是好啊?"苏秦回答说:"我请求替您出使楚国,使楚国立刻把下东国之地献给您。只要楚国答应了,您就不会失败了。"薛公说:"好。"因此就派苏秦出使楚国。

原文

谓楚王曰:"齐欲奉太子而立之。臣观薛公之留太子者,以市下东国也。今王不亟入下东国,则太子且倍[1]王之割而使齐奉已。"楚王曰:"谨受命。"因献下东国。故曰"可以使楚亟人地也"。

注释

①倍：成倍，加倍。

译文

苏秦来到楚国后游说新奉立的楚王道："齐国打算册立太子为国君。据我观察薛公田文扣留太子，是想要楚国用下东国之地来进行交换，倘若大王您不尽快把下东国先给齐国，太子就将会用成倍的土地割给齐国，以便齐国拥立自己作为楚国的君王。"楚王说："谨遵您的指教。"于是就把下东国献给了齐国。因此说"可以使楚国立刻把下东国之地割让给齐国"。

原文

谓薛公曰："楚之势可多割也。"薛公曰："奈何？""请告太子其故，使太子谒①之君，以忠太子。使楚王闻之，可以益入地。"故曰"可以益割于楚"。

注释

①谒（yè）：拜见。

译文

苏秦就又薛公说："楚国的形势可以割让更多的土地。"孟尝君问："我们又该怎么办才好呢？"苏秦说："我请求告诉太子可以拥立他为国君的事，条件是割让更多的楚地，使太子拜见您，以便表明齐国对于太子的忠诚。然后让楚王听闻这件事，这样就可以得到更多的割让之地。"因此说"可以从楚国割让更多的土地"。

原文

谓太子曰："齐奉太子而立之，楚王请割地以留太子，齐少其地。太子何不倍楚之割地而资齐，齐必奉太子。"太子曰："善。"倍楚之割

而延齐。楚王闻之,恐,益割地而献之,尚[1]恐事不成。故曰"可以使楚益入地也"。

注释

①尚:尚且。

译文

苏秦就对楚太子说道:"齐国打算奉立太子您为楚国的君王,但是楚王要割给齐国土地,以达到使齐国拘禁太子的目的,齐国认为割地太少了。太子您为什么不允诺割成倍的土地给齐国,如此一来齐国必然会拥立您为楚君。"太子答应说:"好。"就允诺割成倍的土地以扩展齐国。楚王听闻这件事后非常恐惧,也答应献出成倍的楚地,尚且害怕事情办不成。因此说"可以让楚国献出更多的土地"。

原文

谓楚王曰:"齐之所以敢多割地者,挟[1]太子也。今已得地而求不止者,以太子权王也。故臣能去太子。太子去,齐无辞,必不倍于王也。王因驰强齐而为交,齐辞,必听王。然则是王去雠而得齐交也。"楚王大悦曰:"请以国因。"故曰"可以为楚王使太子亟去也"。

注释

①挟:要挟,胁迫。

译文

苏秦对楚王说:"齐国敢于向楚国索求割让更多的土地,原因就在于他挟持着太子。如今齐国已经得到了楚地,却并没有停止索求,是由于太子与楚王您的力量相当。因此我能让楚太子从齐国离开。太子一旦离开,齐国就没有托词了,也就必然不会向您索求成倍的土地了。大王您就会因此和强齐建立邦交,齐国必然会听从于大王您。这样的话大王您既赶走了仇敌,又与齐国建立邦交。"楚王十分高兴,说:"请先生您为齐、楚建交吧!"!因此说"可以立刻为楚王把太子赶出齐国"。

原文

谓太子曰："夫剬[①]楚者王也，以空名市者太子也，齐未必信太子之言也，而楚功见矣。楚交成，太子必危矣。太子其图之。"太子曰："谨受命。"乃约车而暮去。故曰"可以使太子急去也"。

注释

①剬(zhì)：同"制"，控制。

译文

苏秦对太子说："控制楚国的人是楚王，太子您只能说空话把土地割给齐国，齐国不一定会相信您的话，而楚王献出土地的实效已经显现。一旦齐、楚建立邦交，太子您必定很危险。太子您为此图谋一下啊。"太子说："谨遵您的指教。"于是就预备好车马，晚上逃离了齐国。因此说"可以使太子立刻离开齐国"。

原文

苏秦使人请薛公曰："夫劝留太子者苏秦也，苏秦非诚以为君也，且以便楚也。苏秦恐君之知之，故多割楚以灭迹也。今劝太子者又苏秦也，而君弗知。臣窃为君疑之。"薛公大怒于苏秦。故曰"可使人恶[①]苏秦于薛公也"。

注释

①恶：诋毁。

译文

苏秦让人对薛公田文说："劝您拘禁楚太子的人是苏秦，但是苏秦并非真正的为了孟尝君您，而是为了楚国的利益考虑。苏秦害怕被您发现这些，因此让楚国多割一些土地给齐，这是为了掩盖自己为楚国着想的痕迹。如今劝太子逃离的人也是苏秦，您并不知道这些。我私下替您感到疑惑。”薛公田文十分恼怒苏秦。因此说：“可以让人在薛公田文面前诋毁苏秦。”

原文

又使人谓楚王曰：“夫使薛公留太子者苏秦也；奉王而代立楚太子者又苏秦也；割地固[①]约者又苏秦也；忠王而走太子者又苏秦也。今人恶苏秦于薛公，以其为齐薄而为楚厚也。愿王之知之。”楚王曰：“谨受命。”因封苏秦为武贞君。故曰“可以为苏秦请封于楚也。”

注释

①固：巩固。

译文

苏秦又使人对楚王说：“让薛相国田文拘禁太子的人是苏秦；让齐国尊奉大王为国君，代替太子的人也是苏秦；让楚国割让土地巩固齐、楚邦交的人也是苏秦；忠诚于大王使太子逃离齐国的人还是苏秦。如今有人在薛公田文面前诋毁苏秦，认为他对齐国不好，而偏袒楚国。希望大王您知道这些。”楚王说：“谨遵教导。”因此册封苏秦为楚国的武贞君。因此说“可以替苏秦在楚国求得封赏”。

原文

又使景鲤[①]请薛公曰：“君之所以重于天下者，以能得天下之士而有齐权也。今苏秦天下之辩士也，世与少有。君因不善苏秦，则是围塞天下士，而不利说途也。夫不善君者，且奉苏秦，而于君之事殆矣。今苏秦善于楚王，而君不蚤[②]亲，则是身与楚为雠也。故君不如因而亲之，贵而重之，是君有楚也。”薛公因善苏秦。故曰“可以为苏秦说薛公以善苏秦”。

注释

①景鲤：楚国的相国。
②蚤：通“早”。

译文

苏秦又让楚相景鲤对齐相薛公说："您之所以能够得到天下诸侯的尊重，是由于您能得到天下的士人，拥有齐国的实权。如今苏秦是天下非常善于辩论的人，整个世间都少有。您对苏秦不友善的话，就会堵塞天下士人，会对游说等外交活动造成不利。那些与您不友善的士人，就会奉立苏秦，而薛公您行事就会有危险了！如今苏秦与楚王十分友善，假若您不尽早亲善苏秦，您就会成为楚王的仇敌。因此薛公您最好亲善苏秦，尊重他，如此一来您就会得到楚国的亲善。"薛公于是就和苏秦亲善。因此说"可以派人替苏秦游说薛公，使薛公亲善苏秦"。

孟尝君将入秦

原文

孟尝君将入秦[1]，止者千数而弗听。苏秦欲止之，孟尝曰："人事者，吾已尽知之矣；吾所未闻者，独鬼事耳。"苏秦曰："臣之来也，固不敢言人事也，固且以鬼事见君。"

注释

①孟尝君：即田文，靖郭君田婴的儿子，这时做齐相。

译文

孟尝君将要到秦国去，上千的人劝阻他，他都不肯听从。苏秦打算劝阻他，孟尝君说："讲人事的话，我通通都知道了；我还没有听说过的，只有鬼神的事罢了。"苏秦说："我这次来，本来不敢谈人事，就是打算和您谈谈鬼神的事。"

原文

孟尝君见之。谓孟尝君曰:"今者臣来,过于淄上①,有土偶人②与桃梗相与语。桃梗谓土偶人曰:'子,西岸之土也,埏③子以为人,至岁八月④,降雨下⑤,淄水至,则汝残矣。土偶曰:'不然。吾西岸之土也,吾残则复西岸耳。今子,东国之桃梗也,刻削子以为人,降雨下,淄水至,流子而去,则子漂漂者将何如耳。今秦,四塞之国⑥,譬若虎口,而君入之,则臣不知君所出矣。"孟尝君乃止。

注释

①淄:水名,源出今山东莱芜东北。

②土偶人:用泥土做成的人形。桃梗:用桃木刻成的人像。

③埏(shān):用水调和泥土。

④八月:此指周历八月,相当于夏历六月,正值雨季。

⑤降雨:大雨。降,通"洚"。

⑥四塞之国:四面都有高山、要塞的国家。

译文

孟尝君接见了苏秦。他对孟尝君说:"我这次来,经过淄水,遇见有个土偶人和木偶人在互相谈话。木偶人对土偶人说:'你是西岸的泥土,把你做成人形,到了八月间,天降大雨,淄水暴发,你就会被冲坏了。'土偶人说:'不对。我本是西岸的泥土,我被冲坏,不过仍然回到西岸而已。可是你呢,本是东方的桃梗,被雕成了人形,大雨下来,淄水来到,把你冲走,那时你飘飘荡荡,不知哪里才是你的归宿。'如今秦是一个四方都有险塞的国家,就像是虎口,您进去了,我不知道您能从哪里出来呢。"孟尝君就停止了他的行程。

齐欲伐魏淳于髡谓齐王

原文

齐欲伐魏，魏使人谓淳于髡曰："齐欲伐魏，能解魏患唯先生也。敝邑有宝璧二双、文[1]马二驷，请致之先生。"淳于髡曰："诺。"入说齐王曰："楚，齐之仇敌也；魏，齐之与国也。夫伐与国，使仇敌制其余敝，名丑而实危，为王弗取也。"齐王曰："善。"乃不伐魏。

注释

①文：通"纹"，指彩绘。

译文

齐国想要进攻魏国，魏王就差人对淳于髡说："齐国打算进攻魏国，现在能够为魏国解除祸患的就只有先生您了。我们国家拥有两对珍贵的璧玉，两辆由四匹马拉着的彩绘了的马车，请求让我将这些送给您。"淳于髡说："好吧。"于是就人宫拜见齐王说："楚，是齐的仇敌之国；魏，是齐的同盟之国。讨伐同盟国，而让自己的敌国趁自己疲惫的时机来控制自己，不但名声不好并且实际上有危险，替大王您觉得这样不可取。"齐王说："好吧。"因此齐国没有进军魏国。

原文

客谓齐王曰："淳于髡言不伐魏者，受魏之璧、马也。"王以谓淳于髡曰："闻先生受魏之璧、马，有诸？"曰："有之。""然则先生之为寡人计之何如？"淳于髡曰："伐魏之事不便[1]，魏虽刺髡，于王何益？若诚不便，魏虽封髡，于王何损？且夫王无伐与国之诽[2]，魏无见亡之危，百姓无被兵之患，髡有璧、马之宝，于王何伤乎？"

注释

①伐魏之事不便:疑为"伐魏之事便"。
②诽:非议。

译文

有位客人对齐王说道:"淳于髡之所以说不讨伐魏国,是由于他获取了魏国的璧玉和宝马。"齐王于是就问淳于髡:"我听说先生获取了魏国的璧玉和宝马,可有此事?"淳于髡说:"是有此事。""那么先生如果替我打算,我该如何呢?"淳于髡回答道:"倘若讨伐魏国是有好处的,那么即使魏国把我刺杀了,这对于齐王您能有什么好处呢?倘若讨伐魏国的确对齐国没有好处,魏国即使对我进行封赏,这对齐王您又有什么坏处呢?况且大王您没有讨伐同盟之国而被非议,魏国没有毁灭的危机,百姓没有遭受兵祸,我获取璧玉、马匹这样珍宝,对于大王您又有什么伤害呢?"

楚策

苏秦为赵合从说楚威王

原文

苏秦为赵合从,说楚威王曰:"楚,天下之强国也。大王,天下之贤王也。楚地西有黔中、巫郡①,东有夏州、海阳,南有洞庭、苍梧,北有汾陉②之塞、郇阳③。地方五千里,带甲百万,车千乘,骑万匹,粟支十年,此霸王之资也。夫以楚之强与大王之贤,天下莫能当④也。

注释

①巫郡：位于今四川巫山附近。

②陉(xíng)：陉山。

③郇阳：位于今陕西旬阳一带。

④当：通“挡”，抵挡。

译文

苏秦替赵国实行合纵，游说楚威王说：“楚国是天下的强国，大王是天下贤明的君主。楚国西面有黔中、巫都，东面有夏州、海阳，南面有洞庭、苍梧，北面有汾泾、郇阳。国土纵横千里，兵士百万，战车千辆，战马万匹，粮食可以支持十年，这是建立霸业王业的资本。凭着楚国的强大和大王的贤明，天下没有谁能匹敌。

原文

“今乃欲西面而事秦，则诸侯莫不南面而朝于章台[1]之下矣。秦之所害于天下莫如楚，楚强则秦弱，楚弱则秦强，此其势不两立。故为王至计，莫如从亲[2]以孤秦。大王不从亲，秦必起两军：一军出武关，一军下黔中。若此，则鄢、郢动矣。臣闻治之其未乱，为之其未有也；患至而后忧之，则无及已。故愿大王之早计之。

注释

①章台：位于今陕西西安。

②从亲：合纵，与盟约国友善。从，通“纵”，合纵。

译文

“现在大王竟然想要向西服侍秦国，那么诸侯就没有不倒向西方到章台之下去朝拜秦王的了。秦国在诸侯中最害怕的莫过于楚国，楚国强大，秦国就衰弱，楚国衰弱，秦国就强大，这就是秦、楚势不两立。所以替大王着想，不如合纵，以便孤立秦国。大王如果不实行合纵，秦国一定会出动两支军队攻打楚国：一支军队从武关杀出，一支军队直下黔中。如果像这样的话，鄢、郢一带就不安定了。我听说，要在祸乱没有产生以前就做好准备,要在事情没有发生之前就处理妥当;祸乱临头,然后再去解决它,就来不及了。所以希望大王趁早考虑这个问题。

原文

“大王诚能听臣,臣请令山东之国①,奉四时之献,以承大王之明制,委社稷宗庙,练士厉兵,在大王之所用之。大王诚能听臣之愚计,则韩、魏、齐、燕、赵、卫之妙音美人,必充后宫矣。燕、代良马橐驼②,必实于外厩。故从合则楚王,横成则秦帝。今释霸王之业,而有事人③之名,臣窃为大王不取也。

注释

①山东之国:崤山以东的诸侯国。

②橐(tuó)驼:即骆驼。

③事人:臣事别人。

译文

“大王如果能够听从我的意见,我愿意号召山东各国向您进献四时的贡品,接受大王圣明的指示,把国家宗庙委托给您,训练士兵,磨利兵器,任凭大王指挥调遣使用。大王如果真能采用我的计划,那么,韩、魏、齐、燕、赵、卫等国的歌妓美女一定会填满您的后宫;燕、代地区的好马、骆驼一定会充满您的畜圈。如果合纵联盟能够成功,楚国就能称王;而连横阵线能够得逞,秦国就能称帝。现在您放弃称霸的大业,甘愿承担服侍别人的丑名,我实在不赞成大王的这种做法。

原文

“夫秦,虎狼之国也,有吞天下之心。秦,天下之仇雠①也,横人皆欲割诸侯之地以事秦,此所谓养仇而奉雠者也。夫为人臣而割其主之地,以外交强虎狼之秦,以侵天下,卒②有秦患,不顾其祸。夫外挟强秦之威,以内劫其主,以求割地,大逆不忠,无过此者。

注释

①仇雠:仇敌。

②卒:最终。

译文

“秦国是个像虎狼一样残暴的国家,有吞灭六国的野心。秦国是天下共同的仇敌,主张连横的人都想分割诸侯的土地来讨好秦国,这是奉养仇敌的做法。作为臣下却割让君主的土地,对外结交像虎狼一样残暴的秦国,从而侵吞天下,如果突然遭到秦国的侵犯,就不顾及这方面的祸患。在外倚仗秦国的强大声威,在内部威逼自己的君主,要求割让土地、背叛国家,不忠于君主,没有什么罪过比这更严重的了。

原文

“故从亲,则诸侯割地以事楚;横合,则楚割地以事秦。此两策者,相去远矣,有亿兆之数。两者大王何居焉[①]?故弊邑赵王,使臣效愚计,奉明约,在大王命之。”

注释

①两者大王何居焉:两者之中大王选择哪一个呢?

译文

“如果合纵相亲,那么各国将割让土地来侍奉秦国;而连横成功,楚国则将割让土地侍奉秦国。这两种策略相距很远,有亿兆之别。这两者,大王将选择哪一种呢?所以敝国派我来进献这不成熟的计策,送上盟约,听取大王的决策。”

原文

楚王曰："寡人之国，西与秦接境，秦有举巴蜀、并汉中[①]之心。秦，虎狼之国，不可亲也。而韩、魏迫于秦患，不可与深谋，恐反人以入于秦[②]，故谋未发而国已危矣。

注释

①举巴蜀、并汉中：攻占巴蜀兼并汉中。

②恐反人以入于秦：恐怕他们反过来把楚国的计划透露给秦国。

译文

楚王说："我们国家西面和秦国接界，秦国有攻占巴蜀兼并汉中的野心，秦国是像虎一样残暴的国家，不可以亲近。韩国和魏国经常遭受秦国的威胁，不能和他们共同谋划大事；如果和他们深入谋划大事，恐怕他们反倒把楚国的计划透露给秦国，这样，计划还没有实行，国家就已面临危险了。

原文

"寡人自料，以楚当秦，未见胜焉。内与群臣谋，不足恃也。寡人卧不安席，食不甘味，心摇摇如悬旌，而无所终薄[①]。今君欲一天下，安诸侯，存危国，寡人谨奉社稷以从。"

注释

①无所终薄：无所依托，没有可依靠的。

译文

"我自己估计，拿楚国去抵挡秦国，不一定能取胜；在朝廷里和大臣们商议，他们也不足以依赖。我躺在床上睡不安稳，吃东西也感觉不到甜美的滋味，心神不定，就像悬挂着的旗子随风飘动，终究无所依托。现在您想要统一天下、安定诸侯、拯救危国，我愿意把国家托付给您，听从您的安排。”

张仪为秦破从连横说楚

原文

张仪为秦破从连横，说楚王曰：“秦地半天下，兵敌四国，被山带河，四塞以为固。虎贲之士[①]百余万，车千乘，骑万匹，粟如丘山。法令既明，士卒安难乐死，主严以明，将知以武。虽无出兵甲，席卷常山之险，折天下之脊，天下后服者先亡。且夫为从者，无以异于驱群羊而攻猛虎也。夫虎之与羊，不格[②]明矣。今大王不与猛虎而与群羊，窃以为大王之计过矣。

注释

①虎贲(bēn)之士：勇猛的兵士。

②格：格斗，抗争。

译文

张仪为了秦国破坏合纵、建立连横阵线，游说楚王说：“秦国的地盘占了天下的一半，兵力足以抵挡四方的国家，有山环水绕的地理优势，四面都有险阻，可以坚守；勇猛的士兵上百万，战车千辆，战马万匹，粮食堆积成山。法令严明，士兵安于危难，乐于牺牲，君主威严而贤明，将帅聪慧而勇敢。只是不出兵罢了，一旦出兵就可以席卷中山的险隘，切断诸侯的要害之地，诸侯中最后服从的一定最先灭亡。再说搞合纵阵线的人，无异于驱赶羊群去进攻猛虎。猛虎和绵羊不用格斗，胜负大家都很明白。假如大王不依靠猛虎而亲近一群绵羊，我私下认为大王的主意错了。

原文

"凡天下强国,非秦而楚,非楚而秦。两国敌侔[1]交争,其势不两立。而大王不与秦,秦下甲兵,据宜阳,韩之上地不通;下河东,取成皋,韩必入臣于秦。韩入臣,魏则从风而动。秦攻楚之西,韩、魏攻其北,社稷岂得无危哉?且夫约从者,聚群弱而攻至强也。夫以弱攻强,不料敌而轻战,国贫而骤[2]举兵,此危亡之术也。

注释

①侔(móu):相当。

②骤:频繁。

译文

"大概天下的强国,不是秦国就是楚国,不是楚国就是秦国。两国势均力敌,互相争斗,一定是势不两立。如果大王不亲附秦国,秦国出兵占领宜阳,韩国的上党就会被切断;秦国攻下河东,夺取成皋,韩国一定会投降,归顺秦国为臣。韩国归顺以后,魏国就会闻风而动。秦国攻打楚国的西面,韩、魏进攻楚国的北面,楚国怎么会不危险呢?再说组织合纵的人,聚集一些弱国去攻打极强的国家,以弱国攻打强国,不估量对方的力量而轻易交战,国家贫穷却频繁用兵,这是招致危亡的做法。

原文

"臣闻之,兵不如者,勿与挑战;粟不如者,勿与持久。夫从人者,饰辩虚辞[1],高主之节行,言其利而不言其害,卒有楚祸,无及为已,是故愿大王之熟计之也。

注释

①饰辩虚辞:即是指说话夸夸其谈,花言巧语。

译文

“我听说，军队不如人家的强大，就不要挑起战争；粮食不如人家的多，就不要打持久战。鼓吹合纵的人，夸夸其谈，花言巧语，赞扬君主的操守品行，只说他们有利的一面，不讲他们不利的一面，一旦招来楚国的祸害，就来不及收拾了，因此希望大王认真地考虑这个问题。

原文

“秦西有巴蜀、方船[①]积粟，起于汶山[②]，循江而下，至郢三千余里。舫船[③]载卒，一舫载五十人，与三月之粮，下水而浮，一日行三百余里；里数虽多，不费马汗之劳，不至十日而距扞关；扞关惊，则从竟陵已东，尽城守矣，黔中、巫郡非王之有已。

注释

①方船：两条船并联在一起称为“方船”。

②汶山：位于今四川省茂县西北方向。

③舫船：即上文所说的“方船”。

译文

“秦国西面有巴郡、蜀郡，两船并行装运粮食，从汶山出发，沿长江而下，到达郢都三千多里。两船相并运送士兵，每船装载五十人和三个月的粮食，顺水而下，每天行驶三百多里；路程虽然长，然而不费牛马的力气，不用十天就能到达扞关；扞关吃紧，那么夷陵以东全都要筑城而守，黔中、巫郡将不属大王所有了。

原文

“秦举甲出之武关，南面而攻，则北地[①]绝。秦兵之攻楚也，危难在三月之内，而楚恃[②]诸侯之救，在半岁之外，此其势不相及也。夫恃弱国之救，而忘强秦之祸，此臣之所以为大王之患也。且大王尝与吴人五战三胜而亡之，陈卒尽矣；有偏守新城而居民苦矣。臣闻之，攻

大者易危，而民弊者怨于上。夫守易危之功，而逆强秦之心，臣窃为大王危之。

注释

①北地：楚地，指今河南信阳北部地区。

②恃：依靠，依赖。

译文

“秦国发兵出武关，向南进攻，那么就和楚国北部边地断绝联系。秦军攻打楚国，危险期在三个月之内，而楚国等待诸侯救援，要半年以上，这肯定来不及。依靠弱国援救而忘记强秦的祸患，这是我替大王担忧的道理。再说，大王曾经和吴国交战，虽然五战三胜消灭了吴国，但阵地上的士兵都死光了，楚军又远守新夺取的城邑，而活着的百姓就苦了。我听说，进攻强大的国家易遭危险，百姓疲惫就怨恨君上。追求易遭危险的功业，而违背强秦的心意，我暗地里替大王感到危机。

原文

“且夫秦之所以不出甲于函谷关十五年以攻诸侯者，阴谋有吞天下之心也。楚尝与秦构难①，战于汉中，楚人不胜，通侯、执珪死者七十余人，遂亡汉中。楚王大怒，兴师袭秦，战于蓝田，又却。此所谓两虎相搏者也。夫秦、楚相弊②，而韩、魏以全制其后，计无过于此者矣，是故愿大王熟计之也。

注释

①构难：发生战难。

②相弊：互相削弱。弊，疲敝。

译文

“再说秦国之所以十五年不曾出兵函谷关攻打各诸侯国，是因为他有吞并天下的野心，一直忙于暗中策划。楚国曾经和秦国在汉中交战，楚国失败，通侯、执珪中战死的就有七十多人，于是汉中失守。大王非常生气，又发兵攻击秦国，在蓝田交战，又被打败。这就是所说的两虎相斗。秦国、楚国互相削弱，而韩、魏两国却保存实力，趁机控制楚国的后方。没有比两虎相斗更错误的计策啦，所以希望大王仔细地考虑这个问题。

原文

“秦下兵攻卫、阳晋，必开扃天下之匈[①]，大王悉起兵以攻宋，不至数月而宋可举。举宋而东指，则泗上十二诸侯，尽王之有已。凡天下所信约从亲坚者苏秦，封为武安君而相燕，即阴[②]与燕王谋破齐共分其地。乃佯[③]有罪，出走入齐，齐王因受而相之。居二年而觉，齐王大怒，车裂苏秦于市。夫以一诈伪反覆之苏秦，而欲经营天下，混一诸侯，其不可成也亦明矣。

注释

①开扃天下之匈：封锁诸侯的交通要道。扃（jiōng），窗户，在此引申为关闭。卫、阳晋，是秦、齐、楚、晋彼此之间的交通要塞。

②阴：暗中。

③佯：假装。

译文

“秦国出兵攻打卫国的阳晋，必然卡住诸侯的交通要道，大王出动全部军队去攻打宋国，不要几个月宋国就可以攻下。攻下宋国然后一直向东，那么泗水流域各小诸侯国就会归大王所有了。天下信守合纵盟约坚定的人只有苏秦，他被封为武安君，在燕国做了相国以后，就暗中与燕王商议攻破齐国，瓜分其土地。于是假装得罪燕王，从燕国逃亡到齐国，齐王就收留了他，并且让他担任相国。过了两年才被发觉，齐王非常恼火，在街市上把苏秦五马分尸，靠一个欺诈虚伪的苏秦，就想在天下创业、统一各国，那不可能成功也是很明白的了。

原文

“今秦之与楚也，接境壤界，固形亲之国也。大王诚能听臣，臣请秦太子入质于楚，楚太子入质于秦，请以秦女为大王箕帚之妾，效万

家之都，以为汤沐之邑，长为昆弟之国，终身无相攻击。臣以为计无便于此者[1]。故敝邑秦王，使使臣献书大王之从车下风，须[2]以决事。”

注释

①计无便于此者：没有比这更好的计策了。

②须：等待，等候。

译文

“现在秦国和楚国接境连界，本来就是国土相连的邻邦。大王如果能听取我的意见，我将让秦国太子来楚国做人质，楚国太子到秦国做人质，让秦王的女儿做侍奉大王的姬妾，进献居民万户的都邑作为大王的汤沐邑，两国长久地做兄弟邻邦，一辈子互不攻击。我认为没有比这更好的计策了。所以敝国秦王派我来向大王递交盟书，我等待大王的答复。”

原文

楚王曰：“楚国僻陋，托[1]东海之上。寡人年幼，不习国家之长计。今上客幸教以明制，寡人闻之，敬以国从。”乃遣使车百乘，献骇鸡之犀、夜光之璧于秦王。

注释

①托：依托。

译文

楚王说：“楚国地处僻远，风俗粗野，寄居在东海之滨。我年纪很轻，不懂什么是国家长远之计。现在承蒙贵客的英明教导，我已领教，我国愿意听从您的主意。”于是派出百辆车子，向秦王进献骇鸡之犀和夜光之璧。

苏子谓楚王曰

原文

苏子谓楚王曰："仁人之于民也，爱之以心，事之以善言。孝子之于亲也，爱之以心，事[1]之以财。忠臣之于君也，必进贤人以辅之。今王之大臣父兄，好伤贤以为资[2]，厚赋敛[3]诸臣百姓，使王见疾[4]于民，非忠臣也。大臣播[5]王之过于百姓，多赂诸侯以王之地，是故退王之所爱，亦非忠臣也，是以国危。

注释

①事：奉养。

②伤：毁损，诽谤。资：凭借，资本。

③赋敛：赋税。

④见疾：使怨恨。

⑤播：宣扬。

译文

苏秦对楚怀王说："仁人对老百姓总是用真心去关爱他们，用善良的言辞为他们服务。孝子对父母总是用真心去孝敬他们，用钱财去奉养他们。忠臣对君王就一定要推荐贤人去辅佐他们。现在大王的宗室贵族，喜欢诽谤贤士，以此作为进身的资本，对士大夫和百姓加重征收赋税，使大王受到百姓的憎恶，这不是忠臣的行为啊。这些大臣还向百姓传播大王的过错，并且用大王的土地赠送给诸侯，排斥受到大王重用的人，这也不是忠臣的作为啊。这样国家就有危险了。

原文

"臣愿无听群臣之相恶也，慎[1]大臣父兄；用民之所善，节身之嗜

欲[②]，以百姓。人臣莫难于无妒而进贤。为主死易，垂沙之事，死者以千数。为主辱易，自令尹以下，事王者以千数。至于无妒而进贤，未见一人也。故明主之察其臣也，必知其无妒而进贤也。贤之事其主也，亦必无妒而进贤。夫进贤之难者，贤者用且使己废，贵且使己贱，故人难之。"

注释

①慎：审慎使用。

②节身之嗜欲：克制自己的爱好和欲望。

译文

"我希望大王不要听信大臣们彼此中伤的言语，慎重地任用这些大臣，而任用百姓认为好的人才，克制自身的爱好和欲望，来亲近百姓。作为臣子，没有什么比不忌妒而且能推荐贤人更难的了。为君王效忠而死是容易做到的，垂沙之战，死去的人数以千计。为君王忍受侮辱也很容易，自令尹以下，侍奉大王的人也要用千来计算。至于不忌妒而且能推荐贤人，还没有见过一个这样的人。所以英明的君王观察他的臣下，一定要知道他是否不忌妒而且能推荐贤人。贤臣侍奉君王，也一定要做到不忌妒而且能推荐贤人。推荐贤人的难处，在于贤人得到任用，将会使自己被废置不用；贤人地位尊贵了，又将会使自己退居下位，所以人们很难做到。"

苏秦之楚

原文

苏秦之楚，三月乃得见乎王。谈卒，辞而行。楚王曰："寡人闻先生，若闻古人。今先生乃不远千里而临寡人，曾不肯留，愿闻其说。"对曰："楚国之食贵于玉，薪贵于桂，谒者难得见如鬼，王难得见如天帝。今令臣食玉炊桂，因鬼见帝。"王曰："先生就舍，寡人闻[①]命矣。"

注释

①闻:同遵。

译文

苏秦来到楚国,过了3个月,才见到楚王。交谈完毕,就要向楚王辞行。楚王说:“我听到您的大名,就像听到古代贤人一样,现在先生不远千里来见我,为什么不肯多待一些日子呢?我希望听到您的意见。”苏秦回答说:“楚国的粮食比宝玉还贵,楚国柴禾比桂树还贵,禀报人员像小鬼一样难得见面,大王像天帝一样难得见面。现在要我拿玉当粮食,拿桂当柴禾烧,通过小鬼见高高在上的天帝……”楚王打断苏秦的话,说:“请先生到客馆住下吧,我遵命了。”

张仪之楚贫

原文

张仪之楚,贫。舍人[1]怒而归。张仪曰:“子必以衣冠之敝[2],故欲归。子待我为子见楚王。”当是之时,南后、郑袖贵于楚。

注释

①舍人:门客。
②敝:敝陋,破旧。

译文

张仪到楚国以后,财物用尽。他的门客都很生气,要求回去。张仪说:“你们必是因为衣帽破了,所以才要回去,现在我就为你们去晋见楚王。”当时,南后和郑袖很受楚怀王的宠爱。

原文

张子见楚王,楚王不说。张子曰:"王无所用臣,臣请北见晋君。"楚王曰:"诺。"张子曰:"王无求[①]于晋国乎?"王曰:"黄金珠玑[②]犀象出于楚,寡人无求于晋国。"

注释

①求:需求。

②玑:小而不圆的珠子。

译文

张仪晋见楚王以后,楚王起初很不高兴。因此张仪就说:"君王如果没有用得着臣的地方,那臣就请求到北边去见三晋的君主。"楚怀王说:"请便。"张仪说:"大王对晋国没有什么要求吗?"楚怀王说:"黄金、珠玑、犀角、象牙,在楚国都有出产,所以寡人对三晋没有什么需求。"

原文

张子曰:"王徒不好色耳?"王曰:"何也?"张子曰:"彼郑、周之女,粉白墨黑,立于衢闾[①],非知而见之者,以为神。"楚王曰:"楚,僻陋之国也,未尝见中国之女如此其美也。寡人之独何为不好色也?"乃资[②]之以珠玉。

注释

①衢:大路。闾:里巷的门。

②资:供给。

译文

张仪说:"难道大王就不喜欢女色吗?"楚怀王说:"你说什么?"张仪回答说:"郑

国和周国的女子，脸蛋长得白白的，头发生得黑黑的，当她们站在街上时，不认识她们的人，还以为她们是仙女。"楚怀王说："楚国是一个偏僻鄙陋的国家，还不曾见过如此美貌的中原美女。我为什么偏偏不喜欢美色呢？"于是楚怀王供给张仪很多珠玉。

原 文

南后、郑袖闻之大恐。令人谓张子曰："妾闻将军之[①]晋国，偶有金千斤，进之左右，以供刍秣[②]。"郑袖亦以金五百斤。

注 释

①之：到。

②秣：喂马的谷物、饲料。

译 文

南后和郑袖听到这事之后，十分惊恐，立刻派人对张仪说："听说将军前往三晋，正好我手里有黄金千两，愿意进献给您左右的随从，以供应沿途车马餐旅费用。"此外郑袖又单独赠送给张仪五百两黄金。

原 文

张子辞楚王曰："天下关闭不通，未知见日也，愿王赐之觞[①]。"王曰："诺。"乃觞之。张子中饮，再拜而请曰："非有他人于此也，愿王召所便习[②]而觞之。"王曰："诺。"乃召南后、郑袖而觞之。张子再拜而请曰："仪有死罪于大王。"王曰："何也？"曰："仪行天下遍矣，未尝见人如此其美也。而仪言得美人，是欺王也。"王曰："子释之。吾固以为天下莫若是两人也。"

注 释

①觞：向人敬酒。

②便习：左右宠幸之人。

译文

过了几天张仪向楚怀王辞行说："天下隔绝路途遥远，而沿途交通又极不方便，不知道哪一天才能再见，恳请大王能赐臣一杯酒喝！"楚怀王说："好吧。"于是怀王就设宴款待张仪，当张仪喝到半醉时，就向怀王跪拜说："这里没有外人，请大王叫所宠爱的人共同饮酒。"楚王说："好的。"于是召来南后和郑袖共饮。这时张仪又向怀王再三跪拜说："臣对大王犯了死罪！"楚王说："为什么？"张仪说："臣走遍天下，也不曾见过像南后和郑袖这样的美女。而臣还说要为大王找美人，这等于是欺骗了大王！"楚王说："你放心，我本来就认为天下没有谁像她们两人那样美的。"

张仪逐惠施于魏

原文

张仪逐惠施于魏。惠子之楚，楚王受①之。冯郝谓楚王曰："逐②惠子者，张仪也。而王亲与约，是欺仪也，臣为王弗③取也。惠子为仪来者，而恶王之交于张仪，惠子必弗行也。且宋王之贤惠子也，天下莫不闻也。今之不善张仪也，天下莫不知也。今为事之故，弃所贵于仇人，臣以为大王轻④矣。且为事耶？王不如举惠子而纳之于宋，而谓张仪曰：'请为子勿纳也。'仪必德王。而惠子穷人，而王奉之，又必德王。此不失为仪之实，而可以德惠子。"楚王曰："善。"乃奉惠子而纳之宋。

注释

①受：接待。

②逐：这里指挤走。

③弗：不可。

④轻：轻率。

译文

张仪在魏国挤走惠施，惠施来到楚国，楚王接待了他。大臣冯郝对楚王说：“挤走惠施是张仪，大王与惠施结交，这是在欺骗张仪，我认为大王这样做不可取。惠施是因为张仪排挤他才来到楚国的，他也定会怨恨您与张仪结交，如果惠施知道这种情况，他一定不会来楚国，而且宋王偃对惠施不错，诸侯中无人不知。现在，惠施与张仪结仇，诸侯中也无人不晓。惠施与大王结交，您便抛弃了张仪。我不理解大王这样做，是有些轻率呢？还是为了国家的大事呢？大王不如帮助惠施，送他到宋国去。然后，对张仪说：‘我是因为您才没有接待惠施的。’张仪必然感激大王。而惠施是个被排挤、遭困窘的人，大王却帮助他到宋国去，惠施也必然感激大王。这样您实际上不失为张仪着想，又可以使惠施感恩戴德。”楚王说：“好。”就把惠施送到宋国去了。

客说春申君曰

原文

客说春申君曰：“汤以亳，武王以镐，皆不过百里以有天下。今孙子，天下贤人也，君籍之以百里势。臣窃以为不便①于君。何如？”春申君曰：“善。”于是使人谢孙子，孙子去②之赵，赵以为上卿。”

客又说春申君曰：“昔伊尹去夏入殷，殷王而夏亡。管仲去鲁入齐，鲁弱而齐强。夫贤者之所在，其君未尝不尊，国未尝不荣③也。今孙子，天下贤人也，君何辞之？”春申君又曰：“善。”于是使人请孙子于赵。

注释

①不便：不利。

②去：离开。

③荣：荣耀。

译文

有一个食客游说楚国的春申君黄歇说："商汤王靠着亳京兴起，周武王靠着镐京兴起，两个地方都只不过百里大小，而两王却因它们而终于占有天下。现在荀子是天下的贤人，您竟想给他100里土地的势力范围。我私下认为对于您很不利，不知您以为如何？"春申君说："说得对。"于是就派人谢绝了荀子，荀子就离开楚国到了赵国，赵王封他为上卿。

这时宾客又对春申君说："从前有位伊尹离开夏地到了殷地，结果令殷王统一天下，而夏朝灭亡。管仲离开鲁国到了齐国，鲁国衰弱而齐国强盛了。可见贤人在哪里，哪里的君王不能不显达，国家不能不荣耀。现在荀子是天下的贤人，您怎么让他告辞而去？"春申君说："说得对。"于是春申君就派人到赵国请荀子。

原文

孙子为书谢曰："疠[①]人怜王，此不恭之语也。虽然，不可不审察也，此为劫弑死亡之主言也。夫人主年少而矜材，无法术以知奸，则大臣主断国私以禁诛于己也，故弑贤长而立幼弱，废正适而立不义。《春秋》戒之曰：'楚王子围聘[②]于郑，未出竟，闻王病，反问疾，遂以冠缨绞王，杀之，因自立也。齐崔杼妻美，庄公通之。崔杼帅其君党而攻。庄公请与分国，崔杼不许；欲自刃于庙，崔杼不许。庄公走出，逾于外墙，射中其股，遂杀之，而立其弟景公。近代所见：李兑用赵，饿主父于沙丘，百日而杀之；淖齿用齐，擢[③]闵王之筋，悬于其庙梁，宿夕而死。夫厉虽痈肿胞疾，上比前世，未至绞缨射股；下比近代，未至擢筋而饿死也。夫劫弑死亡之主也，心之忧劳，形之困苦，必甚于疠矣。由此观之，疠虽怜王可也。"因为赋曰："宝珍隋珠，不知佩兮。袆布与丝，不知异兮，闾姝子奢，莫知媒兮。嫫母求之，又甚喜之兮。以瞽为明，以聋为聪，以是为非，以吉为凶。呜呼上天，曷惟其同！"《诗》曰："上天甚神，无自瘵也。"

注释

①疠：疾病。

②聘：即出使。

③擢：抽。

译文

这时荀子就写了一封信辞谢说："生癞的人还可怜被臣子杀死的国王，这虽然是一句很不礼貌的话，但不能不加思考。这是针对一般被臣子杀死的国君而说的。如果人主年轻又矜持自己的才能，又没有方法和手段识别奸邪的人，那么大臣就要专横跋扈独断专行。为了禁绝自己的灾难，他们就要杀死有才能年长的君主，拥立年幼、体弱的君主，废弃正直的人，抬举不义的人。《春秋》告诫人们说：'楚国的王子围，到郑国去访问，还没等他走出境，就听说父王生病，于是他就返回来探问病情。不料却乘机用帽缨把楚王勒死，而自立为王。齐国崔杼夫人长得很美丽，齐庄公和她私通，崔杼率领家臣攻打庄公。庄公请求和他共分齐国，崔杼不答应；庄公又要求到祖庙去自杀，崔杼也不答应。却要庄公逃命，可他刚跳过外墙，崔杼就射中他的大腿，并杀了他，立庄公的弟弟景公为王。'近来所看到的，李兑在赵国专擅朝政，在沙丘让赵主父饿了100天终于困死他；淖齿在齐国掌权，竟然抽齐闵王的筋，然后把闵王挂在庙梁上，隔了一夜把闵王活活吊死。因此说长癞疮即使是胎带的肿毒，但是如果往上和古代的帝王相比，还不至于被臣子用帽缨勒死，或者被臣子用箭射死；如果往下和近代帝王相比，也不至于被臣子抽筋吊死，更不会被臣子绝食活活饿死。可见被臣子杀害的君主，心神所受的忧劳和形体所受的痛苦，必定比生癞病的人还要厉害。由此看来，连生癞疮的人还可怜国王也有道理。"于是荀子在信尾附一首诗，写道"珍贵的隋侯珠，不知道佩戴。皇家的龙袍和粗丝，不会分开。梁国的美女闾姝和郑国的美女子奢，没有谁迎娶，却向丑女嫫母求婚，又很喜爱。把瞎子说成眼光明亮，把聋子说成听觉灵敏，以是为非，以吉为凶。唉！天啊，为什么不分好坏！"《诗经》上说："天神的眼睛最明亮，不要自取祸殃。"

天下合从

原文

天下合从。赵使魏加见楚春申君曰[1]:“君有将乎?”曰:“有矣,仆欲将临武君[2]。”魏加曰:“臣少之时好射,臣愿以射譬之,可乎?”春申君曰:“可。”

注释

①魏加:赵臣。春申君:黄歇的封号。他是楚考烈王的相,被封在吴(今江苏苏州)。

②临武君:赵将庞煖(màn)。

译文

东方各国准备合纵攻秦。赵国派遣魏加去见楚国的春申君,问道:“您有将领了吗?”春申君回答说:“有了,我打算用临武君做将领。”魏加说:“我年轻时喜欢射箭,我希望用射箭来作比喻,可以吗?”春申君说:“可以。”

原文

加曰:“异日者,更羸与魏王处京台之下[1],仰见飞鸟。更羸谓魏王曰:‘臣为王引弓虚发而下鸟。’魏王曰:‘然则射可至此乎?’更羸曰:‘可。’有间,雁从东方来,更羸以虚发而下之。魏王曰:‘然则射可至此乎?’更羸曰:‘此孽[2]也。’王曰:‘先生何以知之?’对曰:‘其飞徐而鸣悲。飞徐者,故疮痛也;鸣悲者,久失群也。故疮未息而惊心未忘也。闻弦音,引而高飞,故疮陨也。’今临武君尝为秦孽,不可为拒秦之将也。”

注释

①更赢(léi)与魏王:都是假托的人。京台:台名,游玩观赏的地方。

②孽:未愈的隐伤。

译文

魏加说:"从前,更赢和魏王处在京台的下面,抬头看见飞鸟,更赢对魏王说:'我愿为大王拉满空弓,做一个弹射的动作,就可使鸟掉下来。'魏王说:'射箭的技巧竟可达到如此神妙的地步吗?'更赢说:'可以。'不久,一只雁从东方飞来,更赢拉弓虚弹一下就使它掉下来。魏王问:'射箭的技巧真可达到如此的程度吗?'更赢答道:'因它有隐伤在身。'魏王说:'先生是怎么知道的?'更赢答道:'因它飞得慢而叫声悲哀。飞得慢,是因它的旧伤疼痛;叫声悲哀,是因它失群已久,旧伤未愈,而惊恐之心还没有忘掉啊。听到弓弦声就奋力高飞,使旧的伤口迸裂就掉了下来。'眼下的临武君,曾被秦军打败过,他可是不能担任抗秦的将领啊!"

汉书

武帝纪

原文

孝武皇帝[1]，景帝中子也。母曰王美人[2]，年四岁立为胶东王。七岁为皇太子，母为皇后，十六岁，后三年正月，景帝崩。甲子，太子即皇帝位，尊皇太后窦氏曰太皇太后[3]，皇后曰皇太后。三月。封皇太后同母弟田蚡、胜皆为列侯。

注释

①孝武皇帝：刘彻，景帝之中子，王氏所生，公元前140年至公元前87年在位。

②王美人：汉武帝刘彻之母。王氏之母臧儿，初为王钟妻，生男信及两女（王氏及其姊），后改嫁田氏，生男蚡、胜。

③窦氏；汉武帝刘彻的祖母，好黄老之言。

译文

孝武皇帝，景帝诸子中排行居中，其母是王美人，四岁时立为胶东王。七岁时立为皇太子，母为皇后。十六岁时，公元前141年，即景帝后元三年正月，景帝驾崩。甲子日，太子即皇帝位，推尊皇太后窦氏为太皇太后，皇后为皇太后。封皇太后的同母弟田蚡、田胜为列侯。

原文

匈奴入上谷[1],杀略吏民。遣车骑将军卫青出上谷[2],骑将军公孙敖出代[3],轻车将军公孙贺出云中[4],骁骑将军李广出雁门。青至龙城[5],获首虏七百级。广、敖失师而还。诏曰:"夷狄无义,所从来久。间者匈奴数寇边境,故遣将扶师。古者治兵振旅,因遭虏之方入,将吏新会,上下未辑[6],代郡将军敖、雁门将军广所任不肖,校尉又背义妄行[7],弃军而北,少吏犯禁[8]。

注释

①上谷:郡名。治沮阳,在今河北怀来东南。

②卫青:汉代名将。

③代:郡名。治代县(在今河北蔚县东南)。

④云中:郡名。治云中(在今内蒙古呼和浩特市西南)。

⑤龙城:匈奴单于祭天与大会各部之处。

⑥辑:和睦,和谐。

⑦校尉:武官名,位低于将军。

⑧少吏:小吏。

译文

匈奴进入上谷,杀害官吏、百姓,抢掠财物。朝廷派车骑将军卫青从上谷出兵,骠骑将军公孙敖从代郡出兵,轻骑将军公孙贺从云中郡出兵,骁骑将军李广从雁门出兵。卫青到达龙城,斩杀匈奴兵将近七百。李广、公孙敖损兵而还。皇帝下诏说:"夷狄向来背信弃义。最近匈奴多次侵犯我们的边境地区,所以派遣将领指挥士兵去迎战。古代治理军队严明戒律,今天出兵,因刚刚遭受寇虏为害,将士官兵不久才聚集起来,上下尚未协调一致,代郡将军公孙敖、雁门将军李广不称职,校尉军官们又违背道义不知约束自己的行为,抛弃军队而败北,下级官吏触犯禁律。

原文

用兵之法:不勤不教,将率之过也;教令宣明,不能尽力,士卒之

罪也。将军已下廷尉[1],使理正之[2],而又加法于士卒,二者并行,非仁圣之心。朕闵(悯)众庶陷害,欲刷耻改行,复奉正义,厥路亡繇[3]。其赦雁门、代郡军士不循法者。"

注释

①廷尉:官名。掌刑狱。

②理:法办。

③亡:通"无"。繇:通"由",从此行走。

译文

用兵之法:不加强战备,不指导士兵训练,是将帅的过失;教令严明,却不尽力作战,那是士兵的罪过。将军已经交廷尉,按法律明正其罪,如果再对士兵施加刑罚,二者同时执行,那就不是圣人仁义之心了。朕忧虑众士卒遭到陷害,本打算洗刷耻辱改正错误,再度奉行正义,却又担心无路可走。因此,应赦免雁门、代郡士兵不遵守军法的人。"

原文

秋,匈奴入辽西[1]杀太守;入渔阳、雁门,败都尉,杀略三千余人。遣将军卫青出雁门,将军李息出代,获首虏数千级。东夷秽君南闾等口二十八万人降[2],为苍海郡[3]。鲁王馀、长沙王发皆薨。

注释

①辽西:郡名,治阳乐(在今辽宁义县西)。

②东夷:指东方各族。秽君:秽貊族之君。秽貊在今朝鲜半岛。南闾:秽君之名。

③苍海郡:在今朝鲜北部。

译文

到了秋季,匈奴侵入辽西郡,杀死太守;侵入渔阳、雁门,击败都尉,杀掠三千余人。于是武帝派遣卫青出兵雁门，将军李息出兵代郡，斩获数千人。东夷族秽君南闾等二十八万人降汉，在该地设置了苍海郡。鲁王刘馀、长沙王刘发两人都去世。

原文

二年冬，赐淮南王、菑川王几杖[1]，毋朝[2]。春正月，诏曰："梁王、城阳王亲慈同生[3]，愿以邑分弟，其许之。诸侯王请与子弟邑者，朕将亲览，使有列位焉。"于是藩国始分，而子弟毕侯矣[4]。

注释

①菑川王：三字疑衍或误。因菑川王建正新嗣位，不可能有几杖之赐。或是"衡山王"之误，因衡山王赐是武帝诸父之列。

②毋朝：不必至京朝见。

③梁王、城阳王：指梁平王襄、城阳顷王延。

④藩国始分：这是所谓实行推恩令，以削弱诸侯国

译文

公元前127年，即元朔二年冬，武帝赐给淮南王刘安、菑川王刘志茶几与拐杖，可以不必上朝朝见皇帝。春天的正月，武帝下诏说："梁王、城阳王两人是亲生兄弟，把封邑分给他的弟弟自然愿意，也应当允许。诸侯王请求与子弟封邑者，朕将亲自过问，使子弟都有列侯位置。"于是藩国开始分而治之，而子弟都受封为侯。

原文

匈奴入上谷、渔阳，杀略吏民千余人。遣将军卫青、李息出云中，至高阙[1]，遂西至符离[2]，获首虏数千级。收河南地[3]，置朔方、五原郡[4]。

注释

①高阙：塞名。在今内蒙古鄂尔多斯市。

②符离：塞名。地点不明。

③河南地：河套以南地区，在今内蒙古鄂尔多斯市。

④朔方：郡名。治朔方（在今内蒙古乌拉特前旗东南）。五原：郡名。治九原（在今内蒙古达拉特旗西北）。

译文

匈奴侵入上谷、渔阳，杀掠官吏、民众千余人。武帝派遣将军卫青、李息出兵云中郡，到达高阙，接着西到了符离，斩杀敌人数千人。汉军收复了河套以南的河南地区，设置了朔方、五原郡。

原文

三月乙亥晦，日有蚀之。夏，募民徙朔方十万口。又徙郡国豪杰及訾（赀）三百万以上于茂陵。秋，燕王定国有罪[①]，自杀。

注释

①有罪：从禽兽行。

译文

三月初三，出现了日食。到了夏天，征集民众十多万迁徙到朔方郡。又迁徙郡国中的豪杰和资产在三百万以上的人到茂陵。到了秋天，燕王刘定国犯罪自杀。

原文

三年春，罢苍海郡。三月，诏曰："夫刑罚所以防奸也，内长文所以见爱也[①]；以百姓之未洽于教化，朕嘉与士大夫日新厥业，祗而不解[②]。其赦天下。"

注释

①内：可能系"而"字形近致讹。长文：犹言"尚文"。

②祗：恭敬。解：通"懈"，懈怠。

译文

元朔三年，废除了苍海郡。三月，皇帝下诏说："刑罚是用来防止作奸犯科的，而崇尚文德是用来显示重才爱才的；如今老百姓并没有收到很好的教化，朕愿和士大夫们每天更新汉家帝业，恭谨不懈怠。可以赦免天下。"

原文

夏，匈奴入代，杀太守[①]；入雁门，杀略千余人。六月庚午，皇太后崩[②]。秋，罢西南夷，城朔方城。令民大酺五日。四年冬，行幸甘泉[③]。

注释

①太守：名共友。

②皇太后：即王太后。

③甘泉：宫名。在今陕西淳化西北。

译文

三年夏，匈奴侵入代郡，杀死太守；侵入雁门郡，杀掠千余人。六月庚午，皇太后去世。到了秋天，停止了对西南夷的征讨，建造朔方城。下令天下百姓大宴五天。元朔四年冬天，皇帝到甘泉宫巡视。

原文

夏，匈奴入代、定襄、上郡[①]，杀略数千人。五年春，大旱。大将军卫青将六将军兵十余万人出朔方、高阙，获首虏万五千级。

注释

①定襄：郡名。治成乐(在今内蒙古和林格尔西北)。

译文

那年夏天，匈奴入侵代、定襄和上郡，杀死数千人。五年春天，出现旱灾。大将军卫青率六名将军和数十万士兵从朔方、高阙出发，斩获匈奴一万五千人。

原文

夏六月，诏曰："盖闻导民以礼，风之以乐①，今礼坏乐崩，朕甚闵(悯)焉。故详延天下方闻之士②，咸荐诸朝。其令礼官劝学，讲议洽闻，举遗兴礼，以为天下先。太常其议予博士弟子③，崇乡党之化，以厉(励)贤材焉。"丞相弘请为博士置弟子员④，学者益广。秋，匈奴入代，杀都尉。

注释

①风：教化。

②方闻之士：方正博闻之士。

③太常：官名。掌宗庙礼仪，九卿之一。

④弘：公孙弘。

译文

夏天的六月，武帝下诏说："听说用礼指导百姓，用音乐进行劝谕，今天礼乐制度已破坏，朕很忧虑。因此要把天下博闻有识之士全部请来，都举荐给朝廷。应让礼官劝进学业，讲论见闻，推举遗逸之民倡兴礼学，作为天下的表率。太常应商讨给予博士弟子，推崇乡里教化，以便培养贤能人才。"丞相公孙弘请求为博士设立弟子，学礼乐的人也越来越多了。秋天，匈奴侵入代郡，杀死都尉。

原 文

六年春二月,大将军卫青将六将军兵十余万骑出定襄,斩首三千余级。还,休士马于定襄、云中、雁门。赦天下。夏四月,卫青复将六将军绝幕(漠)[1],大克获。前将军赵信军败,降匈奴。右将军苏建亡军,独身脱还,赎为庶人。

注释

①绝幕:穿过沙漠。

译 文

六年春二月,大将军卫青率领六将军、十万余骑兵从定襄郡出兵,斩首三千余人。返回,在定襄、云中、雁门休整士兵、战马。大赦天下。夏四月,卫青又率领六将军直达大沙漠南界,大获全胜。前将军赵信军败,投降匈奴。右将军苏建损失全军,只身逃回,有罪赎为平民。

原 文

六月,诏曰:"朕闻五帝不相复礼,三代不同法,所繇殊路而建德一也[1]。盖孔子对定公以徕远[2],哀公以论臣[3],景公以节用[4],非期不同,所急异务也。今中国一统而北边未安,朕甚悼之。

注释

①繇:通"由"。

②徕远:悦近徕远。《论语》和《韩非子》皆言叶公问政于孔子,孔子答以"悦近徕远"。此言定公,与二书不同。徕:通"来",归服。

③论臣:论选贤臣。

④节用:节约费用。

译文

六月，武帝下诏说："朕听说五帝实行的礼制不相重复，夏、商、周三代的治国之法也各不相同，所走的道路不同而建立的功德伟业是一样的。古时候孔子对鲁定公说'悦近徕远'，对鲁哀公说'政在选择'，对齐景公说'政在节俭'，这并不是不同时期要求不同，而是要根据当时情况决定当务之急。如今中国已经大一统，而北方边境还未安定，朕很伤痛。

原文

日者大将军巡朔方，征匈奴，斩首虏万八千级，诸禁锢及有过者，咸蒙厚赏，得免减罪。今大将军仍复克获①，斩首虏万九千级，受爵赏而欲移卖者，无所流貤②。其议为令。"有司奏请置武功赏官，以宠战士。

注释

①仍：频。

②流貤(yì)：流转，转移。

译文

不久前大将军巡行朔方，征伐匈奴。斩首俘虏共计有一万八千多人，各类受到限制不可以做官及有过错的人，都蒙受着丰厚的赏赐，得到减免罪过的优厚待遇。今大将军频获大捷，斩首俘获一万九千多人，受到奖赏爵位而又想转卖的人，没有转卖的办法。应商议办法写成命令。"朝廷执事官员请求设置武功赏爵，以便奖励爱护战士。

原文

元狩元年冬十月①，行幸雍，祠五畤。获白麟②，作《白麟之歌》。十一月，淮南王安、衡山王赐谋反，诛。党与死者数万人③。十二月，大雨雪④，民冻死。夏四月，赦天下。

注释

①元狩元年:即公元前122年。
②麟:颜师古说,麟,麇身,牛尾,马足,黄色,圜蹄,一角,角端有肉。
③党与:党羽。
④雨:此处引申指雪的降落。

译文

元狩元年十月,皇帝驾临雍,祭祀五帝。看到白麒麟,作《白麟之歌》。十一月,淮南王刘安和衡山王刘赐造反被处死。处死的党羽也有几万人。十二月下大雪,一些平民百姓被冻死。第二年四月,大赦天下。

原文

丁卯,立皇太子①。赐中二千石爵右庶长②,民为父后者一级。诏曰:"朕闻咎繇对禹③,曰在知人,知人则哲,惟帝难之。盖君者心也,民犹支(肢)体,支(肢)体伤则心憯怛④。日者淮南、衡山修文学,流货赂,两国接壤,怵于邪说⑤,而造篡弑,此朕之不德。《诗》云:'忧心惨惨,念国之为虐⑥。'已赦天下,涤除与之更始。

注释

①皇太子:刘据,卫子夫所生,死于巫蛊事件。史称"戾太子"。
②右庶长:爵名,第十一级。
③咎繇:即皋陶。传说中东夷族的首领。
④憯(cǎn):悲痛。怛(dá):悲哀。
⑤怵(chù):被诱惑。邪说:逆谋。
⑥《诗》云等句:引诗见《诗经·小雅·正月》。惨惨:忧伤貌。

译文

丁卯日,立皇太子。赐中二千石爵右庶长,赐继其父后为家长的爵一级。武帝下诏说:"朕听说皋陶对禹,知人善任,能知人的就贤哲,尧帝却认为这很难。君王好比心脏,民众就像是肢体,肢体受到伤害则心脏惨痛。以前淮南王和衡山王爱好文学,就留货币,两国接壤,被邪说利用,所以起了篡权的心思,这就说明朕的无德。《诗经》上说:‘忧心惨惨,悼念国家发生的灾难。’已经大赦天下,清除余孽,重新开始。

原文

“朕嘉孝弟力田,哀夫老眊孤寡鳏独或匮于衣食①,甚怜愍焉。其遣谒者巡行天下,存问致赐。曰:‘皇帝使谒者赐县三老、孝者帛,人五匹;乡三老、弟(悌)者、力田帛,人三匹;年九十以上及鳏寡孤独帛,人二匹,絮三斤;八十以上米,人三石。有冤失职②,使者以闻。县乡即赐③,毋赘聚④。’”

五月乙巳晦,日有蚀之。匈奴入上谷,杀数百人。

注释

①眊(mào):眼睛失神。

②失职:失业。

③即赐:就其所居而赐之。

④赘聚:会聚。

译文

“朕奖励那些讲究孝悌和用心耕田的人,可怜那些老无所依、孤苦伶仃或缺衣少食的人,非常同情他们。派遣使者去关心慰问他们。下诏说:‘皇帝派使者赏赐县三老、孝子布帛,每人五匹;乡三、讲究孝悌的人、用心耕织的人,每人三匹;赏赐九十岁以上以及孤苦伶仃的人,每人布帛两匹、棉絮三斤;八十岁以上的,每人三石米。蒙受冤屈而失业的人,使臣会向上报。县乡要就地赏赐,不要因为聚会而耽误了赏赐日期。’”

五月乙巳,出现日偏食。匈奴入侵上谷,杀死数百人。

原 文

二年冬十月,行幸雍,祠五畤。春三月戊寅,丞相弘薨。遣骠骑将军霍去病出陇西①,至皋兰②,斩首八千余级。

注 释

①霍去病:汉代名将。陇西:郡名。治狄道(今甘肃临洮)。

②皋兰:山名。一说在今甘肃兰州市。

译 文

二年冬天十月,武帝巡幸至雍,祭祀五帝。到了第二年春天三月戊寅,丞相孙弘去世。派遣骠骑将军霍去病出兵陇西,到了皋兰山,斩杀敌人八千余人。

原 文

夏,马生余吾水中①。南越献驯象、能言鸟②。将军去病、公孙敖出北地二千余里,过居延③,斩首虏三万余级。

注 释

①余吾水:河名。流经今蒙古乌兰巴托市。

②驯象:经过训练而能表演的象。能言鸟:即鹦鹉。

③居延:县名。在今内蒙古额济纳旗东南。

译 文

夏,有马生在余吾水中。南越进献训象和鹦鹉。将军霍去病和公孙敖向北出兵两千余里,经过居延,斩杀敌人三万余人。

原文

匈奴入雁门，杀略数百人。遣卫尉张骞、郎中令李广皆出右北平[①]，广杀匈奴三千余人，尽亡其军四千人，独身脱还，及公孙敖、张骞皆后期，当斩，赎为庶人[②]。

注释

①张骞：西汉人，曾两次出使西域。右北平：郡名。治平刚（在今辽宁凌源市南）。

②庶人：泛指无官爵的平民、百姓。

译文

匈奴侵入雁门，杀掠数百人。派遣卫尉张骞、郎中令李广同时出兵右北平郡。李广杀掉匈奴有三千余人，丧失全军的四千人，只有自身脱险逃回，还有公孙敖、张骞都失约迟到了，按照法律应当斩，后赎为平民百姓。

原文

江都王建有罪[①]，自杀。胶东王寄薨。秋，匈奴昆邪王杀休屠王[②]，并将其众合四万余人来降，置五属国以处之[③]。以其地为武威、酒泉郡[④]。

注释

①有罪：谋反罪。

②昆邪王、休屠王：皆是匈奴族部落首领及王号。

③属国：存其国号或族名而隶属于汉朝，故名。当时安定、上郡、天水、五原、西河五郡有属国。

④武威：郡名。治武威（在今甘肃民勤县东北）。武威郡的设置年代，《地理志》《西域传》《张骞传》《食货志》等记述不一，故近人有疑其后置者。酒泉郡：郡治禄福（在今甘肃酒泉）。

译文

江都王刘建犯罪自杀。胶东王刘寄去世。秋天,匈奴浑邪王杀休屠王,并且率领其部众合计四万余人前来投降。武帝将其安置在原来五个属国境内,把这些地区划分为武威郡、酒泉郡。

原文

三年春,有星孛于东方。夏五月,赦天下。立胶东康王少子庆为六安王。封故相国萧何曾孙庆为列侯①。

注释

①萧何:西汉初大臣,曾辅佐刘邦起兵,汉朝建立后,被封为酂侯。

译文

三年的春天,彗星出现在东方。夏天五月,大赦天下。立胶东康王的小儿子刘庆为六安王。封以前丞相萧何的曾孙萧庆为列侯。

原文

秋,匈奴入右北平、定襄,杀略千余人。遣谒者劝有水灾郡种宿麦①。举吏民能假贷贫民者以名闻②。减陇西、北地、上郡戍卒半。发谪吏穿昆明池③。

注释

①宿麦:隔年才熟的麦。

②以名闻:以其名报告朝廷。

③谪吏:有罪而被罚服役的官吏。昆明池:在今陕西西安市西南。

译文

秋天，在右北平郡、定襄郡那一带有匈奴侵入，杀掠有千余人。派遣专使到受水灾的地方劝导民众种植冬小麦。推举官员、百姓中能借贷给贫民钱粮的，把名单报给朝廷。把陇西、北地、上郡的戍边兵卒减半。征发服役人员开凿昆明池。

原文

四年冬，有司言关东贫民徙陇西、北地、西河、上郡、会稽凡七十二万五千口①，县官衣食振兴，用度不足，请收银锡造白金及皮币以足用②，初算缗钱。③

春，有星孛于东北。

注释

①西河：郡名。治平定（在今内蒙古准格尔旗西南）。

②白金：其成分主要是银和锡。皮币：以白鹿皮为币，朝觐以荐币。

③算缗钱：汉时对商人、手工业者、高利贷者和车船所有者征的税。每二千钱或四千钱征一算（一百二十文）。隐匿不报或自报不实，除没收缗钱外，并戍边一年。举发隐匿者以其半数作为奖赏。缗，成串的铜钱，一千文为一缗。

译文

四年冬天，负责的官员说关东平民迁徙到陇西、北地、西河、上郡、会稽的一共有七十二万五千人，县官要提供衣食并振兴经济，用度不足，请求收集银锡铸造白金钱币和鹿皮币已满足用度，开始对商人、手工业者收取赋税。

原文

夏，有长星出于西北①。大将军卫青将四将军出定襄，将军去病出代，各将五万骑。步兵踵军后数十万人②。青至幕（漠）北围单于，斩首万九千级，至阗颜山乃还③。

注释

①长星：古星名，类似彗星，有长形光芒。

②踵：追逐，跟随。

③阗（tián）颜山：杭爱山脉（在今蒙古中西部）南面之一支，赵信城在此山间。

译文

夏，有长星出现在西北地区。大将军卫青带领四位将军以及兵卒从定襄出发，将军霍去病从代出发，各自统领五万骑兵。跟随骑兵之后的步兵有数十万人。卫青到漠北围困匈奴单于，斩杀一万九千余人，到了阗颜山才班师回朝。

原文

去病与左贤王战[1]，斩获首虏七万余级，封狼居胥山乃还[2]。两军士死者数万人。前将军广、后将军食其皆后期[3]。广自杀，食其赎死。

注释

①左贤王：匈奴族中部落首领及王号。

②封：登山祭天，筑土为封，并刻石纪事。狼居胥山：在今蒙古乌兰巴托市东。

③广：李广。后将军："右"将军之误。食其：赵食其。

译文

霍去病迎战匈奴左贤王，斩杀敌军七万余人，在狼胥山刻石纪念才返回。两军战死数万人。前将军李广、后将军赵食其都没有按期到达战地，李广自杀，赵食其赎回死罪。

原文

五年春三月甲午，丞相李蔡有罪[1]，自杀。天下马少，平牡马匹二十万[2]。

注释

①李蔡：李广之从弟。有罪：坐侵陵堧地。

②平牡马：当时竞乘牡马（公马），故平其价格。

译文

五年春三月甲午，丞相李蔡犯罪自杀。天下马少，平牡马价格，每匹价值二十万钱。

原文

罢半两钱，行五铢钱[①]。徙天下奸猾吏民于边。

注释

①五铢钱：钱币名。钱重五铢，上有"五铢"二篆字，故名。

译文

废半两的钱币，发行五铢钱。迁徙国内奸猾的官吏和平民去边疆居住。

原文

六年冬十月，赐丞相以下至吏二千石金，千石以下至乘从者帛[①]，蛮夷锦各有差[②]。

注释

①乘从者：乘骑的侍从人员。

②蛮夷：指各族大小首领。差(cī)：等级，次第。

译文

六年冬十月，赏赐丞相以下至两千石的官吏金，千石以下至乘骑侍从布帛，赏赐蛮夷各首领不同数量的锦罗绸缎。

原文

雨水亡冰[1]。夏四月乙巳，庙立皇子闳为齐王[2]，旦为燕王，胥为广陵王。初作诰[3]。

注释

①雨：降水。亡：通“无”。

②庙立：于宗庙中策命。

③诰：指敕封诸侯王的策文。

译文

冬季降水没有冰雪。到了夏天四月乙巳，在宗庙立皇子刘闳为齐王、刘旦为燕王、刘胥为广陵王。开始做封拜王侯的策文——诰。

原文

六月，诏曰：“日者有司以币轻多奸[1]，农伤而末众[2]，又禁兼并之涂，故改币以约之[3]。

注释

①币：钱。

②末：指工商。

③约：制约。

译文

六月，武帝下诏说："前不久有专门负责的人认为钱币重量轻并且有许多是伪造的，伤害了广大平民百姓，而从事手工业和商业的人增加，为了禁止大户吞并小户，所以改革币制来制约这种现象。

原文

"稽诸往古，制宜于今。废期有月[1]，而山泽之民未谕。夫仁行而从善，义立则俗易，意奉宪者所以导之未明与(欤)？

注释

①废期有月：指自去年三月改币以至于今，已一年有余。

译文

"这是汲取历史的经验所制定的货币政策。自去年三月改币以至于今，已经有一年的时间了，但是偏远地区的百姓仍然不知道有这样的告示。实行良策就应该从善，确立正义就应该更改风俗，而现在币制改革受阻，是不是地方管理的引导不够明确呢？

原文

"将百姓所安殊路，而挢(矫)虔吏因乘势以侵蒸庶邪[1]？何纷然其扰也！今遣博士大等六人分循行天下[2]，存问鳏寡废疾，无以自振业者贷与之。

注释

①挢：欺诈。虔：顽固。蒸庶：百姓。

②大：褚大，一作褚泰。六人：除褚大外，还有徐偃。其余四人无考。

译文

“还是百姓的理解不同，让那些奸诈之辈趁机侵犯百姓的利益呢？为何这般纷扰啊！如今我派博士褚大等六人分别去巡视，慰问孤寡老人或是残疾人，对无法营生的人给予借贷。

原文

“谕三老孝弟（悌）以为民师，举独行之君子，征诣行在所①。朕嘉贤者，乐知其人。广宣厥道，士有特招②，使者之任也。

注释

①行在所：天子行幸停留之处。

②特召：有特殊才行而应当特召之士。

译文

“诏谕天下任命三老、孝悌的人作为人民的师范，推举品德高尚的君子到皇帝行幸停留的地方应征。朕尊重贤者，很高兴认识这些人。广泛宣传这一条原则，有特殊才干的人可以特别召见，这正是巡使的责任。

原文

“详问隐处亡（无）位，及冤失职，奸猾为害，野荒治苛者①，举奏。郡国有所以为便者，上丞相、御史以闻。”

秋九月，大司马骠骑将军去病薨。

注释

①野荒：田亩荒芜。治苛：为政苛细。

译文

"详细盘查那些因为被埋没而未被任用或是因蒙受冤屈而失去营生职业的人,对于四处为害的奸诈之辈和导致田野荒芜、苛政害民的人,要向朝廷举报。郡国认为为百姓提供方便的消息,要上报给丞相、御史。"

秋九月,大司马骠骑将军霍去病去世。

原文

元鼎元年夏五月①,赦天下,大酺五日。得鼎汾水上②。

注释

①元鼎元年:即公元前116年。

②汾水:即今山西省境之汾水。

译文

公元前116年,即元鼎元年夏天的五月,大赦天下,允许百姓举行大宴会五日。在汾水边得到宝鼎。

原文

济东王彭离有罪①,废徙上庸②。二年冬十一月,御史大夫张汤有罪③,自杀。

注释

①有罪:坐杀人。

②上庸:县名。在今湖北竹山县西南。

③有罪:坐怀诈面欺。

译文

济东王刘彭离有罪,废除王号迁徙至上庸旧邑。二年冬十一月,御史大夫张汤有罪,自杀。

原文

十二月,丞相青翟下狱死[1]。春,起柏梁台[2]。

注释

①青翟:庄青翟。

②柏梁台:以香柏为梁的台。

译文

十二月,丞相庄青翟被关进监狱,自杀。春,建造柏梁台。

原文

三月,大雨雪。夏,大水,关东饿死者以千数。秋九月,诏曰:"仁不异远[1],义不辞难[2]。

注释

①仁不异远:远近如一。

②义不辞难:不怕艰难。

译文

三月,下大雨夹杂大雪。夏,大水灾,潼关以东地区饿死的以千计算。秋九月,武帝下诏说:"仁爱没有远近之分,正义也不怕艰难。

原文

“今京师虽未为丰年，山林池泽之饶与民共之①。今水潦移于江南②，追隆冬至，朕惧其饥寒不活。

注释

①山林池泽之饶：山林、池泽的财富资源。

②水潦：水旱之灾。

译文

“今天京师虽然没有获得丰收，山林池泽的财富与百姓一起共享。现在的水灾已经向江南移动了，寒冬就要来临了，朕害怕百姓饥寒交加将没有办法存活下去。

原文

“江南之地，火耕水耨①，方下巴蜀之粟致之江陵②，遣博士中等分循行，谕告所抵③，无令重困。吏民有振救饥民免其厄者，具举以闻④。”

注释

①火耕水耨（nòu）：古时的一种耕种法。烧草，下水种稻，草与稻并生，都割去，复下水灌之，草死，稻独长。

②江陵：县名。今湖北江陵。

③所抵：所到之处。

④具举：将具体情况举报。

译文

“江南地区，烧草灌水种田，刚刚从巴、蜀运出粟来到江陵，派遣博士中等人分路前往巡视，晓谕所到之处，不许加重百姓负担使之困苦。官吏和百姓有能救济饥民使其摆脱饥饿困境者，全都上报朝廷。”

原文

三年冬，徙函谷关于新安①。以故关为弘农县②。

注释

①函谷关：原在今河南灵宝东北，今东徙于新安（今河南新安）东。

②弘农县：治所在今河南灵宝北。

译文

元鼎三年冬，把函谷关向东迁到新安县。把原来的关址称作弘农县。

原文

十一月，令民告缗者以其半与之①。正月戊之，阳陵园火②。

注释

①半与之：对于算缗钱，隐匿不报或自报不实者，令民揭发之，以被告之财半数奖赏。

②火：失火。

译文

十一月，下令凡揭发偷税漏税的人都会得到被告人一半的财产作为奖赏。正月戊子，阳陵园失火。

原文

夏四月，雨雹，关东郡国十余饥①，人相食。常山王舜薨②。

注释

①郡国十余：十几个郡、国。

②薨：去世。

译文

四月的时候，雨水冰雹一起从天而降，关东地区十几个郡国都发生了饥荒灾难，出现了可怕的人吃人的恶劣现象。常山王刘舜去世。

原文

子嗣立，有罪[①]，废徙房陵[②]。

注释

①有罪：坐丧服奸。

②房陵：县名。今湖北房县。

译文

其子刘敎继王位，国有罪，废王号迁徙到房陵。

原文

四年冬十月，行幸雍，祠五畤。赐民爵一级，女子百户牛酒。行自夏阳[①]，东幸汾阴[②]。

注释

①夏阳：县名。在今陕西韩城南。

②汾阴：县名。在今山西万荣县西南。

译文

四年冬天十月，皇帝驾临雍，祭祀五帝。赏赐百姓爵位一级，受赏的人每一百户宰杀一头牛、赏酒若干。从夏阳出发，向东一直到汾阴。

原文

十一月甲子，立后土祠于汾阴脽上①。礼毕，行幸荥阳②。

注释

①脽(shuí)：土丘。

②荥阳：县名，故址在今河南荥阳。

译文

十一月甲子，在汾阴高丘上建后土祠。礼仪完毕后，巡幸荥阳。

原文

还至洛阳，诏曰："祭地冀州①，瞻望河洛，巡省豫州②，观于周室③，邈而无祀④。

注释

①冀州：辖境约当今河北省地区。

②豫州：辖境在今河南省东部及安徽省西北部等地区。

③周室：指洛阳。

④邈：远绝之意。

译文

回到洛阳后，下诏说："在冀州祭祀土地神，瞻望黄河、洛水，巡视豫州，游览了洛阳，周祕已经很久没有祭祀了。

原文

"询问耆老，乃得孽子嘉[1]。其封嘉为周子南君，以奉周祀[2]。"

注释

①孽子嘉：周王室后代姬嘉。
②奉：继承。

译文

"询问当地老人，正好是周王室后代姬嘉。封姬嘉为周子南君，来继承周王室的祭祀。"

原文

春二月，中山王胜薨。夏，封方士栾大为乐通侯[1]，位上将军。

注释

①方士：泛指从事医、卜、星、相类职业的人。

译文

春二月，中山王刘胜去世。到了夏天，又封方士栾大为乐通侯，相当于上将军。

原文

六月,得宝鼎后土祠旁。秋,马生渥洼水之中[①]。作《宝鼎》《天马之歌》。立常山宪王子商为泗水王。

注释

①渥洼水:传说在敦煌地区。

译文

六月,在后土祠旁得到宝鼎。秋,马生渥洼水中。于是作《宝鼎》《天马之歌》庆祝。立常山宪王之子刘商为泗水王。

原文

五年冬十月,行幸雍,祠五畤。遂逾陇[①],登空同[②],西临祖厉河而还[③]。

注释

①陇:陇山。在今陕西与甘肃交界地区。
②空同:一作崆峒,山名。在今甘肃平凉西北。
③祖厉河:流经今甘肃会宁、靖远等县,北入黄河。

译文

五年冬十月,皇帝临幸雍,祭祀五帝。然后越过陇山,登上崆峒山,向西走到祖厉河才返回。

原文

十一月辛巳朔旦，冬至。立泰畤于甘泉[①]。天子亲郊见，朝日夕月[②]。

注释

①泰畤：古代皇帝祭天神之处。甘泉：县名，地处今陕西延安中部。

②朝日夕月：早晨揖日，黄昏揖月。

译文

十一月辛巳，冬至。立泰畤在甘泉县。天子亲自祭祀，早上向东拜日，晚上向西南拜月。

原文

诏曰："朕以眇身托于王侯之上[①]，德未能绥民[②]，民或饥寒，故巡祭后土以祈丰年。冀州脽壤乃显文鼎，获荐于庙[③]。

注释

①眇：微小。

②绥民：安民。

③获荐：进献。

译文

皇帝下诏说："朕以微小之身寄托于王侯之上，品德尚未安抚民众，百姓有的还在饱受饥寒之苦，所以巡查祭后土神来祈求丰年。在冀州后土祠旁发现宝鼎，进献到祖庙。

原文

"渥洼水出马，朕其御焉。战战兢兢，惧不克任，思昭天地，内惟自新。《诗》云：'四牡翼翼，以征不服①。'亲省边垂(陲)，用事所极②。

注释

①《诗》云等句：这是逸《诗》。四牡：四匹公马。翼翼：整饬貌。

②用事所极：所到之处也必行祭礼。

译文

"渥洼之水中所出的马，是朕驾用的。战战兢兢，唯恐不能胜任，想要昭明天地之德，必须不断自省。《诗经》说：'四马并驾齐驱，来征讨不服从自己的地方。'亲自到边陲地区巡视，所到之处也必须祭祀。

原文

"望见泰一，修天文禅。辛卯夜，若景光十有二明。《易》曰：'先甲三日，后甲三日①。'朕甚念年岁未咸登，饬躬斋戒②，丁酉，拜况于郊③。"

注释

①《易》曰等句：见《易·蛊卦》。先甲三日：指辛，寓意斋戒自新。后甲三日，指丁，寓意临事叮咛。

②饬(chì)躬：正己。

③况：赐。

译文

"望见泰一，所以修建天文坛。辛卯夜间，看到有像日光一样的十二道光。《易》说：'先甲三日应该自新，后甲三日应该叮咛。'朕非常挂念今年没有全部丰收，就非常恭敬地斋戒，丁酉，在郊外举行祭祀。"

原文

夏四月，南越王相吕嘉反，杀汉使者及其王、王太后。赦天下。丁丑晦，日有蚀之。秋，蛙、虾蟆斗[①]。遣伏波将军路博德出桂阳[②]，下湟水[③]；楼船将军杨仆出豫章[④]，下浈水[⑤]。

注释

①虾蟆：即蛤蟆。

②桂阳：郡名。治郴县（今湖南郴县）。

③湟水：今广东北部之洭水。

④豫章：郡名。治南昌（今江西南昌市）。

⑤浈水：今广东北部之滃江。

译文

夏四月，南越王丞相吕嘉叛汉朝，杀汉使者及南越王、王太后。大赦天下。丁丑那天出现日偏食。秋，青蛙、蛤蟆争斗。武帝派遣伏波将军路博德出兵桂阳，顺湟水而下；楼船将军杨仆出豫章，顺浈水而下。

原文

归义越侯严为戈船将军[①]，出零陵[②]，下离水[③]；甲为下濑将军[④]，下苍梧[⑤]。

注释

①严：人名，原为越人，降汉，封为归义侯。

②零陵：郡名。治泉陵（今湖南零陵）。

③离水：即今广西境内之漓江和桂江。

④甲：人名，故越人，降汉为将。

⑤苍梧：郡名。治广信（今广西梧州市）。

译文

归义越侯严任戈船将军，出零陵，顺离水而下；甲为下濑将军，从苍梧出发。

原文

皆将罪人，江淮以南楼船十万人。越驰义侯遗别将巴蜀罪人①，发夜郎兵②，下牂柯江③，咸会番禺④。

注释

①遗：越人，归汉，封为池义侯。

②夜郎：古小国名，后为地名，在今贵州西部。

③牂(zāng)柯江：今广西西南部之北盘江。

④番(pān)禺：县名。今广东广州市。

译文

诸将均率罪人，江淮以南楼船水兵十几万人。越人驰义侯遗另外统率巴、蜀罪人，征发夜郎兵，顺牂柯江而下，各路大军在番禺会齐。

原文

九月，列侯坐献黄金酎祭宗庙不如法夺爵者百六人①，丞相赵周下狱死②。乐通侯栾大坐诬罔要(腰)斩。

注释

①不如法夺爵：汉朝于八月献酎祭宗庙时，令诸侯献金助祭(以人口数率千口奉金四两)，皇帝临受。献金若斤两不足，或质量不好，受削邑、夺爵的处分。

②赵周下狱死：赵周坐为丞相知列侯酎金轻，下狱，自杀。

译文

九月,列侯因犯进献祭奠宗庙的黄金质量不好或数量不够的罪名,被贬为平民的有一百零六人,丞相赵周被囚入狱死亡。乐通侯栾大因造谣惑众欺君被腰斩。

原文

西羌众十万人反[1],与匈奴通使,攻故安[2],围枹罕[3]。匈奴入五原,杀太守。

注释

①羌:古族名。汉时活动于今青海,甘肃部分地区,以游牧为主。

②故安,当做“安故”,县名。在今甘肃临洮县南。

③枹罕:县名,在今甘肃临夏县东。

译文

西羌族十万之众反汉朝,与匈奴保持着联络,攻击故安,将枹罕县给重重包围住。匈奴侵入五原,杀死太守。

原文

六年冬十月,发陇西、天水[1]、安定骑士及中尉[2],河南[3]、河内卒十万人[4],遣将军李息、郎中令徐自为征西羌,平之。

注释

①天水、郡名。治平襄(在今甘肃通渭西)。

②安定:郡名。治高平(今宁夏固原)。

③河南:郡名。治洛阳(在今河南洛阳市东北)。

④河内:郡名。治怀县(在今河南武陟县西南)。

译文

六年冬十月,征发陇西、天水、安定各郡县骑兵及中尉,河南、河内兵卒十万人,派遣将军李息、郎中令徐自为征讨西羌反叛,最终平息。

原文

行东[①],将幸缑氏[②],至左邑桐乡[③],闻南越破,以为闻喜县[④]。

注释

①行东:指武帝东行。

②缑氏:县名,在今河南偃师县东南。

③左邑:县名。今山西闻喜县。桐乡:乡名。原在左邑县中。

④闻喜县:治所在今山西闻喜县东北。

译文

武帝巡行东方,将要驾临缑氏县,到左邑桐乡时,听说南越兵败,欣然改左邑县为闻喜县。

原文

春,至汲新中乡[①],得吕嘉首,以为获嘉县[②]。驰义侯遗兵未及下。上便令征西南夷[③],平之。

注释

①汲:县名。在今河南汲县西。新中乡:乡名。原在汲县中。

②获嘉县:在今河南新乡市西。

③西南夷:指我国西南地区各族。

译文

春，到汲县中乡时，斩获吕嘉人头，改汲县为获嘉县。驰义侯遗所率领的军队并没有来得及出发，武帝命令去征讨西南地区少数民族，骚乱被平息。

原文

遂定越地，以为南海、苍梧、郁林、合浦、交阯、九真、日南、珠崖、儋耳郡[①]。

注释

①南海：郡名。治番禺（今广东广州市）。苍梧：郡名。治广信（今广西梧州市）。郁林：郡名。治布山（在今广西桂平市西）。合浦：郡名。治合浦（在今广西合浦县东北）。交阯：郡名。治嬴（今越南河内市）。九真：郡名。治胥浦（在今越南清化西北）。日南：郡名。治西卷（在今越南广治西北）。珠崖：郡名（公元前110-公元前46）。治嶂都县（在今海南省海口市南）。儋耳：郡名（公元前110-公元前82）。治儋耳县（在今海南岛儋州市西北）。

译文

于是划定南越地区区域，设置南海、苍梧、郁林、合浦、交阯、九真、日南、珠崖、儋耳九郡。

原文

定西南夷，以为武都、牂柯、越嶲、沈黎、文山郡[①]。

注释

①武都：郡名。治武都（在今甘肃陇南市武都区）。牂柯：郡名。治故且兰（在今贵州贵定县东北）。越嶲：郡名。治邛都（在今四川西昌市东）。沈黎：郡名（公元

前111－公元前97)。治笮都(在今四川汉源县东北)。文山:郡名(公元前111－公元前67)。治汶江(今四川茂汶羌族自治县)。

译文

划定西南区域,设置武都、牂柯、越巂、沈黎、文山五郡。

原文

秋,东越王余善反,攻杀汉将吏,遣横海将军韩说、中尉王温舒出会稽,楼船将军杨仆出豫章,击之。又遣浮沮将军公孙贺出九原①,匈河将军赵破奴出令居②,皆二千余里,不见虏而还。乃分武威、酒泉地置张掖、敦煌郡③,徙民以实之。

注释

①浮沮:井名。在匈奴游牧区。

②匈河:水名。在匈奴游牧区。令居:县名。在今甘肃永登县西北。

③张掖:郡名。治得(在今甘肃张掖县西北)。敦煌:郡名。治敦煌(在今甘肃敦煌市西)。

译文

秋,东越王余善反叛,攻杀汉朝军官和官吏。武帝派遣横海将军韩说、中尉王温舒出兵会稽,楼船将军杨仆出兵豫章,攻击东越。又派浮沮将军公孙贺出兵九原,匈河将军赵破奴出兵令居,距离都长达二千余里,没有碰到匈奴兵而返回。于是分出武威、酒泉地另置张掖、敦煌郡,迁徙百姓前去充实边防。

原文

元封元年冬十月[1],诏曰:"南越、东瓯咸伏其辜,西蛮北夷颇未辑睦[2],朕将巡边垂(陲),择(释)兵振旅,躬秉武节,置十二部将军,亲帅师焉。"

注释

①元封元年:前110年。
②辑睦:和睦。

译文

公元前110年,即元封元年冬天的十月,武帝下诏说:"南越、东瓯都辜负了汉朝,西部北部各民族尚未和睦,朕将要巡行边防,整编军队振奋士气,亲自掌握统军号令,设立十二方面将军、亲临前线统帅军队。"

原文

行自云阳[1],北历上郡、西河、五原,出长城,北登单于台[2],至朔方,临北河[3]。勒兵十八万骑,旌旗径千余里,威震匈奴。

注释

①云阳:县名。在今陕西淳化县西北。
②单于台:在长城外,具体地点不明。
③北河:黄河自宁夏流向河套,在阴山南麓,分为南北二河,北边的称北河。

译文

巡行从云阳开始。北经上郡、西河、五原,出长城,北面登上单于台,到朔方和北河岸边。检阅骑兵十八万骑,旌旗长达千余里,威震匈奴。

原文

遣使者告单于曰:"南越王头已县(悬)于汉北阙矣。单于能战,天子自将待边,不能,亟来臣服①。何但亡匿幕(漠)北寒苦之地为!"匈奴詟焉②。还,祠黄帝于桥山③,乃归甘泉。

注释

①亟:急。

②詟(zhé):丧胆,惧怕。

③桥山:在汉阳周县。在今陕西黄陵县。相传黄帝冢在桥山。

译文

武帝派使者告诉单于说:"南赵王人头已经挂在汉朝北门。单于敢应战,天子亲自率军在边界等待;不能应战,速来臣服汉朝。为什么只是躲藏在漠北寒苦之地呢!"匈奴从此畏惧起来。回来,在桥山祭祀黄帝陵后,才回到甘泉宫。

原文

东越杀王余善降。诏曰:"东越险阻反覆,为后世患,迁其民于江淮间。"遂虚其地。春正月,行幸缑氏。诏曰:"朕用事华山①,至于中岳②,获驳麃③,见夏后启母石④。

注释

①华山:山名。在今陕西华阴南。

②中岳:即嵩高山。今称嵩山,在今河南登封市。

③麃(páo):兽名。大鹿。

④夏后启母石：传说禹治洪水，通轘山，化为熊。涂山氏女往见之，惭而去，至嵩高山下化为石，石破而生启。

译文

东越人杀其王余善降汉。武帝下诏说："东越那边的地形险阻而其王反复无常，成为后世祸患，应迁徙其民至江淮地区。"于是东越地区便无人居住。春天正月，驾临缑氏。下诏说："朕祭祀在华山，又到中岳，捉驳鹿，见到夏启母亲化身的石头。

原文

"翌日亲登嵩高，御史乘属[1]，在庙旁吏卒咸闻呼万岁者三。登礼罔不答[2]。其令祠官加增太室祠[3]，禁无伐其草木。以山下户三百为之奉(俸)邑，名曰崇高，独给祠，复亡(无)所与。"行，遂东巡海上。

注释

①乘属：同乘的官属。

②登礼罔不答：礼敬于神，无不答应。

③太室祠：嵩高山之太室山上有石室，故名。

译文

"第二天亲自登上嵩山，让随从的御史，在庙宇旁的官吏、兵卒都听到三声呼喊万岁的声音。祭祀的神没有不答应的。应让祭祀官加固太室祠，禁止砍伐草木。用山下三百户的赋税作为祭祀费用，名字叫做崇高邑，单独祭祀，免其所有徭役和赋税。"然后，便向东巡行海上。

原文

夏四月癸卯，上还，登封泰山[1]，降坐明堂[2]。诏曰："朕以眇身承至尊，兢兢焉惟德菲薄，不明于礼乐，故用事八神[3]。

注释

①泰山:在今山东泰安市。封:古时帝王到泰山筑坛祭天,曰“封”。

②明堂:古时天子宣明政教之处,凡朝会、祭祀、庆赏等大典,均于此举行。

③八神:八方之神。

译文

夏四月癸卯,武帝上山祭祀泰山,下山坐于明堂朝见大臣。下诏说:“朕以微小的身躯担当尊贵的地位,每日都在担心恩德的浅薄,对礼乐制度不够明确,所以要祭祀八神。

原文

遭天地况施[1],著见景象,屑(偞)然如有闻[2]。震于怪物,欲止不敢,遂登封泰山,至于梁父[3],然后升禅肃然[4]。自新,嘉与士大夫更始,其以十月为元封元年。

注释

①况施:赐与瑞应。

②屑(xiè):象声词。

③梁父:县名。在今山东泰安市东南,县中有梁父山。

④禅:古时帝王在梁父山上辟基祭地,曰“禅”。肃然:山名。在梁父县境。

译文

得到天地的恩赐,希望出现神灵的景象,仿佛听到呼喊万岁的声音。将怪物震慑,欲制止但不敢有轻举妄动,于是登上泰山祈求天神,到梁父山祭祀地神,然后再上肃然山祭祀。从此新的开始,鼓励士大夫也去自新,把十月封为元封元年。

原文

行所巡至,博、奉高、蛇丘、历城、梁父[1],民田租逋赋贷[2],已除。

加年七十以上孤寡帛，人二匹。四县无出今年算[3]。赐天下民爵一级，女子百户牛酒。”

注释

①博：博县。在今山东泰安市东南。奉高：县名。在今山东泰安市东。蛇丘：县名。在今山东泰安市西南。历城：县名。在今山东历城西。

②逋(bū)赋：欠赋，未出赋。逋贷：欠贷款(或物)，未还官府贷给之款(物)。

③四县：指博、蛇丘、历城、梁父四县。算：算赋。

译文

巡行所到的地方有博县、奉高县、蛇丘县、历城县和梁父县，百姓的田租还有未偿还官府贷给之物的全部都得到免除。而且增加赏赐七十岁以上的孤寡老人，每人二匹棉帛。四个县都可以不交今年的赋税。赏赐天下百姓爵升一级，受爵者的妻子每一百户就赏给牛和酒。”

原文

行自泰山，复东巡海上，至碣石[1]。自辽西历北边九原[2]，归于甘泉。

注释

①碣石：山名。在今河北昌黎县北。

②辽西：郡名。治阳乐(在今辽宁义县西)。

译文

武帝从泰山出行，又向东巡行海上，到碣石。从辽西经北边九原郡，回到甘泉宫。

原文

秋，有星孛于东井[1]，又孛于三台[2]。齐王闳薨。

注释

①东井:星名。即井宿。

②三台:星名。上台、中台、下台共六星,两两相比,起文昌,抵太微。

译文

秋天,有彗星出现在东井星座,又出现在三台星座。齐王刘闳去世。

原文

二年冬十月,行幸雍,祠五畤。春,幸缑氏,遂至东莱[①]。夏四月,还祠泰山。至瓠子[②],临决河,命从臣将军以下皆负薪塞河堤,作《瓠子之歌》。赦所过徒,赐孤独高年米,人四石。还,作甘泉通天台、长安飞廉馆。

注释

①东莱:郡名。治掖县(今山东莱州市)。

②瓠子:地名。在今河南濮阳西。

译文

二年冬十月,武帝驾临雍县,祭祀五帝。春驾临缑氏县,又到东莱。夏四月,武帝返回祭祀泰山。到瓠子时,正遇黄河决口,武帝命令随从大臣将军以下都背柴填塞河堤,作《瓠子之歌》。赦免经过地之罪犯,赐孤独年高者米,每人四石。返回之后,建造甘泉宫的通天台、长安的飞廉馆。

原文

朝鲜王攻杀辽东都尉[①],乃募天下死罪击朝鲜。

注释

①朝鲜:古族名,又古国名。主要分布在今朝鲜半岛。辽东:郡名。治襄平(今辽宁辽阳市)。

译文

朝鲜王攻杀辽东都尉,于是,汉军招募天下死刑罪犯去攻打朝鲜。

原文

六月,诏曰:"甘泉宫内中产芝[1],九茎连叶。上帝博临,不异下房,赐朕弘休[2]。其赦天下,赐云阳都百户牛酒[3]。"作《芝房之歌》。

注释

①内中:房中。芝:芝草。

②弘:大。休:美。

③云阳都:西汉宫室规模宏大者,除未央宫、长乐宫外,则数甘泉宫。甘泉宫所在地云阳,自然显得重要,故称云阳都。

译文

六月,下诏说:"甘泉宫内产灵芝,九个枝干,叶叶相连。天帝博施恩德,连下房也都如此,赐予朕宏大美好的东西。今大赦天下,赏赐云阳每百户牛和酒。"作《芝房之歌》。

原文

秋,作明堂于泰山下。遣楼船将军杨仆、左将军荀彘将应募罪人击朝鲜。又遣将军郭昌、中郎将卫广发巴蜀兵平西南夷未服者,以为益州郡[1]。

注释

①益州郡:郡名。治滇池(在今云南晋宁县东)。

译文

秋,在泰山下建造明堂。派遣楼船将军杨仆、左将荀彘将军应募罪人攻打朝鲜。又派遣将军郭昌、中郎将卫广征发巴、蜀兵镇压西南少数民族地区继续骚乱的人,设置益州郡。

原文

三年春,作角抵戏①,三百里内皆观②。

注释

①角抵戏:古代的一种技艺表演,犹今之摔跤。

②观:参观,观看。

译文

三年春,表演角抵戏,方圆三百里的人都来观看。

原文

夏,朝鲜斩其王右渠降①,以其地为乐浪、临屯、玄菟、真番郡②。

注释

①右渠:朝鲜王之名。

②乐浪:郡名。治朝鲜(今朝鲜北部平壤市南)。临屯:郡名(公元前108-公元前82)。在朝鲜半岛中部。玄菟:郡名(前108-公元前82)。治夫租(在今朝鲜北部咸兴)。真番:郡名(公元前108-公元前82)。在朝鲜半岛中部。

译文

夏，朝鲜人杀其王右渠降汉，在其地设立乐浪、临屯、玄菟、真番郡。

原文

楼船将军杨仆坐失亡多免为庶民，左将军荀彘坐争功弃市。秋七月，胶西王端薨。武都氐人反①，分徙酒泉郡②。

注释

①武都：郡名。治武都（今甘肃陇南市武都北）。氐：古族名。西汉时活动于武都一带。

②分徙：迁徙一部分。

译文

楼船将军杨仆因作战伤亡太重而触犯军法，被免职沦为平民百姓，左将军荀彘因争功犯罪在街头处死。秋天七月，胶西王刘端去世。

原文

四年冬十月，行幸雍，祠五畤。通回中道①，遂北出萧关②，历独鹿、鸣泽③，自代而还，幸河东④。

注释

①回中道：道路名。在今陕西陇县至甘肃华亭之间。

②萧关：在今宁夏固原县东南。

③独鹿：山名。鸣泽：泽名。传说在西汉涿郡，在今河北省中部涿州市一带。

④河东：郡名。治安邑（今山西夏县西北）。

译文

四年冬十月，到了雍，祭祀五帝。经过回中通道，于是向北出了萧关，经过独鹿、鸣泽，从代郡回来，又巡幸河东。

原文

春三月，祠后土。诏曰："朕躬祭后土地祇，见光集于灵坛，一夜三烛。幸中都宫[1]，殿上见光。其赦汾阴、夏阳、中都死罪以下[2]，赐三县及杨氏皆无出今年租赋[3]。"

注释

①中都宫：在太原郡。汉文帝为代王时之宫。

②汾阴：县名。在今山西万荣县西。夏阳：县名。在今陕西韩城西。中都：县名。在今山西平遥西南。

③杨氏：疑即杨县。在今山西洪洞县东南。

译文

春三月，祭祀土地神。下诏说："朕亲自祭祀土地神，看见灵光出现在灵坛，一夜照三次。到中都宫，殿上有光，应该赦免汾阴、夏阳、中都等县的罪犯，赐三个县及杨氏都免缴今年赋税。"

原文

夏，大旱，民多暍死[1]。秋，以匈奴弱，可遂臣服，乃遣使说之。单于使来，死京师[2]。匈奴寇边，遣拔胡将军郭昌屯朔方。

注释

①暍(yē)死：中暑而死。

②死京师：单于使死京师事。

译文

夏天大旱，许多百姓中暑而死。秋，由于匈奴势力削弱，可以及时让他们臣服，于是便派使臣前去说服。单于派使臣来京城，死在了京师。匈奴偷袭边境地区，于是派遣胡将军郭昌驻扎朔方。

原文

五年冬，行南巡狩，至于盛唐①，望祀虞舜于九嶷②。登潜天柱山③，自寻阳浮江④，亲射蛟江中，获之。

注释

①盛唐：山名。在今安徽怀宁县城内。

②九嶷：山名。在今湖南南部。

③潜（qián）：县名。在今安徽霍山县东北。天柱山：在今安徽霍山县南。

④寻阳：县名。在今湖北广济县东北。江：长江。

译文

五年冬，向南方巡视游猎，到达南郡盛唐地区。遥祭葬于九嶷山的尧、舜，登上灊县的天柱山。从寻阳县上船游长江，武帝亲射江中之蛟，捕获。

原文

舳舻千里，薄枞阳而出①，作《盛唐枞阳之歌》。遂北至琅邪②，并（傍）海，所过礼祠其名山大川。春三月，还至泰山，增封。甲子，祠高祖于明堂，以配上帝，因朝诸侯王列侯，受郡国计③。

注释

①枞阳：县名。今安徽枞阳县。

②琅邪:县名。县中有琅邪台,临海。在今山东胶南市南。

③计:郡国所呈的计簿。

译文

船只前后接连千里,在枞阳停船登岸,作《盛唐枞阳之歌》。于是北到琅邪,傍依大海而行,沿途拜祭名山大川。春天的三月份,回到泰山,加高山上祭坛。甲子日,在明堂祭祀高祖,排位放在天帝旁边,随之朝见诸侯王以及列侯,让郡国上报地方的情况。

原文

夏四月,诏曰:"朕巡荆扬①,辑江淮物②,会大海气,以合泰山。上天见(现)象,增修封禅。其赦天下。所幸县毋出今年租赋,赐鳏寡孤独帛,贫穷者粟。"还幸甘泉,郊泰畤。大司马大将军青薨。

注释

①荆扬:指荆州、扬州地区。

②江淮:指长江、淮河流域。

译文

夏四月,下诏说:"朕巡游荆州、扬州,邀请了江淮地区的神灵,汇集大海的气息,聚合到泰山上。上天显示景象,增修祭坛。今大赦天下。所有经过的县免除今年赋税,赏赐孤寡老人棉帛,赏赐贫苦人家粟米。"回来后巡幸甘泉宫,郊祭太一神。大司马大将军卫青去世。

子 部

天地虽大，其化均也；万物虽多，其治一也；人卒虽众，其主君也。君原于德而成于天，故曰，玄古之君天下，无为也，天德而已矣。

忘足，履之适也；忘腰，带之适也；知忘是非，心之适也；不内变，不外从，事会之如也；始乎适而未尝不适者，忘适之适也。

老子

道可道也，非恒道也

原文

道可道也①，非恒道也②。
名可名也③，非恒名也。
无名④，万物之始也；有名⑤，万物之母也⑥。
故恒无欲也⑦，以观其眇⑧；恒有欲也，以观其所徼⑨。
两者同出，异名同谓⑩。玄之又玄⑪，众眇之门⑫。

注释

①第一个“道”是名词，指的是宇宙的本原和实质，引申为原理、原则、真理、规律等。第二个“道”是动词，指解说、表述的意思，犹言“说得出”。

②恒：一般的，普通的。

③第一个“名”是名词，指“道”的形态。第二个“名”是动词，说明的意思。

④无名：指无形。

⑤有名：指有形。

⑥母：母体，根源。

⑦恒：经常。

⑧眇（miǎo）：通妙，微妙的意思。

⑨徼（jiǎo）：边际、边界。引申为端倪的意思。

⑩谓：称谓。此为“指称”。

⑪玄：深黑色，玄妙深远的含义。

⑫门：之门，一切奥妙变化的总门径，此用来比喻宇宙万物的唯一原“道”的门径。

译文

“道”如果可以用言语来表述，那它就是常“道”（“道”是可以用言语来表述的，它并非一般的“道”）；“名”如果可以用文辞去命名，那它就是常“名”（“名”也是可以说明的，它并非普通的“名”）。“无”可以用来表述天地混沌未开之际的状况；而“有”，则是宇宙万物产生之本原的命名。因此，要常从“无”中去观察领悟“道”的奥妙；要常从“有”中去观察体会“道”的端倪。无与有这两者，来源相同而名称相异，都可以称之为玄妙、深远。它不是一般的玄妙、深奥，而是玄妙又玄妙、深远又深远，是宇宙天地万物之奥妙的总门（从“有名”的奥妙到达无形的奥妙，“道”是洞悉一切奥妙变化的门径）。

天下皆知，美之为美

原文

天下皆知，美之为美，恶已①；皆知善，斯不善矣②。

有无之相生也③，难易之相成也，长短之相刑也④，高下之相盈也⑤，音声之相和也⑥，先后之相随，恒也。

是以圣人居无为之事⑦，行不言之教，万物作而弗始也⑧，为而弗志也⑨，成功而弗居也。

夫唯弗居，是以弗去。

注释

①恶已：恶，丑。已，通“矣”。

②斯：这。

③相：互相。

④刑：通“形”，此指比较、对照中显现出来的意思。

⑤盈：充实、补充、依存。

⑥音声：汉代郑玄为《礼记·乐记》作注时说，合奏出的乐音叫做“音”，单一发

出的音响叫做“声”。

⑦圣人居无为之事:圣人,古时人所推崇的最高层次的典范人物。居,担当、担任。无为,顺应自然,不加干涉、不必管束,任凭人们去干事。

⑧作:兴起、发生、创造。

⑨弗志:弗,不。志,指个人的志向、意志、倾向。

译文

天下的人都知道美之所以为美,这就有丑的观念同时存在了:都知道善之所以为善,恶的观念也就同时产生了。有和无相互对立而产生,难和易相互对立而完成,长和短相互对立而形成,高和低相互对立而包含,音和声相互对立而和谐,前和后相互对立而随顺,这是永远不变的(对立统一体)。因此,圣人以“无为”的态度去对待世事,实行“不言”的教导,(任凭)万物自然地生长变化而不去强为主宰,生养万物而不据为己有,培育万物而不自恃自己的能力,功成业就而不自我夸耀。正由于不自我夸耀,所以他的功绩不会泯灭。

不见可欲,使民不乱

原文

不上贤[1],使民不争;

不贵难得之货[2],使民不为盗[3];

不见可欲[4],使民不乱。

是以圣人之治也,虚其心[5],实其腹,弱其志[6],强其骨,恒使民无知、无欲也。

使夫知不敢[7]、弗为而已[8],则无不治矣[9]。

注释

①上贤:上,同“尚”,即崇尚,尊崇。贤:有德行、有才能的人。

②贵:重视,珍贵。货:财物。

③盗:窃取财物。

④见(xiàn):通“现”,出现,显露。此是显示、炫耀的意思。

⑤虚其心:虚,空虚。心:古人以为心主思维,此指思想、头脑。虚其心,使他们心里空虚,无思无欲。

⑥弱其志:使他们减弱志气。削弱他们竞争的意图。

⑦敢:进取。

⑧弗为:同“无为”。

⑨治:治理,此意是治理得天下太平。

译文

不推崇有才干的人,使人民不争功名利禄;不看重稀有商品,使人民不去偷盗;不显耀那些能诱发人贪欲的东西,使人民的心性不被搅乱。所以,圣人治理天下,排空百姓的心机,填饱人民的肚子,削弱人民的竞争意图,增强人民的体魄,永远使人民没有知识、没有欲望。(这样,)使一些自作聪明的人不敢妄为,以“无为”的态度去处理世事,就没有办不好的事情。

孔德之容,唯道是从

原文

孔[1]德[2]之容[3],惟道是从。
道之为物,惟恍惟惚。
惚兮恍兮,其中有象[4]。
恍兮惚兮,其中有物。
窈兮冥兮[5],其中有精[6];
其精甚真[7],其中有信[8]。
自今及古[9],其名不去,以阅众甫[10]。
吾何以知众甫之状哉!以此[11]。

注释

①孔：甚，大。

②德："道"的显现和作用为"德"。

③容：运作、形态。

④象：形象、具象。

⑤窈(yǎo)兮冥兮：窈，深远，微不可见。冥，暗昧，深不可测。

⑥精：最微小的原质，极细微的物质性的实体。微小中之最微小。

⑦甚真：是很真实的。

⑧信：信实、信念，真实可信。

⑨自古及今：又作"自今及古"。

⑩众甫："甫"与"父"通，引申为始。

⑪以此：此指道。

译文

大德的形成与否，是由道所决定的。"道"这个东西，没有清楚的固定实体。它是那样的恍恍惚惚啊，其中却有形象。它是那样的恍恍惚惚啊，其中却有实物。它是那样的深远暗昧啊，其中却有精质；这精质是最真实的，这精质是可以相信的。从当今追溯到古代，它的名字永远不能废除，依据它，才能观察万物的初始。我怎么才能知道世间万物开始的情况呢？是从"道"开始的。

企者不立，跨者不行

原文

企[1]者不立，跨[2]者不行；
自见者不明，自是者不彰；
自伐者无功，自矜者不长。
其于道也，曰馀食赘形[3]。
物或恶之，故有道者不处。

注释

①企：一本作"支"，意为举起脚跟，脚尖着地。
②跨：跃、越过，阔步而行。
③赘（zhuì）形：多余的形体，因饱食而使身上长出多余的肉。

译文

当你想要站得高就踮起脚尖，反而站立不住，迈起大步想要前进得快，反而不能远行；自逞己见的反而得不到彰明，自以为是的反而得不到显昭；自我夸耀的建立不起功勋，自高自大的不能做众人之长。从道的角度看，以上这些急躁炫耀的行为，只能说是剩饭赘瘤。因为它们是令人讨厌的东西，所以有道的人决不会这样犯错。

常善救人，常善救物

原文

善行无辙迹①，善言无瑕谪②，善数不用筹策③；
善闭无关楗而不可开④，善结无绳约而不可解⑤。
是以圣人常善救人，故无弃人⑥；
常善救物，故无弃物。是谓袭明⑦。
故善人者，不善人之师⑧；
不善人者，善人之资。
不贵其师，不爱其资，虽智大迷⑨，是谓要妙⑩。

注释

①辙迹：即明显的痕迹，可以指车辙的痕迹亦可指足迹，又较辙迹为胜。
②瑕谪（zhé）：缺点，过失。

③筹(chóu)策:古代的计算工具。
④闭:关闭、封闭;关楗,指封闭房门的锁或门闩。
⑤结:打结,捆绑;绳约,即绳索。
⑥弃:遗弃、抛弃、丢弃;弃人,被抛弃的人。
⑦袭:承袭;明,光明,此处指明道。
⑧师:教师。
⑨迷:迷糊,迷惑。
⑩要妙:最为玄妙。

译文

善于行动的人他不会给你留下什么迹象去寻找,善于说话的人他的言语只会无懈可击,善于计算的人其计算不用筹码,而能正确无误;善于关闭的人其关闭不用门闩别人却不能开,善于捆绑的人其捆绑不用绳索而固不可解。因此,圣人善于救助人民,所以没有被遗弃的人;善于利用万物,所以没有被废弃之物。这就叫做保持明境。所以,善人是不善之人的老师;而不善之人是善人借鉴的对象(反面教材)。不懂得尊重自己的老师,不珍惜自己的借鉴,即使是个有智慧的人,但也只能算是不明真理的糊涂之人,这就是道理的所在之处。

知人者智,自知者明

原文

知人者智,自知者明。
胜人者有力,自胜者强。
知足者富,强行①者有志。
不失其所者久,死而不亡②者寿。

注释

①强行:勤勉力行。
②死而不亡:身没而道犹存。

译文

明智的人善于了解别人,但是善于了解自己的人才最聪明。能够克制别人的人是有力量的,能够克制自己的人才最强大。知道满足的人才能富有,努力不懈的人才最有志向。不丧失根基的人才能长久,身体死了但是思想还没有结束的人才长寿。

终不为大,能成其大

原文

大道氾兮,其可左右①!
万物恃②之以生,而不辞③,功成而不有④。
衣被万物而不为主⑤,可名于小⑥;
万物归焉而不为主,可名为大。
以其终不自为大,故能成其大。

注释

①氾:流溢;左右,无所不在。
②恃(shì):依赖。
③辞:推辞。
④功成不名有:获得成功而不占有名声。
⑤爱养:爱护和养育,他本亦作"衣被""衣养",义同。不为主:不做主宰者。
⑥小:渺小,道因无欲故声名不显著,亦可以说是渺小。

译文

大道广泛流行,没有它到达不了的地方。万物依赖它生长而不推辞,有所成就而不自以为有功。养育万物而不自以为主,永远没有私欲,可以说是渺小得很,所以可称它为“小”;万物归附于它而它不自以为主宰,可以说极其伟大,所以可称它为“大”。由于它从不自大,所以才能成就它自身的伟大。

道常无为,而无不为

原文

道常无为,而无不为。
侯王若能守之,万物将自化①。
化而欲作,吾将镇之以无名之朴②。
镇之以无名之朴,亦将无欲③。
不欲以静,天下将自正④。

注释

①自化:自己运行,自生自灭。

②无名:没有名字;朴:素朴;无名之朴,即如道一般的素朴。

③无欲:没有欲望。

④自正:自己走向安定。

译文

道永远是顺应自然的,因此没有一件事不是它所为。侯王如果能持守它,万物就会自生自长。自生自长而至贪欲萌作时,我就用道的真朴来安定它。用道的真朴来安定它,就会不起贪欲。不起贪欲而趋于宁静,天下便自然会安定的生存。

上德不德，是以有德

原文

上德不德，是以有德①；

下德不失德，是以无德②。

上德无为而无以为，下德无为而有以为③。

上仁为之而无以为，上义为之而有以为④。

上礼为之而莫之应，则攘臂而扔之⑤。

故失道⑥而后德，失德而后仁，失仁而后义，失义而后礼。

夫礼者，忠信之薄，而乱之首⑦；

前识者道之华，而愚之始⑧。

是以大丈夫处其厚，不居其薄⑨；

处其实，不居其华⑩。

故去彼取此。

注释

①上德：上等的品德；不德：不得，即不求获得；有德：有得，即有所获得。

②下德：下等的品德；不失德：不失去得的机会；无德：即无所获得。

③无以为：无所作为；有以为：有所作为。

④上仁：上等的仁爱、仁慈；上义：上等的义气。

⑤上礼：上等的礼仪；攘（rǎng）臂：振臂、挥臂；仍与扔义同：牵引。

⑥失道：失去了正确道路。

⑦薄：轻薄、浇薄；首：开端。

⑧前识者：先知，指对未来进行预测的人。华，通"哗"，哗众取宠；道之华：在大道上哗众取宠；愚之始：愚昧的开始。

⑨处其厚：立身于基础厚重处；不居其薄：不立身于轻薄处。

⑩处其实：立身于朴实处；不居其华：不立身于虚荣繁华处。

译文

拥有高尚品德的人，从来不追求形式上的“德”，这才是真正具备了“德”。而品德低下的人，从来不放弃在形式上追求“德”，实际上是没有真正具备“德”。真正具备“德”的人，一切顺其自然无所作为，而且也是无心作为；形式上具备“德”的人，喜欢人为地加以施为，而且也是有心作为；讲仁爱的人要做一件事，是没有私心意图的，所以容易做好；讲义行的人要做一件事，常有私心目的，所以可以做好的事是有限的；讲礼仪的人去做一件事，是勉强施为，如果没人响应，于是便扬起手臂使人屈服，这样的人最终什么也做不好。所以，丧失“道”的人才去讲“德”；丧失“德”的人才去讲“仁”；丧失“仁”的人才去讲“义”；丧失“义”的人才去讲“礼”。而所谓的礼仪啊，是人心不够忠厚，是社会动乱的祸首；自以为有先见之明，那不过是道的虚华，是愚昧的开始。所以，大丈夫，选择淳厚而不选择轻薄；选择朴实而不选择虚华。因此，便会明智的舍弃后者而选择前者。

无生于有，有生于无

原文

反①者道之动，弱②者道之用。

天下万物生于有，有生于无。

注释

①反：往返，反复。

②弱：柔弱，柔韧。

译文

道的运动是循环的，道的作用是柔弱的。天下万物生于有，有生于无。

大成若缺，其用不弊

原文

大成[1]若缺，其用不弊[2]。
大盈若冲，其用不穷[3]。
大直若屈，大巧若拙，大辩若讷。
静胜躁，寒胜热，清静为天下正[4]。

注释

①大成：最完满的东西。
②弊（bì）：残破，不完整。
③穷：极尽、空荡。
④天下正：天下太平。

译文

相当完美的东西好像有欠缺一样，但是它的作用是不会消失的。最充盈的东西好像是空虚一样，但是它的作用是不会穷尽的。最正直的东西好像是弯曲一样，最灵巧的东西好像是笨拙一样，最卓越的辩才好像是口讷（nè）一样。安静不可防疾动，寒冷不可耐热。身心淡定无为可以使天下向安静的方向发展。

出生入死，顺其自然

原文

出生入死。

生之徒十有三；死之徒十有三①；

人之生，动之于死地②亦十有三。

夫何故？以其生生之厚③。

盖闻善摄生者④，陆行不遇兕虎，入军不被甲兵⑤。

兕无所投其角⑥，虎无所用其爪⑦，兵无所容其刃⑧。

夫何故？以其无死地。

注释

①生之徒：生命的途径；死之徒：死亡的途径。

②死地：致死的处所。

③生生之厚：求生的愿望过于强烈。

④摄：摄取，养也；摄生：养生。

⑤甲兵：盔甲和兵器，此处泛指兵戈。

⑥角：野牛的角。

⑦爪：虎爪。

⑧刃：兵器的锋刃。

译文

人出世以后就定义为生，入地为死。属于长寿的，占十分之三；属于短命的，占十分之三；人过分地奉养生命，妄为而走向死路的，也占了十分之三。为什么呢？因为奉养太过度了。听说善于养护生命的人，在陆地上行走不会遇到犀牛和老虎，在战争中不会受到杀伤；犀牛用不上它的角，老虎用不上它的爪，兵器用不上它的刃。原因是什么呢？因为他没有进入死亡的范围。

含德之厚，比于赤子

原文

含德之厚，比于赤子。

毒虫不螫，猛兽不据，攫鸟不搏。

骨弱筋柔而握固，未知牝牡之合而朘作①，精之至也。

终日号而不嗄②，和之至也。

知和曰常，知常曰明，益生③曰祥④，心⑤使气曰强⑥。

物壮则老，谓之不道，不道早已。

注释

①朘作：婴孩生殖器举起。

②嗄：哑。

③益生：纵欲贪生。

④祥：作妖祥、不祥解。

⑤心：欲望、不符合自然法则的妄想妄动。

⑥强：逞强；暴。

译文

德行深厚的人，要比初生的婴儿更好。蜂蝎毒蛇不咬伤他，凶鸟猛兽不搏击他。他筋骨柔弱拳头却握得很牢固，他还不知道男女交合但小生殖器却自动勃起，这是精气充足的缘故。他整天号哭，但是他的喉咙却不会沙哑，这是元气淳和的缘故。认识淳和的道理叫做"常"，认识常叫做"明"。贪生纵欲就会有灾殃，用心机主使和气就是逞强。过分的强壮就趋于衰老，这叫做与道相逆反，与道相逆很快就会死亡。

知者不言,言者不知

原文

知者不言,言者不知[1]。

塞其兑,闭其门[2],挫其锐,解其纷,和其光,同其尘[3],是谓玄同[4]。

故不可得而亲,不可得而疏;不可得而利,不可得而害;不可得而贵,不可得而贱[5]。故为天下贵。

注释

①知者不言,言者不知:知道的人不说话,说话的人不知道。

②塞其兑,闭其门:此"逸"借为"兑",指人之孔窍。

③挫其锐,解其纷,和其光,同其尘:不露锋芒,消解纷扰,含敛光耀,混同尘世。

④玄同:玄妙齐同的境界,即道的境界。

⑤不可得而亲,不可得而疏;不可得而利,不可得而害;不可得而贵,不可得而贱:指"玄同"的境界超出了亲疏利害贵贱的区别。

译文

有智慧的人从来不会多说话的,多话的就不是聪明的人。塞住嗜欲的孔窍,闭起嗜欲的门径,审时度势,消解纷扰,含敛光耀,混同尘世,这就是玄妙齐同的境界。这样就不分亲,不分疏;不分利,不分害;不分贵,不分贱。所以为天下所尊崇。

无为而治，无欲而民

原文

以正[①]治国，以奇[②]用兵，以无事取天下[③]。
吾何以知其然哉？以此[④]：
天下多忌讳，而民弥贫；
人多利器[⑤]，国家滋昏；
人多伎巧[⑥]，奇物[⑦]滋起；
法令滋彰，盗贼多有。
故圣人云：我无为而民自化[⑧]，我好静而民自正；
我无事而民自富，我无欲而民自朴。

注释

①正：指清静之道。
②奇：奇巧，诡秘；临机应变。
③取天下：治理天下。
④以此：简本及帛书本均无此二字。
⑤利器：锐利武器。一说喻权谋。
⑥伎巧：技巧，即智巧。
⑦奇物：邪事。简本作“哦物”。“哦”，应读为苛刻、苛细之“苛”，“苛物”犹言“苛事”，“苛”字用法与“苛政”“苛礼”之“苛”相类。
⑧我无为，而民自化：“自化”，自我化育。

译文

以清静的方式治理国家国，以奇特的方法用兵，以不使人民觉得难受来治理天下。我怎么知道是这样的？从下面这些事端上可以看出：天下的禁忌越多，人民越陷于贫困；人间的利器越多，国家越陷于昏乱；人们的技巧越多，邪恶的事情就连连发生;法令越森严,盗贼反而不断地增加。所以有道的人说:我没有什么贡献,人民就自我化育;我好静,人民就自然上轨道;我不打扰他们,人民就自然富足;我没有过分的欲念,人民就自然朴实。

祸兮福倚,福兮祸伏

原文

其政闷闷[①],其民淳淳[②]。
其政察察[③],其民缺缺[④]。
祸兮福之所倚,福兮祸之所伏。
孰知其极?其无正也[⑤]。
正复为奇[⑥],善复为妖。
人之迷[⑦],其日固久。
是以圣人方而不割[⑧],廉而不刿[⑨]。
直而不肆[⑩],光而不耀[⑪]。

注释

①闷闷:昏昏昧昧,含有宽厚的意思。
②淳淳:淳厚的意思。
③察察:严苛。
④缺缺:狡黠。
⑤其无正也:它们并没有定准。指福、祸变换无端。
⑥正复为奇,善复为妖:正再转变为邪,善再转变为恶。
⑦人之迷,其日固久:人们的迷惑,已经有长久的时日。
⑧方而不割:方正而不割伤人。
⑨廉而不刿(guì):锐利而不伤害人。“廉”,利。“刿”,伤。
⑩直而不肆:直率而不放肆。
⑪光而不耀:光亮而不刺耀。

译文

政治宽厚,人民就淳朴善良。政治严苛,人民就狡黠不实在。灾祸啊,幸福倚傍在它里面;幸福啊,灾祸藏伏在它之中。谁知道它们的究竟?它们并没有一个定准!正忽而转变为邪,善忽而转变为恶。人们的迷惑,已经有长久的时日了。因而有道的人方正而不会让别人受伤,锐利而不伤人,直率而不放肆,光亮而不耀眼。

若肖久矣,其细也夫

原文

天下皆谓我道大①,似不肖。
夫唯大,故似不肖②;若肖久矣,其细也夫。
我有三宝③,持而保之:一曰慈,二曰俭④,三曰不敢为天下先。
慈故能勇⑤,俭故能广⑥,不敢为天下先,故能成器长⑦。
今舍慈且⑧勇,舍俭且广,舍后且先,死矣!
夫慈,以战则胜⑨,以守则固。
天将救之,以慈卫之。

注释

①我道大:道即我,我即道。“我”是老子用作自称之词。

②似不肖:肖,相似之意。意为不像具体的事物。一说,没有任何东西和我相似。

③三宝:三件法宝,或三条原则。

④俭:啬,保守,有而不尽用。

⑤慈故能勇:仁慈所以能勇武。

⑥俭故能广:俭啬所以能大方。

⑦器长:器,指万物。万物的首长。

⑧且：取。

⑨以战则胜：一本作“以阵则亡”。

译文

天下人都说我所实行的道义是伟大的，不像任何具体事物的那样。正因为它伟大，所以才不像任何具体的事物，如果它像任何一个具体的事物，那么“道”也就显得微不足道了。我有三件法宝执守而且保全它：第一件叫做慈爱；第二件叫做节俭；第三件是不敢居于天下人的前面。有了这柔慈，所以能勇武；有了节俭，所以能大方；不敢居于天下人之先，所以能成为万物的首长。现在丢弃了柔慈而追求勇武；丢弃了节俭而追求大方；舍弃退让而求争先，结果是走向死亡。慈爱，用来征战，就能够胜利，用来守卫就能巩固。天如果要帮助谁，就用温柔的慈悲来保护他。

不争之德，用人之力

原文

善为士者[1]不武；善战者不怒；
善胜敌者不与[2]；善用人者为之下。
是谓不争之德，是谓用人之力；
是谓配天[3]，古之极也。

注释

①善为士者：士，即武士，这里作将帅讲。此句意为善作将帅的人。

②不与：意为不争，不正面冲突。

③配天：符合自然的道理。

译文

善于带兵打仗的将帅领导人，不会显摆他的勇武；善于打仗的人，不轻易激怒；善于胜敌的人，不与敌人正面冲突；善于用人的人，对人表示谦下。这叫做不与人争的品德，这叫做运用别人的能力；这叫做符合自然的道理，这是从古至今的最高准则。

天网恢恢，疏而不失

原文

勇于敢则杀，勇于不敢则活①。
此两者，或利或害。
天之所恶，孰知其故？是以圣人犹难之。
天之道②，不争而善胜，不言而善应，不召而自来，绰然③而善谋。
天网④恢恢⑤，疏而不失。

注释

①勇于敢则杀，勇于不敢则活：勇于坚强就会死，勇于柔弱就可活。
②天之道：自然的规律。
③绰（tǎn）然：坦然，安然，宽缓。
④天网：自然的范围。
⑤恢恢：宽大，广大。

译文

太过坚强就会死，太过柔弱就可保住性命。这两种勇的结果，有的得利，有的遭害。天道所厌恶的，谁知道是什么缘故？这是圣人也很难了解的。自然的规律，是不争攘而善于得胜，不说话而善于回应，不召唤而自动来到，宽缓而善于筹策。自然的范围广大无边，稀疏而不会有一点纰漏。

求生之厚，是以轻死

原文

民之饥，以其上食税之多，是以饥。
民之难治，以其上之有为[①]，是以难治。
民之轻死，以其上求生之厚[②]，是以轻死。
夫唯无以生为[③]者，是贤[④]于贵生[⑤]。

注释

①有为：政令烦苛；强作妄为。

②以其上求生之厚：由于统治者奉养奢厚。

③无以生为：不把厚生奢侈作为追求的目标。

④贤：胜。

⑤贵生：厚养生命。

译文

人民所以饥饿，就是由于统治者讨伐税赋太多，因此总是饥饿难耐。人民所以难治，就是由于统治者强作妄为，因此难以管治。人民所以轻死，就是由于统治者奉养奢厚，因此轻于犯死。只有清静恬淡的人，才胜于奉养奢厚的人。

弱之胜强，柔之胜刚

原文

天下莫柔弱于水。而攻坚强者，莫之能胜。以其无以易之[①]。弱之胜强，柔之胜刚，天下莫不知，莫能行。是以圣人云：受国之垢[②]，是谓社稷[③]主；受国不祥，是为天下王。正言若反。

注释

①以其无以易之：凭借着水流动的力量改变它们。无，指水的活泼、流动、侵蚀等特性。易，改变。

②垢：污垢，此处为屈辱之意。

③社稷（jì）：社是土地神，稷是谷神。中国古代以农业为生，全靠土地、五谷，每年要祭祀土地神、谷神，以求丰收。故又将社稷指为国家。

译文

天下之物如果说柔弱没有可以跟水相比较的，而在攻克坚强的东西方面没有什么能胜过它，水凭借流动的力量使它们有所改变。这便是柔克刚、弱胜强，恐怕天下无人不知道，只是没有人实行罢了。故此圣人有句话说得好，能够承受起国家屈辱的人，可以配作社稷的领导，敢于承担起国家危难的人，才能担当人民的领袖。忠言往往是逆耳的，好话只会让人陷入困境。

对于馀怨，报怨以德

原文

和大怨，必有馀怨；报怨以德，安可以为善。
是以圣人执左契，而不责于人。
有德司契[①]，无德司彻[②]。
天道无亲[③]，恒与善人[④]。

注释

①有德司契：讲利益之德的人会格外讲究恩怨功过的凭证记录。司契，掌握着恩怨功过的凭证记录。

②无德司彻：讲道义之德的人则主张彻底消除恩恩怨怨。

③天道无亲：天道伦理讲的是情深义重。无亲，情义上相亲相爱、相濡以沫。

④恒与善人：一定与善良的人心灵相通。与，与……相通。

译文

大的仇怨和解了，必然还存有余怨，这样就要实行以德报怨，怎么能说得上是友善呢？因此圣人虽然保存着凭证记录，但并不用它索取苛责于人。讲利益之德的人，会格外讲究那些恩怨功过的凭证记录；而讲精神之德的人，则主张彻底消除各种恩恩怨怨。伦理道德讲的是情深义重，大家相亲相爱、相互帮助，这一定与善良的人有所互通。

有无相生，难易相成

原文

天下皆知美之为美，斯恶已；

皆知善之为善，斯不善已。

有无相生①，难易相成，长短相形，高下相倾，音声相和，前后相随，恒也。

是以圣人处无为之事②，行不言之教③；万物作而弗始④。

生而弗有，为而弗恃⑤，功成而弗居。

夫唯弗居，是以不去。

注释

①有无相生："有""无"，指对现象界事物的存在或不存在而言。②圣人：居住在俗世的以自然无为而无不为的修行得道者。无为：无争、无欲，无违背自然规律的强求。

③不言：不发号施令，不用政令。"言"，指对政教职工号令。"不言之教"，意指非形式条规的督教，而为潜移默化的引导。

④辞：言辞、说、标榜。

⑤恃：依赖、仗着。

译文

天下都知道美所以称之为美，随之丑的观念也就产生了。都知道善之所以为善，不善的观念也就产生了。有和无互相生成，难和易互相促就，长和短互为显示，高和下互为呈现，音和声彼此应和，前和后连接相随。所以，有道的人以无为的态度来处理世事，实行"不言"的教导。万物兴起而不造作事端。生养万物而不据为己有,生育万物而不自恃己能,功业成就而不自我夸耀。正因他不自我夸耀,所以他的功绩不会泯灭。

虚而不屈,动而愈出

原文

天地不仁[①],以万物为刍狗[②];
圣人不仁[③],以百姓为刍狗。
天地之间,其犹橐籥[④]乎?虚而不屈[⑤],动而愈出。
多言数穷[⑥],不如守中[⑦]。

注释

①天地不仁:天地无所偏爱。②刍(chú)狗:刍是干草,刍狗在此泛指动、植物。

③圣人不仁:圣人无所偏爱。即意指圣人取法于天地之纯任自然。

④橐(tuó)籥(yuè):古代用以冶炼时鼓风的工具,现称为风箱。其外周为橐,其内鼓风者为籥。

⑤不屈:不竭。

⑥多言数(sù)穷:政令烦苛,加速死亡。"言",意指声教法令。"多言",意指政令繁多。"数"通"速"。

⑦守中:持守中虚。

译文

天地没什么所特别喜欢的,就是使万物自然生长;圣人无所偏爱,任凭百姓自己发展。天地之间,岂不像个风箱吗?空虚但不会穷竭,发动起来而生生不息。政令太过苛刻反而会加速败亡,不如固守那份安静。

明白四达，能无知乎

原文

载[1]营魄抱一[2]，能无离乎？
专[3]气致柔，能如婴儿乎？
涤除[4]玄鉴，能无疵[5]乎？
爱民治国，能无为乎？
天门[6]开阖，能无雌[7]乎？
明白四达[8]，能无知乎？
生之畜之，生而不有，为而不恃，长而不宰[9]，是谓玄德[10]。

注释

①载：即载体，或运载、装载；营魄，即魂魄。②抱一：即合一。

③专：即抟，抟气，是把体内的气抟结在一起，使之凝聚而不分散。

④涤除：即洗涤、摒除；玄览，玄或为眩，眩览为目眩十色、眼花缭乱之意。

⑤疵（cī）：病，此处指欲望、杂念。⑥天门：即心灵之门户。

⑦雌：泛指阴柔之性，此处指清静，静则为阴。

⑧四达：即四通八达。

⑨宰：主宰。

⑩玄德：指玄妙幽深的德行。

译文

灵魂与形体结合在一起，能永远不会分开吗？聚集精气而归于柔和，能像婴儿一样吗？清除杂念而观照心镜，能没有纰漏出现吗？爱护人民而治理国家，能做到“无为”吗？感觉器官而分开合之，能做到柔静如雌吗？内心明白而四通八达，能表现得如同一无所知吗？生长万物，蓄养万物，生长而不占有，蓄养而不自恃有功，统率而不自以为是主宰，这就是最高境界的修养了。

绝巧弃利，盗贼无有

原文

绝圣弃智①，民利百倍。
绝仁弃义，民复孝慈。
绝巧弃利，盗贼无有。
此三者②，以为文③不足，故令有所属④：
见素抱朴⑤，少私寡欲，绝学无忧⑥。

注释

①绝圣弃智：抛弃聪明智巧。此处“圣”不作“圣人”，即作最高的修养境界解，而是自作聪明之意。②此三者：指圣智、仁义、巧利。

③文：条文、法则。

④属：归属、适从。

⑤见素抱朴：意思是保持原有的自然本色。“素”是没有染色的丝；“朴”是没有雕琢的木；素、朴是同义词。

⑥绝学无忧：指弃绝仁义圣智之学。

译文

放弃那些旁门左道的聪明智巧，人民就可以得到上百倍的好处。抛弃仁义，人民可以恢复孝慈的天性。抛弃巧诈和货利，盗贼也就没有了。圣智、仁义、巧利这三者全是巧饰，作为治理社会病态的法则是不够的，所以要使人们的思想认识有所归属：保持纯洁朴实的本性，减少私欲杂念，抛弃圣智礼法的教条，才能避免忧患。

重为轻根,静为躁君

原文

重为轻根,静为躁君。
是以圣人终日行,不离辎重①。
虽有荣观②,燕处③超然。
奈何万乘之主④,而以身轻天下?
轻则失根,躁则失君。

注释

①辎(zī)重:军中载器械粮食的车。②荣观:指华丽的生活。
③燕处:安居。
④万乘之主:指大国的君主。

译文

上轻下重的事物总会有稳定的根基所在,心里清静可以抑制杂乱的情绪。因此圣人整天行事,却不轻举妄动,处处稳重。虽然居处在高耸的楼亭,但却也沉静超然。为什么作为身率万乘的君主,却以轻浮的态度对待天下大事呢?看轻自己就是脱离了君王的根本,总是烦恼等于失去了君王之道。

知足知止，可以长久

原文

名与身孰亲？身与货①孰多②？得与亡孰病③？
甚爱必大费④，多藏必厚亡⑤。
故知足不辱，知止不殆，可以长久。

注释

①货：财货。②多：作重的意思。
③得：获得。亡：丧失。
④甚爱必大费：过于爱名就必定要付出很大的耗费。
⑤多藏必厚亡：丰厚的藏货就必定会招致惨重的损失。

译文

声名和生命比起来哪一样更亲切更重要？生命和货利比起来哪一样贵重？得到名利和丧失生命哪一样是不好的？过分的爱名就必定要付出重大的耗费；过多的藏货就必定会招致惨重的损失。所以知道满足就不会受到伤害，知道适可而止就不会带来不快，这样才可以保持长久。

圣无常心，德善德信

原文

圣人常无心[①]，以百姓心为心。
善者吾善之，不善者吾亦善之，德善[②]；
信者吾信之，不信者吾亦信之，德信[③]。
圣人在天下歙歙焉[④]，为天下浑[⑤]其心。
百姓皆注[⑥]其耳目，圣人皆孩之[⑦]。

注释

①常心：恒心。②德善：德是得，德善即得到了善。
③德信：即得到了信誉。
④歙歙：是恐惧的意思。
⑤浑：混沌，混同。
⑥注：专注，用心。
⑦孩：儿童。皆孩之：当作自己的孩子对待。

译文

圣人常常是没有私心的，以百姓的心为自己的心。对于善良的人，我善待于他；对于不善良的人，我也善待他，这样就可以得到善良了，从而使人人向善。对于守信的人，我信任他；对不守信的人，我也信任他，这样可以得到诚信了，从而使人人守信。有道的圣人在其位，收敛自己的欲意，使天下的心思归于浑朴。百姓们都专注于自己的耳目聪明，有道的人使他们都回到婴孩般纯朴的状态。

行于大道,唯施是畏

原文

使我①介然有知②,行于大道,唯施③是畏。
大道甚夷④,而民⑤好径⑥。
朝甚除⑦,田甚芜,仓甚虚;
服文彩,带利剑,厌⑧饮食,财货有余。
是为盗夸⑨。非道也哉!

注释

①我:指有道的治者。②介然有知:微有所知;稍有知识。
③施:邪;斜行。④夷:平坦。
⑤民:指人君。
⑥径:邪径。
⑦朝甚除:朝廷非常败坏。
⑧厌:饱足。
⑨盗夸:大盗。

译文

假如我稍微地有了认识,在大道上行走,唯一担心的是害怕走了邪路。大道虽然平坦,但人君却喜欢走邪径。朝政腐败已极,弄得农田荒芜,仓库十分空虚,而人君仍穿着锦绣的衣服,佩带着锋利的宝剑,饱餐精美的饮食,搜刮占有富余的财货,这就叫做强盗头子。这是多么无道啊!

有国之母，可以长久

原文

治人事天①，莫若啬②。
夫唯啬，是谓早服③。
早服谓之重积德④。
重积德则无不克。
无不克则莫知其极，莫知其极可以有国。
有国之母⑤可以长久。
是谓深根固柢，长生久视⑥之道。

注释

①事天：保养天赋。②啬：爱惜，保养。
③早服："服"，通"备"，准备。"早服"，早做准备。
④重积德：不断的积蓄"德"。"重"，多，厚，含有不断增加的意思。
⑤有国之母："有国"，含有保国的意思。"母"，譬喻保国的根本。
⑥长生久视：长久维持；长久存在。"久视"，就是久立的意思。

译文

治理百姓和养护身心，没有比爱惜精神更为重要的了。爱惜精神，得以能够做到早作准备；早作准备，就是不断地积"德"；不断地积"德"，就没有什么不能攻克的；没有什么不能攻克，那就无法估量他的力量；具备了这种无法估量的力量，就可以担负治理国家的重任。有了治理国家的原则和道理，国家就可以长久维持。国运长久，就叫做根深祇固，符合长久维持之道。

大小多少,报怨以德

原文

为无为,事无事,味无味①。
大小多少②,报怨以德。
图难于其易,为大于其细。
天下难事,必作于易;天下大事,必作于细。
是以圣人终不为大③,故能成其大。
夫轻诺必寡信,多易必多难。
是以圣人犹难之,故终无难矣。

注释

①为无为,事无事,味无味:此句意为把无为当作为,把无事当作事,把无味当作味。②大小多少:大生于小,多起于少。另一解释是大的看作小,小的看作大,多的看作少,少的看作多,还有一说是,去其大,取其小,去其多,取其少。

④不为大:是说有道的人不自以为大。

译文

以无所作为的态度去有所作为,以不滋事的方法去处理事物,以恬淡无味当作有味。大生于小,多起于少,用恩德来对仇怨。处理问题要从容易的地方入手,实现远大要从细微的地方入手。天下的难事,一定从简易的地方做起;天下的大事,一定从微细的部分开端。因此,有"道"的圣人始终不贪图大贡献,所以才能做成大事。那些轻易发出诺言的,必定很少能够兑现的,把事情看得太容易,势必遭受很多困难。因此,有道的圣人总是看重困难,所以就终于没有困难了。

抗兵相若，哀兵必胜

原文

用兵有言："吾不敢为主①而为客②，不敢进寸而退尺。"
是谓行无行③，攘无臂④，扔无敌⑤，执无兵⑥。
祸莫大于轻敌，轻敌几丧吾宝。
故抗兵相若⑦，哀⑧者胜矣。

注释

①为主：主动进攻，进犯敌人。②为客：被动退守，不得已而应敌。

③行无行：行，行列，阵势。此句意为：虽然有阵势，却像没有阵势可摆。

④攘(rǎng)无臂：意为虽然要奋臂，却像没有臂膀可举一样。

⑤扔无敌：意为虽然面临敌人，却像没有敌人可赴。

⑥执无兵：兵，兵器。意为：虽然有兵器，却像没有兵器可执。

⑦抗兵相加：意为两军相当。

⑧哀：闵、慈。

译文

用兵的人曾经这样说，"我不敢主动进犯，而采取守势；不敢前进一步，而宁可后退一尺。"

这就叫做虽然有阵势，却像没有阵势可摆一样；虽然要奋臂，却像没有臂膀可举一样；虽然面临敌人，却像没有敌人可打一样；虽然有兵器，却像没有兵器可以执握一样。祸患再没有比轻敌更大的了，轻敌几乎丧失了我的"三宝"。所以，两军实力相当的时候，悲痛的一方可以胜利。

挫锐解纷，和光同尘

原文

道冲①，而用之或不盈②。
渊兮，似万物之宗。
挫其锐，解其纷，和其光，同其尘。
湛兮，似或存③。
吾不知谁之子，象帝之先④。

注释

①冲：许慎《说文解字》"盅，器虚也。老子曰：道盅而用之。"傅本作"盅"。②盈：溢、破囊外溢。

③湛：《说文解字》："湛，没也。"清澈到几乎不存在的程度。

④象帝之先：想象应在人类之前。象，想象；帝，人类祖先。

译文

道是虚幻的，但它的作用却不会结束。它深邃似海、渊远无限，就好像是万物的源泉。锉掉锋芒，消除纠纷，含敛光耀，混目尘世。它又那样的空彻透明，似无还有地存在着。我不知道是谁首创了这个空间，想象一下也许是在人类还没有出现的时候。

有之为利，无之为用

原文

三十辐①共一毂②，当其无，有车之用③。
埏埴④以为器，当其无，有器之用。
凿户牖⑤以为室，当其无，有室之用。
故有之以为利，无之以为用⑥。

注释

①辐：车轮中连接轴心和轮圈的木条。古时候的车轮由三十根辐条所构成，这个数目是取自于月数（每月三十日）。

②毂（gǔ）：车轮中心的圆孔，即插轴的地方。

③当其无，有车之用：有了车毂中空的地方，才有车的作用。“无”指毂的中空之处。

④埏（shān）埴（zhí）：埏，和。埴，土。

⑤户牖（yǒu）：门窗。

⑥有之以为利，无之以为用：“有”给人便利，“无”发挥了它的作用。

译文

三十根辐条汇集到一个毂当中，有了车毂中空的地方，才有车的作用。揉和陶土做成器具，有了器皿中空的地方，才有器皿的作用。开凿门窗建造房屋，有了门窗四壁中空的地方，才有房屋的作用。所以“有”给人便利，“无”发挥了它的作用。

不见其首，不见其后

原文

视之不见，名曰夷；听之不闻，名曰希；搏之不得，名曰微①。
此三者不可致诘②，故混而为一。
其上不皦③，其下不昧④。绳绳⑤兮不可名，复归于无物。
是谓无状之状，无物之象，是谓惚恍⑥。
迎之不见其首，随之不见其后。
执古之道，以御今之有⑦。能知古始⑧，是谓道纪⑨。

注释

①"夷""希""微"：这三个名词都是用来形容感观所不能把握的道。
②致诘：究诘，追究。
③皦：光明。
④昧：阴暗。
⑤绳绳：形容纷纭不绝。
⑥惚恍：若有若无，闪烁不定。
⑦有：指具体的事物。
⑧古始：宇宙的原始或道的端始。
⑨道纪：道的纲纪，即道的规律。

译文

看它看不见，把它叫做"夷"；听它听不到，把它叫做"希"；摸它摸不到，把它叫做"微"。这三者的形状无从追究，它们原本就浑然而为一。它的上面既不显得光明亮堂；它的下面也不显得阴暗晦涩，无头无绪、延绵不绝却又不可称名，一切运动都又回复到无形无象的状态。这就是没有形状的形状，不见物体的形象，这就是

"惚恍"。迎着它，看不见它的前头，跟着它，也看不见它的后头。把握着早已存在的"道"，来驾驭现实存在的具体事物。能认识、了解宇宙的初始，这就叫做认识"道"的规律。

悠其贵言，功成事遂

原文

太上①，不知有之②；
其次，亲而誉之；
其次畏之，其次侮之。
信不足焉，有不信焉。
悠兮③其贵言④，功成事遂，百姓皆谓："我自然⑤。"

注释

①太上：至上、最好，指最好的统治者。

②不知有之：人民不知有统治者的存在。

③犹兮：悠闲自在的样子。

④贵言：指不轻易发号施令。

⑤自然：自己本来就如此。

译文

最好的统治者，人民并不知道他所存在的地方；其次的统治者，人民亲近他并且称赞他；再次的统治者，人民畏惧他；更次的统治者，人民轻蔑他。统治者的诚信不足，人民才不相信他。最好的统治者是多么悠闲。他很少发号施令，事情办成功了，老百姓说“我们原本就是这样的。”

有物混成，先天地生

原文

有物混成①，先天地生。

寂兮寥兮②，独立而不改③，周行而不殆④，可以为天地母⑤。

吾不知其名，强字之曰道，强为之名曰大⑥。

大⑦曰逝，逝⑧曰远，远曰反⑨。

故道大、天大、地大、人亦大⑩。

域中⑪有四大，而人居其一焉。

人法地，地法天，天法道，道法自然⑫。

注释

①物：指“道”。混成：混然而成，指淳朴的状态。

②寂兮寥兮：没有声音，没有形体。

③独立而不改：形容“道”的独立性和永恒性，它不靠任何外力而具有绝对性。

④周行：循环运行。不殆：不息之意。

⑤母：指“道”，天地万物由“道”而产生，故称“母”。

⑥强字之曰道：勉强命名它叫“道”。

⑦大：形容“道”是无边无际的、力量无穷的。

⑧逝：指“道”的运行周流不息，永不停止的状态。

⑨反:另一本作“返”。意为返回到原点,返回到原状。

⑩人亦大:一本作“王亦大”,意为人乃万物之灵,与天地并立而为三才,即天大、地大、人亦大。

⑪域中:即空间之中,宇宙之间。

⑫道法自然:“道”纯任自然,本来如此。

译文

有一个东西浑然而成,在天地形成以前就已经存在。听不到它的声音也看不见它的形体,不依靠任何外力而独立长存永不停息,循环运行而永不衰竭,可以作为万物的根本。我不知道它的名字,所以勉强把它叫做“道”,再勉强给它起个名字叫做“大”。它广大无边而运行不息,运行不息而伸展遥远,伸展遥远而又返回本原。所以说道大、天大、地大、人也大。宇宙间有四大,而人居其中之一。人取法地,地取法天,天取法“道”,而道纯属于自然。

曲则全者,全而归之

原文

曲则全,枉[①]则直;
洼则盈,敝[②]则新;
少则得,多则惑。
是以圣人抱一[③]为天下式[④]。
不自见[⑤]故明[⑥],不自是故彰,不自伐[⑦]故有功,不自矜故长。
夫唯不争,故天下莫能与之争。
古之所谓曲则全者,岂虚言哉!诚全而归之。

注释

①枉:屈、弯曲。

②敝:陈旧。

③抱一:抱,守。一,即道。此意为守道。

④式:法式,范式。

⑤见(xiàn):同现。

⑥明:彰明。

⑦伐:夸。

译文

委曲便会保全,弯曲便会直伸;低洼便会向高发展,陈旧便会更新;少取便会获得,贪多便会迷惑。所以有道的人坚守这一原则作为天下事理的范式。不自我表扬,反能显明;不自以为是,反能是非彰明;不自己夸耀,反能得有功劳;不自我矜持,所以才能长久。正因为不与人争,所以遍天下没有人能与他争。古时所谓"委曲便会保全"的话,怎么会是空话呢?它实实在在能够达到。

吉事尚左,凶事尚右

原文

夫[1]兵者不祥之器,物或恶[2]之,故有道者不处。

君子居则贵左[3],用兵则贵右[4]。

兵者不祥之器,非君子之器。

不得已而用之,恬淡[5]为上。

胜而不美,而美之者,是乐杀人。

夫乐杀人者,则不可得志于天下矣。

吉事尚左,凶事尚右[6]。

偏将军居左,上将军居右。言以丧礼[7]处之。

杀人之众,以悲哀泣之;战胜,以丧礼处[8]之。

注释

①兵：兵器。不祥之器，不吉祥的器具。

②恶：憎恶、厌恶。

③左：古代礼制以左为上。

④右：指行军打仗则以右为上。

⑤恬淡：指心里平静。

⑥吉事：喜事；凶事，凶丧事。

⑦丧礼：丧葬之礼。

⑧处：处理。

译文

兵器是不祥的东西，大家都怨恶它，所以有道的人不使用它。君子平时以左方为贵，用兵时以右方为贵。兵器是不祥的东西，不是君子所使用的东西。万不得已而使用它，最好要淡然处之。胜利了也不要得意洋洋，如果得意洋洋，就是喜欢杀人。喜欢杀人的，就不能在天下得到成功。吉庆的事情以左方为上，凶丧的事情以右方为上。偏将军在左边，上将军在右边，这是说出兵打仗用丧礼的仪式来处理。杀人众多，带着哀痛的心情去对待，打了胜仗要用丧礼的仪式去处理。

不言之教，无为之益

原文

天下之至柔[1]，驰骋天下之至坚[2]。

无有[3]入无间[4]，吾是以知无为之有益。

不言之教，无为之益，天下希及之。

注释

①至柔：最为柔软。
②至坚：最为坚硬。
③无有：触摸不到的东西。
④无间：没有空隙。

译文

天下最柔弱的东西，腾越穿行于最坚硬的东西中；无形的力量可以穿透没有间隙的东西。我因此认识到"无为"的益处。"不言"的教导，"无为"的益下，普天下少有能赶上它的了。

其出弥远，其知弥少

原文

不出户[①]，知天下[②]；
不窥牖[③]，见天道[④]。
其出弥[⑤]远，其知弥少。
是以圣人不行而知，不见而时，不为而成。

注释

①户：门户。
②天下：指天下万物。
③牖：窗户。

④天道：指天气时辰有节律地变化。道，运行轨迹。

⑤弥：益也，愈也。

译文

不出门户，就能够推知天下的事理；不望窗外，就可以认识日月星辰运行的自然规律。他向外奔逐得越远，他所知道的道理就越少。所以，有“道”的圣人不出行却能够推知事理，不窥见而能明了“天道”，不妄为而可以有所成就。

为者败之，执者失之

原文

其安易持，其未兆易谋，其脆易泮[①]，其微易散。

为之于未有，治之于未乱。

合抱之木，生于毫末[②]；九层之台，起于累土[③]；千里之行，始于足下。

为者败之，执者失之。

是以圣人无为故无败；无执故无失。

民之从事，常于几成而败之。

慎终如始，则无败事。

是以圣人欲不欲，不贵难得之货；学[④]不学，复众人之所过。

以辅万物之自然，而不敢为。

注释

①其脆易泮：泮，散，解。物品脆弱就容易消解。

②毫末：细小的萌芽。

③累土：堆土。

④学：这里指办事有错的教训。

译文

局面安定时容易保持和维护，事情没有出现迹象时容易图谋，事物脆弱时容易乏解，事物细微时容易散失。做事情要在它尚未发生以前就处理妥当；治理国政，要在祸乱没有产生以前就早作准备。合抱的大树，生长于细小的萌芽；九层的高台，筑起于每一堆泥土；千里的远行，是从脚下第一步开始走出来的。有所作为的将会招致失败，有所执着的将会遭受损害。因此圣人无所作为所以也不会招致失败，无所执着所以也不遭受损害。人们做事情，总是在快要成功时失败。所以当事情快要完成的时候，也要像开始时那样慎重，就没有办不成的事情。因此，有道的圣人追求人所不追求的，不稀罕难以得到的货物，学习别人所不学习的，补救众人所经常犯的过错。这样遵循万物的自然本性而不会自己按照自己的方式诠释。

庄　子

中规中矩

原　文

天地虽大，其化①均也；万物虽多，其治②一也；人卒③虽众，其主君也。君原④于德而成于天，故曰，玄古⑤之君天下，无为也，天德⑥而已矣。

注　释

①化：变化，运动。均：均衡，这里指出于自然。

②治：这里指万物各居其位，各有所得。

③人卒：百姓。

④原：本原。德：自得，即从道的观念出发对待自我和对待外物的顺任态度。

⑤玄古：遥远的古代。君：用如动词，“君天下”即君临天下，统驭天下。

⑥天德：听任自然，顺应自得。

译　文

天和地虽然很大，不过它们的运动和变化却是相互平衡的；万物虽然很杂乱无章，不过它们各得其所，归根结蒂却是相互统一的；百姓虽然众多，不过他们的主宰却都是国君。国君管理天下要以顺应事物为根本而成事于自然，所以说，遥远的古代君主统驭天下，一切都出自无为，即听任自然、顺其自得罢了！

随遇而安

原文

浸假[①]而化予之左臂以为鸡，予因以求时哀[②]；浸假而化予之右臂，以为弹，予因以求号鸟灸。浸假而化之尻[③]以为轮，以神为马，予因以乘之，岂更驾哉！且夫得者，时也，失者，顺也；安时[④]而外顺，哀水不能入了。以古之所谓县解也，而不能自解者，物有结之。且夫物不能夫久矣，吾又何恶意？

注释

①浸假：假如。

②哀：报晓。

③尻：屁股。

④安时：安于适时。

译文

假如说那些造物者逐渐把我的左臂变成公鸡，我便利用这样的优势来报晓；假如说造物者逐渐把我右臂变成弹弓，我便用它来打斑鸠烤熟了吃。假如说造物者把我的臀部变化成为车轮，把我的精神变化成为骏马，我就用来乘坐，难道还要更换别的车马吗？至于生命的获得，是因为适时，生命的丧失，是因为顺变；安于适时而处之顺应，悲哀和欢乐都不会侵入心房。这就是古人所说的解脱了倒思之苦，然而不能自我解脱的原因则是受到了外物的束缚。况且事物的变化不能超载自然的力量已经很久了，我又怎么能厌恶自己现在的变化呢？

忘适不适

原文

忘足，履[①]之适也；忘腰，带之适也；知忘是非，心[②]之适也；不内变，不外从，事会之如也；始乎适而未尝不适者，忘适之适也。

注释

①履：鞋子。
②心：内心。

译文

忘掉了脚，鞋子便会舒适；忘掉了腰，带子便会舒适；知道忘掉是非，内心便会安适；不改变内心的持守、不服从外物的影响，遇事便会安适。本性常适而从未有过不适，也就是忘掉了安适的安适。

役使外物

原文

庄子行于山中，见大木，枝叶盛茂，伐木者止其旁不取[①]也。问其故[②]，曰：无所可用。庄子曰：此木以不材[③]得终其天年。

注释

①取：砍伐。

②故：原因。

③不才：没有用处。

译文

庄子在山里看到一棵大树，非常茂盛，但是伐木者在旁边待着却不砍伐它。庄子就问是什么原因，伐木者说："它没有什么用处。"

庄子说："这棵树是因为没有用处才得以存活了那么久啊！"

物我两忘

原文

昔者庄周梦为蝴蝶，栩栩然[①]蝴蝶也，自喻适志与！不知周也。俄然觉，则蘧蘧然[②]周也。不知周之梦为蝴蝶与，蝴蝶之梦为周与？周与蝴蝶，则必有分矣。此之谓[③]物化。

注释

①栩栩然：欣然。

②蘧蘧然：惊惶不定。

③谓：叫做。

译文

庄周曾经梦见自己变成了蝴蝶,非常快乐地飞舞着的一只蝴蝶,感到多么愉快和惬意啊!不知道自己原本是庄周。突然间醒过来,惊惶不定之间方知原来是我庄周。不知是庄周梦中变成蝴蝶呢,还是蝴蝶梦中变成庄周呢?庄周与蝴蝶毕竟是有区别的。这就叫做物我的交合与变化。

大智若愚

原文

子綦曰:"此果不材之木也,以至于此其大也。嗟乎[1]神人,以[2]此不材!"宋有荆氏[3]者,宜楸柏桑。其拱[4]把而上者,求狙猴之杙[5]者斩之;三围[6]四围,求高名[7]之丽者斩之;七围八围,贵人富商之家求椫傍[8]者斩之。故未终其天年,而中道之夭于斧斤,此材之患也。故解之[9]以牛之白颡[10]者与豚之亢鼻者,与人有痔病者不可以适河。此皆巫祝以知矣,所以为不祥也。此乃神人之所以为大祥也。

注释

①嗟乎:感叹声。

②以:如,这个意义后代写作"似"。

③荆氏:地名。

④拱:两手相合。把,一手所握。

⑤杙(yì):小木桩,用来系牲畜的。斩:指砍伐。

⑥围:一说指两臂合抱的长度。一说两手拇指和食指合拢起来的长度。

⑦高名:指地位高贵名声显赫的人家。

⑧椫(shàn)傍:指由独幅做成的棺木左右扇。

⑨解之：指祈祷神灵以消灾。

⑩颡（shǎng）：额。

译文

子綦说："这果真是毫无用处的树木，所以才会长的这么高大。唉，精神世界完全超脱物外的'神人'，就像这不成材的树木呢！"宋国有个叫荆氏的地方，很适合楸树、柏树、桑树的生长。树干长到一两围粗，做系猴子的木桩的人便把树木砍去；树干长到三四围粗，地位高贵名声显赫的人家寻求建屋的大梁便把树木砍去；树干长到七八围粗，达官贵人富家商贾寻找整幅的棺木又把树木砍去。所以它们始终不能终享天年，而是半道上被刀斧砍伐而短命。这就是材质有用带来的祸患。因此古人祈祷神灵消除灾害，总不把白色额头的牛、高鼻折额的猪以及患有痔漏疾病的人沉入河中去用作祭奠。这些情况巫师全都了解，认为他们都是很不吉祥的。不过这正是"神人"所认为的世上最大的如意。

祸从口出

原文

山木自寇[1]也，膏[2]火自煎也。桂[3]可食，故伐之；漆可用，故割之。人皆知有用之用，而莫知无用之用也。

注释

①寇：侵犯，掠夺。"自寇"意思是自取砍伐。

②膏：油脂。"自煎"意思是自取熔煎。

③桂：树名，其皮可作香料。

译文

山上的树木皆因材质有很好的利用价值而自身招致砍伐,油脂燃起烛火皆因可以燃烧照明而自取熔煎。桂树皮芳香可以食用,因而遭到砍伐,树漆因为可以派上用场,所以遭受刀斧割裂。人们都知道有用的用处,却不懂得无用的更大用处。

满足现实

原文

有始也者,有未始有始也者,有未始有夫未始有始也者。有有也者,有无也者,有未始有无也者,有未始有夫未始有无也者。俄而有无矣①,而未知有无之果孰有孰无也。今我则已有谓矣②,而未知吾所谓之其果有谓乎,其果无谓乎?天下莫大于秋豪之末③,而大山为小④;莫寿于殇子⑤,而彭祖为夭⑥。

注释

①俄而:突然。
②谓:评说、议论。以下几句同此解。
③于:比。豪:通作"毫",细毛。末:末梢。秋毫之末比喻事物的细小。
④大山:一说读如泰山。
⑤殇子:未成年而死的人。
⑥夭:夭折,短命。

译文

宇宙万物有属于自己的开始,同样有它未曾开始的开始,还有它未曾开始的未曾开始的开始。宇宙之初有过这样那样的"有",但也有个"无",还有个未曾有过的

"无",同样也有个未曾有过的未曾有过的"无"。突然间生出了"有"和"无",却不知道"有"与"无"谁是真正的"有"、谁是真正的"无"。现在我已经说了这些言论和看法,但却不知道我听说的言论和看法是我果真说过的言论和看法呢,还是果真没有说过的话题和看法呢?天下没有什么比秋毫的末端更大,泰山恰恰算是最小;世上没有什么人比夭折的孩子更长寿,而传说中年寿最长的彭祖却是短命的。

求财有道

原文

德荡乎名,知出乎争。名也者,相轧也[1];知[2]也者,争之器也。二者凶器,非所以尽行也。

注释

①轧:倾轧。

②知:智慧。

译文

追求名声可能会使道德的毁败,争辩是非是智慧的表露。名声是互相倾轧的原因,智慧是互相争斗的工具。二者都像是凶器,不可以将它推行于世。

顺理成章

原文

何谓道？有天道，有人道。无为[1]而尊者，天道也；有为而累者，人道也。主[2]者，天道也；臣者，人道也。天道之与人道也，相去远矣，不可不察也。

注释

①无为：无所事事。

②主：君主。

译文

道应该有什么样的定义呢？有天道，有人道。无所事事、无所作为却处于崇高地位的，这就是天道；事必躬亲、有所作为而积劳累苦的，这就是人道。君王就是天道，臣下就是人道。天道跟人道比较，相差实在太远，不能不仔细体察。

淡泊名利

原文

若夫乘[1]天地[2]之正，而御[3]六气[4]之辩，以游无穷者，彼且恶[5]乎待哉？故曰：至人无己，神人无功，圣人无名。

注释

①乘：遵循，凭借。

②天地：这里指万物，指整个自然界。

③御：含有因循、顺着的意思。

④六气：指阴、阳、风、雨、晦、明。

⑤恶（wū）：何，什么。

译文

对于遵循宇宙万物的变化，把握“六气”的变化，遨游于无穷无尽的境域，他还仰赖什么呢！因此说，道德修养高尚的“至人”能够达到忘记自己的境界，精神世界完全超脱物外的“神人”心目中没有功名和事业，思想修养臻于完美的“圣人”从不去追求名誉和地位。

沉默是金

原文

天地有大美而不言，四时有明法①而不议，万物有成理而不说②。圣人者，原天地之美而达万物之理③，是故至人无为，大圣不作，观于天地之谓也。

注释

①明法：明显的规律。②说：谈论。

③理：道理。

译文

天地具有无法用言语表达的伟大的美，四时运行具有明显的规律但却无法加以评议的，万物的变化具有现成的定规但却用不着加以谈论。圣哲的人，探究天地伟大的美而通晓万物生长的道理，所以"至人"顺应自然无所作为，"大圣"也不会妄加行动，这是说对天地的观察非常的细致入微。

恬惔寂漠

原文

故曰，夫恬惔寂漠①，虚无无为，此天地之平②，而道德之质③也。

故曰，圣人休休焉则平易④矣，平易则恬惔矣。平易恬惔，则忧患不能入，邪气不能袭，故其德全而神不亏。

注释

①恬惔寂漠：恬淡、寂寞。

②平：均衡。

③质：最高境界。

④平易：平坦而无难。

译文

所以说,恬淡、寂寞、虚空、无为,这是天地赖以均衡的基准,而且是道德修养的最高境界。所以说,圣人总是停留在这一境域里,停留在这一境域也就能平坦而无难了。安稳恬淡,那么忧患不能进入内心,邪气不能侵袭机体,因而他们的德行完整而内心世界不受亏损。

怡然自得

原文

子见夫牺牛乎?衣以文绣①,食以刍叔②,及其牵而入于大庙,虽欲为孤独,其可得乎!

注释

①文绣:带花纹的锦绣。

②刍叔:家畜吃的草料和豆子。

译文

你曾经见过那准备用作祭祀的牛牲吗?用织有花纹的锦绣披着,给它吃草料和豆子,等到牵着进入太庙杀掉用于祭祀,就是想要做个没人看顾的小牛,难道还可能吗?

淡而无为

原文

故曰，形劳而不休则弊[1]，精用而不已则劳[2]，劳则竭[3]。水之性，不杂则清，莫动则平，郁闭而不流，亦不能清，天德之象也。故曰，纯粹而不杂[4]，静一而不变，惔而无为，动而以天行，此养神之道也。

注释

①弊：疲乏不堪。

②劳：元气劳损。

③竭：精力枯竭。

④杂：混杂。

译文

所以说，形体一直劳累而不休息那么就会疲乏不堪，精力使用过度而不止歇那么就会元气劳损，元气劳损就会精力枯竭。水的本性，不混杂就会清澈，不搅动就会平静，闭塞不流动也就不会纯清，这是自然本质的现象。所以说，纯净精粹而不混杂，静寂持守而不改变，恬淡而又无为，运动则顺应自然而行，这就是养神之道。

海纳百川

原文

天下之水，莫大于海，万川归之，不知何时止而不盈①；尾闾泄②之，不知何时已而不虚；春秋不变，水旱不知。此其过江河之流，不可为量③数。而吾未尝以此自多者，自以比形于天地而受气于阴阳，吾在于天地之间，犹小石小木之在大山也。

注释

①盈：满溢。
②泄：泄露。
③量：数量。

译文

天下的水，没有可以与海相比较的，千万条河川流归大海，不知道什么时候才会停歇，而大海却从不会因为承受不了而溢出；海底的尾闾泄漏海水，不知道什么时候才会停止，而海水却从不曾减少；无论春天还是秋天不见有变化，无论水涝还是干旱不会有知觉。这说明大海远远超过了江河的水流，不能够用数量来计算。可是我从不曾因此而自满，自认为从天地那里承受到形体并且从阴和阳那里禀承到元气，我存在于天地之间，就好像一小块石子、一小块木屑存在于大山之中。

智者取胜

原文

将为胠箧[①]、探囊、发匮[②]之盗而为守备，则必摄缄縢[③]、固扃鐍[④]；此世俗之所谓知也。然而巨盗至，则负匮、揭箧、担囊而趋；唯恐缄縢、扃鐍之不固也。然则乡之所谓知者，不乃为大盗积者也？故尝试论之，世俗之所谓知者，有不为大盗积者乎？所谓圣者，有不为大盗守者乎？

注释

①胠(qū)：从旁打开。箧(qiè)：箱子一类盛物器具。

②匮(guì)：柜子，后代写作“櫃”，今简化为“柜”。句中两个“为”字前一读去声，讲作“为了”；后一读平声，是“做”的意思。

③缄(jiān)縢(téng)：均为绳索。

④扃(jiōng)：插闩。鐍(jué)：琐钥。

译文

为了对付撬箱子、掏口袋、开柜子的小偷而做一定的防范准备，必定要收紧绳结、加固插闩和锁钥，这就是一般人所说的聪明做法。可是一旦大强盗来了，就背着柜子、扛着箱子、挑着口袋快步跑了，唯恐绳结、插闩与锁钥不够牢固哩。既然是这样，那么先前所谓的聪明做法，不就是给大盗做好了积聚和储备吗？所以我曾试图讨论这种情况，世俗所谓的聪明人，有不替大盗积聚财物的吗？所谓的圣人，有不替不盗守卫财物的吗？

韬光隐晦

原文

昔[1]吾闻之大成之人曰:“自伐[2]者无功,功成者堕,名成者亏。”

注释

①昔:从前。

②自伐:自吹自擂。

译文

我从前听圣德宏博的老子说过:“只会自我欣赏而不务实的人不会成就功业;功业成就了而不知退隐的人必定会毁败,名声彰显而不知韬光隐晦的必定会遭到损伤。”

未必愚惑

原文

知[1]其愚者，非大愚也；知其惑者，非大惑也。大惑者，终身不解[2]；大愚者，终身不灵[3]。

注释

①知：自认为。
②解：明白。
③灵：清醒。

译文

自认为愚昧的人，并非最大的愚昧；自认为自己迷惑的人，并非最大的迷惑。最迷惑的人，一生也未明白过来；最愚昧的人，一辈子也不会清醒。

忘其所忘

原文

故德有所长而形有所忘，人不忘其所忘而忘其所不忘，此谓诚忘。故圣人有所游，而知为孽[1]，约为胶[2]，德为接[3]，工[4]为商。圣人不谋，恶用知？不斲[5]，恶用胶？无丧[6]，恶有德？不货，恶用商？四

者,天鬻⑦也。天鬻者,天食⑧也。既受食于天,又恶用人!有人之形,无人之情。有人之形,故群于人;无人之情,故是非不得于身。眇⑨乎小哉,所以属于人也!謷⑩乎大哉,独成其天!

注释

①孽(niè):祸根。

②约:盟誓。胶:粘固,胶着。"约为胶"意思是把盟约当成胶着似的束缚。

③德为接:意思是把施德看作交接外物的手段。

④工:工巧。

⑤斲(zhuó):"斫"字的异体,砍削的意思。

⑥丧(sàng):丢失、缺损。

⑦天:自然。鬻(yù):通作"育",养育的意思。

⑧天食:禀受自然的饲养和供给。

⑨眇(miǎo):通作"秒",微小的意思。

⑩謷(áo):高大的样子。

译文

所以,在德行方面有超出常人的地方而在形体方面的缺陷别人就不会太过在意,人们不会忘记所应当忘记的东西,而忘记了所不应当忘记的东西,这就叫做真正的遗忘。因而圣人总能自得地出游,把智慧看作是祸根,把盟约看作是禁锢,把推展德行看作是交接外物的手段,把工巧看作是商贾的行为。圣人从不谋虑,哪里用得着智慧?圣人从不砍削,哪里用得着把盟约当作束缚?圣人从不感到缺损,哪里用得着推展德行?圣人从不买卖以谋利,哪里用得着经商?这四种做法叫做天养。所谓天养,就是禀受自然的饲养。既然受养于自然,又哪里用得着人为!有了人的形貌,不一定有人内在的真情。有了人的形体,所以与人结成群体;没有人的真情,所以是与非都不会汇聚在他的身上。什么渺小,跟人同类的东西!什么伟大,只有与自然向比较啊。

遵循自然

原文

知天之所为,知人之所为者,至矣。知天之所为者,天而生也;知人之所为者,以其知之所知以养其知之所不知,终其天年而不中道夭者:是知之盛也。虽然,有患。夫知有所待①而后当②,其所待者特未定也③。庸讵知吾所谓天之非人乎?所谓人之非天乎?

注释

①有所待:有所依凭。庄子认为人们的认识和了解都离不开认识、了解的对象。

②当:恰当、正确。

③特:但,不过。

译文

对自然的作为有所认识,并且了解人的作为,这就对认识有了很深刻的了解。知道自然的作为,是懂得事物出于自然;了解人的作为,是用他智慧所通晓的知识哺育、熏陶他智慧所未能通晓的知识,直至自然死亡而不中途夭折,这恐怕就是认识的最高境界了。虽然这样,还是存在忧患。人们的知识一定要有所依凭方才能认定是否恰当,而认识的对象却是不稳定的。怎么知道我所说的本于自然的东西不是出于人为呢,怎么知道我所说的人为的东西又不是出于自然呢?

自知者明

原文

梦之中又占其梦焉，觉而后知其梦也。且有大觉而后知此其大梦也，而愚者自以为觉，窃窃然[①]知之。君乎、牧[②]乎，固[③]哉！丘也与女，皆梦也；予谓女梦，亦梦也。是其言也，其名为吊诡[④]。万世之后而一遇大圣，知其解者，是旦暮[⑤]遇之也！

注释

①窃窃然：明察的样子。

②牧：牧夫，用指所谓卑贱的人，与高贵的“君”相对。

③固：鄙陋。

④吊(diào)诡：奇特、怪异。

⑤旦暮：很短的时间，含有偶然的意思。

译文

睡梦中还会卜问所做之梦的吉凶，醒来以后刚刚知道原来是在做梦。人在最为清醒的时候方才知道他自身也是一场大梦，而愚昧的人则自以为清醒，好像什么都知晓什么都明了。君尊牧卑，这种看法实在是浅薄鄙陋呀！孔丘和你都是在做梦，我说你们在做梦，其实我也在做梦。上面讲的这番话，它的名字可以叫作奇特和怪异。万世之后假若一朝遇上一位大圣人，悟出上述一番话的道理，这恐怕也是非常难得的吧！

为臣之礼

原文

“擎跽[①]曲拳，人臣之礼也，人皆为之，吾敢不为邪？为人之所为者，人亦无疵[②]焉，是之谓与人为徒。成而上比者，与古为徒，其言虽教，讁[③]之实也；古之有也，非吾有也。若然者，虽直而不病[④]，是之谓与古为徒。若是则可乎？”仲尼曰：“恶，恶可！大多政法而不谍[⑤]，虽固[⑥]亦无罪。虽然，止是[⑦]耳矣，夫胡[⑧]可以及化！犹师[⑨]心者也。”

注释

①擎跽：擎举，这里指手里拿着朝笏（hù）。跽：长跪。

②疵（cī）：诽谤。

③讁（zhé）：“谪”字的异体；谴责、责备。

④病：怨恨、祸害。

⑤谍：当。

⑥固：固陋，执着而不通达。

⑦止是：只此。耳矣：罢了。

⑧胡：何，怎么。

⑨师：讲作以……为师。

译文

“手拿朝笏躬身进行朝拜，这是做臣子的礼节，别人都这样去做，我敢不这样做吗？做一般人臣都做的事，人们也就不会责难了吧，这就叫跟世人为同类。心有成见而上比古代贤人，是跟古人为同类。他们的言论虽然很有教益，指责世事才是真情实意。这样做自古就有，并不是从我才开始的。像这样做，虽然正直不阿却也不会受到伤害，这就叫跟古人为同类。这样做便可以了吗？”孔子说：“唉，怎么可以呢？太多的事情都是有是非的需要纠正，就是有所效法也会出现不当，虽然固陋而不通达也没有什么罪责。即使这样，也不过如此而已，又怎么能感化他呢！你好像是太执着于自己内心的感觉的人哩。”

以物观之

原文

以道[1]观之，物无贵贱；以物观之，自贵而相[2]贱。

注释

①道：自然的常理。

②相：他物。

译文

用自然的常理来看，万物本没有贵贱的区别。从万物自身来看，各自为贵而又以他物为贱。

适可而止

原文

泉涸[1]，鱼相与处于陆，相呴[2]以湿，相以濡沫[3]，不如相忘于江湖。与其誉尧而非桀也，不如两忘而化[4]其道。夫大块[5]载我以

形，劳我以生，佚[6]我以老，息我以死。故善吾生者，乃所以善死也。

注释

①涸（hé）：水干。

②呴（xū）：张口出气。

③沫：唾沫，即口水。

④化：这里是熔解、混同的意思。

⑤大块：大地；这里可以理解为大自然。

⑥佚（yì）：通作“逸”，闲逸的意思。

译文

泉水都已经干枯了，鱼儿困在陆地上相互依偎，互相大口出气来取得一点湿气，以唾沫相互润湿，不如将过去江湖里的生活彻底忘记。与其赞誉唐尧的圣明而非议夏桀的暴虐，不如把他们都忘掉而融化混同于“道”。大地把我的形体托载，并且用生存来劳苦我，用衰老来使我开始空闲，用死亡来使我安息。所以，把我的存在看作好事的，也就因此可以把我的死亡看作是好事。

游心于淡

原文

天根游于殷阳，至蓼水[1]之上，适遭[2]无名人而问焉，曰：“请问为天下。”无名人曰：“去[3]！汝鄙人也，何问之不豫[4]也！予方将与造物者为人，厌，则又乘夫莽眇之鸟[5]，以出六极之外，而游无何有之乡，以处圹埌[6]之野。汝又何帠以治天下感予之心为？”又复问。无名人曰：“汝游心于淡，合气于漠，顺物自然而无容私焉，而天下治矣。”

注释

①蓼（liǎo）水：水名。

②遭：逢，遇上。

③去：离开、走开，这里有呵斥、不屑多言之意。

④豫：悦，愉快。一说讲作“厌”。

⑤莽眇（miǎo）之鸟：状如飞鸟的清虚之气。

⑥圹埌：无边无际的样子。

译文

天根闲游殷山的南面，来到蓼水河边，正巧遇上无名人而向他求教，说：“请问治理天下之事。”无名人说：“走开，你这个见识浅薄的人，怎么一张口就让人不愉快！我正打算跟造物者结成伴侣，厌烦时便又乘坐那状如飞鸟的清虚之气，超脱于‘六极’之外，而生活在什么也不存在的地方，居处于旷达无垠的环境。你又怎么能用梦呓般的所谓治理天下的话语来撼动我的心思呢？”天根又再次提问。无名人说：“你应处于保持本性、无所修饰的心境，交合形气于清静无为的方域，顺应事物的自然而没有半点儿个人的偏私，天下也就得到治理。”

交淡若水

原文

夫相收[①]之与相弃亦远矣，且君子之交淡若水，小人之交甘若醴[②]。君子淡以亲，小以甘以绝。

注释

①相收：相容。

②醴：甜酒。

译文

相互容纳与相互遗弃的差别是很大的，而且君子之交淡如水，小人之交甘美如甜酒。君子淡漠而相亲，小人甘美而易断绝。

忘记本性

原文

阳子曰："弟子记之，行贤[1]而去自贤之行，安往而不爱[2]哉！"

注释

①行贤：品行贤德。

②爱：爱戴。

译文

阳朱说："弟子们要记住，品行贤德而又能去掉自以为贤的想法，哪里会不受到尊敬呢？"

诚可动天

原文

真者，精诚之至也。不精不诚，不能动[1]人。故强[2]哭者，虽悲不哀[3]；强怒者，虽严不威；强亲者，虽笑不和。

注释

①动：感动。
②强：勉强。
③哀：悲伤。

译文

真，是精诚的最高境界。不精不诚，无法感动人。所以，勉强落泪的人，虽然外表悲痛其实内心并无半点悲伤；勉强发怒的人，虽然外表严厉其实并不威严；勉强表示亲热的人，虽然笑容满面而内心却未必可以认可你。

福祸双行

原文

以人之言而遗[1]我粟，至其罪[2]我也又且以人之言，以吾所以不受也。

注释

①遗：赠送。
②罪：加罪。

译文

因为别人的谈论而派人给我送米粟，等到他想加罪于我时必定仍会凭借别人的谈论，这就是我不愿接受他赠予的原因。

处事泰然

原文

天下有道[1]，圣人成[2]焉；天下无道，圣人生焉。方今之时，仅免刑焉。福轻乎[3]羽，莫[4]之知载；祸重乎地，莫之知避。已矣[5]已矣。临人以德！殆乎殆乎，画地[6]而趋！迷阳[7]迷阳，无伤吾行！吾行郤曲[8]，无伤吾足。

注释

①有道：指顺应规律使社会得到治理。下句的“无道”则与此相反。
②成：指成就了事业。
③乎：于，比。
④莫：不。
⑤已矣：即“算了”。
⑥画地：在地面上画出道路来。喻指人为的规范让人们去遵循。
⑦迷阳：指荆棘。

⑧郤曲：屈曲，指道路曲折难行。根据上句结构特点，“吾行郤曲”当与“迷阳迷阳”结构相同，而“吾行”很可能是传抄时误迭，则全句当是“郤曲郤曲”。

译文

天下得到了治理，圣人便成就了事业；国君昏暗天下混乱，圣人也只得顺应潮流苟全生存。当今这个时代，怕就只能免遭刑辱。幸福比羽毛还轻，而不知道怎么取得；祸患比大地还重，而不知道怎么回避。算了吧，算了吧！不要在别人面前一直夸奖你的德行！危险啊，危险啊！人为地划出一条道路让人们去遵循！遍地的荆棘啊，不要妨碍我的行走！曲曲弯弯的道路啊，不要伤害我的双脚！

远离是非

原文

托生[①]与民并行而不知其所之，汒[②]乎淳备[③]哉！功利机巧必忘夫人之心。若夫人者，非其志不之[④]，非其心不为。虽以天下誉之，得其所谓，謷[⑤]然不顾；以天下非之，失其所谓，傥然[⑥]不受。天下之非誉，无益损焉，是谓全德之人哉！我之谓风波[⑦]之民。

注释

①托生：寄托形骸于世。所之：去到哪里。

②汒（máng）乎：同“茫”。“汒乎”指深远而不可测的样子。

③淳备：淳和完备，这里指操行和德行朴实而又保持本真。

④不之：不去追求。

⑤謷（áo）：通作“傲”，孤高的意思。

⑥傥（tǎng）然：无动于衷的样子。

⑦风波：随风而起，随波而逐，喻指心神不定，为世俗尘垢所牵动。

译文

这样的人，他们寄托形骸于世间，跟百姓生活在一起却不知道自己应该去到哪里，内心世界复杂得不可以想象，德行淳厚而又完备啊！功利机巧必定不会放在他们那种人的心上。像那样的人，不同于自己的心志不会去追求；不符合自己的思想不会去做。即使让天下人都称誉他、称誉的言词合乎他的德行，他也孤高而不顾；即使让天下人都非议他，非议使其名声丧失，他也无动于衷、不予理睬。天下人的非议和赞誉，对于他们既无增益又无损害，这就叫做德行完备的人啊！我只能称作心神不定已经被世俗所沾染的人。

固守自我

原文

夫马，陆居则食草饮水，喜则交颈相靡[1]，怒则分背[2]相踶[3]。马知已此矣。

注释

①靡（mó）：通作“摩”，触摸。

②分背：背对着背。

③踶（dì）：踢。

译文

看那马儿，生活在大地上，饿了吃草，渴了饮水。高兴时脖子交错在一起相互摩蹭，生气时背对背用后蹄相互踢打。马的智慧只不过是如此吧！

大辩不言

原文

夫大道不称，大辩不言[①]，大仁不仁，大廉不嗛[②]，大勇不忮[③]。

注释

①言：沉默。
②嗛：谦让。
③忮：伤害。

译文

真正的大道不必言说大家也都能领会，善于争辩就是沉默，最具仁爱的人不会有所偏爱，最廉洁的人是不讲谦让的，真正勇敢的人从来不伤他人。

至乐无乐

原文

吾观夫俗之所乐[①]，举群趣者，泾泾然如将不得已，而皆曰乐者，吾未之乐也，亦未之不乐也。果有乐无有哉？吾以无为诚乐矣，又俗之所大苦[②]也。故曰："至乐无乐，至誉无誉。"

注释

①乐：欢喜。

②大苦：痛苦和烦恼。

译文

我观察那世俗所为之高兴的东西，大家都全力去追逐，拼死竞逐的样子真像是不达目的决不罢休。人人都说这就是最为快乐的事，而我并不看作就是快乐，当然也不认为不是快乐。那么，世上果真有快乐还是没有呢？我认为无为就是真正的快乐，但这又是世俗的人所感到最痛苦和烦恼的。所以说："最大的快乐就是没有快乐，最大的荣誉就是没有荣誉。"

蹲循勿争

原文

夫富者，苦身疾作，多积财而不得尽用，其为形[1]也亦外矣。夫贵者，夜以继日，思虑善否，其为形也亦疏矣。人之生也，与忧俱生，寿者惛惛[2]，久忧不死，何苦也！其为形也亦远矣。烈士为天下见善矣，未足以活身。吾未知善之诚善邪，诚不善邪？若以为善矣，不足活身；以为不善矣，足以活人。故曰："忠谏不听，蹲循[3]勿争。"故夫子胥争之以残其形，不争，名亦不成。诚有善无有哉？

注释

①形：身体。

②惛惛：糊里糊涂。

③蹲循：退到一边。

译文

富有的人，劳累身体辛勤操作，积攒了许许多多财富却不能全部享用，那样对待身体也就太不看重了。高贵的人，夜以继日地苦苦思索怎样才会保全权位和厚禄与否，那样对待身体也就太忽略了。人们生活于世间，忧愁也就跟着同时产生，长寿的人整日里糊糊涂涂，长久地处于忧患之中而不死去，多么痛苦啊！那样对待身体也就太疏远了。刚烈之士为了天下而表现出忘身殉国的行为，可是却不足以存活自身。我不知道这样的行为是真正的好呢，还是实在不能算是好呢？如果认为是好行为，却不足以存活自身；如果认为不是好行为，却又足以使别人存活下来。所以说："忠诚的劝谏不被接纳，那就退让一旁不再去争谏。"伍子胥忠心劝谏以致身受残戮，如果他不努力去争谏，忠臣的美名也就不会成就。那么到底有没有所谓好跟不好呢？

德则不冒

原文

缮性[①]于俗学，以求复其初；滑欲[②]于俗思，以求致其明；谓之蔽蒙[③]之。古之治道者，以恬[④]养知；知生而无以知为[⑤]也，谓之以知养恬。知与恬交相养，而和理[⑥]出其性。夫德，和也；道，理也。德无不容，仁也；道无不理，义也；义明而物亲，忠也；中纯实[⑦]而反乎情[⑧]，乐也；信行容体[⑨]而顺乎文，礼也。礼乐遍行，则天下乱矣。彼正而蒙己德[⑩]，德则不冒，冒则物必失其性也。

注释

①缮（shàn）性：修治修补本性。

②滑（gǔ）欲：借为汩，治理、疏导。欲：由外物引起之情欲、物欲。

③蔽蒙：与蒙蔽同义。指为百家之学说和通行观念所欺蒙，而迷失大道。

④恬：恬静淡漠，知与智通。

⑤无以知为：虽有知也下以智谋治事，而持守恬静质朴之性。

⑥和理：和为恬静淡漠之性，理为自然之理，二者皆出于本性。

⑦纯实：力仁义所充实。

⑧反乎情：仁义发乎中而与外物应和，又返回自身，与性情和谐愉悦。

⑨信行容体：信义之行表现于仪容举止。

⑩蒙己德：把己之德行隐蔽起来，不可炫耀滥用。

译文

在世俗的流习范围内修身养性，靠仁义礼智的儒俗学说来期求复归原始的真性；内心欲念早已被习俗给打乱了，还一心希望能达到明彻与通达；这就叫做蔽塞愚昧的人。古时候研究道术的人，总是以恬静来调养心智；心智生成却不用智巧行事，可称它为以心智调养恬静。心智和恬静交相调治，因而谐和顺应之情从本性中表露而出。德，就是谐和；道，就是顺应。德无所不容，就叫做仁；道无所不顺，就叫做义。义理彰明因而物类相亲，就叫做忠；心中淳厚朴实而且返归本真，就叫做乐；诚信著显、容仪得体而且合于一定礼仪的节度和表征，就叫做礼。礼乐偏执一方而又多方有失，那么天下定然大乱了。各人自我端正而且敛藏自己的德行，德行也就不会冒犯他人，德行冒犯他人那么万物必将失却自己的本性。

大知闲闲

原文

大知闲闲①，小知閒閒②；大言炎炎③，小言詹詹④。其寐也魂交，其觉也形开；与接⑤为搆⑥，日以心斗：缦⑦者，窖⑧者，密⑨者。小恐惴惴⑩，大恐缦缦⑪。

注释

①闲闲：广博豁达的样子。

②閒閒（jiàn）："閒"是"简"的古体，今简作"间"，"閒閒"即间间，明察细别的样子。

③炎炎：猛烈；这里借猛火炎燎之势，比喻说话时气焰盛人。

④詹詹：言语琐细，说个没完。

⑤接：接触，这里指与外界环境接触。

⑥搆："构（搆）"字的异体，交合的意思。

⑦缦（màn）：通作"慢"，疏怠迟缓的意思。

⑧窖：深沉，用心不可捉摸。

⑨密：隐秘、谨严。

⑩惴惴（zhuì）：恐惧不安的样子。

⑪缦缦（màn）：神情沮丧的样子。

译文

有才智的人通晓学问，只有点小聪明的人则乐于细察、斤斤计较；合于大道的言论就像猛火烈焰一样气焰凌人，拘于智巧的言论则琐细无方、没完没了。他们睡眠时神魂交构，醒来后身形开朗；跟外界交接相应，整日里钩心斗角。有的疏怠迟缓，有的高深莫测，有的辞慎语谨。小的惧怕惴惴不安，大的也就会怕得失魂落魄。

乘风而行

原文

野马[1]也，尘埃[2]也，生物[3]之以息[4]相吹也。天之苍苍，其正色邪？其远而无所至极[5]邪？其视下也，亦若是则已矣。且夫水之积也不厚，则其负大舟也无力。覆[6]杯水于坳堂[7]之上，则芥[8]为之舟；置杯焉则胶，水浅而舟大也。风之积也不厚，则其负大翼也无力，故九万里则风斯[9]在下矣。而后乃今[10]培风，背负青天而莫[11]之夭阏[12]者，而后乃今将图南。

注释

①野马：春天林泽中的雾气。雾气浮动状如奔马，故名“野马”。

②尘埃：扬在空中的土叫“尘”，细碎的尘粒叫“埃”。

③生物：概指各种有生命的东西。④息：这里指有生命的东西呼吸所产生的气息。

⑤极：尽。

⑥覆：倾倒。

⑦坳（ào）堂：坑凹处。坳堂：指厅堂地面上的坑凹处。

⑧芥：小草。

⑨斯：则，就。⑩而后乃今：意思是这之后方才；以下同此解。

⑪莫：这里作没有什么力量讲。⑫夭阏（è）：又写作“夭遏”，意思是遏阻、阻拦。

译文

春日林泽原野上蒸腾浮动犹如奔马的雾气，低空里沸沸扬扬的尘埃，都是大自然里各种生物的气息吹拂所致。天空是那么湛蓝湛蓝的，难道这就是它真正的颜色吗？抑或是高旷辽远没法看到它的尽头呢？鹏鸟在高空往下看，不过也就像这个样子罢了。再说水汇积不深，它浮载大船就没有力量。倒杯水在庭堂的低洼处，那么小小的芥草也可以给它当作船；而搁置杯子就粘住不动了，因为水太浅而船太大了。风聚积的力量不雄厚，它托负巨大的翅膀便力量不够。所以，鹏鸟高飞九万里，狂风就在它的身下，然后方才凭借风力飞行，背负青天而没有什么力量能够阻遏它了，然后才像现在这样飞到南方去。

集　部

帝高阳之苗裔兮，朕皇考曰伯庸。
摄提贞于孟陬兮，惟庚寅吾以降。
皇览揆余初度，肇锡余以嘉名；
名余曰正则兮，字余曰灵均。

楚辞

离骚

原文

帝高阳[1]之苗裔兮，朕[2]皇[3]考[4]曰伯庸[5]。
摄提[6]贞[7]于孟[8]陬[9]兮，惟庚寅[10]吾以降[11]。
皇[12]览[13]揆[14]余初度[15]兮，肇[16]锡余以嘉名；
名余曰正则兮，字余曰灵均。

注释

①高阳：帝王颛(zhuān)顼的别称。颛顼被称为楚国的远祖，他的后人熊绎，被周成王封在楚国。春秋时楚武王有一个儿子叫瑕，在屈邑受封，后人都把屈作为自己的姓氏，屈原是屈瑕的后人，因此自称是帝王高阳氏的后代，②朕：我。秦以前是贵贱通用的第一人称代名词；秦以后就变成了封建帝王的专用词。

③皇：伟大。

④考：对过世父亲的尊称。

⑤伯庸：屈原父亲的名字。

⑥摄提：摄提格的简称。古人把天宫划为子、丑、寅、卯、辰、巳、午、未、申、酉、戌、亥十二个等分，称作十二宫。依照岁星(木星)在天空运转所指向方位来纪年。岁星指向寅宫，称作寅年，还被叫做摄提格。岁星不断地运转，指的方位不同，叫法也就不同。

⑦贞：正。

⑧孟：开始。

⑨陬（zōu）：通“邹”，陬月，古代十二个月也都有不同叫法；正月也称陬。

⑩庚寅：古代以干支纪日，指庚寅这一天。

⑪降：通“洪”，降生。屈原生在寅年寅月寅日。

⑫皇：同上文皇考的简称，指去世的父亲。

⑬览：观察。

⑭揆（kuí）：衡量。

⑮初度：初降生时的气度。

⑯肇（zhào）：通“照”，开始，指降生时。

译文

颛顼啊，我是你的远代子孙，伯庸是我祖先的光辉大名。

岁星在寅的那一年的正月庚寅，我从天上翩翩下降。

尊敬的先祖啊，仔细揣度我刚刚下凡的时辰和啼声，通过占卜赐给了我相应的美名。

给我取的大名叫正则啊，给我取的一个代号叫灵均。

原文

纷吾既有此内美[①]兮，又重之以修能[②]；
扈江离[③]与辟芷兮，纫[④]秋兰以为佩。
汩[⑤]余若将不及兮，恐年岁之不吾与[⑥]。
朝搴[⑦]阰之木兰兮，夕揽洲之宿莽[⑧]。
日月忽其不淹兮，春与秋其代序。
惟草木之零落兮，恐美人[⑨]之迟暮[⑩]。
不抚[⑪]壮而弃秽兮，何不改乎此度[⑫]？
乘骐骥[⑬]以驰骋兮，来吾导夫先路[⑭]！

注释

①内美：先天就具备的好素质。

②修能：自身所具有的品德。

③离：香草名，因生在江边所以叫江离，又名蘼芜。

④纫(rèn):通"刃",连缀。

⑤汩(gǔ):通"古",水流急速的样子。这里用来比喻时光如水一样流逝。

⑥不吾与:不等待我。

⑦搴(qiān):通"牵",拔取。阰:土坡。木兰:香木名,又名辛夷,今天通称紫玉兰,开花像莲,这里指木兰花。

⑧宿莽:香草名,经冬不死。

⑨美人:屈原时而用美人来比喻国君,时而用来比喻美好的人,还用来自比。此处指楚怀王。

⑩迟暮:指年长者。

⑪抚:趁机。

⑫此度:指"不抚壮而弃秽"的态度。一本无"也"字。⑬骐(qí)骥:骏马,通常用来比喻贤臣。

⑭先路:帝王的前驱。

译文

上天既赐给我这么多内在的美啊,又加之以我注意修养自己的性格品行。

我披着喷吐幽香的江离和白芷啊,又连缀起秋兰作为自己的佩巾。

光阴似箭,我惟恐抓不住这飞逝的时光,让岁月来塑造我美好的心灵。

清晨,我浴着晨曦去拔取坡上的木兰,傍晚,我背着夕阳在洲畔采摘宿莽来润德润身。

太阳与月亮互相交迭,未尝稍停,新春与金秋相互交替,永无止境。

想到树上黄叶纷纷飘零,我害怕美人啊,你头上也添上丝丝霜鬓!

为什么,为什么你不任用风华正茂的贤者,废弃乌七八糟的小人?为什么,为什么你不改变已经过时的法度?

驾着龙马,飞快地向前猛奔!来!就让我给你充当带路人的吧。

原文

昔三后[①]之纯粹[②]兮,固众芳[③]之所在[④]。
杂申椒[⑤]与菌桂兮,岂维纫夫蕙茝?
彼尧舜之耿介[⑥]兮,既遵[⑦]道[⑧]而得路[⑨];
何桀[⑩]纣[⑪]之猖[⑫]披[⑬]兮,夫唯捷径[⑭]以窘步[⑮]!
惟党人之偷乐[⑯]兮,路[⑰]幽昧[⑱]以险隘。
岂余身之惮[⑲]殃[⑳]兮?恐皇舆[㉑]之败绩!

忽奔走以先后㉒兮，及前王之踵武。
荃不察余之中情兮，反信谗而齌怒。
余固知謇謇之为患兮，忍而不能舍也！
指九天以为正兮，夫唯灵修之故也。
初既与余成言兮，后悔遁而有他。
余既不难夫离别兮，伤灵修之数化。

注释

①三后：指黄帝、颛顼和帝喾。
②纯粹：德行高。这里表面上指君王，实借指楚国先君熊绎、若敖、蚡冒三人。
③众芳：比喻众多有才华的人。
④在：聚集。
⑤申椒：一种香料，申椒、菌桂、蕙、茝，都是用来比喻有才能的人，即上文的“众芳”。
⑥耿介：光明正大。
⑦遵：循。
⑧道：正确的道理。
⑨路：比喻治理国家的正确方针。
⑩桀：夏朝的亡国君。
⑪纣：商朝最后的一个君主，暴君。
⑫猖：狂妄。
⑬披：边的假借字，偏邪的意思。
⑭捷径：比喻不由正途。
⑮窘步：困窘失足。
⑯偷乐：苟安享乐。
⑰路：代指国家的前途。
⑱幽昧：黑暗。
⑲惮（dàn）：畏惧。
⑳殃：灾难。
㉑皇舆：封建帝王坐的车子，用来比喻国家。
㉒奔走以先后：指为楚王效力。

译文

古时三后品行正直刚正不阿，所以有才华的人就在那里聚会。

那里聚集着最多申椒、菌桂的人物，不仅仅联系优秀的茝和蕙，唐尧和虞舜更是伟大正直，他们是沿着正当的轨道登上了平坦的路途。

然而夏桀与殷纣却狂妄自大，总爱贪图捷径必然会导致失败。

像这样只会享乐的人，最后的道路会越走越狭窄。

我不怕自己招来横祸，我怕的是国家的衰落和覆没，我尽心尽力效忠，四处奔走，就是希望君王能赶上先王们的步伐。

你不肯体察我胸中那颗忠诚的心，反而听信谗言对我吼，我知道忠言直谏会有祸，但我却管不住自己的嘴巴。

请老天爷作证，我所做的一切都是为了君王，别无他意，当初你既然和我约定，现在为什么又改变主意，你我的分离不会使我难过，只是对你的反复改变主意而感到难过伤心。

原文

余既滋①兰之九畹②兮，又树③蕙之百亩。
畦④留夷⑤与揭车兮，杂杜衡⑥与芳芷⑦。
冀⑧枝叶之峻⑨茂兮，愿竢⑩时乎吾将刈⑪。
虽萎绝⑫其亦何伤兮。哀众芳之芜秽。

注释

①滋：种植。

②畹（wǎn）：田30亩为一畹，一说12亩为一畹。

③树：种。

④畦：指一垄一垄的种植。

⑤留夷、揭车：都是香草名。

⑥杜衡：香草名，俗名叫马蹄香。

⑦芳芷：白芷。以上四种香草，都是用来比喻所培育的有才能的人。

⑧冀：希望。

⑨峻：高大。

⑩竢：通“俟”，等待。

⑪刈(yì):通"乂",收获。培养有才华的人用来治理国家。
⑫萎绝:枯死。所培养的人才,不能为国家效力,却与对手同流合污。

译文

我已经种植了很多的春兰,还栽种了上百亩地的秋蕙。
也曾把留夷和揭车分垄种植,同时把杜衡和芳芷夹杂其间。
我希望它们能够枝叶茂盛,等到开花结果收割的那一天。
就算枯萎凋谢了也不算什么,令我伤心的却是它们的本质变坏了。

原文

众①皆竞进②以贪婪兮,凭③不厌④乎求索⑤。
羌内恕⑥己以量⑦人兮,各兴心而嫉妒。
忽驰骛⑧以追逐⑨兮,非余心之所急。
老冉冉其将至兮,恐修名⑩之不立⑪。
朝饮木兰之坠露兮,夕餐秋菊之落英⑫。
苟⑬余情⑭其信姱⑮以练要⑯兮,长顑颔⑰亦何伤?
揽⑱木根⑲以结⑳茝兮,贯㉑薜荔㉒之落蕊㉓。
矫㉔菌桂以纫蕙兮,索㉕胡绳㉖之纚纚㉗。
謇㉘吾法㉙夫前修㉚兮,非世俗之所服。
虽不周于今之人兮,愿依彭咸之遗则。
长太息以掩涕兮,哀民生之多艰。

注释

①众:指楚怀王的臣子们。
②竞进:争先恐后地往前跑。
③凭:楚地的方言。
④厌:满足。
⑤索:求。
⑥恕:揣测。
⑦量:衡量。
⑧驰骛(wù):奔走。

⑨追逐：追赶。

⑩修名：美名。

⑪立：成。

⑫落英：散落的花。

⑬苟：如同。

⑭情：指德行。

⑮信姱：真正的美好。

⑯练要：精粹。

⑰颔：黄瘦憔悴的模样。

⑱擥(lǎn)：通“揽”。

⑲木根：香木的根。据蒋骥《山带阁注楚辞》说：“木，木兰。”木根应是木兰的根。

⑳结：系。

㉑贯：穿。

㉒薜荔：香草名。

㉓蕊：花心。

㉔矫：拿起。

㉕索：搓绳子。

㉖胡绳：香草的一种，茎叶可以做绳索。

㉗𫄧：通“喜”，连接整齐的样子。

㉘謇(jiǎn)：发语词，楚地的方言，同上文“余固知謇謇之为患兮”的“謇”的意义不一样。

㉙法：效法。

㉚前修：前代的圣贤人。

译文

他们都在拼命地争夺着，想尽一切办法往上爬。

利欲熏心永远得不到满足，他们猜忌着别人却宽恕自己，他们彼此斗着心机互相妒忌。

他们都在暗地里争权夺利，这些却都不是我的追求。

只感觉老年在慢慢来临，担心美好的声名不能够确立。

早上我饮用木兰花上的露水，晚上我用菊花的残瓣填饱肚子。

只要我矢志不渝，面黄肌瘦又算得了什么。

我用树木的细根来把茝草编结，又把薜荔花穿连在一起。

我让菌桂的枝条联结蕙草，胡绳搓的细绳长且牢。

我要效仿古代的贤人，不是世俗人所能做到的。

我和当世的人虽然不能志同道合，我仍然能够效仿殷代的彭咸。

我长叹一声啊，止不住那眼泪流了下来，我是在哀叹那人民的生活是多么的艰难！

原文

余虽好修姱以机羁[1]兮，謇朝谇[2]而夕替[3]。

既替余以蕙纕[4]，又申[5]之以揽茝。

亦余心之所善[6]兮，虽九[7]死其犹未悔。

怨灵修之浩荡[8]兮，终不察夫民心。

众女[9]嫉余之蛾眉[10]兮，谣诼[11]谓余以善淫。固[12]时俗之工巧[13]兮，偭[14]规矩[15]而改错[16]；

背绳墨[17]以追[18]曲[19]兮，竞周容[20]以为度[21]。

忳[22]郁邑[23]余侘傺[24]兮，吾独穷困[25]乎此时也！

宁溘死[26]以流亡兮，余不忍为此态[27]也！

鸷鸟[28]之不群兮，自前世而固然。

何方[29]圜[30]之能周兮，夫孰异道而相安？

屈心而抑志兮，忍尤而攘诟；

伏清白以死直兮，固前圣之所厚。

注释

①羁(jī)：羁，马的络头；受到牵连。作者以马自喻来说自己国君疏远，受到牵连。

②谇(suì)：通“岁”，谏诤。

③替：除去。这句说早上进谏，晚上就被撤职。

④蕙纕：佩饰。蕙草编缀成的带子。

⑤申：加上。

⑥善：崇尚。

⑦九：言其多。⑧荡：水流很大的样子。这里用来比喻怀王自大妄为。
⑨众女：指楚怀王身边的一些贵族庞臣。
⑩蛾眉：借喻美好的品质。
⑪诼(zhuó)：通“酌”，伤人的话。⑫固：本来。
⑬工巧：取巧。
⑭偭：通“免”，违背。
⑮规矩：法度。
⑯改错：改变措施。
⑰绳墨：定直线的工具，引申为判断是非的准则。
⑱追：随。
⑲曲：指贵族的爱臣违背正理所做的邪行。
⑳周容：苟合。
㉑度：法则。
㉒忳：通“屯”，烦恼的样子。
㉓郁邑：忧愁。
㉔诧(chà)傺(chì)：失意。
㉕穷困：陷入窘迫。
㉖溘(kè)死：突然死去。
㉗此态：苟合之态。
㉘鸷(zhì)鸟：即鹰、鹞等猛禽。
㉙方：指方的榫头。㉚圜(yuán)：圆的孔。

译文

我擦拭着眼泪一声声的叹息，可怜人生路途是怎样的让人难受。
虽然我爱好修洁严于律己。
清晨被斥责，晚上又丢了官位。
他们攻击我佩带蕙草，又对我爱采集茝兰加以指责。
这是我所追求的东西，就算是死上九回我也不后悔。
只是怨楚王的昏庸，始终不能体察他人的心情。
那些女人都嫉妒我的英姿，制造谣言说我妖艳而淫荡。
庸人们原本善于投机，不守规矩还要改变政策。
违背是非的标准只图邪曲，争相把苟合取悦来当作常理。
我感到忧郁烦闷，失意而不安，现在遭受着孤独和穷困的磨难。
宁愿马上死去魂离魄散，也绝不肯媚俗取巧。
雄鹰与燕雀不能够同群，自古以来就是这样。

方和圆怎能配合在一起，志不同又怎能彼此相安一起。

宁愿抑制自己的情感，把所有的谴责都承担下来，保持清白的节操死在直道上，这是古代的圣人所赞同的！

原文

悔相[1]道之不察兮，延伫[2]呼吾将反[3]。
回朕车以复路[4]兮，及[5]行迷之未远。
步余马于兰皋[6]兮，驰椒丘[7]且焉[8]止息。
进[9]不入[10]以离尤[11]兮，退[12]将复修吾初服[13]。
制芰[14]荷以为衣兮，集芙蓉[15]以为裳[16]。
不吾知其亦已兮，苟余情其信芳。
高余冠之岌[17]岌兮，长余佩[18]之陆离[19]。
芳与泽[20]其杂糅[21]兮，惟昭质[22]其犹未亏。
忽反顾以游目[22]兮，将往观乎四荒。
佩缤纷其繁饰兮，芳菲菲[24]其弥章[25]。
民生各有所乐兮，余独好修以为常。
虽体解[26]吾犹未变兮，岂余心之可惩[27]！

注释

①相：看。

②延伫：徘徊。

③反：返还。

④复路：往回赶路。

⑤及：趁着。以上四句是屈原在政治上受到排挤和打击后，产生了想退出政治舞台的消极想法。⑥皋：河岸边。

⑦椒丘：生长椒木的小山。

⑧焉：在那里。

⑨进：指会晤。

⑩不入：不被国君所用。

⑪离尤：获罪。

⑫退：退出。

⑬修吾初服：修身洁行。

⑭芰(jì):通"记",菱。
⑮芙蓉:荷花。
⑯裳:古时上身穿的叫衣,下身所穿的叫裳。
⑰岌:通"及",高挑的样子。
⑱佩:佩剑。
⑲陆离:长相。
⑳泽:读作珲,通"妒",指腐臭的物体。
㉑杂糅:掺和。
㉒昭质:纯洁的品质。
㉓游目:纵目远望。
㉔菲菲:勃勃,指香气。
㉕弥章:非常清晰。
㉖体解:肢解。古代把人的四肢割下来的一种酷刑。
㉗惩:戒惧。

译文

我对自己当初没看清自己所走的路而感到无比的后悔,遐想片刻后又准备回头。

调转车马走向原来的路,趁着迷途不远赶快返回。

让马在兰草水边行走,在椒丘上让它暂时休息。

既然进取不成功又获了罪名,那就回故乡重新整理我的旧衣。

我把碧绿的荷叶裁成上衣,把洁白的荷花织成下裳。

没人懂我也就罢了,只要我的内心是馥郁芳香的。

我把头上的冠戴加高,把我的佩带增得长长的,即使芳香和污垢混淆在一块,纯洁的品质也不会腐朽。

忽然我回头纵目远望,打算到东南西北四方观光。

佩着五彩斑斓华丽的装饰,散发出浓浓的清香味。

人们各自有所喜好,而我独爱修饰。

就算粉身碎骨我也不会有所改变,难道我还能受警戒而手足无措?

原文

女媭[①]之婵媛[②]兮,申申[③]其詈[④]予曰:鲧父亲婞[⑥]直以亡身[⑦]兮,终然殀[⑧]乎羽[⑨]之野。

汝何博謇⑩而好修兮,纷独有此姱节⑪?
薋⑫菉⑬葹⑭以盈室兮,判⑮独离而不服⑯。
众不可户说⑰兮,孰云察余⑱之中情?
世并举⑲而好朋⑳兮,夫何茕㉑独而不予听㉒?

注释

①女媭:一说是女人名,一说是妾,都不确切。王逸《章句》:"女媭,屈原姊也。"许慎《说文》引贾逵说:"楚人谓姊为媭。"

②婵媛:留恋。

③申申:反复。

④詈(lì):责怪。

⑤鲧:夏禹的父亲。⑥婞:通"幸",坚强易怒。

⑦直以亡身:刚直而不顾身。若把"亡"作死亡解,便和正句的意思重复。亡身,应据《五百家音注韩昌黎集》三祝注作"忘身"。⑧殀:"妖",死。

⑨羽:羽山,神话中的地方,据胡渭《禹贡锥指》说,现在位于山东蓬莱市东南方。

⑩博謇:博,博闻;謇,说实话。《山带阁光洁度楚辞》:"博学而好直言也"。

⑪节:节度。

⑫薋(cí):通"瓷",草多貌。

⑬菉:通"路",恶草。

⑭葹:通"施",称枲耳,又称恶草。多比喻朝廷充满谗佞之臣。

⑮判:区分。

⑯服:佩带。

⑰户说:挨家挨户通知。

⑱余:我们。

⑲并举:相互奉承。

⑳好朋:结党成群。

㉑茕(qióng):通"穷",孤寂。

㉒不予听:予,妇女婴自指。不想听我的话。

译文

姐姐对于我所发生的事心里很是在乎,她曾经一再地警告我。

她说:

鲧因为太直接而不顾及性命，最终还是被惨杀在羽山荒野。
你为什么总是要一意孤行而又不听劝，独有很多美好的节操。
屋里堆放的都是普通的花草，你却非要与别人不同不愿服从。
大家不能挨家挨户地去讲明，有谁会去真正理解我们的内心世界。
世上的人都喜欢结党成群，你为什么对我的劝告总是听不进去呢？

原文

依[1]前圣以节中[2]兮，喟[3]凭心[4]而历兹[5]。
济[6]沅湘以南征兮，就重华而陈辞：
启[7]《九辩》与《九歌》兮，夏康[8]娱以自纵[9]。
不顾难[10]以图后[11]兮，五子[12]用失乎家巷。
羿淫游以佚[13]畋[14]兮，又好射夫封狐[15]；
固乱流[16]其鲜终兮，浞[17]又贪夫厥家。
浇[18]身被服[19]强圉[20]兮，纵欲而不忍[21]；
日康娱以自忘[22]兮，厥首用夫颠陨[23]。
夏桀[24]之常违[25]兮，乃遂[26]焉而逢殃。
后辛[27]之菹醢[28]兮，殷宗[29]用而不长。
汤、禹俨[30]而祗敬兮，周论道而莫差；
举贤而授能兮，循绳墨而不颇。
皇天无私阿兮，览民德焉错辅。
夫维圣哲以茂行兮，苟得用此下土。
瞻前而顾后兮，相观民之计极。
夫孰非义而可用兮，孰非善而可服？
阽余身而危死兮，览余初其犹未悔。
不量凿而正枘兮，固前修以菹醢。
曾歔欷余郁邑兮，哀朕时之不当。
揽茹蕙以掩涕兮，霑余襟之浪浪。

注释

①依：遵循。
②节中：节操。

③喟：叹息的声音。

④凭心：发心里的愤懑。⑤历兹：遭受这样的打击。

⑥济：渡过。沅、湘，水名、在现湖南省宁远县境内。要向重华陈辞，就必定要渡沅、湘二水向南进发。

⑦启：夏启，禹的儿子，在禹退位后做了国君。《九辩》《九歌》，神话传说是天帝的乐曲，被启带到了人间。

⑧夏康：大康，是启的儿子。

⑨纵：放纵。大康用《九歌》《九辩》娱乐放纵自己。

⑩不顾难：不考虑危难。

⑪图后：为以后做打算。

⑫五子：指大康的五个儿子。大康在外佚游无度，有一个穷国家的君主叫后羿的夺了他的王位，使他不能回到京城。他的五个儿子为此也逃出了京城，丢掉了自己的国家。

⑬佚（yì）：放荡。

⑭畋（tián）：通“田”，打猎。

⑮封狐：指大狐狸。

⑯乱流：淫乱之徒。鲜终，不会有好的结果。

⑰浞（zhuó）：通“酌”，寒浞。

⑱浇：通“傲”，寒浞的儿子。

⑲被服：穿戴、装饰。

⑳强圉 yǔ：健壮多力。

㉑不忍：不愿自制。

㉒自忘：忘乎所以。

㉓颠陨：掉下来了。相传寒浞强占了羿的妻子后，生了个儿子叫浇，健壮多力，杀害夏后相，终日淫乐无度，后来又被相的儿子少康所杀。

㉔夏桀：夏朝末代国君。

㉕常违：违背常理。

㉖遂：终究。逢殃，遭殃。终究遭到祸患。《史民·夏本纪》记载，夏桀被汤流放于南巢（今安徽省巢县附近）。

㉗后辛：即殷纣王名辛，又称帝辛，商朝末代的国君。

㉘菹（zū）醢（hǎi）：通“租海”，把人剁成肉酱。据《史记·殷本纪》记载，纣王杀害比干、醢梅伯，国家灭亡。

㉙殷宗：殷代的祖祀，即殷朝。

㉚俨：恭敬庄重。

译文

遵循着之前的圣人所留下的遗训来教育自己,现实的遭遇使我悲愤填膺!

我沿着湘江逆流而上,我要向大舜去陈说我的内心:“夏后从上天偷回《九辩》和《九歌》,到凡间纵情作乐恣意荒淫。

不居安思危预防后患,他的五个儿子终于失掉了民心!

后羿也爱好田猎,溺于游乐,一味沉迷于射杀那些猛兽和珍禽。

本来淫乱之辈就少了有善终,他的国相寒浞杀了他,又和他的老婆成亲!

寒浞之子过浇依仗自己健壮的体格,放纵情欲而不肯控制自己的兽性。

他每日里寻欢作乐得意忘形,丢掉了自己的脑袋不自省。

夏桀经常违背正道,终于落得个亡国丧身。

殷纣把自己的忠良剁成肉酱,他的王位因此颠陨!

成汤和大禹都严明而又谨慎,周文武都任法而讲仁。

他们都凭德才选用贤臣,遵守绳墨而不差毫分。

老天爷啊!

光明正大不存偏私偏爱,看见有德的人就设法让他成为辅弼之臣。

只有那德行高迈的圣人贤哲,方才让他享有天子那样的尊称!

回顾前王而又观省后代,再仔细考察天下的民情。

不曾有过不义的人可以重用,不曾有过不善的事可以推行。

即使死神已经向我步步逼近,回想起初衷我也毫无悔恨。

怎能将方榫塞进圆孔啊,古代的贤者正因此而碎骨粉身!

我泣不成声啊满心悲伤,哀叹自己是这样生不逢辰。

拔一把柔软的蕙草揩拭眼泪,眼泪一直流淌着直到沾湿了我的衣赏。”

原文

跪敷衽[1]以陈辞兮,耿吾既得此中正[2]。

驷[3]玉虬[4]以椉鹥[5]兮,溘[6]埃[7]风余上征[8]。

朝发轫[9]于苍梧[10]兮,夕余至乎县圃[11]。

欲少留此灵琐[12]兮,日忽忽其将暮。

吾令羲和[13]弭节[14]兮,望崦嵫[15]而勿迫[16]。

路漫漫[17]其修远兮,吾将上下而求索。

饮余马于咸池[18]兮,总[19]余辔乎扶桑[20]。

折若木[21]以拂日兮，聊[22]逍遥以相羊[23]。
前望舒[24]使先驱兮，后飞廉[25]使奔属。
鸾皇[26]为余先戒兮，雷师[27]告余以未具[28]。
吾令凤鸟飞腾兮，继之以日夜。
飘风[29]屯[30]其相离兮，帅云霓而来御。
纷总总其离合兮，斑陆离其上下。
吾令帝阍开关兮，倚阊阖而望予。
时暧暧其将罢兮，结幽兰而延伫。
世溷浊而不分兮，好蔽美而嫉妒。

注释

①敷衽(rèn)：把衣服的前襟拽平。

②中正：指正直而不偏邪的品行。

③驷(sì)：本意是驾车的四匹马，在这用做动词，即驾。

④玉虬：白色没有角的龙。⑤鹥：通“衣”，凤凰的另一种名字。

⑥溘(kè)：掩盖。

⑦埃：尘土。

⑧上征：上天。

⑨发轫(rèn)：所轫木去掉，表示车要动身了。轫，通“刃”，刹住车轮转动的轮前横木头。

⑩苍梧：即九疑山。

⑪县圃：神话中的山名，在昆仑山上。

⑫灵琐：神灵所住的门。琐，门窗上所印得连环形花纹。此处代指门。

⑬羲和：神话里的太阳神。

⑭弭节：弭，不动；节，马鞭。

⑮崦(yān)嵫(zī)：神话里山的叫法。

⑯迫：近。

⑰曼曼：通“漫漫”，路途遥远的样子。

⑱咸池：神话里所讲的地名，太阳出来洗澡的地方。

⑲总：系。

⑳扶桑：神话里树的叫法，太阳从它的下面出来。

㉑若木：神话里树的名字。

㉒聊：暂缓。

㉓相羊：徘徊。

㉔望舒：月神的驾车者。
㉕飞廉：神话里的人物。
㉖鸾皇：凰类的鸟，在前头警卫。
㉗雷师：神话里的雷神。
㉘未具：没准备齐全。
㉙飘风：旋风。
㉚屯：聚，旋风将尘土卷成圆柱形状。

译文

我跪在铺开的衣襟上倾诉我满心的忠心，正确的道路在我心中闪亮。
凤凰为车，白龙为马，御着那飘忽的长风我飞向天上。
清晨，我从那南方的苍梧之野起程，傍晚，我到昆仑山下的悬圃卸妆。
我本想在灵琐停留片刻，无奈太阳下沉，暮色苍茫。
我叫那日御羲和按节徐行，不要急急地驰向崦嵫山畔。
前面的路程遥远而又漫长，我要上天下地到处去寻觅心中的太阳。
我让龙马在咸池痛饮琼浆，我把马缰拴在扶桑树上。
折几枝若木去拂拭日边的荫翳，我暂且在这里休息徜徉。
我派月神在前面充当向导，让风神在后面紧紧跟上。
鸾鸟与凤凰为我在前面警戒开道，雷师却说还没有安排停当。
我命令凤鸟展翅飞腾啊！
日以继夜地向九天翱翔。
旋风啊积聚着力量！
率领着云霓向我迎上。
云霓越聚越多啊忽离忽合，五光十色上下左右飘浮荡漾。
我让守天门的卫士替我把门打开，可他却倚着天门呆望着我。
日色渐暗时间也已很迟了，我纽结着的幽兰长久地徜徉。
时世污浊善恶不分，爱嫉妒别人，对别人的长处总是不承认。

原文

朝吾将济于白水①兮，登阆风②而绁马。
忽反顾③以流涕兮，哀高丘④之无女⑤。
溘吾游此春宫⑥兮，折琼枝⑦以继佩。
及荣华⑧之未落兮，相下女⑨之可诒⑩。

吾令丰隆[11]乘云兮，求宓[12]妃之所在。
解[13]佩纕以结言兮，吾令蹇修[14]以为理[15]。
纷总总其离合兮，忽纬繣[16]其难迁[17]。
夕归次[18]于穷石[19]兮，朝濯[20]发乎洧盘[21]。
保[22]厥美以骄傲兮，日康娱以淫游。
虽信美而无礼兮，来[23]违弃[24]而改求。
览相观于四极兮，周流乎天余乃下。
望瑶台[25]之偃蹇兮，见有娀[26]之佚女。
吾令鸩[27]为媒兮，鸩告余以不好；
雄鸠[28]之鸣逝兮，余犹恶其佻巧[29]。
心犹豫而狐疑兮，欲自适[30]而不可。
凤皇既受诒兮，恐高辛之先我。
欲远集而无所止兮，聊浮游以逍遥。
及少康之未家兮，留有虞之二姚。
理弱而媒拙兮，恐导言之不固。
世溷浊而嫉贤兮，好蔽美而称恶。
闺中既以邃远兮，哲王又不寤。
怀朕情而不发兮，余焉能忍与此终古！

注释

①白水：神话中水的名字，起源于昆仑山。

②阆(làng)风：神话中山的名字。

③顾：回头看。

④高丘：即阆风。

⑤女：这里指神女。屈原浮面上是哀阆风山无神女，此处是哀楚王没有好的妃嫔。

⑥春宫：春神所住的宫殿。

⑦琼枝：玉树枝。⑧荣华：花名的通称。荣，草本植物所开的花。华，木本植物所开的花。

⑨下女：指宓妃诸人，对高丘而言处于下位。

⑩诒(yí)：通"贻"，赠予。

⑪丰隆：雷师。

⑫宓(mì)：通“伏”妃，据说是伏羲的女儿，淹死在洛水后，被称为洛水之神。

⑬解：解开。

⑭蹇修：伏羲的臣子。

⑮理：媒人。

⑯纬繣：违拗。

⑰难迁：难以改变。

⑱次：住宿。

⑲穷石：山名，相传是后羿所住的地方。《天问》：“帝降夷羿，革孽夏民（剪除夏民的忧患）；胡（何以）射夫河伯，而妻彼雄（洛）嫔？”

⑳濯：洗涤。

㉑洧（wěi）盘：神话里的水名，起源在崦嵫山。

㉒保：恃。

㉓来：乃。

㉔违弃：遗弃。

㉕瑶台：美玉砌的台。

㉖有娀：通“松”，有娀氏，原始社会一个部落的名字。佚女，美女。有贼之佚女，即帝喾妃简狄。古时传说有娀氏女简狄，住在瑶台上，后来许给了帝喾，生下契，契就是商朝的祖先。

㉗鸩（zhèn）：通“振”，鸟的名字，羽有毒。此处比喻奸险的人。

㉘鸠（jiū）：同山鹊，喜欢叫。在这用作比喻花言巧语的人。鸣逝，且飞且鸣。

㉙佻巧：轻佻巧诈。

㉚适：来。

译文

天亮后我要渡过这条河——白水河，登上阆风山把马儿拴好。

忽然回过头眺望泪水还是忍不住流下来了，可怜春宫中竟然无美女。

我飘忽地来到春宫的门口，折了琼枝作为佩饰。

趁琼枝的花朵还未凋落，我要寻找能够接受馈赠的美女。

我让云师把马车驾套上。

我去寻找宓妃所住的地方。

把身上的佩带解下来系好求婚信，我让蹇修前去做媒。

云霓纷纷簇集即离即合，很快明白事情不能成功。

晚上她回到穷石过夜，清早她在洧盘把头发洗濯。

她仗着自己有点姿色就狂妄自大，每天放荡无束的寻欢。

虽然她是美人但礼节全无，算了吧，我另外再去找寻吧。

我在天上察看了四面八方，周游后我又回到人间。

我望着远方华丽巍峨的玉台啊，看到有娀氏美女居住在瑶台上。

我请鸩鸟给我说媒，鸩鸟却告知我有娀氏美女不好。

有只雄鸠要前去提亲，我又嫌他诡诈油腔。

我游移不定而疑惑，考虑自己去又不妥。

凤凰已去送彩礼给她，我又担心高辛赶到了我前面去提亲。

想去远方又没有落脚点，我只能四处流浪逍遥。

趁少康还没有结婚，两位虞国的阿娇还留在那里。

提亲的媒人太不会说话，担心说合成功的可能性太小。

人间世道混浊嫉妒贤能，总是隐善扬恶没有天理。

闺中佳人难以接近，贤良的君王又不肯醒悟。

满腔的忠心找不到可以听我说的人，我怎么能够一直容忍这样的事情！

原文

索[1]琼[2]茅[3]以[4]筳[5]专兮，命灵[6]氛为余占之。
曰："两美[7]其必合兮，孰信修[8]而慕[9]之？
思九州之博大兮，岂唯是[10]其有女？"
曰："勉远逝而无狐疑兮，孰求美而释[11]女[12]？
何所独无芳草兮，尔何怀乎故宇[13]？"
世幽昧[14]以眩曜[15]兮，孰云察余之善恶？
民好恶其不同兮，惟此党人其独异[16]！
户[17]服艾[18]以盈要[19]兮，谓幽兰其不可佩。
览察草木其犹未得兮，岂珵[20]美之能当？
苏[21]粪壤[22]以充祎[23]兮，谓申椒其不芳。

注释

①索：拿。
②琼：通"穷"。

③茅:草类的一种。

④以:通"与"意。

⑤筳:通"亭",小竹棍子。楚人用这类草与竹棍占卜。

⑥灵:原意是神,在这指巫,因巫能降神,所以楚人称巫为灵。

⑦两美必合:双方都美好就能配合。借此比喻良臣遇到明君。

⑧信修:真正美好。

⑨慕:爱慕。这两句是讲虽然有"两美必合"的说法,可在楚国有谁能真正美好而值得爱慕呢?

⑩是:指楚国。这句是讲难道只有楚国,才会有美女?

⑪释:放掉。

⑫女:汝,指的是屈原。

⑬故宇:原来的地方,指屈原的故乡。上面八句都是灵氛说的话,用了两个"曰"字,是嘱咐之辞。

⑭幽昧:没有光线。

⑮眩曜:迷乱的样子。

⑯独异:和别人不同。

⑰户:每家每户。⑱艾:白蒿,一种野草。

⑲要:古腰字。这句是讲每家每户每个人都佩带了满腰的艾篙。

⑳珵:通"承",品评。

㉑苏:拿。

㉒粪壤:粪土。

㉓祎:带在身上的香囊。

译文

我找来了灵草和一些细竹片,请女巫灵氛来给我占卜算一下。

她告诉我说:男女双方都美好一定会结合,只是看修炼必将产生爱慕。

想到天下的广大辽阔,难不成只限此地才有美女?劝你还是不要迟疑地远走吧,追求美人的又有哪位会放弃你呢?世间什么地方没有芳草,你为什么非要思恋故乡呢?黑暗的世道让人的眼光迷乱,谁又能知道我们的底细。

人们的好恶本就不一样,这些小人就更加怪异出众了。

每个人都在腰间挂满艾草,偏说幽兰是不能佩戴使用的。

连草木的好坏都分辨不清楚,更别说正确评价玉器了!用粪土来装满自己的香囊,反说是申椒没有香味。

自从占卜完以后,说是好的事情,但是我的心里一直是很怀疑的。

原文

欲从灵氛之吉占兮，心犹豫而狐疑。
巫咸[①]将夕降楷[②]兮，怀[③]椒糈[④]而要[⑤]之。
百神翳[⑥]其备降兮，九疑[⑦]缤[⑧]其并迎。
皇剡剡[⑨]其扬灵[⑩]兮，告余以吉故[⑪]。
曰："勉升降以上下兮，求榘矱[⑫]之所同。
汤禹严[⑬]而求合[⑭]兮，挚[⑮]咎繇而能调[⑯]。
苟中情其好修兮，又何必用夫行媒？
说[⑰]操[⑱]筑[⑲]于傅岩[⑳]兮，武丁[㉑]用而不疑。
吕望[㉒]之鼓刀[㉓]兮，遭周文[㉔]而得举。
宁戚[㉕]之讴歌[㉖]兮，齐桓[㉗]闻以该辅。
及年岁之未晏[㉘]兮，时亦犹其未央[㉙]。
恐鹈鴂[㉚]之先鸣兮，使夫百草为之不芳。"
何琼佩之偃蹇兮，众薆然而蔽之？
惟此党人之不谅圆兮，恐嫉妒而折之。
时缤纷圆其变易兮，又何可以淹留？
兰芷变而不芳兮，荃蕙化而为茅。
何昔日之芳草兮，今直为此萧艾也？
岂其有他故兮，莫好修之害也！
余以兰为可恃兮，羌无实而容长。
委厥美以从俗兮，苟得列乎众芳！
椒专佞以慢慆兮，樧又欲充夫佩帏。
既干进而务入兮，又何芳之能祗？
固时俗之流从兮，又孰能无变化？
览椒兰其若兹兮，又况揭车与江离？
惟兹佩之可贵兮，委厥美而历兹；
芳菲菲而难亏兮，芬至今犹未沬。
和调度以自娱兮，聊浮游而求女。
及余饰之方壮兮，周流观乎上下。

注释

①巫咸：殷时的神巫，名咸。古时候把巫看成能通神的人物，人对神的祈求，由巫来传递。

②降：指降神。

③怀：怀揣。

④糈(xǔ)：敬神用的精米。

⑤要：通"邀"，迎接。

⑥翳(yì)：遮蔽。

⑦九疑：山名，也叫九嶷(yí)，即苍梧山，在现湖南省境内。这里指九疑山神。

⑧缤：繁多貌。

⑨剡(yǎn)剡：闪闪发光。

⑩扬灵：显灵。

⑪吉故：历史上的佳话、故事，即下文中汤、禹与挚、咎繇等人的事迹。

⑫榘(jù)矱(huò)：榘通"矩"，量方形用的工具；矱通"获"，量长短用的工具；这里是引申法度。

⑬严：严谨。

⑭求合：寻访志同道合的人。

⑮挚：伊尹的名，汤相。

⑯调：和谐。

⑰说：殷代贤人傅说。

⑱操：拿着。

⑲筑：打墙的木杵。

⑳傅岩：地名，在现山西省平陆县附近。

㉑武丁：殷高宗之名。傅说作为奴仆在傅岩拿着木杵筑墙，后来被殷王武丁发现得以重用。

㉒吕望：奉姓姜，名尚。因为先人封邑在吕，因此又姓吕。他是周朝的开国贤相。

㉓鼓刀：动刀。

㉔周文：周文王。

㉕宁戚：春秋时卫国贤人。

㉖讴歌：歌唱。

㉗齐桓：齐桓公。相传宁戚原是小商人，曾住在齐的东门，桓公夜出，他敲打牛角，唱了一曲怀才不遇的歌，桓公听到了，马上用他做客卿。

㉘晏：晚。

㉙央：结束。

㉚鶗（tí）鴂：通“题决”，杜鹃，又称伯劳。

译文

我想听从灵氛所给我占卜的结果，可心里却犹豫好像还怀疑什么。

今晚传说中的巫咸将要从天上降临，我怀着花椒祭米去求伊。

啊！天上诸神遮天蔽日齐降，九嶷山上的众神纷纷前来迎之。

他们灵光闪闪地显示着神异，那巫咸又告诉我将要大吉大利。

他说：“你应该努力上下求索，按照原则去选择意气相同的同志。

夏禹商汤都严正地选拔贤才，皋陶和伊尹因此能做他们的辅弼。

只要你真正爱好修洁，又何必到处去求人托媒。

傅说曾经在傅岩做过泥木工，武丁重用他而不生疑。

姜太公在朝歌操过屠刀，遇上周文王就大展才气。

宁戚放牛时引吭高歌，齐桓公听了把他看作国家的柱石。

趁你年华还未衰老，施展才华还有大好的时机。

当心那伯劳鸟叫得太早，使得百草从此失去了芳菲。”

为什么我的玉佩如此美艳，人们却要故意将它的光辉遮盖起来，不让其他人知道？

这些小人真是不能信赖，担心他们会出于嫉妒而将玉佩折断！

时世纷乱而且变化无常啊，我怎能在这里久久流连。

兰与芷都消尽了芬芳，荃与蕙都化为了草蔓，为什么过去那些香草，今日竟变成了蒿艾而不鲜？

难道会有别的原因可找？

都只怪他们自己没有勤加锻炼。

我本以为幽兰可以依靠，谁知他也虚有芳颜。

抛弃了自己的美质而随俗浮沉，苟且地列入这众芳之班！

花椒谄上傲下自有一套，茱萸也想钻进香囊里面。

他们既然只会拼命地钻营，又怎能望它们保持美质不变？

见到香椒与兰草也变成了这般模样，揭车与江离怎么能不变心。

只有我戴的佩饰仍然可贵，还在今天保持这它的品质。

虽然花的芳香还难以消逝，花的芳香直到今还在散发这香气。

我还保持着和谐的态度自我欢娱，姑且还在四处游荡寻找那些世俗美女。趁着我这佩饰还很漂亮，我还是要四处去寻找那些。

原文

灵氛既告余以吉占兮，历[1]吉日乎吾将行。
折琼枝以为羞[2]兮，精[3]琼爢以为粻。
为余驾飞龙兮，杂瑶象[4]以为车。
何离心[5]之可同兮，吾将远逝以自疏。
邅[6]吾道夫昆仑兮，路修远以周流。
扬云霓[7]之晻[8]蔼兮，鸣玉鸾[9]之啾啾。
朝发轫于天津[10]兮，夕余至乎西极[11]。
凤皇翼[12]其承旂[13]兮，高翱翔之翼翼[14]。
忽吾行此流沙[15]兮，遵赤水[16]而容与[17]。
麾[18]蛟龙使梁津兮，诏[19]西皇[20]使涉予[21]。
路修远以多艰兮，腾[22]众车使径待[23]。
路不周[24]以左转兮，指西海[25]以为期[26]。
屯余车其千乘兮，齐玉[27]轪而并驰。
驾八龙之婉婉[28]兮，载云旗之委蛇[29]。
抑志[30]而弭节兮，神高驰之邈邈。
奏《九歌》而舞《韶》兮，聊假日以媮乐。
陟升皇之赫戏兮，忽临睨夫旧乡。
仆夫悲余马怀兮，蜷局顾而不行。
乱曰：已矣哉！
国无人莫我知兮，又何怀乎故都？
既莫足与为美政兮，吾将从彭咸之所居！

注释

①历：选择。
②羞：珍贵食品。
③精：舀碎。琼，玉屑。爢，通“靡”，细末。这句话讲各大屑为粮。
④象：象牙。
⑤离心：志异。这句话讲心志不一样，怎能凑合在一块呢。
⑥邅：通“沾”，楚地方言。

⑦云霓：指旌旗。
⑧晻(xiàn)：通“限”。
⑨玉鸾：用玉雕刻成鸾鸟形的车铃。
⑩天津：天河的渡口。
⑪西极：西方的尽头。
⑫翼：《文选》作“纷”，多。
⑬旂：旗的总称。
⑭翼翼：利索的样子。
⑮流沙：沙漠。
⑯赤水：神话里水的名字，起源于仓山。
⑰容与：缓行。
⑱麾：指导。
⑲诏：命令。
⑳西皇：西方里的神，流传即少看棣氏。
㉑涉予：栽我过去。
㉒腾：通“驰”。
㉓径待：径相的侍卫。这句话是讲驰众车使之径侍卫，避免危险。
㉔不周：神话里的山名，位于昆仑山西北。
㉕西海：现青海省的青海湖。
㉖期：会。
㉗玉：拿玉当饰的车轮。
㉘婉婉：弯曲貌。
㉙委蛇：旌旗迎风舒展貌。
㉚抑志：志，通“帜”，垂下旌旗。

译文

灵氛已告知我占卜属于吉祥，选定好日子我将再去四处流浪啊。

我折下琼枝作为珍肴啊，又舂好玉屑作为干粮。

腾飞的神龙啊，是我乘车的坐骑，我的车马，又用美玉和象牙装潢。

我怎能跟这些党人混在一起，飘然远逝，我要去创造自己的辉煌。

我将行程转向西方的昆仑，道路遥远而又曲弯，满天云霓像彩旗飘扬在九天，玉制的车铃，发出铿锵的音响。

早晨我从天河的渡口出发，黄昏我到西天徜徉。

凤凰的彩翎接连着彩旗，高飞在云天任意翱翔。

转眼间我来到这一片流沙，沿着赤水河我又从容盘桓。

我指挥蛟龙在渡口搭起桥梁，叫西皇帮助我涉过这赤水急滩。

行程如此遥远，天路这般艰难，我叫随从的车队侍候两旁。

翻过不周山峦，我们向左拐弯，那浩瀚的西海才叫人神往。

我们成千的车辆列着队伍，玉制的车轮在隆隆地轰响。

每辆车驾着几条蜿蜒的神龙，车上的云旗啊飘扬在云端。

控制着满腔的兴奋，我的心如奔马，驰向远方。

演奏着《九歌》，舞起了《九韶》，我要尽情地欢乐和歌唱。

上升啊，翱翔，我刚刚升上灿烂的天宇，猛回头却望见了熟悉的故乡。

啊，我的仆人悲泣，我的马儿彷徨，它蜷曲着身子，频频回首，不肯再在茫茫的穹苍……

算了吧！

家里既然没有人理解我，我又何苦还要想念着家乡呢？理想中的政治既然不能实现，我还是追随彭咸安排自己。

九辩

原文

悲哉秋之为气也！萧瑟兮草木摇落而变衰。
憭慄[1]兮若在远行；登山临水兮送将归。
泬寥[2]兮天高而气清；寂寥[3]兮收潦而水清。
憯[4]悽增欷兮薄寒之中人；怆[5]怳懭兮去故而就新；
坎[6]廪兮贫士失职而不平；
廓落[7]兮羁旅而无友生；惆怅兮而私自怜。
燕翩翩其辞归兮，蝉宗漠而无声；
雁廱廱[8]而南游兮，鹍鸡啁哳[9]而悲鸣。

独申旦[10]而不寐兮，哀蟋蟀之宵征。
时亹[11]亹而过中兮，蹇淹留[12]而无成。

注释

①憭慄：指凄凉。若：语助词。

②泬：通"血"，寥，指空旷清朗的样子。

③寂寥：通"寄聊"，一本作寂漻，读做"淑"。淑、漻：用来形容水清的状态。潦：通"老"，指下雨后地面上的积水。收潦：指雨水退尽。

④憯：通"惨"。欷：感叹。⑤怆(chuàng)：通"晃"，指失忆的模样。

⑥坎：通"凛"，一本麇作壈，坎壈，即坎坷，指所遭遇的不顺利。失职：指削职被贬之事。

⑦廓落：指孤寂。友生：交心的朋友。

⑧廱廱：雁鸣叫和谐声。

⑨啁哳：指声音繁细的样子。

⑩申旦：从黑到明、通宵。

⑪亹：通"伟"，形容迅速的样子。

⑫淹留：久留。

译文

秋天的气氛让人悲伤啊，大地萧瑟啊草木衰黄凋零。

凄凉的心就像要出远门，又像登山临水送别伤情。

空旷啊天宇高秋气爽，寂寥啊积潦退秋水清。

微寒袭人使人更加伤感，离乡背井心中怅然若失，坎坷中贫士失官心中不平，孤独地漂流在外乡没有知己。

惆怅啊形影相依自我怜悯。

燕子翩翩飞回南方，寒蝉整日寂寞不出响声。

大雁鸣叫朝南飞翔，鹍鸡不住地啾啾悲鸣。

我孤独一人通宵达旦难以入睡，聆听蟋蟀整夜地哀鸣，时光飞逝转眼已人过中年，艰难阻滞仍是一事无成。

原文

悲忧穷戚。兮独处廓①,有美一人兮心不绎②。
去乡离家③兮徕远客,超④逍遥兮今焉薄?
专思君⑤兮不可化,君不知兮可奈何!
蓄怨兮积思,心烦憺⑥兮忘食事。
愿一见兮道余意,君之心兮与余异。
车既驾兮朅⑦而归,不得见兮心伤悲;
倚结軨⑧兮长太息,涕潺湲兮下霑轼⑨。
忼慨⑩绝兮不得,中瞀乱兮迷惑。
私自怜兮何极?心怦怦⑪兮谅直。

注释

①穷戚:指处境穷苦。廓:指孤寂、空虚。

②绎:通"义",喜欢,高兴。

③乡离家:指郢都。

④超:远。薄:通"泊",停息。

⑤君:指楚王。

⑥憺:通"惔",指火烧。食事:吃东西的事。

⑦朅:离开。

⑧軨(hū):通"零",古时候车厢的前面与左面、拿木条筑成的方格。因为形似窗棂,所以叫结。

⑨轼(shì):通"士",指古时车前用来做扶手的横木。

⑩慨:慷慨,激愤。这句讲激愤至极不能抑制。

⑪怦怦:忠贞的样子。谅:固执己见、坚持成见。

译文

悲愁困迫啊独处辽阔大地,有位美人心里悲凄。

他远离家乡异地为客,漂泊不定的生活如今去哪里?

一心想念君王忠贞不渝,有什么办法啊君王不知!怨恨哀愁积满心中,内心烦闷焦虑寝食难安。

但愿见一面啊诉说心意，君王心里想的却和我不同。驾马车出去了可还得回来，不能见到君王我心里悲泣；倚靠着车厢啊长长叹气，泪水涟涟啊沾满了车板。实在做不到与君王决绝，一片纷乱啊心惑神迷。

独自悲伤此情什么时候才会终结，内怀忠忱啊精诚耿直。

原文

皇天平分四时兮，窃独悲此廪①秋。
白露既下百草兮，奄②离披此梧楸。
去白日之昭昭兮，袭③长夜之悠悠。
离芳蔼之方壮④兮，余萎⑤约而悲愁。
秋既先戒以白露兮，冬又申之以严霜。
收恢台⑥之孟夏兮，然欿傺而沈藏。
叶菸⑦邑而无色兮，枝烦挐⑧而交横；
颜淫溢⑨而将罢兮，柯仿佛而萎黄；
萷⑩櫹槮之可哀兮，形销铄而瘀伤。
惟其⑪纷糅而将落兮，恨其失时⑫而无当。
揽⑬騑辔而下节兮，聊逍遥以相佯。
岁忽忽而遒⑭尽兮，恐余寿之弗将。
悼余生之不时兮，逢此世之俇⑮攘⑯。
澹容与⑰而独倚兮，蟋蟀鸣此西堂。
心怵惕⑱而震荡兮，何所忧之多方⑲！
仰明月而太息兮，步列星而极明。

注释

①廪：一本作凛。
②奄：指遽。梧楸：梧桐与楸树，都是早凋谢的树木。
③袭：指入。
④方壮：指正当壮年。
⑤萎：疾病贫困。
⑥恢台：繁盛与宽广样子。这句是讲繁盛之象就要停止而沉埋收藏起来。
⑦菸（yān）：通“迁”。邑，淡漠的样子。

⑧烦挐:纷乱。

⑨淫溢:浸渍。罢:通"疲",指凋落。

⑩萷:通"梢",指树梢。

⑪其:指草木。纷揉:混杂,指败叶衰草相混。

⑫失时:过了时令的季节。

⑬揽:通"览",持。腓:通叫"非",指在两头拉车的马。古时一车三马或四马,中间的称服,两头的称,也称骖。下节:即按节、停鞭。

⑭遒:通"囚",迫近。

⑮侹(zhēng):通"匡"。

⑯攘:混杂的样子。

⑰澹:指水波舒缓样子。容与:闲散自得的模样。

⑱怵惕:指惊慌。

⑲方:指端。

译文

上天将一年四季平分,我却独自悲伤于秋季。
白露降下沾浥百草啊,枯黄的树叶飘离梧桐的枝上。
离开明亮的白日昭昭啊,步入了漫长的黑夜中。
百花盛开的季节已经过去,余下枯木衰草令人悲愁。
白露先降告诉秋天就要来临,预告冬天又有严霜在后。
夏日的繁茂景象被秋冬一扫而过,勃勃的生机也被遮盖住了。
叶子黯淡没有光彩啊,枝条纷乱交叉杂乱无章。
树叶凋敝将要萎谢,树干萎黄好像就要枯朽。
光秃秃树枝萧疏让人悲哀,见了病恹恹树身真可忧。
想到衰草落叶相杂将要飘落,怅恨好时光失去不在当口。
抓住马缰绳放下马鞭缓慢而行,百无聊赖地暂且慢慢游荡。
岁月匆匆就将到头啊,恐怕我的寿命不会长久。
痛惜自己生不逢时非常悲伤,遇上这乱世纷扰难以药救。
徘徊不止独自徙倚啊,愁听西堂蟋蟀的鸣叫声声。
我的心里时时惊惧大受震动,百般忧愁为何萦绕不休。
仰望明月长长叹息,在星光下漫步由夜而昼。

原文

窃悲夫蕙华[1]之曾敷兮，纷旖旎[2]乎都房。
何曾华之无实兮，从风雨而飞飏！
以为君独服此蕙兮，羌无以异于众芳[3]。
闵[4]奇思之不通兮，将去君而高翔。
心闵怜之惨悽兮，愿一见而有明。
重无怨[5]而生离兮，中结轸[6]而增伤。
岂不郁陶[7]而思君兮，君之门以九重[8]。
猛犬狺狺而迎吠兮，关梁闭而不通。
皇天淫溢[9]而秋霖兮，后土何时而得漧[10]！
块[11]独守此无泽兮，仰浮云而永叹！

注释

①蕙(xǐ)华：指蕙草的花。

②旖(yǐ)旎(nǐ)：繁盛的样子。曾华无实：只开花不结果。比喻君王把他看成有虚表但没实际才能的人。

③众芳：指其他的人。

④闵：忧伤。奇思：焦虑。不通：不能通达于君王。

⑤无怨：深念自己没罪却和君王分离。

⑥结轸(zhěn)：郁结忧伤。

⑦郁陶：忧思蓄积满膛。

⑧九重：根据朱熹《集注》，天子的门有九重，即关门、远郊门、近郊门、城门、皋门、库门、雉门、应门、路门。

⑨淫溢：用来形容过度。

⑩漧：通“乾”。

⑪块：孤寂的样子。

译文

暗自悲叹蕙花也曾开放啊，千娇百媚开满了北堂。
为什么层层花朵都没结果，花瓣随着风雨狼藉飘扬？

以为君王独爱佩这蕙花啊，哪能知道蕙花与众花相同。
哀悯我的心思无人能理解，我将离开君王远走高飞。
心中悲凉凄惨难以忍受啊，期望能见一面君王倾诉衷肠。
感念自己无罪却被生生离别，内心郁结沉痛更加悲伤。
哪能不思念君王而忧思郁积？
君王的大门有九重关防。
猛犬相迎对着你狂叫啊，门关与桥梁都闭塞交通不畅。
上天降下绵绵的秋雨，地上几时才会有干燥的土壤！
孑然一身独在荒芜沼泽，仰望浮云在天叹声长长。

原文

见执辔者非其人兮，故驹[①]跳而远去。
凫[②]雁皆唼夫粱藻兮，凤愈飘翔而高举。
圜[③]凿而方枘兮，吾固知其钼鋙[④]而难入。
众鸟皆有所登栖兮，凤独遑遑而无所集。
愿衔[⑤]枚而无言兮，尝被君之渥洽[⑥]。
太公九十乃显荣兮，诚未遇其匹合。
谓骐骥兮安归？
谓凤皇兮安栖？
变古易俗兮世衰，今之相者[⑦]兮举肥。
骐骥伏匿而不见兮，凤皇高飞而不下；
鸟兽[⑧]知怀德兮，何云贤士之不处[⑨]？
骥不骤进而求服[⑩]兮，亦不贪喂[⑪]而安食。
君弃远而不察兮，虽愿忠其焉得？
欲寂漠而绝端[⑫]兮，窃不敢忘初之厚德。
独悲愁其伤人兮，冯郁郁其何极？

注释

①驹：通“巨”，跳跃。
②凫：通“扶”，野鸭。唼：通“匝”，象声词，水鸟或鱼类吃东西时发出的声音。梁：指小米。藻：水草。借用野鸭与野鹅都食粱藻，比喻群小食实禄。

③圜：通"圆"。凿：指榫眼。枘：通"瑞在"，榫头子。
④钽铻：通"除举"。同龃：排斥、互相不配合。
⑤衔：指含。枚：像筷子一样的木杆。
⑥渥(wò)洽：指大的恩泽。
⑦相者：指相马的人。举肥：推举肥马。
⑧鸟兽：指凤凰与骐骥。怀德：想念有德者。
⑨不处：不愿留处在有德之君的朝廷内。
⑩服：驾车。
⑪馁：饲养。
⑫绝端：断绝头绪。

译文

为何时俗是那么的工巧啊，违背准绳而改从错误。
放弃骏马不愿骑乘，竟然非要骑乘劣马。
当今世上难道缺少骏马？
实在是没人能好好驾驭。
看到拿缰绳的人不合适啊，骏马就会蹦跳着远远逃跑。
野鸭大雁都吞吃高粱水藻啊，凤凰却要扬起翅膀远处高翔。
好比圆洞眼安装方榫子啊，不相合难以容纳我早就知道。
众鸟都有自己休息的窝，唯独凤凰难找安身的地方。
但愿口中衔枚能不说话啊，曾经接受君王的恩惠怎能不说。
姜太公九十岁才显荣耀，真没有君臣相得的好机遇。
骏马的归宿到底在哪里？
凤凰究竟应当在哪里栖居？
改变古风旧俗啊世道大坏，相马人只爱马的肥腴。
骏马只能隐藏起来让人看不见，凤凰高高飞翔不肯下去。
鸟兽也知应该怀有美德啊，为什么要怪贤士避世隐居？
骏马不急于进用而驾车啊，凤凰不贪饲养乱吃食物。
君王远弃贤士不能分辨是非，虽想尽忠又怎能心满意足。
要默默与君王断绝关系啊，私下却不敢忘记君王的深恩。
独自悲愁最能伤人啊，悲愤郁结终极又在何处！

原文

霜露[①]惨悽而交下兮，心尚幸[②]其弗济。
霰[③]雪雰糅其增加兮，乃知遭命之将至。
愿徼幸[④]而有待兮，泊莽莽与野草同死。
愿自往[⑤]而径游兮，路壅绝而不通。
欲循道而平驱兮，又未知其所从。
然中路而迷惑兮，自压按而学诵。
性愚陋以褊浅兮，信[⑥]未达乎从容。
窃美申包胥[⑦]之气盛兮，恐时世之不固。
何时俗之工巧兮？灭规矩而改凿。
独耿介[⑧]而不随[⑨]兮，愿慕先圣之遗教。
处浊世而显荣兮，非余心之所乐。
与其无义而有名兮，宁穷处而守高[⑩]。
食不媮而为饱兮[⑪]，衣不苟而为温；
窃慕诗人[⑫]之遗风兮，愿托志乎素餐[⑬]。
蹇充倔[⑭]而无端兮，泊[⑮]莽莽而无垠。
无衣裘以御冬兮，恐溘死不得见乎阳春。

注释

①霜露交下：以喻自己遭受群小的排挤与打击。

②幸：希望。济：成功。

③霰（sǎn）：雪珠。雰：雨雪多貌。

④徼幸：即侥幸。有待：指期待楚王的觉醒。

⑤往：是枉字之误或假借。自枉而径游：经小路去进谏楚王。循道：指遵循大道。按：通“按”，抑的意思。这句讲自己本性愚钝，听闻少且狭隘。

⑥信：确实。

⑦申包胥：春秋时楚大夫。吴伐楚：占郢都，楚昭王逃到异乡。申包胥到秦求救，在秦国的大殿里哭了七天七夜。秦哀公被感动，出兵击败了吴国，收复了楚国的领地。气盛：指这种爱国的心志。

⑧耿介：光明正大。

⑨随：随应时俗。

⑩守高：保持清高。⑪媮：通"偷"，指敬且。为：通"求"。

⑫诗人：指《诗经·魏风·伐檀》的作者。

⑬餐：熟的食物。素飧：指白吃饭。闻一多《校补》："餐当为飧。《说文》餐重文作湌，和飧形声接近，故相涉而误。

⑭充倔：没有边际。倔：没有边缘的样子。无端：没有涯际。

⑮泊：当从一本作汩。

译文

寒霜凉露交加多凄惨啊，心中还希望它们不能逞凶。

雪珠雪花纷杂增加啊，才知道悲惨的命运将到。

愿怀着侥幸有所等待啊，在荒原和野草一同死亡。

愿径自前行畅游一番啊，可道路堵塞难以走通。

想沿着大道平稳驱车啊，但怎样去做却又不清楚。

走到半路就迷失了方向啊，只好自我压抑去学诗搞社交，秉性愚笨无知浅薄狭隘，真没领悟心胸开阔的精要。

我赞美申包胥的气概，但是恐怕时代与那时不一样了。

如今的世人喜欢投机取巧，改变正常的措施废除前人的规矩。

我一身正气不与世俗同流合污，愿把先人的教诲尊崇。

在污浊的社会显名荣耀，这些不是我心中愿意跟从的。

与其没有道义获取虚名，宁可安于贫困保持高节。

不苟且取食求得饱腹，不苟且穿衣求得暖身。

暗暗仰慕诗人的风格，无功不食禄尸位素餐。

充满委屈而没有头绪啊，流浪在莽莽原野荒郊。

没有棉皮袄来抵御寒冬，恐怕会突然死去春天再见不着。

原文

靓[①]杪秋之遥夜兮，心缭悷而有哀。

春秋逴[②]逴[③]而日高兮，然惆怅而自悲。

四时递来而卒岁兮，阴阳[④]不可与俪偕。

白日晼晚[⑤]其将入兮，明月销铄而减毁。

岁忽忽而遒尽兮，老冉冉而愈弛[⑥]。

心摇悦[⑦]而日幸兮，然怊怅而无冀。

中僭恻之慎怆兮,长太息而增欷⑧。

年洋洋⑨以日往兮,老嵺⑩廓而无处。

事⑪盥盥而觊进兮⑫,蹇淹留而踌躇。

注释

①靓:思。遥夜:指长夜。

②春秋:年纪。

③逴:越走越远。

④阴阳:春夏为阳,秋冬为阴。俪偕:犹言相存。

⑤晚:指日落黄昏的样子,喻年老者。

⑥弛:松散。

⑦悦:"忧"字的误字。

⑧怊、怅古通:摇洗与摇漾声义俱接近。日幸:指每天希望。怊怅:通"阔怅"。无冀:同上句日幸相对成文,没有希望。

⑨洋洋:宽广无际的样子。

⑩嵺:一本作摩,通"寥"。廓:空旷。

⑪事:国事。

⑫盥盥:勤勉的样子。觊:通"冀",希望。

译文

寂静的暮秋长夜啊,我心中萦绕着深深的哀伤。

岁月匆匆自己年岁渐老,就这样惆怅自感悲凉。

四季相继又是一年将尽啊,人不能跟时光同在。

太阳曚昽将要西下啊,圆圆的月亮也销蚀缺损。

岁月流逝一年将尽,自己慢慢衰老精力不济。

心绪难定每天怀揣侥幸心理,但总失去希望充满忧虑。

我的心中哀痛凄然欲绝,我长长叹息不断涕零。

时光如水一天天流逝啊,老来倍感空虚安身无方。

时世日日变化还希望勤勉进取,但停滞不前弟独自彷徨。

原文

何氾[①]滥之浮云兮，猋[②]壅蔽此明月！
忠昭昭而愿见兮，然露曀而莫达[③]。
愿皓日之显行兮，云濛濛而蔽之。
窃不自料而愿忠兮，或[④]默点而污之
尧舜之抗行兮，瞭冥冥而薄天。
何险峨之嫉妒兮，被以不慈之伪名？
彼日月之照明兮，尚黯[⑤]黮而有瑕。
何况一国之事兮，亦多端而胶加。
被荷裯之晏晏兮，然潢洋而不可带。
既骄美而伐武兮，负左右之耿介[⑥]。
憎愠惀之修美兮，好夫人之慷慨。
众踥蹀而日进兮，美超远而逾迈。
农夫辍耕而容与兮，恐田野之芜秽。
事绵绵[⑦]而多私兮，窃悼[⑧]之危败。
世雷同[⑨]而炫曜兮，何毁誉之昧昧！
今修饰而窥镜[⑩]兮，后尚可以窜藏[⑪]。
愿寄言夫流星[⑫]兮，羌倏忽而难当。
卒壅蔽此浮云兮，下暗漠而无光。

注释

①氾：通“泛”，泛滥。此处形容浮云的腾涌翻滚。

②猋：犬奔貌，引申为快速的样子。

③露：通“阴”。曀：通“意”，指阴暗。

④或：有人。耽：通“胆”。点：侮辱。这句讲有人诽谤陷害我。

⑤黯：黯淡。

⑥多端：指头绪多。胶加：纠缠不休。荷裯：拿荷叶做的短衣。晏晏：温柔的样子。潢洋：通“晃养”，衣服不合身的样子。伐武：指夸耀武功。负：指倚恃。左右：指身旁的亲信臣僚。

⑦绵绵：相继不断。多私：指奸臣徇私舞弊。

⑧悼：恐惧。

⑨雷同：雷一发声，山谷回应，因此称雷同。在这比喻群小唱和，众口一词。炫曜：夸耀，形容奸臣互相吹捧。

⑩饰而窥镜：指奸臣矫饰以欺蒙君主。

⑪窜藏：隐藏。

⑫寄言夫流星：托流星给楚王带消息。忽：指往来迅速的样子。

译文

为何浮云漫布泛滥天空啊，飞快地遮蔽这一轮明月。

我忠心耿耿地想要奉献，可浓云阴风隔离难以逾越。

祈愿太阳能光明照耀运行，云雾蒙蒙却遮住了它的笑脸。

我不自量只想忠心于君王，竟有人污蔑我的心愿。

高尚品行的尧舜远远超越世俗，他们的光辉赫赫上与天接。

为什么尧舜遭险恶小人的嫉妒，使他们蒙受冤名难以洗清？那日夜照耀的太阳与月亮，尚且有时出现黑斑和阴影。

更何况一个国家的大小事物，更是头绪纷繁错杂万千。

披着荷叶短衣很轻柔啊，但太宽太松不能结腰带。

君王夸耀武功骄傲自满，认为上下的臣子都耿直。

他憎恨忠诚之士的美德，却喜欢那些伪装的慷慨之士。

小人四处奔走得意自大，贤人引身自退远远跑开。

农夫停止耕作闲散自在，怕是田野变得荒芜生产被破坏。

国事长时间地被私欲危害，暗自悲痛国家必将衰亡。

世人都相同地自我夸耀，诋毁和赞誉混杂嘈乱。

如今要认真打扮照照镜子啊，以后还可藏身将祸患躲开。

愿托流星帮我表明心意，它飞得太快难以坐待。

明月终究被这片浮云挡住，下面就黑暗不见光彩叫人心里觉得悲哀。

原文

尧舜皆有所举任①兮，故高枕而自适。

谅无怨于天下兮，心焉取此怵惕？

乘骐骥之浏浏兮，驭安用夫强策？

谅城郭之不足恃兮，虽重介②之何益？

遭翼翼而无终兮，忳惛惛而愁约。

生天地之若过兮，功不成而无效③。
愿沈滞而不见④兮，尚欲布名⑤乎天下。
然潢洋而不遇兮，直怐愗⑥而自苦。
莽洋洋而无极兮，忽翱翔之焉薄？
国有骥而不知乘兮，焉皇皇而更索？
宁戚讴于车下兮，桓公闻而知之。
无伯乐之善相兮，今谁使乎誉之。
罔⑦流涕以聊虑兮，惟著意⑧而得之。
纷纯纯之愿忠兮，妒被离而鄣之。
愿赐不肖⑨之躯而别离兮，放游志乎云中。
乘精气之抟抟⑩兮，骛⑪诸神之湛湛。
骖⑫白霓之习习兮，历群灵之丰丰⑬。
左朱雀⑭之茇茇兮，右苍龙⑮之躣躣。
属雷师之阗阗兮，通飞廉之衙衙⑯。
前轻辌之锵锵兮，后辎乘之从从。
载云旗之委蛇兮，扈屯骑之容容⑰。
计专专之不可化兮，愿遂推而为臧。
赖皇天之厚德兮，还及君之无恙。

注释

①举任：指举贤能的人。高枕自适：指高枕无忧。强策：指强硬的马鞭。②介：甲。重介：重兵。翼翼：谨慎的样子。无终：无极。

③忳：通"屯"，忧愁的样子。惛惛：烦闷。愁约：被愁闷所束缚。生天地：谓人生在天地之间。若过：如过客一样。

④见：通"现"。

⑤布名：流名。

⑥怐愗：愚钝。

⑦罔：通"惘"，迷惘。聊虑：表达自己的思虑。

⑧著意：专心。得之：体察自己的忠心。纷：盛多貌。纯纯：诚恳的样子。

⑨不肖：不成材。精气：指阴阳之气。

⑩抟抟：指集聚成团。

⑪骛：驰逐。

⑫骖:驾。白霓:没有颜色的虹。

⑬丰丰:指众多的样子。

⑭朱雀:指南方的神。

⑮苍龙:指东方的神。

⑯躍:通“瞿”,走路的样子。雷师:指雷神。阗阗:指雷声。飞廉:指风神。衙衙:车铃声。

⑰辎(zī)乘:指重车。扈:侍从。屯:集聚。

译文

尧舜能够任用贤能的人,因此十分从容并且觉得高枕无忧。

当然不会受天下人埋怨,他们心中哪会有这种恐慌。

驾着骏马心里畅快地飞驰,驾驭之道岂须马鞭粗重。

高大的城墙实在不足依靠啊,虽然有坚甲利兵也没什么益处。

谨慎地回旋不前没完了啊,忧郁愁思萦绕心胸。

生于天地间如同过客,功业没有成功总效验空空。

理想被埋没未能实现,难道还想在世上扬名取荣。

还是一无所遇没有着落,想扬名天下真是愚昧自找苦痛。

渺茫一片的原野没有尽头,在哪停留啊我四处漂流。

国有骏马却不去乘驾,为什么匆忙要另外求索。

喂牛时宁戚在马车下唱歌,齐桓公一听就知他是人才。

没有伯乐相马的能耐,如今又能让谁来评判好马。

怅惘让我流泪让我思索,我想求访贤人才能得到贤人。

满怀热忱愿效忠于君国的很多,偏被小人嫉妒阻挠。

就让不成才的我离开,我要在云天里神游,乘着日月阴阳的一团精气,我跟随众神灵奔向深邃太空。

驾起白虹高飞,游历了群神各种各样的官殿。

朱雀在左面翩翩飞翔,右面的苍龙在奔行翻腾。

咚咚敲鼓的雷师跟在后面,习习的风神在前面开路。

轻便的卧车铃声锵锵在前面先行,随后有大车纷纷紧跟。

载着舒卷飘扬的云旗,集聚众多的车骑蜂拥跟随。

计议早定专心不能改啊,愿行善建功推行好的政策。

仰仗上天的深厚恩德啊,回来还及见君王吉祥一生平安。

唐诗宋词

李 白

月下独酌[1]

花间一壶酒，独酌无相亲。
举杯邀明月，对影成三人[2]。
月既不解饮[3]，影徒随我身。
暂伴月将影[4]，行乐须及春。
我歌月徘徊，我舞影零乱。
醒时同交欢，醉后各分散。
永结无情游，相期邈云汉。

注释

①酌(zhuó)：喝酒。

②三人：指李白自己、月亮和人的影子。

③不解饮：不会饮酒。

④将：和。

赏析

诗人运用丰富的想象，表现出由孤独到不孤独，由不孤独到孤独，再由孤独到不孤独的一种复杂感情。既表现了诗人怀才不遇的寂寞和孤傲，也表现了他放浪形骸、狂荡不羁的性格。邀月对影，千古绝句，正面看似乎真能自得其乐，背面看，却极度凄凉。

关山月①

明月出天山②，苍茫云海间。
长风几万里，吹度玉门关③。
汉下白登道④，胡窥青海湾⑤。
由来征战地⑥，不见有人还。
戍客望边邑⑦，思归多苦颜。
高楼当此夜⑧，叹息未应闲。

注释

①关山月：古乐府名，本为诉离别之苦。李白用此题写边塞戍士思归及闺妇思夫的内容。

②天山：此指甘肃境内祁连山。

③玉门关：故址在今甘肃省敦煌西，为唐时边关，是通西域的关塞要道。

④汉：指汉朝。白登：白登山，在今山西省大同市东。据《汉书》记载，汉高祖亲征匈奴，曾被困于白登山。下：出兵之意。

⑤胡：此指吐蕃。青海湾：指青海湖，在今青海省西宁附近。

⑥由来：从来。

⑦戍客：守边将士。

⑧高楼：指在高楼中的远征边塞将士的妻子。

赏析

这首诗在内容上仍继承古乐府的写法,但诗人笔力浑宏,对古乐府又有很大的提高。诗的开头四句,主要写关、山、月三种因素在内的辽阔的边塞图景,从而表现出征人怀乡的情绪;中间四句,具体写到战争的景象,战场悲惨残酷;后四句写征人望边地而思念家乡,进而推想妻子月夜高楼叹息不止。这末了四句与诗人《春思》中的"当君怀归日,是妾断肠时"同一笔调。

长干行①

妾发初覆额②,折花门前剧③。
郎骑竹马来④,绕床弄青梅⑤。
同居长干里,两小无嫌猜。
十四为君妇,羞颜未尝开⑥。
低头向暗壁,千唤不一回。
十五始展眉⑦,愿同尘与灰⑧。
常存抱柱信⑨,岂上望夫台⑩。
十六君远行,瞿塘滟滪堆⑪。
五月不可触⑫,猿声天上哀⑬。
门前迟行迹,一一生绿苔。
苔深不能扫,落叶秋风早。
八月蝴蝶黄,双飞西园草。
感此伤妾心,坐愁红颜老。
早晚下三巴⑭,预将书报家⑮。
相迎不道远⑯,直至长风沙⑰。

注释

①长干行:乐府《杂曲歌辞》旧题,本为江南一带民歌,内容多写男女恋情。长

干：地名，古时建业(今江苏南京市)有长干里，处秦淮河南岸，地近长江。《舆地纪胜》："江东谓山陇之间曰干，金陵五里有山冈，其间平地民庶杂居，有大长干，小长干，东长干，并是地名。"

②妾：古代妇女自称。

③剧：游戏。

④郎：古代妻子对丈夫的称呼。竹马：儿童游戏时，把竹竿当马骑，即称竹马。

⑤床：井栏杆。弄：玩。

⑥此句指结婚后的害羞之意还没有释解。

⑦展眉：指懂得人事，不再害羞。

⑧此句意谓愿与丈夫同生共死。

⑨抱柱信：典出《庄子·盗跖》，相传古代尾生和一女子约会于桥下，到时女子未来，而潮水已至，尾生坚持不去，最终抱桥柱而被淹死。此后用来比喻信守诺言、忠贞不贰。

⑩望夫台：古时传说有丈夫久出不归，妻子在台上眺望，久而成石，此台称望夫台。此二句表达对夫妻情爱的坚信不疑。

⑪瞿塘：瞿塘峡，长江三峡之一，在今重庆市奉节县。滟滪(yàn yù)堆：瞿塘峡口的一块大礁石。

⑫五月不可触：指船只不要碰到礁石。阴历五月江水上涨，滟滪堆被江水淹没，往来船只极易触礁。《太平寰宇记》中民谣有"滟滪大如凿，瞿塘不可触"句。

⑬此句是说瞿塘峡两岸，高山耸立，山中群猿啼声凄厉，船行其间，闻猿啸之声似在天上。

⑭三巴：巴郡、巴东、巴西统称三巴，地在今重庆市东部。下三巴，指丈夫离开三巴顺流而下。

⑮书：家信。

⑯不道远：不嫌远。

⑰长风沙：地名，在今安徽省安庆东长江边，地险水急。

赏析

这是一首写商妇的爱情和离别的诗。诗以商妇的自白，用缠绵婉转的笔调，抒写了她对远出经商丈夫真挚的爱和深深的思念。全诗形象完整明丽，活泼动人。感情细腻，缠绵婉转；语言坦白，音节和谐；格调清新隽永，是诗歌艺术上品。“青梅竹马”“两小无猜”，已成描摹幼男幼女天真无邪情谊的佳语。

庐山谣寄卢侍御虚舟①

我本楚狂人②，凤歌笑孔丘③。
手持绿玉杖，朝别黄鹤楼④。
五岳寻仙不辞远⑤，一生好入名山游。
庐山秀出南斗傍⑥，屏风九叠云锦张⑦，影落明湖青黛光⑧。
金阙前开二峰长⑨，银河倒挂三石梁⑩。
香炉瀑布遥相望⑪，迴崖沓嶂凌苍苍⑫。
翠影红霞映朝日⑬，鸟飞不到吴天长⑭。
登高壮观天地间，大江茫茫去不还。
黄云万里动风色，白波九道流雪山⑮。
好为庐山谣⑯，兴因庐山发。
闲窥石镜清我心⑰，谢公行处苍苔没⑱。
早服还丹无世情⑲，琴心三叠道初成⑳。
遥见仙人彩云里，手把芙蓉朝玉京㉑。
先期汗漫九垓上，愿接卢敖游太清㉒。

注释

①庐山：在今江西省九江市南。谣：本指不入乐的歌曲。卢虚舟：字幼真，范阳（今北京大兴）人，唐肃宗时曾为殿中侍御史。曾与李白同游庐山。此诗为李白晚年所作，是写景名篇，它描绘了庐山雄奇之景，在寄情山水之余，更有求仙问道之心。

②楚狂人：指春秋时楚国隐士接舆。据皇甫谧《高士传》载，陆通，字接舆，楚

人。因楚昭王昏乱,佯狂不仕,人称“楚狂”。此是李白以此人自喻。

③凤歌笑孔丘:《论语·微子》中载,(孔子适楚)楚狂接舆歌而过孔子,曰:“凤兮凤兮,何德之衰?”劝孔子绝仕免祸。凤歌,即其所歌“凤兮凤兮”句。

④黄鹤楼:在今湖北省武汉市。

⑤五岳:指东岳泰山、南岳衡山、西岳华山、北岳恒山、中岳嵩山。

⑥南斗:星宿名,因在南方,故名南斗。古代以星宿分野,地上每一区域,都与天上星宿相对应。浔阳为南斗星(今江西省九江市)分野,庐山即在浔阳西北,故言“南斗傍”。

⑦屏风九叠:庐山胜景之一。在庐山五老峰东北,因山似屏风重叠,故称为九叠云屏或屏风叠。云锦张:彩色云霞如够缎般张挂在山前。

⑧明湖:指鄱阳湖。青黛:青黑色。

⑨金阙:金阙岩,在香炉峰西南。二峰:指香炉峰和双剑峰。

⑩银河:比喻瀑布。倒挂三石梁:此指九叠云屏之左的三叠泉,其水势三折而下,却银河倒挂于石梁。

⑪香炉瀑布:香炉峰边有瀑布倾泻而下。

⑫迴崖:高高的山崖。沓(tà)嶂:重叠的险峰。凌:直达。苍苍:指青天。

⑬翠影:指青翠的山影。

⑭吴天:庐山古属吴国,故称此地的天空为吴天。

⑮九道:长江流经今江西省九江市的一段江水,有九条支流,称九派,也叫九道。白波、雪山:形容江水泛起的波浪。

⑯好(hào):喜欢。

⑰石镜:据《太平寰宇记》载庐山东面悬崖上有圆石,明净可照见人影,故称为石境。

⑱谢公:指南朝诗人谢灵运。他游庐山时,留下诗篇《入彭蠡湖口》,有“攀崖照石镜”之句。又在《登庐山绝顶望诸峤》中有“峦陇有合沓,往来无足辙”句。行处:足迹。没(mò):隐灭。

⑲还丹:道家炼丹,丹砂烧成水银,炼久又还成丹砂,叫还丹。无世情:指了却世俗之情,得道升仙。据说服还丹,可白日升天。

⑳琴心三叠:道家术语,指修炼内功,使心和神悦,从而使上中下三丹田合一,故称之为“琴心三叠”。

㉑朝:朝见。玉京:道家所说的天神元始天尊所居之地。

㉒此二句典出《淮南子·道应训》:卢敖周游天下,至蒙谷山上,见一相貌清奇

之士,笑卢敖所见不广。卢敖邀之同游,他说:“吾与汗漫期于九垓之外,吾不可以久驻。”说完跳入云中而去。卢敖:燕人,秦始皇时招为博士,派他求神仙而不返。汗漫:神仙名,意谓不可知之。期:相约。九垓(gāi):九天。太清:道家有玉清、上清、太清为三清之说,太清为天空最高层。李白在此处化用此典,把卢虚舟比作卢敖,寄此诗与他相约,共游仙境。

赏析

这首诗是咏叹庐山风景的奇绝,游览飘然,猛发学道成仙之欲望,并进而邀请同伴同游。全诗想象丰富,境界开阔,给人以雄奇的美感享受。“五岳寻仙不辞远”,可借以作事业追求者的警句。

梦游天姥吟留别[1]

海客谈瀛洲[2],烟涛微茫信难求[3]。
越人语天姥[4],云霞明灭或可睹。
天姥连天向天横,势拔五岳掩赤城[5]。
天台四万八千丈[6],对此欲倒东南倾[7]。
我欲因之梦吴越,一夜飞度镜湖月[8]。
湖月照我影,送我至剡溪[9]。
谢公宿处今尚在[10],绿水荡漾清猿啼。
脚著谢公屐[11],身登青云梯[12]。
半壁见海日[13],空中闻天鸡[14]。
千岩万转路不定,迷花倚石忽已暝[15]。
熊咆龙吟殷岩泉[16],慄深林兮惊层巅[17]。
云青青兮欲雨,水澹澹兮生烟[18]。
列缺霹雳[19],丘峦崩摧[20]。
洞天石扉[21],訇然中开[22]。
青冥浩荡不见底[23],日月照耀金银台[24]。
霓为衣兮风为马[25],云之君兮纷纷而来下[26]。

虎鼓瑟兮鸾回车[27]，仙之人兮列如麻[28]。
忽魂悸以魄动[29]，恍惊起而长嗟[30]。
惟觉时之枕席[31]，失向来之烟霞[32]。
世间行乐亦如此，古来万事东流水。
别君去兮何时还，且放白鹿青崖间[33]，须行即骑访名山。
安能摧眉折腰事权贵[34]，使我不得开心颜。

注释

①天姥(mǔ)：山名。天姥山，在今浙江天台县、嵊州市和新昌县之间，为道教七十二福地之第十六福地，相传是因闻天姥歌声而得名。自六朝时起，天姥山就成为游览的胜地，并传说曾有仙人居其中。吟：诗体名，是歌行体中的一种。此诗又题作《别东鲁诸公》。

②海客：来自海上的人。瀛(yíng)洲：古代传说东海中以蓬莱、方丈、瀛洲为海上三仙山，山中多居仙人。

③微茫：隐约迷离，形容海上烟雾缥缈、波涛天际的样子。

④越人：指当地人。天姥山古属越地。

⑤拔：超越。五岳：东岳泰山、南岳衡山、西岳华山、北岳恒山、中岳嵩山合称五岳。掩：压倒。赤城：山名。赤城山为仙霞岭支脉，正与天姥山相对，据说山色皆赤，故称赤城。

⑥天台：即天台山，在今浙江天台县，天姥山东南面。四万八千丈：极言山之高。

⑦此二句是说，天台山虽高，但在天姥山面前，却像要向东南倾倒。上四句都是"越人语天姥"的内容。

⑧镜湖：即鉴湖，在今浙江绍兴。这两句说，我听了越人的话，夜间梦游吴越之地，梦魂飞到镜湖，见到湖中之月。

⑨剡(shàn)溪：水名。即曹娥江上游，在今浙江嵊(shèng)县。

⑩谢公：即谢灵运。他曾游过天姥山，投宿剡溪。有《登临海峤与从弟惠连》诗曰："暝投剡中宿，明登天姥岑。"

⑪谢公屐(jī)：据《南史·谢灵运传》记载，谢灵运曾为登山专门制作了一种木屐，上山去其前齿，下山去其后齿，世称"谢公屐"。

⑫青云梯:指陡峭的山石级。语本谢灵运《登石门最高顶》"惜无同怀客,共登青云梯"。

⑬半壁:半山腰。

⑭天鸡:《述异记》说桃都山上有大树,树上有天鸡,日出照临此树,天鸡就开始鸣叫,于是天下的鸡都随之报晓。

⑮瞑(míng):昏黑。

⑯殷(yīn):震动。

⑰慄(lì):恐惧。巅:山顶。

⑱澹澹:水波闪动的样子。

⑲列缺:闪电。霹雳:雷鸣。扬雄《羽猎赋》:"霹雳列缺,吐火施鞭。"

⑳丘峦:山峰。

㉑洞天:道家所谓神仙居处。石扉(fēi):石门。

㉒訇(hōng)然:轰然巨响。

㉓青冥:天空。

㉔金银台:神仙宫阙。语本郭璞《游仙诗》"神仙排云出,但见金银台。"

㉕霓:彩虹。

㉖云之君:指云神。《楚辞·九歌》中有《云中君》篇。

㉗鼓瑟:弹瑟。瑟是古代的一种弦乐器。鸾:仙鸟。

㉘以上所述都是梦境。

㉙悸(jì):动。魂悸、魄动:即魂魄悸动。

㉚怳(huǎng):恍然。长嗟(jiē):长叹。

㉛觉时:醒来时。

㉜向来:刚才。

㉝白鹿:《楚辞·哀时命》有"浮云雾而入冥兮,骑白鹿而容与"句,王逸注曰:"言已与仙人俱出,……乘云雾骑白鹿而游戏也。"以后诗人咏游仙时,白鹿即为游仙坐骑。

㉞摧眉折腰:低头哈腰。

赏析

这是一首记梦诗,也是游仙诗。诗写梦游名山,着意奇特,构思精密,意境雄伟。感慨深沉激烈,变化惝恍莫测于虚无缥缈的描述中,寄寓着生活现实。虽离奇,但不做作。内容丰富曲折,形象辉煌流丽,富有浪漫主义色彩。形式上杂言相间,兼用骚体,不受律束,体制解放。信手写来,笔随兴至,诗才横溢,堪称绝世名作。

宣州谢朓楼饯别校书叔云[①]

弃我去者，昨日之日不可留；
乱我心者，今日之日多烦忧。
长风万里送秋雁，对此可以酣高楼[②]。
蓬莱文章建安骨[③]，中间小谢又清发[④]。
俱怀逸兴壮思飞，欲上青天览明月[⑤]。
抽刀断水水更流，举杯销愁愁更愁。
人生在世不称意，明朝散发弄扁舟[⑥]。

注释

①宣州：在今安徽宣城市。谢朓：字玄晖，阳夏（今河南太康）人，南朝时齐诗人。谢朓楼：谢朓任宣州太守时所建，又称北楼，唐时改名叠嶂楼。校书叔云：李白族叔，名李云，曾任秘书省校书郎。

②酣：畅饮。

③蓬莱：《后汉书·窦章传》记载，东汉学者称朝廷藏书楼东观为"蓬莱山"，因为传说海上仙山蓬莱藏有"幽经秘籍"。此处借指李云所在的秘书省。蓬莱文章：此指李云的文章。因李云任秘书省校书郎，专事校订图书，故借蓬莱作比喻。建安骨：建安风骨。汉末建安年间，曹操父子和建安七子所作诗文苍劲刚健，史称"建安风骨"。此句是称赞李云的文章。

④小谢：谢朓。后人把他与谢灵运并称，称谢灵运"大谢"，称谢朓"小谢"。清发：清新秀发。此处是李白自比小谢。

⑤览：通"揽"，摘取。

⑥散发：古人平时都束发戴帽，闲散时松开头发，称散发。后因其有不受冠冕拘束之意，引申出弃官归隐之意。又因头发披散零乱，便有了疏狂放纵的意味。扁（piān）舟：小船。

赏析

诗旨在以蓬莱文章比李云，以谢朓清发自喻。借送别以赞对方，惜其生不称世。全诗思想感情瞬息万变，艺术结构腾挪跌宕，起落无端，断续无迹，深刻地表现了诗人矛盾的心情。语言豪放自然，音律和谐统一。"抽刀断水水更流，举杯销愁愁更愁"一句，是千百年来描摹愁绪的名言，众口交赞。

蜀道难[①]

噫吁嚱[②]，危乎高哉！
蜀道之难，难于上青天！
蚕丛及鱼凫[③]，开国何茫然[④]。
尔来四万八千岁[⑤]，不与秦塞通人烟[⑥]。
西当太白有鸟道[⑦]，可以横绝峨嵋巅[⑧]。
地崩山摧壮士死，然后天梯石栈相钩连[⑨]。
上有六龙回日之高标[⑩]，下有冲波逆折之回川[⑪]。
黄鹤之飞尚不得过[⑫]，猿猱欲度愁攀缘[⑬]。
青泥何盘盘[⑭]，百步九折萦岩峦[⑮]。
扪参历井仰胁息[⑯]，以手抚膺坐长叹[⑰]。
问君西游何时还[⑱]，畏途巉岩不可攀[⑲]。
但见悲鸟号古木[⑳]，雄飞雌从绕林间。
又闻子规啼夜月[㉑]，愁空山。
蜀道之难，难于上青天，使人听此凋朱颜[㉒]。
连峰去天不盈尺[㉓]，枯松倒挂倚绝壁。
飞湍瀑流争喧豗[㉔]，砯崖转石万壑雷[㉕]。
其险也若此，嗟尔远道之人胡为乎来哉[㉖]！
剑阁峥嵘而崔嵬[㉗]，一夫当关，万夫莫开。
所守或匪亲[㉘]，化为狼与豺[㉙]。
朝避猛虎，夕避长蛇，磨牙吮血，杀人如麻[㉚]。

锦城虽云乐[31],不如早还家。
蜀道之难,难于上青天,侧身西望长咨嗟[32]。

注释

①《蜀道难》原为乐府《相和歌·瑟调曲》的旧题,备言蜀道之险阻。李白承古意,用古调,却能创为新声。蜀道:指入四川的山路。

②噫吁嚱:惊叹声。

③蚕丛、鱼凫(fú):皆是传说中古蜀国的国王。

④茫然:渺茫难知。此二句说蜀国开国史事,久远难知。

⑤尔来:自那时以来。四万八千岁:极言时间长久,并非实指。

⑥秦塞:秦地,今陕西一带。

⑦太白:太白山,秦岭主峰。鸟道:指极险窄的山路,仅容鸟飞过。

⑧横绝:横渡。峨嵋巅:峨眉山顶。

⑨据《蜀王本纪》《华阳国志·蜀志》记载,相传秦惠王赠五美女给蜀王,蜀王派五丁力士迎回。走至梓潼,见一大蛇入穴中,五力士共拉蛇尾使出,忽然山崩,力士、美女皆压死。从此山分五岭,秦蜀之间通道始得以开通。此二句即咏其事。天梯:此指陡峭山路。石栈:山险处凿石架木筑成的通道。

⑩六龙回日:相传羲和驾六龙、载日神,每日由东而西驶之。高标:指高山。此句意谓蜀中山极高,连六龙日车也被阻挡,只能回车。

⑪回川:迂曲的河流。

⑫黄鹤:即指黄鹄,最善高飞。

⑬猿猱(náo):统指猿猴一类。此二句状言山之高险。

⑭青泥:青泥岭,入蜀要道,在今甘肃陇南市徽县境内。盘盘:形容盘旋曲折。

⑮萦:绕。萦岩峦:指曲折的山路在山峦中回绕。

⑯扪参(shēn)历井:参和井都是天上的星宿。古时以星宿分野,来划分地上区域。参为蜀的分野,井为秦的分野。扪参历井,是说因山路极高,可以摸到天上的星宿。胁息:屏住呼吸。

⑰膺:胸部。

⑱西游:因蜀在秦之西,故人蜀称西游。

⑲畏途：令人可畏的艰险之途。巉(chán)岩：险峻山岩。

⑳号：悲鸣。

㉑子规：杜鹃鸟，相传是蜀帝杜宇魂魄所化，蜀中最多，鸣声悲哀。

㉒凋朱颜：容颜衰老。

㉓去：离。盈：满。

㉔飞湍(tuān)：飞下的急流。喧豗(huī)：喧闹声。

㉕砯(pīng)：水击岩石。砯崖转石：指水在峭岸岩石上往复冲击。壑(hè)：山谷。万壑雷：指水击岩石在山谷中发出惊雷声。

㉖嗟(jiē)：感叹词。尔：你。胡为乎来哉：为什么啊要来呀！

㉗剑阁：即剑门关，为川北门户，在今四川剑阁县北。地在两山之间，易守难攻。峥嵘、崔嵬：山峦险峻的样子。

㉘或：如果。匪亲：不是可靠的人。

㉙此二句说，如果守关之人不是可靠良善之人，那就同遇着豺狼一样。

㉚上四句说，行于蜀道，既要躲避毒蛇猛兽，还要防备杀人强盗。

㉛锦城：今四川成都。古时以产锦闻名，故称锦城，或锦官城。

㉜咨嗟：叹息。

赏析

这首诗是袭用乐府旧题，意在送友人入蜀。诗人以浪漫主义的手法，展开丰富的想象，艺术地再现了蜀道峥嵘、突兀、强悍、崎岖等奇丽惊险和不可凌越的磅礴气势，借以歌咏蜀地山川的壮秀，显示出祖国山河的雄伟壮丽。诗采用律体与散文间杂，文句参差，笔意纵横，豪放洒脱。全诗感情强烈，一唱三叹，回环反复，读来令人心潮激荡。

行路难①

金樽清酒斗十千②，玉盘珍馐直万钱③。
停杯投箸不能食④，拔剑四顾心茫然。
欲渡黄河冰塞川，将登太行雪满山⑤。
闲来垂钓碧溪上⑥，忽复乘舟梦日边⑦。
行路难，行路难，多歧路，今安在？

长风破浪会有时⑧，直挂云帆济沧海⑨。

注释

①行路难：乐府《杂曲歌辞》之旧题，以言世路艰难以及离别伤悲为内容。李白此题下原有三首，这是第一首。

②金樽：指精美的酒器。斗十千：一斗酒值十千钱，极言酒好价高。此用曹植《名都篇》“归来宴平乐，美酒斗十千”之语。

③珍馐：珍贵的菜肴。直：值。

④箸（zhù）：筷子。

⑤太行：太行山。雪满山：大雪满山，使天为之昏暗。

⑥垂钓碧溪上：传说姜太公未遇周文王时，曾在渭水磻溪（在今陕西东南）垂钓。

⑦乘舟梦日边：传说伊尹见商汤前，曾梦见乘舟经过日月边。这二句用两个典故，比喻人生遇合无常。

⑧长风破浪：据《宋书·宗悫传》记载，宗悫在回答叔父宗炳志向是什么的提问时，答道：“愿乘长风破万里浪。”

⑨云帆：此指大海中的航船。济：渡。沧海：大海。

赏析

“行路难”多写世道艰难，表达离情别意。诗以“行路难”比喻世道险阻，抒写了诗人在政治道路上遭遇艰难时，产生的不可抑制的激愤情绪，但他并未因此而放弃远大的政治理想，仍盼着总有一天会施展自己的抱负，表现了他对人生前途乐观豪迈的气概，充满了积极浪漫主义的情调。

全诗在高度彷徨与大量感叹之后，以“长风破浪会有时”忽开异境，并且坚信美好前景，终会到来，因而“直挂云帆济沧海”，激流勇进。蕴意波澜起伏，跌宕多姿。

将进酒①

君不见黄河之水天上来，奔流到海不复回。
君不见高堂明镜悲白发，朝如青丝暮成雪②。

人生得意须尽欢，莫使金樽空对月。
天生我材必有用，千金散尽还复来。
烹羊宰牛且为乐，会须一饮三百杯③。
岑夫子，丹丘生④，将进酒，杯莫停。
与君歌一曲，请君为我倾耳听。
钟鼓馔玉不足贵⑤，但愿长醉不愿醒。
古来圣贤皆寂寞，唯有饮者留其名。
陈王昔时宴平乐⑥，斗酒十千恣欢谑⑦。
主人何为言少钱⑧，径须沽取对君酌⑨。
五花马，千金裘⑩，呼儿将出换美酒⑪，与尔同销万古愁。

注释

①将进酒：是乐府《鼓吹曲·汉铙歌》的旧题，本诗以欢宴饮酒放歌为内容。

②青丝：黑发。上四句言岁月易逝，人生易老。

③会须：正当。

④岑夫子：即岑勋，南阳人。丹丘生：即元丹丘。二人都是李白之友。

⑤钟鼓：富贵人家宴会时用的乐器。馔玉：吃精美的饮食。馔：吃喝。钟鼓馔玉：泛指富贵豪华的生活。

⑥陈王：指三国魏之曹植，被封陈王。平乐：指平乐观。

⑦恣：任意。欢谑（xuè）：欢笑。

⑧何为：为什么。

⑨沽取：买来。

⑩五花马：指名贵的马。唐开元、天宝时，好马的鬃毛都被剪成花瓣形，三瓣称三花，五瓣称五花。千金裘：名贵的皮衣。《史记·孟尝君传》："孟尝君有一狐白裘，直千金，天下无双。"

⑪将出：取出。

赏析

这首诗意在表达人寿几何，及时行乐，圣者寂寞，饮者留名的虚无消沉思想，愿在长醉中了却一切。诗深沉浑厚，气象不凡。情极悲愤狂放，语极豪纵沉着，大起大落，奔放跌宕。诗句长短不一，参差错综；节奏快慢多变，一泻千里。

赠孟浩然[1]

吾爱孟夫子[2],风流天下闻。
红颜弃轩冕[3],白首卧松云[4]。
醉月频中圣[5],迷花不事君[6]。
高山安可仰[7],徒此揖清芬[8]。

注释

①孟浩然:唐代大诗人,李白之友。见前孟浩然“作者介绍”。此诗为孟浩然归南山时,李白送行之作。

②孟夫子:指孟浩然。

③红颜:指青壮年。轩:车。冕:礼帽。古时高官才能乘轩戴冕。弃轩冕:指轻视仕宦。

④卧松云:隐居于山林白云之间。

⑤醉月:对月醉酒中(zhòng)圣:指醉酒。典出《三国志·魏志·徐邈传》。尚书郎徐邈醉酒,有人来问事,他答道:“中圣人。”曹操得知,大怒。度辽将军鲜于辅解释道:“平日醉客谓酒清者为圣人,浊者为贤人。”

⑥迷花:留恋自然花草。这里指隐居。

⑦此句语本《诗经·小雅·车辇》:“高山仰止,景行行止。”此处用以比喻孟浩然品行之高洁。

⑧徒此:唯此。揖:致敬之意。清芬:指高洁的节操。

赏析

全诗推崇孟浩然风雅潇洒的品格。首联点题,抒发了对孟浩然的钦慕之情;二、三两联描绘了孟浩然摒弃官职,白首归隐,醉月中酒,迷花不仕的高雅形象;尾联直接抒情,把孟浩然的高雅比为高山巍峨峻拔,令人仰止。采用抒情——描写——抒情的方式,以一种舒展唱叹的语调,表达诗人的敬慕之情。

渡荆门送别④

渡远荆门外，来从楚国游②。
山随平野尽，江入大荒流③。
月下飞天镜④，云生结海楼⑤。
仍怜故乡水⑥，万里送行舟。

注释

①此诗作于开元十四年(726)，李白沿长江出蜀东下时。荆门：荆门山，在今湖北宜都市北，长江南面，为楚蜀交界之地。

②楚国：长江出荆门，即属古时楚国之地，故称。

③大荒：广阔的原野。此二句说，山随着平原的出现渐渐远去消失，大江汇入旷野中，从容流去。

④此句说，江中月影，如同空中飞下的天镜。

⑤海楼：海市蜃楼，为云气折射出的各种景象。

⑥怜：爱。故乡水：指从四川流来的水。因诗人从小生活在四川，故称。

赏析

唐开元十四年(726)，诗人怀着“仗剑去国，辞亲远游”之情，出蜀东下，此诗即在旅游途中所作。从诗意看，诗人与送行者同舟共发，是在舟中吟送的。这首诗虽意在描绘山水，然而仔细揣摩，“送别”之意犹在，足见椽笔功夫。

登金陵凤凰台①

凤凰台上凤凰游，凤去台空江自流。
吴宫花草埋幽径②，晋代衣冠成古丘③。

三山半落青天外④，二水中分白鹭洲⑤。
总为浮云能蔽日⑥，长安不见使人愁。

注释

①金陵：今江苏南京市。凤凰台：在今南京凤台山。相传南朝元嘉年间有三凤凰集于山，因筑凤凰台，山也因此得名。

②吴宫：三国时吴国建都于金陵。

③晋代：东晋南渡后即建都金陵。衣冠：指名门望族。古丘：指古墓、坟丘。

④三山：指金陵西南临长江的三座山峰。陆游《入蜀记》："三山自石头及凤凰台望之，杳杳有无中耳，及过其下，则距金陵才五十余里。"

⑤二水：一作"一水"，指秦淮河穿越金陵城而入长江，江中有白鹭洲，分水为二支。白鹭洲：长江中沙洲，因多聚白鹭而得名。

⑥浮云蔽日：古诗文中多有以"浮云蔽日"来作比喻，有的喻乡关之念，《古诗十九首》中有"浮云蔽白日，游子不顾反"语。有的喻奸邪之蔽贤良，汉·陆贾《新语·慎微篇》："邪臣之蔽贤，犹浮云之障日月也。"有的喻未得帝王垂幸，《载记》："秦苻坚幸慕容垂夫人，宦者赵整歌云，不见雀来人燕室，但见浮云蔽白日。"李白此诗用何意，历代说法纷纭。

赏析

诗虽属咏古迹，然而字里行间隐寓着伤时的感慨。此诗与崔颢《登黄鹤楼》相较，可谓"工力悉敌"。其中二联，虽是感事写景，意义比之崔诗中二联深刻得多。结句寄寓爱君之忧，抒发忧国伤时的怀抱，意旨尤为深远。但李诗就气魄而言，却远不及崔诗的宏伟。

静夜思[1]

床前明月光，疑是地上霜。
举头望明月[2]，低头思故乡。

注释

①此诗一作《夜思》，作年不详。

②望明月：晋《清商曲辞·子夜四时歌·秋歌》“仰头看明月，寄情千里光。”

赏析

这是写远客思乡之情的诗，诗以明白如话的语言雕琢出明静醉人的秋夜的意境。它不追求想象的新颖奇特，也摒弃了辞藻的精工华美；它以清新朴素的笔触，抒写了丰富深曲的内容。境是境，情是情，那么逼真，那么动人，百读不厌，耐人寻味。无怪乎有人赞它是“妙绝古今”。

送孟浩然之广陵[1]

故人西辞黄鹤楼[2]，烟花三月下扬州[3]。
孤帆远影碧空尽，惟见长江天际流。

注释

①孟浩然：盛唐诗人。之：往。广陵：今江苏扬州。

②故人：老友，指孟浩然。

③烟花三月：繁花浓丽的春天。

赏析

宋·陆游：太白登此楼送孟浩然诗云，“孤帆远影碧山尽，唯见长江天际流。”盖帆樯映远山尤可观，非江行久不能知也。（《入蜀记》卷二）

明·高棅：燕公（张说）《送梁六》之作，直以落句见情，便不能与青莲此诗争雄。（《唐诗正声》卷二十一）

明·何孟春：“孤帆远影碧空尽，惟见长江天际流”，谢玄晖“天际识归舟”句也。崔颢诗“晴川历历汉阳树，芳草萋萋鹦鹉洲”，玄晖“云中辨江树”句也。谢句，崔、李于黄鹤楼上正自有所见耶？（《余冬诗话》卷下）

下江陵[1]

朝辞白帝彩云间，千里江陵一日还[2]。
两岸猿声啼不住，轻舟已过万重山。

注释

①江陵：在今湖北江陵县。此诗又题《早发白帝城》。白帝城在今重庆奉节县。诗作于乾元二年（759），李白因永王李璘事而流放夜郎，行至白帝城而遇赦，故乘船返江陵。

②千里江陵一日还：盛弘之《荆州记》曰：“有时朝发白帝，暮到江陵，其间千二百里，虽乘奔御风，不为疾也。”

赏析

明·杨慎：杜子美诗，“朝发白帝暮江陵，顷来目击信有征。”李太白“朝辞白帝彩云间……”，虽同用盛弘之语，而优劣自别。……白帝至江陵，春水盛时行舟，朝发夕至，云飞鸟逝不是过也。太白述之为韵语，惊风雨而泣鬼神矣。（《升庵诗话》卷四）

明·桂天祥：亦有作者，无此声调。此飘逸。（《批点唐诗正声》卷二十）

明·胡应麟：太白七言绝，如“杨花落尽子规啼”、“朝辞白帝彩云间”、“谁家玉

笛暗飞声”、“天门中断楚江开”等作，读之真有挥斥八极、凌属九霄意。贺监谓为谪仙，良不虚也。(《诗薮·内编》卷六)

明·周敬：脱洒流利，非实历此境说不出。(《唐诗选脉会通评林》卷五十三)

清·爱新觉罗·弘历：顺风扬帆，瞬息千里，但道得眼前景色，便疑笔墨间亦有神助。三四设色托起，殊觉自在中流。(《唐宋诗醇》卷七)

杜甫

望岳[1]

岱宗夫如何[2]，齐鲁青未了[3]。
造化钟神秀[4]，阴阳割昏晓[5]。
荡胸生层云[6]，决眦入归鸟[7]。
会当凌绝顶[8]，一览众山小。

注释

①岳：指东岳泰山。此诗作于开元二十四年(736)杜甫游齐、赵时。

②岱宗：即泰山。因泰山别称岱山，位居五岳之首，故称岱宗。

③齐鲁：春秋时，齐国在泰山之北，鲁国在泰山之南。后泛指山东一带为齐鲁。青：指泰山青翠的山色。未了：不尽，无穷无尽之意。

④造化：大自然。钟：聚集。

⑤阴：山北为阴，即山之背阴面。阳：山南为阳，即山之向阳面。割：分割。昏晓：山北背日故曰昏，山南向日故曰晓。

⑥此句是说，山中云气吞吐，涤荡胸襟。

⑦决：裂开。眦(zì)：眼眶。决眦：极目远视。

⑧会当：终将，定要。凌：登上。绝顶：即泰山的最高峰。

赏析

诗以“望”入题，赞叹东岳，讴歌造化。希望凌顶而小天下，以抒雄心壮志。

开首两句，写泰山的高峻伟大，先写对它的仰慕，再写它横跨齐鲁两地的壮伟。三、四句写近望，所见泰山的神奇秀丽和能分割日夜的巍峨形象。五、六句写遥望，见山中云气层出不穷，心胸为之荡涤。最后两句写望岳而生登临峰顶之意愿。全诗表达了诗人不怕困难，敢于攀登之雄心，显示出他坚韧不拔的性格和远大的政治抱负。“会当凌绝顶，一览众山小”千百年来为人们传诵。

丹青引赠曹将军霸[1]

将军魏武之子孙[2]，于今为庶为清门[3]。
英雄割据虽已矣[4]，文采风流今尚存[5]。
学书初学卫夫人[6]，但恨无过王右军[7]。
丹青不知老将至[8]，富贵于我如浮云[9]。
开元之中常引见[10]，承恩数上南熏殿[11]。
凌烟功臣少颜色[12]，将军下笔开生面[13]。
良相头上进贤冠[14]，猛将腰间大羽箭[15]。
褒公鄂公毛发动[16]，英姿飒爽来酣战。
先帝天马玉花骢[17]，画工如山貌不同[18]。
是日牵来赤墀下[19]，迥立阊阖生长风[20]。
诏谓将军拂绢素[21]，意匠惨澹经营中[22]。
斯须九重真龙出[23]，一洗万古凡马空[24]。
玉花却在御榻上[25]，榻上庭前屹相向[26]。
至尊含笑催赐金[27]，圉人太仆皆惆怅[28]。
弟子韩幹早入室[29]，亦能画马穷殊相[30]。
干惟画肉不画骨[31]，忍使骅骝气凋丧[32]。
将军画善盖有神，必逢佳士亦写真[33]。
即今飘泊干戈际[34]，屡貌寻常行路人[35]。

途穷反遭俗眼白[36],世上未有如公贫。
但看古来盛名下,终日坎壈缠其身[37]。

注释

①丹青:丹砂、青雘等红绿颜料,后代指绘画。引:诗体名。此诗作于广德二年(764),全诗共四十句,每八句一换韵,韵随意转,平仄相间,是杜甫七言古诗的创格。

②将军:指曹霸。魏武:魏武帝曹操。因曹髦为曹操曾孙,曹葋又为曹髦之后,故称曹霸为魏武之子孙。

③庶:庶人,平民。曹霸在玄宗末年获罪,被贬为庶人。清门:寒门,即平民。

④英雄割据:指曹操在东汉末年与群雄争霸,建立魏国,称雄一方。已:止、去。

⑤文采风流:指曹操父子能诗擅文。此句说,曹霸能继承祖先的流风余韵。

⑥学书:学习书法。卫夫人:名铄,字茂漪,晋著名书法家,王羲之曾师从她学书法。

⑦过:超越。王右军:王羲之,字逸少,书法家。曾官右军将军,其书法为古今之冠。

⑧不知老将至:用《论语·述而》"发愤忘食,乐以忘忧,不知老之将至云尔"之意。

⑨此句化用《论语·述而》"不义而富且贵,于我如浮云"之意。此二句说,曹霸专心绘画,不慕富贵。

⑩开元之中:指唐玄宗开元年间。

⑪承恩:被皇帝召见。数(shuò):多次。南熏殿:在唐皇宫兴庆宫内。

⑫凌烟功臣:唐贞观十七年(643),太宗命阎本立画二十四功臣像,置于凌烟阁中,褒崇勋德。少颜色:指画像色彩暗淡。

⑬开生面:指曹霸重画功臣像,又创了新的意境。

⑭进贤冠:古时文臣儒士所戴之礼帽,为黑布做成。

⑮大羽箭:一种四羽大杆长箭,为唐太宗所创制。

⑯褒公:褒国公段志立。鄂公:鄂国公尉迟敬德。

⑰先帝:指唐玄宗。玉花骢:唐玄宗所乘的名马。

⑱画工如山:形容画工之多。貌:描绘。貌不同:指所画各自不同,都不能逼真神似。

⑲赤墀(chí):即"丹墀",宫内涂成红色的台阶。

⑳迥立:昂首挺立。阊阖(chāng hé):天宫之门,此指宫殿大门。生长风:形容

马之神骏。

㉑诏：皇帝下令。绢素：白绢。

㉒意匠：构思之意。惨澹经营：煞费苦心之意。

㉓斯须：一会儿。九重真龙：意指真正的御马。九重：本指九重天，此指皇宫。语本《楚辞·九辩》："君之门以九重。"真龙：古称八尺马为龙，此谓良马。

㉔此句意谓此画的神马一出，万古以来所画的平庸之马都被一扫而空。

㉕玉花：玉花骢。却：反。

㉖屹：屹立。此二句是说，此画挂起来，就好像真的玉花骢立于御榻之上，与庭前的活马相对而立，似乎难辨真假。

㉗至尊：皇帝。

㉘圉(yǔ)人：养马人。太仆：执掌皇帝车马的官。

㉙韩幹：画家，唐玄宗时官至太府寺丞，最擅画马。初师曹霸，后独创一派。入室：弟子得老师真传，称入室。

㉚穷殊相：画尽其形、其相、其态，即曲尽其妙之意。

㉛画肉不画骨：指韩幹画马过于肥大。

㉜骅骝：周穆王八骏之中有名骅骝，此泛称骏马。气凋丧：指马没有了神气。此二句是以韩幹衬托曹霸。

㉝佳士：道德高尚且气质不凡的人称佳士。写真：画人像。

㉞干戈际：指战乱时代。

㉟貌：描画。

㊱俗眼白：遭世俗之人的轻视。《晋书·阮籍传》："籍能为青白眼，见礼俗之士以白眼对之。母终，嵇喜来吊，籍作白眼，喜不怿而退。"此处即用此典。

㊲坎壈(kǎn lǎn)：贫困失意。此二句是说，看来自古负盛名之人，往往都被穷愁失意所困扰。

赏析

诗起笔洗练，苍凉。先叙曹氏乃魏武之后，今却沦为庶人。然后颂其祖先业绩和辞采丰韵犹存于身。开首就抑扬起伏，跌宕多姿。继而写曹氏在书画上之用功进取，情操高尚。一生沉于丹青，不思富贵，不知老之将至。诗在结构上错综神奇、然宾主分明。情感上抑扬起伏,摇曳多姿。诗的结尾句,更为历代诗人所赞赏。清代翁方纲曾称此诗为气势充盛,“古今七言诗第一压卷之作”。

古柏行[1]

孔明庙前有老柏[2],柯如青铜根如石[3]。
霜皮溜雨四十围[4],黛色参天二千尺[5]。
君臣已与时际会[6],树木犹为人爱惜[7]。
云来气接巫峡长,月出寒通雪山白[8]。
忆昨路绕锦亭东[9],先主武侯同閟宫[10]。
崔嵬枝干郊原古[11],窈窕丹青户牖空[12]。
落落盘踞虽得地[13],冥冥孤高多烈风[14]。
扶持自是神明力,正直原因造化功[15]。
大厦如倾要梁栋,万牛回首丘山重[16]。
不露文章世已惊[17],未辞剪伐谁能送[18]。
苦心岂免容蝼蚁[19],香叶曾经宿鸾凤[20]。
志士仁人莫怨嗟,古来材大难为用。

注释

①古柏:指夔州(今重庆市奉节县)诸葛庙前的古柏。此诗作于唐代宗大历元年(766)。

②孔明庙:诸葛孔明庙有三处:一在定军山(今陕西勉县);一在成都,为武侯祠,附刘备庙中;一在夔州,与刘备庙分立。此指夔州孔明庙。

③柯:枝干。

④霜皮溜雨:树皮白而光滑。围:合抱曰围。四十围:极言其粗。

⑤黛色:青黑色。二千尺:极言其高。

⑥与时:因时。际会:遇合。

⑦此二句说,刘备、孔明君臣遇合,有德于民,人们怀念他们因而对树木更加爱惜。此处用召伯甘棠之典。《左传·定公九年》“《诗》曰:‘蔽芾甘棠,勿翦勿伐,召伯所茇。’思其人犹爱其树,况用其道而不恤其人乎?”

⑧雪山：岷山主峰，在四川松潘。此二句说，白天云来，云气与巫峡相接；夜晚月出，寒气来自雪山。此处形容柏树气象。

⑨锦亭：杜甫在成都的草堂有亭，因草堂近锦江，故称锦亭。路绕锦亭东：因武侯祠在草堂东面，故去武侯祠必绕道而行。

⑩閟(bì)宫：神宫，指祠庙。

⑪崔嵬：高大的样子。

⑫窈窕：幽深的样子。丹青：绘画。

⑬落落：指树独立挺拔的样子。盘踞：语自《西京杂记》载中山王《文木赋》“或如龙盘虎踞。”此指古柏雄壮。得地：得其所在。

⑭冥冥：高空深远的样子。

⑮此二句说，古柏经烈风而长存，自是神明着意扶持；其挺拔正直，是因为造物主赋予它力量。神明力、造化功：皆指自然的力量。

⑯此句语自鲍照诗：“丘山不可胜”。此言古柏重如丘山，万牛也拉不动。

⑰不露文章：指古柏不炫耀自己的花纹之美。文章：指古柏华美的花纹。

⑱此句说，古柏虽不避砍伐，可又有谁能采送。比喻栋梁之材虽想为世所用，但无人引荐。

⑲苦心：柏心味苦。蝼蚁：蝼蛄、蚂蚁，喻小人。

⑳鸾凤：鸾鸟凤凰，喻贤人。此二句说，古柏的根茎虽难免遭蝼蚁侵害，但其枝叶上曾有鸾凤栖宿过。

赏析

此诗是比兴体。诗人借赞久经风霜、挺立寒空之古柏，以称雄才大略、耿耿忠心的孔明。句句咏古柏，声声颂武侯。写古柏古老，借以兴起君臣际会，以老柏孤高，喻武侯忠贞。

诗的前六句为第一段，以古柏兴起，赞其高大，君臣际会。“云来”十句为第二段，由夔州古柏，想到成都先主庙的古柏，其中“落落”两句，既写树，又写人，树人相融。“大厦”后六句为第三段，因物及人，大发感想。最后一句语意双关，抒发诗人宏图不展的怨愤和大材不为用之感慨。

兵车行[1]

车辚辚[2]，马萧萧[3]，行人弓箭各在腰[4]。
爷娘妻子走相送[5]，尘埃不见咸阳桥[6]。
牵衣顿足拦道哭，哭声直上干云霄[7]。
道旁过者问行人[8]，行人但云点行频[9]。
或从十五北防河[10]，便至四十西营田[11]。
去时里正与裹头[12]，归来头白还戍边。
边亭流血成海水，武皇开边意未已[13]。
君不闻汉家山东二百州[14]，千村万落生荆杞[15]。
纵有健妇把锄犁，禾生陇亩无东西[16]。
况复秦兵耐苦战[17]，被驱不异犬与鸡[18]。
长者虽有问[19]，役夫敢申恨[20]？
且如今年冬，未休关西卒[21]。
县官急索租[22]，租税从何出？
信知生男恶[23]，反是生女好。
生女犹得嫁比邻[24]，生男埋没随百草[25]。
君不见青海头[26]，古来白骨无人收，新鬼烦冤旧鬼哭，天阴雨湿声啾啾[27]！

注释

①此诗当作于天宝十年(751)。天宝九年六月，哥舒翰攻克吐蕃石堡城，但唐军死伤数万人。十二月，关西游奕使王难得又与吐蕃交战。战争使内郡凋敝，民不聊生，杜甫作诗讥刺之。

②辚辚：车行声。

③萧萧：马鸣声。

④行人：行役之人。

⑤妻子：妻子和儿女。

⑥咸阳桥：在咸阳西南渭水上，秦汉时称“便桥”，为出长安西行必经之地。

⑦干：冲。

⑧过者：杜甫自称。

⑨点行(xíng)：按户籍依次点名，强行征调。频：多次。以下是行人的答话。

⑩十五：十五岁。防河：亦称防秋，即调集军队守御河西，以防吐蕃于秋季侵犯骚扰。

⑪四十：四十岁。营田：屯田，戍边时战时作战，平时种田。

⑫里正：唐时每百户为一里，设里正一人，管理农桑、赋役、户籍等事。与裹头：古时人以皂罗三尺裹头作头巾。因应征者年纪太小，故里正替他裹头。

⑬武皇：指汉武帝，此隐喻唐玄宗。开边：开拓边境。意未已：没有停止的想法。此句有讽刺唐玄宗黩武之意。

⑭山东：指华山以东。二百州：唐于潼关以东凡设二百一十七州。

⑮荆杞：荆棘等灌木丛。

⑯无东西：指庄稼长得不成行列，难辨东西。

⑰秦兵：即关中之兵，最善勇战。

⑱被驱：被役使。

⑲长者：行人对杜甫的尊称。

⑳役夫：行人自称。敢：岂敢。

㉑休：罢。关西卒：函谷关以西的士卒，即秦兵。此二句指关西游弈使王难得征兵攻吐蕃事。

㉒县官：古时天子称县官，此指朝廷。

㉓信知：真的明白。

㉔比邻：近邻。

㉕此句说，生男从军，战死疆场，埋没于野草之中。

㉖青海头：青海边。唐时与吐蕃大战，多于青海附近。

㉗天阴：古人以为天阴则能闻鬼哭。啾啾(jiū)：象声词，呜咽哭声。

赏析

这首诗是讽世伤时之作，也是杜诗中的名篇，为历代所推崇。诗旨在讽刺唐玄宗穷兵黩武给人民带来莫大的灾难，充满非战色彩。

诗寓情于叙事之中，在叙述中变化有序，前后呼应，严谨缜密。诗的字数杂言互见，韵脚平仄互换，声调抑扬顿挫，情意低昂起伏。既井井有条，又曲折多变，真可谓“新乐府”诗的典范。

春 望①

国破山河在②,城春草木深③。
感时花溅泪④,恨别鸟惊心⑤。
烽火连三月⑥,家书抵万金⑦。
白头搔更短⑧,浑欲不胜簪⑨。

注释

①此诗作于至德二年(757)三月,杜甫在长安城时。时安禄山叛军占领长安,杜甫身陷贼中,国破家亡,内心极其痛苦。

②国破:指长安沦陷。山河在:山河依旧。

③草木深:草木茂盛。

④此句说,感于国事,见花而落泪。

⑤此句说,家人分离,闻鸟鸣而心惊。

⑥烽火:时安史叛军正与唐军在各地激战,烽火不息。

⑦家书:家信。

⑧白头:白发。

⑨浑:简直。不胜簪:古时男子用簪束发。这里说,因头发白、短少,简直插不了簪了。

赏析

诗人目睹沦陷后的长安之萧条零落,身历逆境思家情切,不免感慨万端。诗的一、二两联,写春城败象,饱含感叹;三、四两联写心念亲人境况,充溢离情。

全诗沉着蕴藉,真挚自然,反映了诗人热爱祖国,眷怀家人的感情。今人徐应佩、周溶泉等评此诗曰:"意脉贯通而平直,情景兼备而不游离,感情强烈而不浅露,内容丰富而不芜杂,格律严谨而不板滞。"此论颇为妥帖。"家书抵万金"亦为流传千古之名言。

旅夜书怀①

细草微风岸，危樯独夜舟②。
星垂平野阔③，月涌大江流④。
名岂文章著⑤，官应老病休⑥。
飘飘何所似⑦，天地一沙鸥。

注释

①此诗作于永泰元年(765)五月。正月，杜甫辞严武幕。四月，严武卒。五月，杜甫携家离开成都，乘舟东下，经渝州(今重庆)、忠州(今忠县)途中，作此诗。

②危樯：高耸的桅杆。

③此句说，因平野广阔，故天边星辰遥挂如垂。

④此句说，大江奔流，江中明月也随之涌动。

⑤此句说，自己的名气难道是因文章而昭著的吗？

⑥此句说，自己的官职想必因老病而罢了。

⑦飘飘：形容漂泊不定。

赏析

诗作于代宗永泰元年(765)，诗人由华州解职离成都去重庆途中。全诗流露了诗人奔波不遇之情。诗的前半写“旅夜”的情景。以写景展现境况和情怀，寓情于景之中。后半写“书怀”。抒发自己原有政治抱负，没有想到却是因为文章而得扬名四海，而宦途却因老病而被排挤。表现了内心漂泊无依的伤感，字字是泪，声声哀叹，感人至深。“星垂平野阔，月涌大江流”与李白的“山随平野尽，江入大荒流”有异曲同工之妙。

登岳阳楼[1]

昔闻洞庭水，今上岳阳楼。
吴楚东南坼[2]，乾坤日夜浮[3]。
亲朋无一字，老病有孤舟[4]。
戎马关山北[5]，凭轩涕泗流[6]。

注释

①此诗作于大历三年(768)冬，杜甫出峡，漂泊至岳州。岳阳楼：湖南岳阳城西门城楼，下临洞庭湖。唐·张说出守岳州时所筑，为登临胜地。

②坼(chè)：分裂。此句意谓吴在湖之东，楚在湖之南，两地以洞庭湖为分界。

③乾坤：指日月。《水经注·湘水》，"洞庭湖水广圆五百余里，日月若出没其中。"此句与上句写洞庭湖之广大，跨有吴楚，包涵日月。

④老病：杜甫此时五十七岁，身患多种疾病。孤舟：杜甫携家乘船出蜀，一路漂泊。

⑤戎马关山北：此时北方战事频繁，唐军正与吐蕃激战。

⑥凭轩：靠着栏杆。涕泗：眼泪鼻涕。

赏析

代宗大历三年(768)之后，杜甫出峡漂泊两湖，此诗是登岳阳楼而望故乡，触景感怀之作。开头写早闻洞庭盛名，然而到暮年才实现目睹名湖的愿望，表面看有初登岳阳楼之喜悦，其实意在抒发早年抱负至今未能实现之情。二联是洞庭的浩瀚无边。三联写政治生活坎坷，漂泊天涯，怀才不遇的心情。末联写眼望国家动荡不安，自己报国无门的哀伤。写景虽只二句，却显技巧精湛，抒情虽暗淡落寞，却吞吐自然，毫不费力。

蜀相[1]

丞相祠堂何处寻？锦官城外柏森森[2]。
映阶碧草自春色[3]，隔叶黄鹂空好音[4]。
三顾频烦天下计[5]，两朝开济老臣心[6]。
出师未捷身先死[7]，长使英雄泪满襟！

注释

①蜀相：指诸葛亮。刘备在蜀即帝位后，以诸葛亮为丞相。此诗是杜甫于上元元年(760)初到成都游武侯祠时所作。

②锦官城：成都别名。古代成都以产锦著名，设专官管理，故称。武侯祠在成都城南门外，晋代李雄在成都称王时所建。

③自春色：自呈春色。

④空好音：空作好音。

⑤三顾：诸葛亮隐居襄阳隆中，刘备三请方出。顾：访问。频烦：多次烦劳。

⑥两朝：指蜀汉刘备、刘禅两朝。开济：指诸葛亮佐刘备开国，助刘禅继业。

⑦出师：出兵伐魏。建兴十二年(234)，诸葛亮兴师伐魏，出斜谷据五丈原，与魏司马懿相拒百余日。八月，病死军中。

赏析

这是一首咏史诗。作者借游览武侯祠，称颂丞相辅佐两朝，惋惜他出师未捷而身先死。既有尊蜀正统观念，又有才困时艰的感慨。诗的前半首写祠堂的景色：首联自问自答，写祠堂的所在；颔联“草自春色”“鸟空好音”，写祠堂的荒凉，字里行间寄寓感物思人的情怀。后半首写丞相的为人：颈联写他雄才大略(“天下计”)忠心报国(“老臣心”)；尾联叹惜他壮志未酬身先死的结局，引得千载英雄，事业未竟者的共鸣。

客 至[1]

舍南舍北皆春水[2]，但见群鸥日日来。
花径不曾缘客扫[3]，蓬门今始为君开[4]。
盘飧市远无兼味[5]，樽酒家贫只旧醅[6]。
肯与邻翁相对饮[7]，隔篱呼取尽余杯[8]。

注释

①客：指崔明府。唐人称县令为明府。原诗自注："喜崔明府相过。"过：访问。此诗是杜甫在上元二年(761)作于成都草堂。

②舍：指草堂。

③缘客扫：因为有客来而打扫。

④此句与上句意谓来宾稀少，也写客来欣悦之情。

⑤盘飧(sūn)：泛指菜肴。飧：熟菜。市远：远离集市。无兼味：指菜少。兼味，多种味道。

⑥樽：酒器。旧醅(pēi)：隔年陈酒。

⑦肯：能否之意。

⑧呼取：唤来。尽余杯：一同干杯。

赏析

这首诗是在成都草堂落成后写的。全诗洋溢着浓郁的生活气息，流露诗人诚朴恬淡的情怀和好客的心境。诗好在自然浑成，一线相接，如话家常。

闻官军收河南河北[1]

剑外忽传收蓟北[2]，初闻涕泪满衣裳。
却看妻子愁何在[3]，漫卷诗书喜欲狂[4]。
白日放歌须纵酒[5]，青春作伴好还乡[6]。
即从巴峡穿巫峡[7]，便下襄阳向洛阳[8]。

注释

①此诗作于广德元年(763)春，杜甫在梓州(今四川三台县)。这一年正一月，史思明之子史朝义兵败而死，其部将田承嗣、李怀仙归降，河南、河北地区相继收复，安史之乱终于结束。

②剑外：剑门以南地区称剑外，即蜀地。收：收复。蓟北：河北北部地区。

③却看：回头看。妻子：妻子儿女。

④漫卷：随手卷起。

⑤放歌：放声歌唱。纵酒：纵情饮酒。

⑥青春：明媚春色。

⑦巴峡：指在今重庆嘉陵江之巴峡，俗称"小三峡"。巫峡：三峡之一，在今重庆市巫山县。

⑧襄阳：今湖北襄阳市。杜甫先世为襄阳人。洛阳：杜甫家在洛阳。"洛阳"句下原注云："余有田园在东京。"此句与上句是杜甫想象中的还乡路线。

赏析

这是一首叙事抒情诗，代宗广德元年(763)春作于梓州。延续七年多的安史之乱，终于结束了。作者喜闻蓟北光复，想到可以挈眷还乡，喜极而泣，这种感情是人所共有的。全诗毫无半点修饰，情真意切。读了这首诗，我们可以想象作者当时对着妻儿侃侃讲述捷报，手舞足蹈，惊喜欲狂的神态。因此，历代诗论家都极为推崇这首诗。浦起龙在《读杜心解》中称赞它是杜甫"生平第一首快诗"。

登高①

风急天高猿啸哀，渚清沙白鸟飞回②。
无边落木萧萧下③，不尽长江滚滚来。
万里悲秋常作客④，百年多病独登台⑤。
艰难苦恨繁霜鬓⑥，潦倒新停浊酒杯⑦。

注释

①此诗作于大历二年(767)秋，杜甫在夔州之时。登高：旧时重阳节有登高之俗。

②渚(zhǔ)：水中小洲。回：回旋。

③落木：落叶。

④万里：指夔州与故乡洛阳和京城相距遥远。作客：客居他乡。

⑤百年：一生。古人以上寿为百年。

⑥艰难：指时世艰难。苦恨：极恨，甚恨。繁霜鬓：鬓边白发日增。

⑦潦倒：失意，困顿。新停浊酒杯：停杯罢饮之意。

赏析

这一首重阳登高感怀诗，是大历二年(767)在夔州写的。全诗通过登高所见秋江景色，倾诉了诗人长年漂泊老病孤愁的复杂感情，慷慨激越，动人心弦。

全诗八句都对，句句押韵。金性尧以为“是杜诗中最能表现大气盘旋，悲凉沉郁之作”。

登　楼[1]

花近高楼伤客心，万方多难此登临[2]。
锦江春色来天地[3]，玉垒浮云变古今[4]。
北极朝廷终不改[5]，西山寇盗莫相侵[6]。
可怜后主还祠庙[7]，日暮聊为《梁甫吟》[8]。

注释

①此诗是杜甫于广德二年(764)春回成都所作。

②首二句是说，万方多难之时，登临高楼，见花而伤心。

③锦江：即濯锦江，一称浣花溪，岷江的支流，流经成都城西。杜甫的草堂临近锦江。

④玉垒：玉垒山，在今四川灌县西。变古今：与古今一同变幻。

⑤北极：北辰。《论语·为政》："为政以德，譬如北辰，居其所而众星拱之。"广德元年十月，吐蕃军攻陷长安，立广武王李承宏为帝。后郭子仪收复京师，代宗回京，吐蕃败走。此句说，唐王朝如北极星一样不可动摇。

⑥西山寇盗：指吐蕃。广德元年十二月，吐蕃攻陷松、维、保三州及云山、新筑二城，后剑南西川诸州也被吐蕃吞并。

⑦后主还祠庙：刘备之子刘禅得诸葛亮辅佐，尚可立国，死后还有祠庙。刘禅后主祠在刘备先主祠的东边，西边为诸葛亮武侯祠。

⑧梁甫吟：乐府曲名。诸葛亮躬耕南阳时，好为《梁甫吟》。此句与上句是杜甫怀念诸葛亮，叹息唐王朝没有诸葛亮一样的英雄济世匡君，担心代宗身后，其命运连平庸可怜的后主刘禅都比不上。

赏析

这是一首感时抚事的诗。作者写登楼望见无边春色，想到万方多难，浮云变幻，不免伤心感喟。进而想到朝廷就像北极星座一样，不可动摇，即使吐蕃入侵，也难改变人们的正统观念。最后袒露了自己要效法诸葛亮辅佐朝廷的抱负，大有澄清天下的气概。全诗即景抒情，写登楼的观感，俯仰瞻眺，山川古迹。这种兼顾时间和空间的手法，增强了诗的意境的立体感，开阔了诗的豁达雄浑的境界。

阁　夜[1]

岁暮阴阳催短景[2]，天涯霜雪霁寒宵[3]。
五更鼓角声悲壮[4]，三峡星河影动摇[5]。
野哭几家闻战伐[6]，夷歌数处起渔樵[7]。
卧龙跃马终黄土[8]，人事音书漫寂寥[9]。

注释

①此诗是大历元年(766)冬，杜甫寓居夔州西阁时所作的。

②阴阳：指日月。短景：冬季日短，故称短景。

③霁：雨过天晴曰霁。霁寒宵：指雪后寒冷的夜空十分晴朗。

④鼓角：更鼓与号角。

⑤三峡：长江之瞿塘峡、巫峡、西陵峡。夔州之东即为瞿塘峡。星河：银河。古时认为天上星辰位置动摇往往是有战事的征兆。此句说，银河星辰之影随三峡之水而摇动，一写江中夜景，另亦暗喻战乱未已。

⑥战伐：指此时蜀中崔旰、郭英义、杨子琳等的混战。此句说，从几家野哭声中能感到战争的存在。

⑦夷歌：当地少数民族之歌。起渔樵：起于渔人樵夫之中。即渔樵都唱夷歌，足见夔州之偏远。

⑧卧龙：诸葛亮又号卧龙先生。跃马：指公孙述。公孙述在西汉末年乘乱据蜀，称白帝。晋左思《蜀都赋》有“公孙跃马而称帝”句。二人在夔州都有祠庙。

⑨人事音书：指仕途生涯与亲朋消息。漫寂寥：任其寂寞寥落。

赏析

这首诗是诗人在大历元年(766)寓于夔州西阁作所。全诗写冬夜景色，有伤乱思乡的意思。首联点明冬夜寒怆；颔联写夜中所闻所见；颈联写拂晓所闻；尾联写极目武侯、白帝两庙而引出的感慨。以诸葛亮和公孙述为例，说明贤愚忠逆都同归于尽，个人的寂寞就更无所谓了。全诗气象雄阔，大有上天下地，俯仰古今之概。

八阵图①

功盖三分国②，名成八阵图。
江流石不转③，遗恨失吞吴④。

注释

①此诗作于大历元年(761)，杜甫初到夔州之时。八阵图：诸葛亮所布八阵共有四处，以夔州最为著名。八阵即天、地、风、云、飞龙、翔鸟、虎翼、蛇盘。

②三分国：即魏、蜀、吴三国鼎立。此句说，诸葛亮佐蜀，三分天下，成盖世之功。

③石不转：八阵在夔州西南江边，聚石成堆，纵横棋布，夏季为水所淹，冬季水退则现。此句说，八阵之石虽经江水冲击，仍屹立不动。

④遗恨失吞吴：此处说法不一，一解作以失策于吞吴为恨。诸葛亮本意在联吴抗曹，故不赞成刘备兴兵伐吴，犹亭大败，以为失策。一解作以未能灭吴为恨。诸葛亮立志灭吴伐魏，复兴汉室，本有灭吴之心，而刘备未能成功，以此为恨。一解作以不能用八阵图制吴为恨。三说中，以第一说法较为合理。

赏析

这是一首咏怀诗。作者赞颂了诸葛亮的丰功伟绩，尤其称颂他在军事上的才能和建树。三、四句，对刘备吞吴失师，葬送了诸葛亮联吴抗曹统一中国的宏图大业，表示惋惜。末句照应开头，三句照应二句；在内容上，既是怀古，又是抒怀，情中有情，言外有意，在绝句中别具一格。

江南逢李龟年①

岐王宅里寻常见②，崔九堂前几度闻③。
正是江南好风景，落花时节又逢君。

注释

①江南：指长江、湘水一带。李龟年：唐时著名音乐家，善歌，开元、天宝年间颇负盛名，得玄宗优遇。安史之乱后，流落江南，每逢良辰胜景，为人歌数曲，座中无不掩泪罢酒。此诗作于大历五年（770）春，杜甫少时曾听李龟年唱过歌，此时在潭州（今湖南长沙）重逢，即作此诗相赠。

②岐王：李范，睿宗之子、玄宗之弟。喜爱文学，好结纳文士。岐王宅：在洛阳尚善坊。寻常：平常。

③崔九：即崔涤，玄宗宠臣，常出入禁中。崔九堂：崔涤有宅在洛阳遵化里。杜甫少时"出游瀚墨场"，常于岐王、崔九的宅第中出入，见过李龟年。

赏析

唐·范摅：明皇帝幸岷山，百官皆窜辱，积尸满中原，士族随车驾也。伶官张野狐觱栗、雷海青琵琶、李龟年唱歌、公孙大娘舞剑器。初，上自击羯鼓，而不好弹琴，言其不俊也。又，宁王吹箫，薛王弹琵琶，皆至精至妙，共为乐焉。唯李龟年奔泊江潭。杜甫以诗赠之曰："岐王宅里寻常见……"（《云溪友议》卷中）

清·爱新觉罗·弘历：言情在笔墨之外，悄然数语，可抵白氏一篇《琵琶行》矣。"休唱贞元供奉曲，当时朝士已无多"，刘禹锡之婉情；"钿蝉金雁皆零落，一曲伊州泪万行"，温庭筠之哀调。以彼方此，何其超妙！此千秋绝调也。（《唐宋诗醇》卷十八）

白居易

长恨歌[①]

汉皇重色思倾国[②],御宇多年求不得[③]。
杨家有女初长成,养在深闺人未识。
天生丽质难自弃,一朝选在君王侧[④]。
回头一笑百媚生,六宫粉黛无颜色[⑤]。
春寒赐浴华清池[⑥],温泉水滑洗凝脂[⑦]。
侍儿扶起娇无力,始是新承恩泽时[⑧]。
云鬓花颜金步摇[⑨],芙蓉帐暖度春宵[⑩]。
春宵苦短日高起,从此君王不早朝。
承欢侍宴无闲暇,春从春游夜专夜。
后宫佳丽三千人,三千宠爱在一身。
金屋妆成娇侍夜[⑪],玉楼宴罢醉和春。
姊妹弟兄皆列土[⑫],可怜光彩生门户[⑬]。
遂令天下父母心,不重生男重生女[⑭]。
骊宫高处入青云[⑮],仙乐风飘处处闻。
缓歌慢舞凝丝竹,尽日君王看不足[⑯]。
渔阳鼙鼓动地来[⑰],惊破《霓裳羽衣曲》[⑱]。
九重城阙烟尘生[⑲],千乘万骑西南行[⑳]。
翠华摇摇行复止[㉑],西出都门百余里[㉒]。
六军不发无奈何[㉓],宛转蛾眉马前死[㉔]。
花钿委地无人收[㉕],翠翘金雀玉搔头[㉖]。
君王掩面救不得,回看血泪相和流。

黄埃散漫风萧索，云栈萦纡登剑阁[27]。
峨嵋山下少人行[28]，旌旗无光日色薄[29]。
蜀江水碧蜀山青，圣主朝朝暮暮情。
行宫见月伤心色[30]，夜雨闻铃肠断声[31]。
天旋地转回龙驭[32]，到此踌躇不能去[33]。
马嵬坡下泥土中，不见玉颜空死处[34]。
君臣相顾尽沾衣[35]，东望都门信马归[36]。
归来池苑皆依旧，太液芙蓉未央柳[37]。
芙蓉如面柳如眉，对此如何不泪垂？
春风桃李花开日，秋雨梧桐叶落时。
西宫南内多秋草[38]，落叶满阶红不扫。
梨园弟子白发新[39]，椒房阿监青娥老[40]。
夕殿萤飞思悄然[41]，孤灯挑尽未成眠。
迟迟钟鼓初长夜，耿耿星河欲曙天[42]。
鸳鸯瓦冷霜华重[43]，翡翠衾寒谁与共[44]？
悠悠生死别经年[45]，魂魄不曾来入梦。
临邛道士鸿都客[46]，能以精诚致魂魄[47]。
为感君王辗转思[48]，遂教方士殷勤觅[49]。
排空驭气奔如电[50]，升天入地求之遍。
上穷碧落下黄泉[51]，两处茫茫皆不见。
忽闻海上有仙山，山在虚无缥渺间。
楼阁玲珑五云起[52]，其中绰约多仙子[53]。
中有一人字太真[54]，雪肤花貌参差是[55]。
金阙西厢叩玉扃[56]，转教小玉报双成[57]。
闻道汉家天子使，九华帐里梦魂惊[58]。
揽衣推枕起徘徊，珠箔银屏迤逦开[59]。
云髻半偏新睡觉[60]，花冠不整下堂来。
风吹仙袂飘飘举[61]，犹似《霓裳羽衣舞》。
玉容寂寞泪阑干[62]，梨花一枝春带雨[63]。
含情凝睇谢君王[64]，一别音容两渺茫。
昭阳殿里恩爱绝[65]，蓬莱宫中日月长[66]。
回头下望人寰处[67]，不见长安见尘雾。

惟将旧物表深情,钿合金钗寄将去[68]。
钗留一股合一扇[69],钗擘黄金合分钿[70]。
但教心似金钿坚,天上人间会相见。
临别殷勤重寄词[71],词中有誓两心知。
七月七日长生殿[72],夜半无人私语时。
在天愿作比翼鸟[73],在地愿为连理枝[74]。
天长地久有时尽,此恨绵绵无绝期!

注释

①此诗作于元和元年(806),白居易时任盩厔县尉。

②汉皇:此指唐玄宗李隆基。唐人常以汉武帝指唐玄宗,又以武帝之宠李夫人喻玄宗之宠杨贵妃。倾国:据《汉书·外戚传》载,李延年(李夫人之兄)歌曰:"北方有佳人,绝世而独立。一顾倾人城,再顾倾人国。"意谓佳人美色能倾动全城、全国。后以"倾城""倾国"来比喻佳人美貌,或代称美人。

③御宇:治理天下。

④以上四句:杨贵妃小名玉环,蒲州永乐(今山西永济)人,蜀州司户杨玄琰之女。因父早死,养于叔父杨玄珪家。开元二十三年(735)封为唐玄宗之子寿王李瑁之妃。二十八年,玄宗命她出家为女道士,改名太真。天宝四年(745),册封为贵妃。诗中所写并不符合事实,这是白居易为避唐玄宗故作隐讳。

⑤六宫粉黛:指后宫中所有的妃嫔。颜色:姿色。

⑥华清池:即骊山(在今陕西临潼)上的华清宫中,为温泉。

⑦凝脂:指白嫩柔滑的肌肤。《诗经·卫风·硕人》有"肤如凝脂"句。

⑧承恩泽:指得到皇帝的宠幸。

⑨云鬓:指女人浓密卷曲如云的鬓发。金步摇:一种缀有垂珠的头钗,因步行则垂珠摇动,故称。据宋人乐史《杨太真外传》记载,玄宗于定情之夕亲手给玉环插上一枝"丽水镇库紫磨金琢成步摇"。

⑩芙蓉帐:上绣并蒂莲花的幔帐。

⑪金屋:据《汉武故事》载,汉武帝幼时,看上姑母长公主之女阿娇,曾说:"若得阿娇作妇,当作金屋贮之。"后用金屋指宠姬之居。

⑫列土:分封土地。杨贵妃被册封后,其大姐封韩国夫人,三姐封虢国夫人,八姐封秦国夫人;族兄杨铦封鸿胪卿,杨锜任侍御史,杨钊(国忠)为右丞相,封魏国公。

⑬可怜:可羡。

⑭此二句:当时有歌谣曰:"生女勿悲酸,生男勿喜欢","男不封侯!女作妃,看

女却为门上楣”。

⑮骊宫：指骊山华清宫。

⑯尽日：一整天。看不足：看不够。

⑰渔阳鞞鼓：指安禄山起兵渔阳叛乱之事。渔阳：唐郡名，在今河北蓟县一带。鞞鼓：骑马所用的战鼓。安禄山为平卢、范阳、河东三镇节度使，天宝十四年(755)起兵范阳(渔阳郡为范阳节度使所辖八郡之一)，反叛朝廷。

⑱霓裳羽衣曲：唐代著名舞曲。西凉节度使杨敬述献西域乐曲，唐玄宗据以改编而成。

⑲九重城阙：指京城长安。烟尘：尘土与烽火骤起，指战火逼近。

⑳乘(shèng)：指车。千乘万骑：指跟随玄宗的大队人马。天宝十五年(756)，安禄山破潼关，唐玄宗带着杨贵妃出逃西南。

㉑翠华：皇帝仪仗中用翠鸟羽毛装饰的旗帜。此指皇帝车驾。

㉒百余里：马嵬坡在今陕西兴平市，距长安百余里路。

㉓六军：皇帝卫队。不发：不肯前进。唐玄宗行至马嵬坡，卫队哗变，请杀杨国忠和杨贵妃，以泄天下之愤，玄宗无奈从之，杀杨国忠，令杨贵妃自缢。

㉔宛转：委婉委屈的样子。蛾眉：指美貌女子，此指杨贵妃。

㉕花钿(diàn)：嵌珠玉的花形头饰。委地：扔在地上。

㉖翠翘：形似翠鸟尾的首饰。金雀：黄金制成的凤形首饰。玉搔头：即玉簪子。

㉗云栈：直入云霄的栈道。关中入蜀，必走栈道。萦纡：指栈道曲折迂回。剑阁：在大小剑山之间，地势极险，为南栈道的一部分，在今四川剑阁县东北。

㉘峨嵋山：在今四川峨眉山市。此处泛指蜀中之山。

㉙日色薄：日光惨淡。

㉚行宫：皇帝出行时所住之处。

㉛夜雨闻铃：据唐人郑处诲《明皇杂录·补遗》记载，唐玄宗“初入斜谷，霖雨涉旬，于栈道雨中闻铃音，隔山相应。上既悼念贵妃，采其声为《雨淋铃》曲以寄恨焉。”铃：此指栈道铁索上所挂铃铛。

㉜天旋地转：指时局好转。肃宗至德二年(757)十月，唐军收复长安。龙驭：皇帝的车驾。回龙驭：指此年十二月唐玄宗回京。

㉝此：指马嵬坡。踌躇：徘徊流连。

㉞空死处：只见死的地方。据《新唐书·后妃传》载，唐玄宗回京，经马嵬坡，派人以礼改葬贵妃，见其香囊犹在，不胜悲切。

㉟沾衣：流泪。

㊱信马：任马驰去。

㊲太液:汉长安有太液池,唐太液池在大明宫北。未央:汉未央宫,故址在今西安市。此处借指唐朝宫苑。芙蓉:荷花。

㊳西宫南内:西宫指太极宫,故址在今西安市迤北故宫城内。南内即南宫,指兴庆宫,故址在今西安市东南。唐玄宗回京后,先住南内,后迁居西宫,被软禁。

㊴梨园弟子:唐玄宗通晓音乐,曾亲自教习音乐于梨园,习艺者即称梨园弟子。

㊵椒房:指后宫。汉时后妃宫中,取椒粉涂墙,因其香可避恶气,且温暖,故称。阿监:宫中女官。青娥:青春少女。

㊶悄然:兴味索然。

㊷耿耿:明亮的样子。星河:银河。

㊸鸳鸯瓦:两片瓦上下合扣称鸳鸯瓦。霜华:霜花。

㊹翡翠衾(qīn):绣有翡翠鸟的锦被。据说翡翠鸟雌雄相随而行。

㊺经年:整年。

㊻临邛(qióng):今四川邛崃市。鸿都:汉代洛阳北宫门名,此借指长安。临邛道士和鸿都客指同一人,意谓从四川来到长安的道士。

㊼致魂魄:把杨贵妃的魂灵招来。据《太平广记》卷二十引《仙传拾遗》里说,此道士叫杨通幽,会招魂之术,"役命鬼神,无不立应"。

㊽辗转思:反复思念。

㊾方士:即道士。秦汉时称方士,好讲神仙方术。

㊿排空驭气:驾着云气横飞过天空。

51碧落:道家所说东方第一层天叫碧落,此指天堂。黄泉:地下极深处,此指地府。

52五云:五色祥云。

53绰约:姿态柔美的样子。

54太真:杨玉环出家时道号太真。

55参差(cēn cī):好像,差不多。

56金阙、玉扃:道家说,天堂上有上清宫、左金阙、右玉扃。扃(jiōng):门户。此处金阙指金碧辉煌的仙宫,玉扃指玉制的门。

57小玉:相传吴王夫差之女名小玉,死后成仙。双成:相传西王母侍女董双成。此处皆喻指杨太真之侍女。

58九华帐:绣着百花图案的帷帐。

59珠箔:珠帘。银屏:银制屏风。迤逦:形容连续不断。

60新睡觉:刚睡醒。

61袂(mèi):衣袖。

62泪阑干:眼泪纵横。

63此句以梨花带雨形容美人雪白的脸上挂着泪珠。

64凝睇:定睛凝视。谢:告诉。

⑥⑤昭阳殿：汉宫殿名，为汉成帝皇后赵飞燕得宠时所居之宫。此指杨贵妃生前居处。

⑥⑥蓬莱宫：蓬莱相传为海上仙山蓬莱宫即指仙宫。

⑥⑦人寰：人世间。

⑥⑧钿合：镶金花的盒子。

⑥⑨钗留一股：金钗有两股，留下其中的一股。合一扇：盒子有底有盖，分开则成两扇，留下其中的一扇。

⑦⑩擘(bāi)：用手中间分开或折断。此二句是说，把金钗和钿盒连同钗上的金饰和盒上的钿(金花)一起折断，杨太真留下一半，叫道士带给玄宗一半。

⑦①重：反复。

⑦②长生殿：在华清宫中，为祭神之宫，一名集灵殿。七月七日：相传此日牛郎、织女在天上鹊桥相会，故古代妇女在此日穿针，称为"乞巧"。

⑦③比翼鸟：名鹣鹣，据说生于南方，雌雄双飞双宿，常用来比喻夫妇。

⑦④连理枝：不同根的树木，其枝叶同生在一起，称连理枝。此二句是二人私语誓词。

赏析

这首诗是作者的名篇，作于元和元年(806)。全诗形象地叙述了唐玄宗与杨贵妃的爱情悲剧。诗人借历史人物和传说，创造了一个回旋婉转的动人故事，并通过塑造的艺术形象，再现了现实生活的真实，感染了千百年来的读者。

琵琶行[①] 并序

元和十年，余左迁九江郡司马[②]。明年秋，送客湓浦口[③]，闻舟中夜弹琵琶者。听其音，铮铮然有京都声[④]。问其人，本长安倡女[⑤]，尝学琵琶于穆、曹二善才[⑥]。年长色衰，委身为贾人妇[⑦]。遂命酒使快弹数曲[⑧]，曲罢悯然[⑨]。自叙少小时欢乐事，今漂沦憔悴，转徙于江湖间[⑩]。余出官二年[⑪]，恬然自安[⑫]；感斯人言[⑬]，是夕始觉有迁谪意[⑭]。

因为长歌以赠之，凡六百一十二言[15]，命曰《琵琶行》。

浔阳江头夜送客[16]，枫叶荻花秋瑟瑟[17]。
主人下马客在船，举酒欲饮无管弦[18]。
醉不成欢惨将别[19]，别时茫茫江浸月。
忽闻水上琵琶声，主人忘归客不发[20]。
寻声暗问弹者谁[21]，琵琶声停欲语迟[22]。
移船相近邀相见，添酒回灯重开宴[23]。
千呼万唤始出来，犹抱琵琶半遮面。
转轴拨弦三两声[24]，未成曲调先有情。
弦弦掩抑声声思[25]，似诉平生不得志。
低眉信手续续弹[26]，说尽心中无限事。
轻拢慢捻抹复挑[27]，初为霓裳后六幺[28]。
大弦嘈嘈如急雨[29]，小弦切切如私语[30]。
嘈嘈切切错杂弹，大珠小珠落玉盘。
间关莺语花底滑[31]，幽咽流泉水下滩[32]。
水泉冷涩弦凝绝，凝绝不通声渐歇。
别有幽愁暗恨生，此时无声胜有声。
银瓶乍破水浆迸[33]，铁骑突出刀枪鸣[34]。
曲终收拨当心画[35]，四弦一声如裂帛[36]。
东船西舫悄无言，唯见江心秋月白。
沉吟放拨插弦中，整顿衣裳起敛容[37]。
自言本是京城女，家在虾蟆陵下住[38]。
十三学得琵琶成，名属教坊第一部[39]。
曲罢常教善才服[40]，妆成每被秋娘妒[41]。
五陵年少争缠头[42]，一曲红绡不知数[43]。
钿头银篦击节碎[44]，血色罗裙翻酒污[45]。
今年欢笑复明年，秋月春风等闲度。
弟走从军阿姨死[46]，暮去朝来颜色故[47]。
门前冷落车马稀，老大嫁作商人妇。
商人重利轻别离，前月浮梁买茶去[48]。
去来江口守空船，绕船明月江水寒。
夜深忽梦少年事，梦啼妆泪红阑干[49]。

我闻琵琶已叹息，又闻此语重唧唧[50]。
同是天涯沦落人，相逢何必曾相识。
我从去年辞帝京，谪居卧病浔阳城。
浔阳地僻无音乐，终岁不闻丝竹声[51]。
住近湓城地低湿，黄芦苦竹绕宅生。
其间旦暮闻何物，杜鹃啼血猿哀鸣。
春江花朝秋月夜，往往取酒还独倾[52]。
岂无山歌与村笛，呕哑嘲哳难为听[53]。
今夜闻君琵琶语，如听仙乐耳暂明。
莫辞更坐弹一曲[54]，为君翻作琵琶行[55]。
感我此言良久立，却坐促弦弦转急[56]。
凄凄不似向前声[57]，满座重闻皆掩泣。
座中泣下谁最多，江州司马青衫湿[58]。

注释

①题一作《琵琶引》。

②左迁：即贬官。汉制以右为上，故贬官又称左迁，后世沿用。九江郡：即诗中指到的浔阳、江州，治所在今江西九江。司马：原为刺史下的武职佐吏，此时已变成安置贬官的闲职。

③湓浦口：湓水入长江处。湓水，今称龙开河，源于江西青盆山，至九江入长江。

④铮铮然：形容乐声铿锵洪亮。京都声：有长安乐手演奏的韵味。

⑤倡女：以歌舞演奏为业的乐伎。

⑥善才：名手。

⑦委身：出嫁之意。贾（gǔ）人：商人。

⑧命酒：命人置办酒席。快弹：尽情弹奏。

⑨悯然：伤感的样子。

⑩转徙：辗转迁移。

⑪出官：即贬官之意。

⑫恬（tián）然：平静悠闲的样子。

⑬斯人：此人。

⑭迁谪（zhé）意：被贬逐的感觉。

⑮六百一十二言：此诗实为六百一十六字。

⑯浔阳江：长江在今九江市附近的一段。

⑰瑟瑟:风吹草木之声。

⑱管弦:管乐器与弦乐器,此指音乐。

⑲惨:指情绪暗淡。

⑳发:启程。

㉑暗问:低声问。

㉒欲语迟:想说又迟疑了没说。

㉓回灯:指添油拨芯,使灯重新明亮。

㉔轴:指琵琶上调整琴弦松紧的木把手。转轴:即定弦。

㉕掩抑:指琵琶声低沉压抑。

㉖信手:随手。

㉗拢、捻:弹琵琶的左手指法,拢是按弦内拢,捻是按弦左右揉。抹、挑:弹琵琶的右手用拨子的指法,抹是向左弹,挑是向右弹。

㉘霓裳:《霓裳羽衣曲》。六幺(yāo):本作"录要",又叫"绿腰",为京都流行的曲子。

㉙大弦:琵琶弦有粗细,最粗的称大弦,音低而沉。

㉚小弦:最细的弦,音尖而细。

㉛间关:鸟鸣声。此句形容乐声流畅轻快,如同莺声从花下滑过。

㉜水下滩:一作"水下难"。此句形容乐声涩咽沉重,如同泉水滞留在滩石之下。

㉝银瓶:汲水瓶。乍(zhà):突然。

㉞此二句形容乐声暂歇后突然发出激烈的声音。

㉟拨:弹琵琶用的拨片。当心画:用拨片扫过几根弦,以示结束。

㊱裂帛:指乐声如撕裂帛的声音。

㊲敛容:指琵琶女从音乐中恢复过来,脸色重又严肃矜持。

㊳虾蟆陵:在长安东南,为歌女聚居之处。据说此地原为汉儒董仲舒墓,门人过此须下马,故称"下马陵",后讹为"虾蟆陵"。

㊴教坊:唐代掌管音乐、歌舞、杂技艺人的机构。第一部:第一队,意指最优秀的演奏队。

㊵教:使得。此句形容演奏技艺高超。

㊶秋娘:唐代歌舞伎的通称。此句说自己貌美,被同行嫉妒。

㊷五陵年少:指豪门子弟。五陵是长安城外五个汉代皇帝的陵墓所在地,为豪门贵族居住区。缠头:赠送的锦帛绫罗。艺伎演出时以锦缠头,客人便以缠头之锦为赠礼,后成为专送歌舞伎的礼物,称"缠头彩"。

㊸红绡:红色的丝织品。

㊹钿头银篦:镶嵌金丝的银篦子。击节碎:因打拍子而打碎了。

㊺血色:鲜红色。

㊻阿姨：姊妹。

㊼颜色故：姿色衰老。

㊽浮梁：在今江西景德镇，唐时为茶叶集散地。

㊾妆泪红阑干：泪水流过带着脂粉的脸，红泪纵横。

㊿唧唧：叹息声。

51丝竹：管乐和弦乐。

52独倾：独饮。

53呕哑嘲哳（zhā）：形容乐声杂乱刺耳。

54更坐：再请坐下。

55翻：依曲作辞。

56却坐：退回坐下。促弦：拧紧弦子。

57凄凄：形容乐声凄婉。向前：刚才。

58青衫：唐时八九品文官着青衣。白居易为江州司马，品级是最低的九品将仕郎，故穿青衫。

赏析

诗人在这首诗中着力塑造了琵琶女的形象，通过她深刻地反映了封建社会中被侮辱被损害的乐伎、艺人的悲惨命运，抒发"同是天涯沦落人"的感情。

全诗诗韵明快，步步映衬，处处点缀。既层出不穷，又着落主题。真如江潮澎湃，波澜起伏，经久不息。反复吟诵，荡人胸怀，情味无限。语言铿锵，设喻形象。"如急雨""如私语""水浆迸""刀枪鸣""珠落玉盘""莺语花底"，读来如闻其声，如临其境。

草①

离离原上草②，一岁一枯荣。
野火烧不尽，春风吹又生。
远芳侵古道③，晴翠接荒城④。
又送王孙去⑤，萋萋满别情⑥。

注释

①此题一作《赋得古原草送别》。据说此诗为白居易十六岁时所作。但此说仅为传闻,并不可靠。

②离离:形容草茂盛。

③远芳:指远处的绿草。

④晴翠:指晴空下的青山。

⑤王孙:指远行之游子。

⑥萋萋:形容草茂盛。此句与上句化用《楚辞·招隐士》"王孙游兮不归,春草毕兮萋萋"之意。

赏析

这是咏物诗,也可作为寓言诗看,有人认为是讥刺小人的。从全诗看,原上草虽有所指,但喻义并无确定。"野火烧不尽,春风吹又生"却作为一种"韧劲"而有口皆碑,成为传之千古的绝唱。

问刘十九①

绿蚁新醅酒②,红泥小火炉。
晚来天欲雪③,能饮一杯无④?

注释

①刘十九:其人不详。作者另有一首《刘十九同宿》,有"唯共嵩阳刘处士",疑刘十九即刘处士,诗人江州任时好友。此诗为白居易在江州时所作。

②绿蚁:未经过滤的米酒上,浮有米粒,微呈绿色,称"浮蚁"。新醅酒:新酿熟的酒。

③雪:下雪,作动词。

④无:犹"否"。

赏析

诗意在描写雪天邀友小饮御寒，促膝夜话。诗中蕴含生活气息，不加任何雕琢，信手拈来，遂成妙章。语言平淡而情味盎然。细细品味，胜于醇酒，令人身心俱醉。

宫词①

泪尽罗巾梦不成，夜深前殿按歌声②。
红颜未老恩先断③，斜倚熏笼坐到明④。

注释

①题一作《后宫词》。
②按歌声：给歌声打节拍。
③恩：指皇帝的宠幸。
④熏笼：熏香炉上罩的竹笼。

赏析

宋·魏庆之：诗有句含蓄者，老杜曰：“勋业频看镜，行藏独倚楼。”……有句意俱含蓄者，如《九日》诗曰：“明年此会谁知健，醉把茱萸仔细看。”……又白乐天云：“泪满罗巾梦不成……”（《诗人玉屑》卷十）

明·徐用吾：浅易中有思致。（《唐诗选脉会通评林》卷五十七）

清·宋顾乐：极真致而味不减，所以妙也。（《唐人万首绝句选评》卷四）

欧阳修

采桑子[1]

群芳过后西湖好，狼藉残红[2]。飞絮濛濛，垂柳阑干尽日风[3]。
笙歌散尽游人去[4]，始觉春空。垂下帘栊，双燕归来细雨中。

注释

①据《词谱》，唐教坊曲有《杨下采桑》，《采桑子》调名本此。《采桑子》的另名如下：南唐李煜词名《丑奴儿令》，冯延巳词名《罗敷媚歌》，贺铸词名《丑奴儿》，陈师道词名《罗敷媚》。

②狼藉：纵横散乱貌。

③阑干：纵横散乱貌，交错杂乱貌。岑参《白雪歌送武判官归京》："瀚海阑干百丈冰，愁云惨淡万里凝。"

④笙(shēng)歌：奏乐唱歌。

赏析

全词在暮春美景中寄托闲适之情。词中描写了颍州西湖暮春时节静谧清疏洒的风姿。作者以诗为词，将西湖清空幽寂的春末境界表现得优美可爱，体现了对大自然和现实人生的无限热爱和眷恋。上片写暮春之景，下片言众人归去之静。以细雨双燕状寂寥之况，于落寞中尚有空虚之感，文字疏隽，感情含蓄。

诉衷情[①]·眉意

清晨帘幕卷轻霜，呵手试梅妆[②]。都缘自有离恨，故画作远山长[③]。

思往事，惜流芳[④]，易成伤。拟歌先敛，欲笑还颦[⑤]，最断人肠。

注释

①唐教坊曲名。《全唐诗》收毛文锡《诉衷情》，上下两片的末句各为“何时携手洞边迎，诉衷情”“何时解佩掩云屏，诉衷情”，《诉衷情》调名由此而来。又因毛文锡这首词首句为“桃花流水漾纵横”，《诉衷情》又名《桃花水》。

②梅妆：南朝宋武帝女寿阳公主无意中额上作梅花妆，宫女争相仿效。

③远山：指眉。《西京杂记》：“文君姣好，眉色如望远山。”

④流芳：流光，好时光。

⑤颦（pín）：皱眉。

赏析

这首词抒写女子的离愁别恨。词以形传神，从人物的外貌转而深入其内心世界，通过描写一位歌女的生活片断，即在冬日的清晨起床梳妆时的生活情景，展现了歌女们痛苦与苦闷的内心世界。写人眉目传神，入木三分，将歌妓的怨嗟和悲苦刻画得栩栩如生、呼之欲出，足见词人生活体验和艺术功力之深。

踏莎行

候馆梅残[①],溪桥柳细,草薰风暖摇征辔[②]。离愁渐远渐无穷,迢迢不断如春水。

寸寸柔肠,盈盈粉泪,楼高莫近危阑倚。平芜尽处是春山[③],行人更在春山外。

注释

①候馆:原指可以登高观望的楼。此指旅舍。

②草薰:青草发出香气。江淹《别赋》:"闺中风暖,陌上草熏。"李善注:"熏,香气也。"征辔(pèi):远行之马的缰绳。此处代马。柳永《满江红》:"匹马驱驱,摇征辔,溪边谷旁。"

③平芜(wú):草木丛生的平旷原野。江淹《去故乡赋》:"穷阴匝海,平芜带天。"

赏析

此词是欧阳修深婉词风的代表作。这是一首写一个旅人在征途中的感受,离情别绪,题材常见,但手法奇妙,意境优美,读来令人神远。上片"离愁渐远渐无穷,迢迢不断如春水。"这两句,为全词之眼,以不断之春水状无穷之离愁,化抽象为具象,比喻贴切。渐行渐远,离愁上心,渐远渐无穷,信如迢迢不断的春流水,自然真实地刻画了行者离情别绪萌生渐深的过程。

蝶恋花

庭院深深深几许?杨柳堆烟,帘幕无重数。玉勒雕鞍游冶处,楼高不见章台路[①]。

雨横风狂三月暮[2]。门掩黄昏，无计留春住。泪眼问花花不语，乱红飞过秋千去[3]。

注释

①章台路：汉朝长安有章台街，歌妓居之。唐朝许尧佐有《章台柳传》，后人因以章台为歌妓聚居之地。

②雨横（hèng）：雨下得猛。

③泪眼问花花不语：唐严恽《惜花》"春光冉冉归何处，更向花前把一杯。尽日问花花不语，为谁零落为谁开。"

赏析

此词描写闺中少妇的伤春之情，一起一结颇受推赏。上片写深闺寂寞，阻隔重重，想见意中人而不得，下片写美人迟暮，盼意中人回归而不得。幽恨怨愤之情自现。此词写景状物，疏俊委曲，虚实相融，辞意深婉，尤对少妇心理刻画写意传神，堪称欧词之典范。

蝶恋花

谁道闲情抛弃久。每到春来，惆怅还依旧。日日花前常病酒[1]。不辞镜里朱颜瘦。

河畔青芜堤上柳[2]。为问新愁，何事年年有。独立小桥风满袖。平林新月人归后。

注释

①病酒：醉酒。《世说新语·任诞》："刘伶病酒，渴甚，从妇求酒。"

②青芜（wú）：茂盛的草地。杜甫《徐步》诗："整履步青芜，荒庭日欲晡。"

赏析

这首词写闲情的苦恼不能解脱，以独特的笔法写尽了一个"愁"字。前半片写年轻人的春愁。愁因春起，赏花有愁，举杯有愁，对镜也有愁，家里处处都是愁。表现了在情感方面欲抛不能的一种盘旋郁结的痛苦。下片前后均是景语，中间两句是情语，使前后之景均为情增添色彩。全词通过写情感交织的愁闷，徘徊在心，从而产生一种对韶光易逝，人生苦短，世事变迁的感叹。

蝶恋花

几日行云何处去[1]？忘了归来，不道春将暮。百草千花寒食路[2]。香车系在谁家树。

泪眼倚楼频独语，双燕来时，陌上相逢否。撩乱春愁如柳絮[3]。依依梦里无寻处。

注释

①行云：用巫山神女之典，比喻人行踪不定。唐戎昱《送零陵妓》诗："宝钿香蛾翡翠裙，装成掩泣欲行云。"

②寒食：节日名，农历清明前一日或二日。

③撩乱：纷乱。

赏析

词中写一位痴情女子对冶游不归的男子既怀怨望又难割舍的缠绵感情，游子就如流云一样游荡忘了归来，在百草千花的寒食节气，处处情人成双成对，就连燕子也知道双双归来，而游子却不知何处。望着满天纷飞的柳絮，不禁愁情交织，乃至梦中也梦不到游子。全词语言清丽婉约，悱恻感人，塑造了一个情怨交织内心的闺中思妇形象，也似乎概况了更广泛的人生体验。

木兰花

别后不知君远近，触目凄凉多少闷。渐行渐远渐无书，水阔鱼沉何处问[1]。

夜深风竹敲秋韵[2]，万叶千声皆是恨。故攲单枕梦中寻，梦又不成灯又烬[3]。

注释

①鱼沉：意谓没有信使来。

②秋韵：即秋声。庾信《咏画屏风诗》之十一："急节迎秋韵，新声入手调。"

③烬（jìn）：化成灰烬。

赏析

这是一首别后相思愁绪之词，是作者的早期作品。它受五代花间词的影响，以代言体（即女性第一人称方式）形式表达了闺中思妇深沉凄婉的离情别绪。全词以景寓情，情景交融，词境委婉曲折、深沉精细而又温柔敦厚。全词抒情与写景兼融，景中寓婉曲之情，情中带凄清之景，将闺中思妇深沉凄绝的别恨表现得深曲婉丽，淋漓尽致。

临江仙[1]

柳外轻雷池上雨[2]，雨声滴碎荷声[3]。小楼西角断虹明。阑干倚处，待得月华生[4]。

燕子飞来窥画栋，玉钩垂下帘旌[5]。凉波不动簟纹平。水精双枕，傍有堕钗横[6]。

注释

①临江仙,唐教坊曲名。原本用来歌咏水仙,故名“临江仙”。又名《庭院深深》《采莲回》《花屏春》等。

②轻雷:隐隐的雷声。唐高适《陪窦侍御灵云南亭宴,诗得雷字》:“新秋归远树,残雨拥轻雷。”

③荷声:雨打荷叶的声响。李商隐《宿骆氏亭寄怀崔雍崔衮》:“秋阴不散霜飞晚,留得残荷听雨声。”

④月华:月光。

⑤帘旌(jīng):帘幕。

⑥“凉波”三句:化用李商隐《偶题》诗“水文簟上琥珀枕,傍有堕钗双翠翘”句意。簟(diàn)纹,席纹。

赏析

此词写夏日傍晚,阵雨已过、月亮升起后楼外楼内的景象,几乎句句写景,而情尽寓其中。词的上阕写室外景色,轻雷疏雨,小楼彩虹,雨后晚晴,新月婉婉,尤其是“断虹明”三字和“月华生”三字的妙用,把夏日的景象推到了极美的境界。下阕写室内景象,以精美华丽之物又营造出一个理想的人间境界,连燕子也飞来窥视而不忍打扰。结尾两句是人物内心情感的自然流露,引人遐想,艳而不俗。

浪淘沙①

把酒祝东风,且共从容②。垂杨紫陌洛城东③。总是当时携手处,游遍芳丛④。

聚散苦匆匆,此恨无穷。今年花胜去年红。可惜明年花更好,知与谁同?

注释

①浪淘沙，唐教坊曲名。原与七言绝句形式相似，白居易《白氏长庆集》收有《浪淘沙》词六首，其中第六首有“却到帝都重富贵，请君莫忘浪淘沙”句。刘禹锡也写过此体。双调小令《浪淘沙》为南唐后主李煜创制，《词谱》即以李词为正体。这是一首伤时惜别之作。

②“把酒”二句：唐司空图《酒泉子》词有“黄昏把酒祝东风，且从容”。此化用其句。从容：流连盘桓。

③紫陌：指京城郊外的道路。刘禹锡《元和十一年自朗州召至京，戏赠看花诸君子》诗：“紫陌红尘拂面来，无人不道看花回。”

④芳丛：花丛。晏殊《凤衔杯》词：“凭朱槛，把金卮，对芳丛、惆怅多时。”

赏析

明道元年(1032)春，欧阳修与友人梅尧臣洛阳城东旧地重游，有感而作，感叹人生聚散无常。此词笔致疏放，婉丽隽永，近人俞陛云称它“因惜花而怀友，前欢寂寂，后会悠悠，至情语以一气挥写，可谓深情如水，行气如虹矣。”指出了欧阳修此词笃于友情、风格疏隽的特点。

浣溪沙

堤上游人逐画船，拍堤春水四垂天。绿杨楼外出秋千①。
白发戴花君莫笑，六幺催拍盏频传②。人事何处似尊前③。

注释

①绿杨楼外出秋千：吴曾《能改斋漫录》卷八记载“王摩诘《寒食城东即事》诗云：‘蹴踘屡过飞鸟上，秋千竞出垂杨里。’欧公用‘出’字盖本此”。

②六幺：曲调名，即“绿腰”，节奏急促。

③尊：同“樽(zūn)”。酒杯。

赏析

此词以清丽质朴的语言，描写作者春日载舟颍州西湖上的所见所感。写出欧阳修与民同乐，同庆春天莅临的情怀。在词中他忘却了贬官颍州的烦恼，他愿在春醪中沉醉，一如他的雅号“醉翁”。黄氏《蓼园词评》：“第一阕写世上儿女多少得意欢娱，第二阕写老成意趣自在众人喧嚣之外，末句写无限凄怆沉郁，妙在含蓄不尽。”

青玉案[1]

一年春事都来几，早过了、三之二。绿暗红嫣浑可事[2]。绿杨庭院，暖风帘幕，有个人憔悴。

买花载酒长安市，又争似、家山见桃李[3]。不枉东风吹客泪。相思难表，梦魂无据，唯有归来是。

注释

①调名出自东汉张衡《四愁诗》：“美人赠我锦绣段，何以报之青玉案。”《词谱》以贺铸《青玉案》(凌波不过横塘路)为正体，故又名《横塘路》等。这首词表现了词人暮春思归的满怀愁绪。

②浑可事：宋人方言，意谓算不了啥事。

③争似：怎能比得上。

赏析

这是一首以伤春、怀人、思归为内容的词作。这首词作语言浑成，感情真挚，动人心魄，反映了作者厌倦宦游，欲归乡的心情。全词触景生情，还必须思自近及远，以花为结构与情蕴之脉络，构思新巧，心理刻画深曲婉转。

李清照

如梦令

昨夜雨疏风骤。浓睡不消残酒。试问卷帘人，却道海棠依旧。知否。知否。应是绿肥红瘦[1]。

注释

①绿肥红瘦：形容叶繁花少。

赏析

这是一首伤春惜春词，并以花自喻，慨叹自己的青春易逝。黄氏《蓼园词选》云："一问极有情，答以'依旧'，答得极淡，跌出'知否'二句来，而'绿肥红瘦'无限凄婉，却又妙在含蓄。短幅中藏无数曲折，自是圣于词者。"

凤凰台上忆吹箫

香冷金猊[1]，被翻红浪，起来慵自梳头。任宝奁尘满，日上帘钩。生怕离怀别苦，多少事、欲说还休。新来瘦，非干病酒，不是悲秋。

休休！这回去也，千万遍《阳关》[2]，也则难留。念武陵人远[3]，烟

锁秦楼。唯有楼前流水,应念我、终日凝眸。凝眸处,从今又添,一段新愁。

注释

①金猊(ní):狮形铜香炉。

②《阳关》:乐府曲名。是为送别之曲。

③武陵人远:用陶渊明《桃花源记》之武陵人入桃花源事,言所思之人已远去。

赏析

这首词抒发了词人与丈夫分别后的相思之情。上片写词人与丈夫临别时怅然若失、百无聊赖的心情。紧扣一个"慵"字,一路写来,"慵"态可掬。继而写心念离怀别苦,而神伤形瘦。下片先写丈夫的去而难留,进而设想自己别后的情形。整首词层层渲染离愁别苦,读来感人至深。

醉花阴

薄雾浓云愁永昼。瑞脑消金兽[1]。佳节又重阳,玉枕纱厨[2],半夜凉初透。

东篱把酒黄昏后[3]。有暗香盈袖。莫道不消魂,帘卷西风,人比黄花瘦。

注释

①瑞脑:即龙脑,是一种名贵的香料。金兽:兽形铜香炉。

②沙厨:即沙帐。

③东篱把酒黄昏后:语本陶渊明《饮酒》诗"采菊东篱下,悠然见南山"。

赏析

这首词写出了词人重阳佳节思念丈夫的心情。上片写重阳佳节之时，词人只身一人，时光变得如此漫长，刚送走愁闷的白昼，又须面对凄凉的秋夜。下片写词人独自饮酒赏菊，愁绪满怀，末句“人比黄花瘦”，至今为人传颂不已。

声声慢

寻寻觅觅，冷冷清清，凄凄惨惨戚戚。乍暖还寒时候[①]，最难将息[②]。三杯两盏淡酒，怎敌他、晚来风急。雁过也，正伤心，却是旧时相识。

满地黄花堆积。憔悴损、如今有谁堪摘。守着窗儿，独自怎生得黑[③]。梧桐更兼细雨，到黄昏、点点滴滴。这次第[④]，怎一个愁字了得。

注释

①乍暖还寒：初春忽冷忽热的天气。

②将息：休养。

③怎生：怎样。

④次第：情状。

赏析

这是一首赋体慢词，表现悲秋主题，堪比一篇《悲秋赋》。上片起首连用十四个叠字，表现一个人苦寻无着、心神不宁、若有所失的神态。继而以酒浇愁，目送秋鸿，心中平添许多怅惘。下片词人环顾自家庭院，黄花堆积，伤心人却无心摘赏。终日枯坐无聊，独自一人，如何挨到天黑，即便黑夜到来，又将如何，黄昏时分，秋雨绵绵，雨打桐叶，愁煞闺中人，此情此景，一个“愁”字，怎能概括得了。

念奴娇

萧条庭院，又斜风细雨，重门须闭。宠柳娇花寒食近，种种恼人天气。险韵诗成①，扶头酒醒，别是闲滋味。征鸿过尽②，万千心事难寄。

楼上几日春寒，帘垂四面，玉阑干慵倚。被冷香消新梦觉，不许愁人不起。清露晨流，新桐初引③，多少游春意。日高烟敛，更看今日晴未。

注释

①险韵：以生僻难押字押韵。

②征鸿：飞翔的鸿雁。

③初引：刚刚发芽。

赏析

这首词写寒食节将至，词人独守空闺，思念远方的丈夫。黄氏《蓼园词评》："只写心绪落寞，遇寒食更难遣耳。徒然而起，便而深邃。至前阕云'重门须闭'，次阕云'不许''不起'，一开一合，情各戛戛生新。起处雨，结句晴，句法浑成。"

永遇乐

落日镕金，暮云合璧，人在何处。染柳烟浓，吹梅笛怨①，春意知几许。元宵佳节，融和天气，次第岂无风雨。来相召、香车宝马，谢他酒朋诗侣。

中州盛日②，闺门多暇，记得偏重三五③。铺翠冠儿，捻金雪柳，簇带争济楚④。如今憔悴，风鬟霜鬓，怕见夜间出去。不如向、帘儿底下，听人笑语。

注释

①吹梅笛怨：笛曲《梅花落》凄婉哀怨。

②中州：河南一带古称中州。此处指汴京。

③三五：指元宵节。

④簇带：插戴满头。济楚：整洁貌。

赏析

这首词写词人晚年流寓临安时的生活境况。上片首二句一抹亮色突然而降，使人顿觉炫目。继而引出“人在何处”的疑问，隐含了人在异乡的漂泊之感。接下来描写盎然春意，满目烟柳，词人运笔至此，又添波澜，“次第岂无风雨”，这也正是词人谢绝邀请，不愿出游的原因。下片首六句忆昔，后五句伤今，结句“不如向、帘底下，听人笑语”，读之尤觉酸楚。

浣溪沙

鬌子伤春慵更梳。晚风庭院落梅初。淡云来往月疏疏。
玉鸭熏炉闲瑞脑，朱樱斗帐掩流苏。通犀还解辟寒无①。

注释

①通犀：犀角的一种。据《开元天宝遗事》载："开元二年冬至，交趾国进犀一株，色黄似金。使者请以金盘置于殿中，温温然有暖气袭人。上问其故，使者对曰：'此辟寒犀也。'"

赏析

这是一首伤春词。上片写髻发慵梳，晚风习习，庭院落梅，云淡月疏，一幅清丽之景。下片写室内之景。词人在庭院中伫立多时，春寒袭人，只得回到室内，室内香炉已停，斗帐已掩，人因春寒却不成寐。词人不禁疑问：传说中能够避寒的通犀，还能避寒吗？这里蕴含心境之凄冷无法消除之意。整首词以清丽的风格，寓伤春之情于景物描写之中，格高韵胜，富有诗的意境。